千華數位文化
Chien Hua Learning Resources Network

考前充分準備 臨場沉穩作答

千華公職資訊網
http://www.chienhua.com.tw
每日即時考情資訊 網路書店購書不出門

千華公職證照粉絲團 f
https://www.facebook.com/chienhuafan
優惠活動搶先曝光

千華 Line@ 專人諮詢服務

☑ 有疑問想要諮詢嗎?
　歡迎加入千華 LINE @!

☑ 無論是考試日期、教材推薦、
　勘誤問題等,都能得到滿意的服務。

☑ 我們提供專人諮詢互動,
　更能時時掌握考訊及優惠活動!

投資型保險商品
業務員資格測驗

完整考試資訊
立即了解更多

■ **辦理依據**

依據「保險業務員管理規則」第4條、第11條規定及金融監督管理委員會金管法字第0950054861號函辦理。

■ **報名資格**

(一) 第一類組

　　1. 考生須於報名截止日前（含當日），通過人身保險業務員資格測驗，始具報考資格。

　　2. 曾報考第二類組測驗合格者，亦得報考第一類組參加測驗。

(二) 第二類組

　　1. 符合第一類組報名資格，且具有證券商業務人員、證券商高級業務人員、證券投資分析人員及投信投顧業務員等四者之一資格者，具報考第二類組資格。但投信投顧業務員中通過信託業業務人員信託業務專業測驗加投信投顧相關法規（含自律規範）乙科測驗合格者除外，不具第二類組之報考資格。

　　2. 本類組測驗只考第一節次，第二節次科目得予抵免。

■ **報名限制**

符合下列條件者，均不得報考本測驗：1.曾參加本資格測驗已測驗合格者（但曾報考第二類組合格者，得報考第一類組）。2.違反試場規則受處分而未屆滿者。3.違反「保險業務員管理規則」第11條之1、第13條或第19條第3項撤銷登錄處分而未重新參加人身保險業務員資格測驗合格者。

■ **報名方式**

(一) 團體報名

　　1. 各報名單位應提供測驗報名申請書，由考生簽署同意授權報名單位辦

理報名，並同意提供報名資料供財團法人保險事業發展中心、中華民國人壽保險商業同業公會依「個人資料保護法」相關規定，為蒐集、電腦處理及利用之用。

2. 經由所屬壽險公司（處）總公司初審（考生應檢附相關證明文件供公司查核）符合本報名資格後，彙總依統一報名格式（測驗報名資料製作說明詳附件），將考生資料轉成電子檔連同報考第二類組之證明文件影本及團體報名表於報名截止日前送交財團法人保險事業發展中心。所屬壽險公司（處）應確實審核考生資格，如有錯誤遺漏，應依本應試簡章相關規定辦理。

3. 凡各壽險公司（處）之業務人員，其報名單位即為各該壽險公司（處）；壽險代理人或經紀人公司之業務人員，其報名單位為與該所屬公司簽約之壽險公司（處）或所屬公司之商業同業公會。

(二) 個人報名

1. 第一類組：採網路線上報名。

2. 第二類組：採網路線上報名，考生應將報考第二類組之證明文件影本於報名後第1個工作天內送交財團法人保險事業發展中心。

考生應確實確認報名資料正確，同時於規定期限內檢附相關證明文件，如有錯誤遺漏，應依本應試簡章相關規定辦理。並同意報名資料供財團法人保險事業發展中心、中華民國人壽保險商業同業公會依「個人資料保護法」相關規定，為蒐集、電腦處理及利用之用。

■ 報名及測驗日期

日期	測驗地點	團體報名日期	個人報名日期
2月12日	台北、台中、高雄	112.1.9~1.12	112.1.5~1.11
3月12日	台北、台中、高雄	112.2.13~2.16	112.2.9~2.15
4月23日	台北、台中、高雄	112.3.13~3.16	112.3.9~3.15
5月21日	台北、台中、高雄、花蓮	112.4.24~4.27	112.4.20~4.26
6月11日	台北、台中、高雄	112.5.22~5.25	112.5.18~5.24

日期	測驗地點	團體報名日期	個人報名日期
7月16日	台北、台中、高雄	112.6.12~6.15	112.6.8~6.14
8月13日	台北、台中、高雄	112.7.17~7.20	112.7.13~7.19
9月17日	台北、台中、高雄	112.8.14~8.17	112.8.10~8.16
10月22日	台北、台中、高雄	112.9.18~9.21	112.9.14~9.20
11月12日	台北、台中、高雄、花蓮	112.10.23~10.26	112.10.19~10.25
12月10日	台北、台中、高雄	112.11.13~11.16	112.11.9~11.15

■ **測驗科目、時間及內容：採紙筆測驗。**

(一) 分兩節次測驗：第一節「投資型保險商品概要、金融體系概述」，測驗內容包括：「投資型保險概論及相關法令」、「金融體系概述」及「證券投資信託及顧問之規範與制度」；第二節「投資學概要、債券與證券之評價分析、投資組合管理」，測驗內容包括「貨幣時間價值」、「債券評價及證券評價」、「風險、報酬與投資組合」、「資本資產訂價模式、績效評估及調整」及「投資工具」。

(二) 試題題型：第一節共50題選擇題，第二節共100題選擇題，包括計算題型在內，按難易度比例分配，均為四選一單選題。

(三) 及格標準：

　1.第一類組：以兩節次總分達140分為合格，惟其中任何一節次分數低於60分者即屬不合格。

　2.第二類組：70分為合格。

～以上資訊僅供參考，詳細內容請參閱招考簡章～

千華數位文化
Chien Hua Learning Resources Network

編寫特色與準備要領

全書以歸納彙整與淺顯易懂的方式進行編寫。各篇章之準備要點如下：

1 Part 1 投資型保險概論及相關法令（準備順序：觀念理解→試題練習）

內容有：投資型商品的定義、特性、種類、運作方式以及相關風險等。
透過圖示和文字解說，可奠定讀者對投資型保險的基本觀念之認知。

2 Part 2 投資型保險法令介紹（準備順序：試題練習→註記條文重點）

主要是投資型保險商品的銷售、管理以及稅法之相關規定，此章節內容涉及到
許多法條與規範。可以先透過精選試題以熟悉條文重點，再回頭讀條文內容。

3 Part 3 金融體系概述（準備順序：觀念理解→試題練習）

保險是金融體系中的重要一環，故從金融體系了解資金運作之方式，以及各
成員的功能，可於未來從業時提供有利的財務訊息給保戶參考。

4 Part 4 證券投資信託及顧問之規範與制度（準備順序：試題練習→註記條文重點）

主要是證券投資信託及顧問之概念，另有組織、業務、財務、人事之管理。由於
制度都是透過法條來規範，故可以先閱讀精選試題以熟悉條文重點，再回頭讀
條文。

5 Part 5 試題總集（準備順序：試題練習→加深各類常考重點觀念）

6回共300題的模擬試題讓使讀者在學習全書重點內容後，進行大範圍的練習，
藉以檢視自身的觀念理解是否正確，搭配解析即可針對不熟練的觀念再次複
習，提升學習效率！

此外，本書提供計算的圖示說明，及速記口訣，可使讀者快速的記住計算規則。

最後祝各位考生金榜題名！

參考資料

1. 財團法人保險事業發展中心-投資型保險
   商品專區

2. 《保險法施行細則》

3. 《保險法》

4. 《人身保險商品審查應注意事項》

5. 《人壽保險商品死亡給付對保單價值準
   備金(保單帳戶價值)之最低比率規範》

(2) 編寫特色與準備要領

6. 《非投資型萬能人壽保險商品死亡給付對保單價值準備金之最低比率規範》

7. 《投資型人壽保險商品死亡給付對保單帳戶價值之最低比率規範》

8. 《投資型保險投資管理辦法》

9. 《所得基本稅額條例》

10. 《投資型保險商品銷售應注意事項》

11. 《保險代理人管理規則》

12. 《保險經紀人管理規則》

13. 《保險業務員管理規則》

14. 《投資型保險商品銷售自律規範》

15. 《重申保險業應恪遵保險業務員管理規則及相關業務招攬規定》

16. 《保險業招攬廣告自律規範》

17. 《保險商品銷售前程序作業準則》

18. 《投資型保險資訊揭露應遵循事項》

19. 《所得稅法》

20. 《營利事業所得稅查核準則》

21. 《遺產及贈與稅法》

22. 《金融消費者保護法》

23. 《工業銀行設立及管理辦法》

24. 《銀行法》

25. 《金融機構合併法》

26. 《金融監督管理委員會組織法》

27. 《證券交易所管理規則》

28. 《證券投資信託及顧問法》

29. 《證券集中保管事業管理規則》

30. 《證券投資信託事業證券投資顧問事業經營全權委託投資業務管理辦法》

31. 《證券交易法施行細則》

32. 《證券投資信託基金管理辦法》

33. 《境外基金管理辦法》

34. 《中華民國證券投資信託暨顧問商業同業公會會員及其銷售機構基金通路報酬揭露施行要點》

35. 《證券投資信託事業設置標準》

36. 《證券投資顧問事業管理規則》

37. 《證券投資顧問事業設置標準》

38. 《證券投資信託事業管理規則》

39. 《中華民國證券投資信託暨顧問商業同業公會「會員及其銷售機構從事廣告及營業活動行為規範」》

40. 《證券投資信託事業證券投資顧問事業證券商兼營信託業務管理辦法》

41. 《證券投資信託事業負責人與業務人員管理規則》

42. 《中華民國證券投資信託暨顧問商業同業公會證券投資顧問事業從業人員行為準則》

43. 《中華民國證券投資信託暨顧問商業同業公會證券投資信託事業證券投資顧問事業經營全權委託投資業務操作辦法》

目 次

Part 4 證券投資信託及顧問之規範與制度

Part 5 試題總集

Day 01 認識投資型保險

重點 **1** 導 論

一、何謂投資型保險商品

(一) 定義：

1. **投資型保險商品**是結合**保險**和**投資**的**保險商品**，商品設計是讓**保戶**享有投資自主權。

2. 《保險法施行細則》第14條：**投資型保險**是指保險人將要保人所繳保險費，依約定方式扣除保險人各項費用，並依其同意或指定之投資分配方式，置於**專設帳簿**中，而由**要保人**承擔全部或部分投資風險之人身保險。

(二) 特性：

1. **投資型保險商品**特性如下表所示：

費用揭露 （費用透明）	投資型保險商品的相關費用，皆須在契約內容中清楚列明，故保戶可以充分瞭解保費結構。
專設帳簿	投資型保險商品分為**一般帳戶**和**專設帳簿（或稱分離帳戶）**。專設帳簿內之保單投資資產，由**保險公司**採個別帳戶管理。 《保險法》第123條第2項：**投資型保險契約**之投資資產，非各該投資型保險之受益人不得主張，亦不得請求扣押或行使其他權利。 **註** 1.一般帳戶（壽險）：**屬於**保險公司名下之帳戶。 　　當保險公司破產時，債權人**可**對此帳戶進行追償。 　　2.專設帳簿（投資）：**不屬於**保險公司名下之帳戶。 　　當保險公司破產時，債權人**無法**對此帳戶進行追償。

| 盈虧自負 | 投資型保險商品是將**投資的自主權（或稱選擇權）**和**投資風險**皆轉移給保戶。
故投資型保險商品所產生的投資收益或虧損，大部分或全部由保戶自行承擔。 |

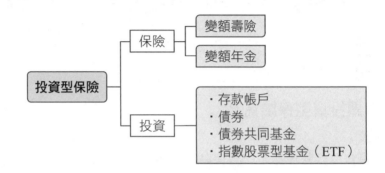

2. 投資型商品起源於：<u>**傳統型保單**</u>對<u>**保險公司**</u>有相當高的<u>**利率風險**</u>。

　(1)保險公司在設計保單時，考量成本與收益後訂定保單的預期收益率為預定利率，故預定利率會與保費成反比。換句話說，高預定利率，保費相對變低；低預定利率，保費相對變高。

　　　狀況一　高預定利率 → 保單的價格**低**。

　　　　　　※當市場利率走**低**時，則保險公司須承擔保單的<u>利差損</u>。

　　　狀況二　低預定利率 → 保單的價格**高**。

　　　　　　※當市場利率走高時，客戶覺得之前購買的保單不划算，可能會以**退保**或**保單借款**的資金進行其他投資。

　　　因此，當市場利率波動太大時，則傳統型保單會使保險公司面臨<u>現金流量短少</u>之窘境。

　(2)投資型保險的設計，不僅將**投資風險**轉移給保戶，還可以避免**利差損**或**現金流量短少**的現象產生。此外，當有保險和投資需求的保戶，投資型保險是他們可以考慮的商品，故會吸引此需求層別的客戶購買投資型保險因而提升保險公司的業績。

(3) 在美國，常見的投資型保險商品有：**變額壽險、變額萬能壽險及變額年金**。

(4) 在其他先進國家中，澳洲銷售的壽險保單幾乎都是投資型保險。在歐洲，英國、法國及荷蘭的投資型保險市場占有率皆超過40%。在1988年至1998年這十年之間的統計資料顯示，英國的投資型保險保費占總壽險保費的比例由39%提高到50%。而荷蘭為43%，瑞典為50%以上，加拿大為62%。至於香港及部分東南亞地區目前都超過了銷售總額的50%，其中新加坡自1992年開發投資型保險以來，目前市場占有率已達70%。而中國也在1999年10月由中國平安保險公司首次在上海推出「平安世紀理財投資型連結保險」之變額壽險商品。

(5) 我國壽險公司也面臨到**利率風險**的考驗，於**2001年（民國90年）**下半年正式推出投資型保險商品。當時受惠於全球資本市場交易熱絡之故，自2003年起的投資型保險商品之保費收入急速成長，接著在2007年投資型保險商品的銷售更是達到有史以來的巔峰，尤其是可以連結結構型債券的投資型保險大受國內保戶喜愛，新契約的保費收入就占全部契約的62%。但於**2008年金融海嘯引發全球經濟環境的衝擊下，除了影響投資標的的報酬率，持有投資型保險的保戶之帳戶價值皆大幅減少，因而造成投資型保險的魅力退減**。

(6) 在2008年，國內投資型商品的新契約保費收入比例急速衰退至35%，而2009～2011年更持續下滑至20%以下。正因如此，保險公司開始推出以**月配息**為訴求的**變額年金**或**變額壽險**，其又可連結保本型基金，而且還有**提減撥回機制之類全委保單**的熱銷，故在2012～2015年投資型保險初年度保費收入呈平穩成長。

(7) 在臺灣，目前市售的投資型保險商品有：**變額壽險、變額萬能壽險以及變額年金**。

各國推出投資型商品之年份			
1956年	荷蘭	1986年	日本
1961年	英國、加拿大	1992年	新加坡

各國推出投資型商品之年份			
1970年	德國、法國、義大利	1999年	中國（中華人民共和國）
1976年	美國	2001年	中華民國（臺灣）

二、投資型保險商品的特點

傳統壽險與投資型保險之特點比較如下：

(一) 保險保障

項目	傳統壽險	投資型保險
主要功能	提供**被保險人**保障	具有**保障**與**投資**之雙重功能
保單結構	**終身壽險＝純壽險保障＋保單價值準備金** （利率與現金價值皆為固定，保單內頁會載明各年度的保障與保單價值。） 當保單愈到後期或愈接近契約上的「滿期日」，則**純壽險保障**會愈來愈少，而**保單價值準備金**會愈來愈多。	**投資型保險＝保險＋投資** 保險公司會分成下列二種帳戶： (1) 一般帳戶：保險。 (2) 專設帳簿（或稱分離帳戶）：投資。
保險公司做法	保單價值準備金若占保險金所給付的比例愈大，則保險公司對保單價值準備金的運用上須避免風險較大的投資，以維持資金運用的安全性。故其保單的預定利率一般比市場上風險較高的投資工具之殖利率為**低**。	(1) 保單最終給付金額會隨著要保人所指定之投資工具的投資績效而變動。一般而言，保險公司不提供保證利率與固定現金價值。 (2) 投資風險和投資報酬是相對的（高報酬則高風險；低報酬則低風險），由保戶自行決定標的，因而自行承擔投資風險。故此類保險不僅考驗**保險公司**提供**投資管道**的能力，也同時考驗**保戶（要保人）**承受**投資風險**的能力。

(二) 全殘或身故

項目	傳統壽險	投資型保險
給付金額	在被保險人身故或全殘時，由保險公司依保險契約所約定的金額，給付當年度之身故保險金。	在被保險人身故或全殘時，需考慮下列二因素： (1) 保險：保險契約中的死亡保險金額。 (2) 投資：隨著投資績效而變動之保單帳戶價值。 註 投資型保險之保障部分是透過購買定期死亡保險來達成。
給付方式	僅單純契約所約定的金額給付。	現行投資型保險之身故保險金有**甲型**（或稱A型）、**乙型**（或稱B型）二種。 **甲型身故保險金**＝max（保險金額，保單帳戶價值）即「保險金額」與「保單帳戶價值」，兩者之間取其大者。 平準式死亡給付，保單帳戶價值逐年遞增，故淨危險保障會呈**遞減**現象 狀況一 保險金額≧保單帳戶價值 　　　→理賠**保險金額**。 狀況二 保險金額＜保單帳戶價值 　　　→理賠**保單帳戶價值**。

項目	傳統壽險	投資型保險
給付方式		乙型身故保險金＝保險金額＋保單帳戶價值 金額↑ 逐漸增加的死亡給付 平準式淨危險保額 保單帳戶價值 →保險期間 平準式淨危險保額，故淨危險保障會<u>維持不變</u> **註** 甲型只能選最大者，乙型是二個相加。

《人身保險商品審查應注意事項》第163點：被保險人在保險契約期間內死亡，無論在保單帳戶價值運用起始日之前或之後，其身故保險金之給付不得低於保險金額。

(三) 資金風險

項目	傳統壽險	投資型保險
資金運用	保單費率依據：預定利率、預定死亡率及預定費用率。保費資金運用原則：安全、流動及營利。	**保險人（保險公司）**不能直接使用「分離帳戶」的資金，需依**投保人（保戶）**指定的投資標的進行運作，保險人僅以受託人之身分代理保戶在資金上的運用。
資金風險	保險公司承擔：投資風險、死亡風險及費用風險。	**保戶**承擔：**投資風險**。 **保險公司**承擔：**死亡風險**及**費用風險**。 **註** 投資標的由保戶自行選擇，故投資風險由保戶自行承擔。

(四) **透明度**

項目	傳統壽險	投資型保險
資金透明	保戶不清楚保險公司是如何將保戶所支付的保費分攤到各項費用，尤其是附加費用。	**分離帳戶**是單獨設立的，故管理透明。保戶會定期收到保險公司寄送的財務報告，或於保險公司官網的保戶專區登入查詢資金的即時狀況。

(五) **保單現金價值**

項目	傳統壽險	投資型保險
固定或變動	1.保險公司是依**預定利率**和**死亡率**計算保單現金價值。 2.在投保前，保單現金價值可使用保險公司提供的建議書及試算表查詢。 3.在投保後，保戶收到的保單內頁皆載明各投保年度的保單現金價值。 4.故保單現金價值是固定的。	**保單現金價值＝分離帳戶單位×市值** 1.因為市值會變動，故保單現金價值**會動變**（非固定、不確定）。 2.兌現或投資標的轉換皆以當時持有的**標的物市值**為計價之依據。

(六) **靈活度**

項目	傳統壽險	投資型保險
保險金額和加保選擇	保費繳納是固定的**平準保費**，若保戶需加保只能重新購買保單。	大部分的投資型保險保費繳納極為彈性，**保險金額**可調整，並有**加保**的選擇權。 **註** 保險金額即繳款金額；加保即增加保障額度。

(七) **法律面**

項目	傳統壽險	投資型保險
美國	資金運用受保險法的監管。	**分離帳戶**之資金本質上是信託類產產，因此其運用不受保險法而受信託法與證券法的監管。

項目	傳統壽險	投資型保險
臺灣	保費資金僅放置於「一般帳戶」。因此,當保險公司破產時,債權人可對此帳戶進行追償。	《保險法》第146條及《投資型保險投資管理辦法》第4條皆要求保險業者應設置**專設帳簿(或稱分離帳戶)**,並記載其投資資產之價值。 分離帳戶內之保單投資資產,由**保險公司**採個別帳戶管理。 《保險法》第123條第2項:**投資型保險契約之投資資產**,非各該投資型保險之受益人不得主張,亦不得請求扣押或行使其他權利。 **註** 一般帳戶(壽險):**屬於**保險公司名下資產。當保險公司破產時,債權人**可**對此帳戶進行追償。 分離帳戶(投資):**不屬於**保險公司名下資產。當保險公司破產時,債權人**無法**對此帳戶進行追償。 因此,我國對於投資型保險之投資資產採取**特別監理**,使保戶免受保險公司之債權人的追償。

(八) 資金放置帳戶

1. 傳統壽險(一般帳戶)與投資型保險(一般帳戶＋分離帳戶),帳戶說明如下:

類型	商品	特色
一般帳戶	傳統型人壽保險、傳統型年金保險、健康保險、傷害保險、利率變動型壽險、利率變動型年金、萬能壽險。	(1) 資金由保險公司統一操作,資金運用非透明。 (2) 因為是一般帳戶,若保險公司破產時,債權人可對此帳戶進行追償。
分離帳戶	變額壽險、變額萬能壽險、變額年金保險及投資連結型保險或年金。	(1) 保戶可以自行選擇投資標的,但收益與損失由**保戶**自行承擔。 (2) 因為是分離帳戶,若保險公司破產時,債權人**無法**對此帳戶進行追償。

2. 傳統壽險與投資型保險之要點比較如下：

項目 / 保單	傳統保險			投資型保險	
	傳統不分紅保單	傳統分紅保單	萬能壽險	變額壽險	變額萬能壽險
保費繳納方式	固定	固定	不固定	固定	不固定
保單利率	固定有預定利率	固定有預定利率	● 不固定 ● 由保險公司每月公告「宣告」利率	● 無 ● 依保戶投資標的決定報酬率	● 無 ● 依保戶投資標的決定報酬率
現金價值	固定	固定	● 不固定 ● 由保險公司每月公告「宣告」利率以計算現金價值	不固定	不固定
保險保障	固定（缺乏彈性）	固定（缺乏彈性）	有彈性	保障＋投資績效	有彈性
投資收益	固定	● 不保證 ● 依保險公司所獲紅利進行盈餘分配	有最低保證利率，但當保險公司投資獲利時可能可以獲得更高的利率	● 不保證 ● 依保戶於分離帳戶中所選擇的投資標的之績效而定	● 不保證 ● 依保戶於分離帳戶中所選擇的投資標的之績效而定
客戶偏好	風險厭惡者（保守，不喜歡風險。）	對紅利分配有興趣者	大部份有最低保證之報酬率，也具高報酬之可能。	風險偏好者（期待高報酬，且可承擔高風險。）	風險偏好者（期待高報酬，且可承擔高風險。）

註 只要是「萬能」保險，其繳費方式較彈性也稱為不固定。

三、投資型保險商品之優點與缺點

優缺點 對象	優點	缺點
保險公司	(一) 避免利率波動之影響：故沒有**利差損**的問題。 (二) 不同於傳統壽險：可吸引不同需求的客群（想要保障和投資的客戶），增加業務成長。 (三) 投資風險轉移：除了投資風險轉嫁給保戶，另可向保戶收取帳戶管理之相關費用。	(一) 利潤增長受限：保戶的投資收益與保險公司無關，故保險公司無法透過此類保險資產進行轉投資，因而減少投資獲利之機會。 (二) 軟硬體設備成本：需投入資訊軟體設備及後續維護等相關成本。 (三) 教育訓練成本：需培訓及加強業務員對此類商品的專業能力，以提供客戶最佳之服務。
保戶	(一) 選擇投資標的：藉由專家理財，且投資獲利為保戶所有。 (二) 分離帳戶：**此帳戶是給保戶用於投資使用**，投資費用透明，且分離帳戶裡的資產不受保險公司債權人之追償。 (三) 保費彈性：保戶可於人生不同階段所需求的保障，提出保障調整，或要求增加保費之投入。	(一) 投資風險：投資的報酬不固定，可能獲利、可能損失，損益皆由客戶自行承擔。 (二) 保單費用：保戶需額外負擔商品附加費用、保單帳戶的管理費與解約費，故整體的投資報酬率會降低。
監理機關	(一) 利率風險：保險公司可避免因**利率風險**而破產。 (二) 投資保證：保險公司**無投資報酬之保證**，故可降低償付能力不足的機率。 (三) 費用透明：保險公司的**收費透明**，可避免保戶對保險費用的質疑，故對監管部門的壓力也有所舒緩。	

四、消費者對投資型保險商品的正確認識

(一) 消費者對投資型保險商品應有的認知：

1. **以保險需求為主**：投資型保險並非單純的投資工具，**本質**仍是保險商品。因此，消費者應以保險為主要前提後，再以投資報酬為次要之需求。

2. **長期持有的規劃**：除了定期保險，消費者在投保前就需以保單的長期持有為考量。此外，以投資的觀點而言，投資型商品不適合短期持有。

(二) 常見的支援及顧問服務：

1. **分散投資（資產分散）**：其為一種長期策略，目的是讓投資者曝露在單一種類的風險降到最低，以獲得最高的長期利得。亦是投資不同類型（無風險、低風險、中風險、高風險）的標的，而不是集中在某一類型的標的。

2. **成本攤平**

   (1)以定期定額購入投資標的，由於投資標的的市場價格有高低起伏，故此方法不保證一定獲利或損失，只是平均市場價格的高低起伏變動之策略，以低於平均市場價格的平均成本來購買持分。例如：

期數	定期定額投資（A）	持分價格（B）	購得持分單位（C）＝（A）÷（B）
第一期	10元	2.5元	4.00
第二期	10元	2.8元	3.57
第三期	10元	3.1元	3.23
第四期	10元	2.7元	3.70
第五期	10元	2.9元	3.45
總計	50元	—	17.95

   (2)說明：

   A.總投資成本為50元

   B.總購得持分單位為17.95

   C.五期內持分數的現值＝總持分數17.95×目前價格2.9元＝52.05元

   D.每一個持分的平均成本＝總投資成本50元÷總持分單位17.95＝2.79元

E.每一個持分的平均市場價格＝五期內持分數的現值52.05元÷總
　持分單位17.95＝2.90元

總論：總投資成本為50元，目前的現值為52.05元，則帳面盈利為
　2.05元。

五、投資型保險商品與共同基金或其他投資工具的差異

投資型保險是保戶可以將分離帳戶的保費，依自己的投資偏好選擇投資標
的，故可視為將保戶的保費匯集成共同基金。保戶會定期收到保險公司寄送
的對帳單，裡面會載明保戶的持分單位及目前的帳戶價值。投資型保險商品
的用意就是透過分離帳戶讓保單價值不因通貨膨脹而減少。但投資型保險與
其他投資工具仍有不同之處，比較項目如下表所示：

項目	投資型保險	一般共同基金
費用率	高	低
	說明：投資型商品初期保費有保險和分離帳戶的比例分配之規定，且保險帳戶的費用率及分離帳戶的管理費，皆為一般共同基金所沒有的。	
稅負優惠	有	無
	說明：雖然在**2010年**之後買的投資型保單，分離帳戶的收益適用儲蓄投資特別扣除額27萬。但畢竟是保險，保費及保險仍有稅負之優惠。	
保險保障	有	無
	說明：在保險期間被保人離世，則要受益人可領取保障及分離帳戶之現值。但一般共同基金，僅只有投資帳戶之現值。	
資金管理	以**分離帳戶**管理	由保管銀行以**專戶**方式管理

此外，共同基金需每日計算其淨值並由獨立機構評鑑，故專業性較投資型保
險還高。

六、市場推出投資型保險產品的意義及帶來的變化

(一) 成功地銷售投資型保險商品的市場基本條件：

　　1. 成熟的資本市場。

　　2. 完善的投資管理。

　　3. 專業的銷售人員。

　　4. 保險公司對保戶服務平台的管理與維護。

　　5. 對投資型保險有需求的潛在客戶。

(二) 投資型保險商品對保險業和資本市場的重大意義：

　　1. **促進壽險業對金融功能的創新**：壽險商品不僅有保障功能，還有投資理財的綜合性金融服務。

　　2. **壽險公司的競爭從價格轉向至商品創新和服務滿意**：分離帳戶的投資標的之連結與保險公司的保戶服務平台，使客戶透過網路即可查詢及標的選擇或轉換。連結標的的績效和保險公司的保戶服務平台，皆直接影響客戶感受。

　　3. **保險從業人員的專業**：從業人員不僅需有人身保險證照，還需另外考取投資型證照。此外，從業人員擁有基本的金融常識才能提供給客戶更優質的服務。

(三) 投資型保險商品帶來的變化：

　　1. **行銷方式的改變**：從業人員已不單純在壽險領域的專業，還涉及金融相關的知識，故其為保戶的個人或家庭之理財顧問。

　　2. **壽險業間的競爭模式與經營方式的轉變**：除了壽險公司的本身信譽，保費投入保險和投資的比例分配、連結的標的、回饋的比例及後續的管理費用，皆為消費者在購買前的比較。因此，投資的靈活性、成本的透明化及投資組合，皆為壽險公司在商品設計時所考量之項目。

　　3. **客戶關係的管理模式之轉變**：購買投資型商品，通常為風險偏好者，故此類型的保戶較能夠接受並購買投資型保險商品。

　　4. **保險公司的經營績效將更加依賴政府相關法律及政策的開放**：以國外為借鏡，投資型保險商品的穩定發展和市場占有率，皆與該國的稅負政策、投資管道的不斷拓展及保險監理機構的引導有密切相關。

　　5. **保戶的自我保護意識之轉變**：保險公司的投資運作之公開及透明，讓保戶可以自行選擇與分配分離帳戶之標的，進而促使保戶的自我保護意識之提升。

6. **保險公司的資訊公開**：從業人員需了解保戶承擔風險的屬性和大小，並向保戶清楚說明投資標的及相關費用。

7. **培育健康和穩定的消費市場**：此為各家保險公司所面臨的共同課題。由於保戶對分離帳戶的未來成果負有期望，故從業人員應宣導正常的投資知識、協助保戶正確地理解與看待所處階段的市場投資報酬。例如：金融風暴可能導致分離帳戶的帳面價值減少。

投資型保險商品的推出，保險公司在整體經營理念上，向客戶**提供保險和投資理財綜合性的金融服務**，並建立**科學的投資決策、運作和風險控管系統**，以加強**成本控制**。

精選試題

(　　) **1** 下列哪一個國家最早發展投資型保險商品？
(A)英國　(B)日本　(C)美國　(D)臺灣。

(　　) **2** 臺灣第一張投資型保險商品是在何時引進市場？
(A)1990年　(B)2001年　(C)1996年　(D)2003年。

(　　) **3** 有關投資型保險商品的敘述，下列何者錯誤？　(A)資產放置於專設帳簿　(B)保戶承擔投資風險　(C)由公司選擇投資商品　(D)是高報酬高風險商品。

(　　) **4** 有關投資型保險商品的敘述，下列何者錯誤？
(A)指由消費者承擔投資風險的保險商品
(B)商品設計結合保險與基金、債券等投資理財工具
(C)美國常見的此商品包括變額壽險及萬能壽險
(D)不提供保證利率及最低保單帳戶價值。

(　) 　**5** 保戶購買投資型保險商品，主要承擔哪項風險？
(A)長壽風險　(B)匯率風險　(C)營業風險　(D)投資風險。

(　) 　**6** 下列哪一項投資型保險商品之項目，不是由保戶選擇？
(A)投保金額　(B)保管銀行　(C)投資標的　(D)資金配置方式。

(　) 　**7** 投資風險與利率高度相關，對保險公司而言，高預定利率使壽險
保單的價格相對較低。當市場利率走低時，壽險公司必須承擔高
利率時，其所售保單的？　(A)死差損　(B)費差損　(C)解約差損
(D)利差損。

(　) 　**8** 下列何者不是投資型保險商品的特點？　(A)全部風險由保險公司
獨力承擔　(B)具有保障和投資的雙重功能　(C)沒有預定利率，投
資報酬具高度不確定性　(D)保險金額隨資金運用的好壞而變動。

(　) 　**9** 關於投資型保險商品的敘述，下例何者錯誤？
(A)只依分離帳戶進行基金投資管理
(B)保單帳戶價值是不確定的
(C)兼具保險保障與投資理財雙重功能
(D)沒有預定利率，投資報酬具高度不確定性。

(　)**10** 下列有關投資型保險之敘述，何者錯誤？
(A)投資型保險之保戶須承擔投資風險
(B)投資型保險之保單帳戶價值不固定
(C)傳統壽險的保險保障較投資型保險缺乏彈性
(D)投資型保險之保費皆為不固定之方式。

(　)**11** 下列何者不是投資型保險產品所帶來的變化？
(A)行銷手法方面的轉變
(B)保戶所承擔的風險降低
(C)壽險業經營者之間競爭模式的轉變
(D)培育健康、穩定的消費市場，將成為各家保險公司面臨的課題。

解答與解析

1 (A)。各國推出投資型商品之年份：英國（1961年）→美國（1976年）→日本（1986年）→臺灣（2001年）。故此題答案為(A)。

2 (B)。臺灣第一張投資型保險商品是在<u>2001年</u>引進市場。故此題答案為(B)。

3 (C)。投資型保險商品由**保戶**選擇投資商品。故此題答案為(C)。

4 (C)。在美國，常見的投資型保險商品有：**變額**壽險、**變額**萬能壽險及**變額**年金。因此，沒有「萬能壽險」，萬能壽險並非投資型商品，此類為傳統保單。故此題答案為(C)。

5 (D)。投資型保險商品是將**投資的自主權（或稱選擇權）**和**投資風險**皆轉移給保戶。故投資型保險商品所產生的投資收益或虧損，大部分或全部由**保戶**自行承擔。故此題答案為(D)。

6 (B)。《保險法施行細則》第14條：「**投資型保險**是指保險人將要保人所繳保險費，依約定方式扣除保險人各項費用，並依其同意或指定之投資分配方式，置於**專設帳簿**中，而由**要保人**承擔全部或部分投資風險之人身保險。」因此，保戶可選擇投保金額、投資標的及資金配置方式。
故此題答案為(B)。

7 (D)。保險公司在設計保單時，考量成本與收益後訂定保單的預期收益率為預定利率，故預定利率會與保費成反比。換句話說，高預定利率，保費相對變低；低預定利率，保費相對變高。

> 狀況一 **高**預定利率→保單的價格**低**
> ※當市場利率走**低**時，則保險公司須承擔保單的**利差損**。

> 狀況二 **低**預定利率→保單的價格**高**
> ※當市場利率走**高**時，客戶覺得之前購買的保單不划算，可能會以**退保**或**保單借款**的資金進行其他投資。

故此題答案為(D)。

8 (A)。
1. 保戶承擔：**投資風險**。
2. 保險公司承擔：**死亡風險**及**費用風險**。

> 註 投資標的由保戶自行選擇，故投資風險由保戶自行承擔。

故此題答案為(A)。

9 (A)。**投資型保險商品**是結合**保險**和**投資**的**保險商品**，商品設計是讓**保戶**享有投資自主權。
《保險法施行細則》第14條：**投資型保險**是指保險人將要保人所繳保險費，依約定方式扣除保險人各項費用，並依其同意或指定之投資分配方式，置於**專設帳簿**中，而由**要**

保人承擔全部或部分投資風險之人身保險。

因此,投資型保單並非只依只依分離帳戶進行基金投資管理,保單內容另有保障的部分。故此題答案為(A)。

10 (D)。 在臺灣,目前市售的投資型保險商品有:**變額壽險**、**變額萬能壽險**以及**變額年金**。其中,變額萬

能壽險保費繳納方式富彈性(不固定)。因此,不是所有的投資型保險之保費皆為不固定之方式。故此題答案為(D)。

11 (B)。 投資型保險商品是將投資的自主權交給保戶,故保戶所承擔的風險增加。故此題答案為(B)。

重點2 **投資型保險商品之種類**

在美國,常見的投資型保險商品有:**變額壽險**、**變額萬能壽險**及**變額年金**。因此,萬能壽險和年金不屬於投資型保險商品。下列針對變額壽險、萬能壽險(非投資型保險)、變額萬能壽險、變額年金及指數年金(非投資型保險)進行說明。

一、變額壽險(Variable Life Insurance)

(一) 變額壽險為固定繳費的商品,可以躉繳或分期繳款。其與傳統保險相同和相異之項目如下表:

相同點	相異點
1.皆為終身保險。 2.簽發保單時,皆載明保單面額。 3.有保單借款條款。 　《保險法》第120條第1項:保險費付足一年以上者,要保人得以保險契約為質,向保險人借款。 　但變額壽險會限制保戶借款需低於保單帳戶價值的100%,其比例通常為75%～90%。 **註** 美國大多數變額壽險的借款限額通常是保單現金價值的75%左右。	1.變額壽險的**投資報酬率**無最低之保證。 2.變額壽險的**保單帳戶價值**無一定的保證,但有最低的死亡給付之保證。

相同點	相異點
4.定期交付定額的保費。 　唯萬能壽險則沒有確定的繳交金額及 　繳付期間的強制要求。 5.皆有二年抗辯條款，亦自殺除外條款 　及不喪失價值選擇權等。	

投資型保險商品的保單帳戶價值是變動的，若投資績效不佳可能導致保
單帳戶價值不足以償還借款本息。因此，為避免超貸之情形，投資型保
險商品建議條文裡，包括**2次**保險借款本息超過保單帳戶價值一定額度
時，需有通知要保人之義務。

知識補給站

投資型保險的保單借款參考條之如下：
要保人得在本契約保單價值總額範圍內向本公司申請保險單借款。
當未償還之借款本息，超過本契約保單帳戶價值之○○%（不得高於80%）時，本
公司應以書面通知要保人；如未償還之借款本息超過本契約保單帳戶價值之
○○%（不得高於90%）時，本公司應再以書面通知要保人償還借款本息；要保人
如未於通知到達翌日起算○日（不得低於2日）內償還時，本公司將以保單帳戶價
值扣抵之。若未償還之借款本息超過保單帳戶價值時，本公司將立即扣抵，本契
約效力即行停止。

(二) 保險公司應對投資型商品提存之準備金包括**責任準備金**（專設帳簿）、
　　未滿期保費準備金（一般帳簿）、**賠款準備金**（一般帳簿）、**保費不足**
　　準備金（一般帳簿）及**保證給付責任準備金**（一般帳簿）。其中，以要
　　保人依契約約定於專設帳簿內受益之資產價值計算之**責任準備金**應提存
　　於**專設帳簿**，其餘的準備金則提存於**一般帳簿**裡。
(三) 《保險法》第107條：「
　　未滿十五歲之未成年人為被保險人訂立之人壽保險契約，除喪葬費用之
　　給付外，其餘死亡給付之約定於被保險人滿十五歲時始生效力。

前項喪葬費用之保險金額，不得超過遺產及贈與稅法第十七條有關遺產稅喪葬費扣除額之一半。

前二項於其他法律另有規定者，從其規定。」

因此，被保險人的死亡給付於**滿15歲**時始生效力；若被保險人於**15歲前**死亡，則保險人（保險公司）得加計利息退還要保人所繳之保險費，或返還投資型保險專設帳簿之帳戶價值。此外，若被保險人為精神障礙或其他身心缺陷，以致不能或欠缺辨識其行為，則其訂立的人壽保險契約，除了喪葬費用的給付之外，其餘死亡給付的部分無效。

(四) **變額壽險與傳統終身壽險之比較：**

項目　　　　　險種	變額壽險	傳統終身壽險
保險費	固定	固定
繳費方式	固定	固定
現金價值 （保帳戶價值）	無保證 （依投資績效而定）	有保證
身故保險金	不固定，但有最低之保證 （一般帳戶＋分離帳戶＝死亡給付）	固定
死亡給付的 準備金	1.一般帳戶：最低死亡保證 2.分離帳戶：其餘保證	一般帳戶
投資方式	存於分離帳戶的保費，可由客戶自行選擇投資標的。	保費存放於一般帳戶，由保險公司投資運作。

(五) **變額壽險的實例說明**

1. **保險費的繳付**：變額壽險與傳統終身壽險一樣，皆要求要保人依預定的期間內交付定額的保險費。若分期交付的保險費沒有寬限期間（一般為30天）之前繳納，則保單即停效（萬能壽險例外）。

2. **成本及費用**：傳統壽險保單從總保費裡扣除保險成本，其總保險費由以下三個因子所構成：**被保險人死亡風險的成本、以預定利率計算的利息**及**各項費用**。變額壽險保單的保險成本大部分是從保單帳戶價值中扣除。投資型保險的相關費用有二種，(1)保險公司收取：**前置費**

用（保單附加費用，執行保險契約運作產生之投資、佣金及行政費用等）、**保險相關費用**（保單管理費和保險成本）、**後置費用**（解約費用或部分提領費用）；(2)投資機構收取：基金申購的手續費、經理人管理費及保管費等。

以美國而言，常見的變額壽險成本及費用有：(1)從總保險費扣除之成本：州保險費稅、聯邦遞延新契約佣金稅、銷售成本；(2)從保單帳戶價值裡扣減之成本：死亡成本、投資管理費、出單成本等。

3. **死亡給付**：死亡給付＝保單帳戶價值（一般是遞增）＋淨危險保額（一般是遞減）

傳統壽險只有保單生效，死亡給付依保單內容的約定金額給付，故金額為固定。而投資型保險的死亡給付，除了約定的保障金額，還要看當時的分離帳戶的投資績效而定，也就是**一般帳戶的保險金額**加上**分離帳戶的現值**即為死亡給付的金額。

(六) **投保變額壽險的需求和益處**

1. **累積個人財富**：一般帳戶（壽險）除了享稅負優惠，分離帳戶（投資）可以由保戶自行選擇投資標的，若投資績效佳則有獲取高額報酬的可能。

2. **子女的教育基金**：在子女幼時，以子女為被保險人，在其大學或出國留學時，可以申請贖回部分的投資金額。待子女成年有收入時，此保單以贈與的方式轉讓給子女，並由他們自行繳費以培養投資理財之觀念。

3. **急用時的後援**：大部分的投資型保單，其分離帳戶的贖回不需額外支付費用，但需依各家保險公司所規定的保單帳戶價值金額，只要不是全部贖回，保單依然有效力。

4. **退休準備**：保險不僅可以成為子女教育基金的工具，也可以為退休而準備。若被保人死亡時，其家人還可以領到壽險金加上分離帳戶的金額。

5. **遺產規劃**：遺產規劃的兩大目標為：(1)減少應稅之遺產，(2)儘量遞延繳稅。購買任何保險，皆應趁年輕且身體狀況良好時投保。買保險是一種責任的表現，在人生的每個階段都有不同的責任，及早規劃可以帶給自己與家人安心的保障。

最後生存者變額壽險（又稱為聯合死亡壽險），此保險是指被保險人有兩個，在第二個被保險人死亡（兩位被保險人都死亡）時才支付保險金。以美國為例，由於聯邦稅法規定：配偶有一人（第一位被保

險人）死亡時，生存配偶（第二位被保險人）享有無限制的遺產扣除額，故只有在生存配偶（第二位被保險人）也死亡時，才需要用現金等流動性資產來繳納遺產稅。

6. **企業福利和資金的運用**：企業購買保單有下列之特點：

   (1)重要員工的福利與補償：以公司為要保人，員工為被保險人，當公司臨時有資金需求，要保人可以從分離帳戶中提領部分的資金來運用。

   (2)經營買賣協議及股票贖回的規劃：當公司需要累積經營權買賣協議和股票購回的計畫，人壽保險是理想的運用工具。由於協議期限的年限長，故變額壽險方便公司之運用與規劃。

   (3)保險費交付與保險（理賠金）給付分離之計畫：兩方當事人（例如企業主與特定員工之間）正式將終身壽險保單的保險費交付和保險給付領取分離之協議。保險費交付者（例如雇主）擁有現金價值的所有權，純壽險保障歸於被保險人（例如員工），此項計畫並不會帶給被保險人危險，故被廣為運用。

   > **觀念理解**
   >
   > 變額壽險仍是以保障為主，投資為輔的保險商品。而且投資是一種長期計畫，至少需要10年以上才能看出明顯的績效，若沒有長期持有的打算，則不適合購買變額壽險。

變額壽險的「保證最低死亡給付」已是投資型商品的基本條件，部分的保險公司提供下列之保證：

1. **保證最低死亡給付或年金給付**：可吸引退休規劃者有購買之意願。
2. **保證本金**：增加保守的投資者有購買之意願。
3. **保證最低利率**：增加保守的儲蓄者有購買之意願。

但不會有「保證最低解約金」，因為投資型商品即是把投資的自主權交由保戶，則投資損益固然由保戶自行承擔。

保險公司擴大了變額壽險在個人市場及團體市場的應用範圍，是透過：**死亡給付成長潛力**（壽險＋投資的帳戶價值）、**保單所有人有機會掌控投資標的**（投資自主權交給保戶）及**保單所有人有機會掌控投資方法**（投資方式由保戶自行決定）。

二、萬能壽險（Universal Life Insurance）－傳統型保險而非投資型保險

(一) 萬能壽險以宣告利率的方式來累積現金價值，即保單帳戶價值會跟隨利息走勢而變動，也就是**利率敏感保險商品**。其提供**富彈性**的**保費**和**保額**，保費的投資標的以**債券**為主。

(二) **萬能壽險的特點：**

  1. **靈活性：保費繳納**的可選擇性和**保險金額（保費）**的可調整性。即客戶繳納第一期保費後，只要符合保險公司規定的限額內（有的保險公司會要求繳納一定的整數，例如以100元為單位），保戶可自行選擇於未來任何時間繳納下期保費。只要保單價值足夠支付下一期的保險成本和相關費用，保單持續有效。此外，保戶可以在任意時間提出減少或增加保險金額（若增加保險金額，需重新核保），故繳費靈活的特性適用於保戶在人生不同時期的需求。

  2. **透明性：**保險公司向保戶公開組成商品價格的各種因素，並在每年度報告書中，向保戶說明保費、保險金額、利息、保險成本、各項費用及保單帳戶價值變動之情形。以上資料便於保戶進行不同商品之比較，並可監督保險公司的經營狀況。

  萬能保險的鬆綁是指將死亡給付分為**淨危險保額**和**單獨運作的保單帳戶價值**。其運作方式是以定期壽險（淨危險保額）承擔死亡危險，將保險費扣除必要費用後之餘額統一由保險公司自行操作運用，故此筆款項放於一般帳戶裡（保險公司不得收取保單行政費用），亦二者是**拆開運作**的。而保險公司運作的績效以宣告利率的方式來累積保單帳戶價值。累積保單帳戶價值所使用的利率通常由保險公司決定，大多數美國保險公司採用公司的**新錢報酬率**（指保險公司在新的投資所賺的報酬）做為宣告利率之計算基礎。美國的萬態壽險保單會在保單上載明累積保單帳戶價值之**最低保證率**，通常為3%或4%。

  保戶所繳付的保險費，若大於淨危險保額成本，超過的部分則直接加入保單帳戶價值的基金中；若保險費有任何欠缺短少時，則從保單帳戶價值中扣取承擔淨危險保額所需的費用。因此，保費的繳交很有彈性，保單所有人可以在法定限額內繳交保險費，也可以少繳一些保險費，甚至不需再繳納任何保費。

(三) 萬能保險的實例說明

萬能壽險保單有兩種典型，通常被標示為選擇A（Options A）與選擇B（Options B）。

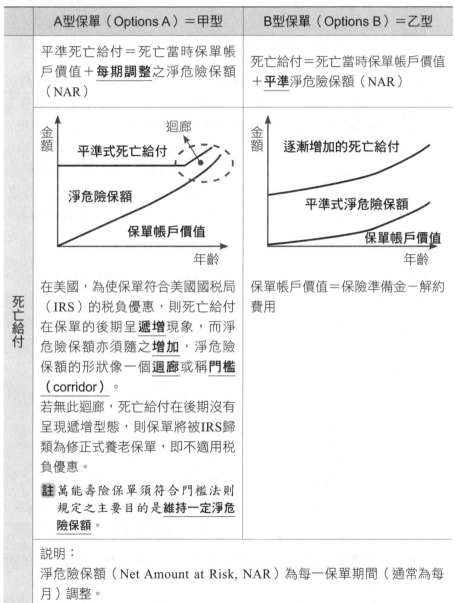

	A型保單（Options A）＝甲型	B型保單（Options B）＝乙型
死亡給付	平準死亡給付＝死亡當時保單帳戶價值＋**每期調整**之淨危險保額（NAR）	死亡給付＝死亡當時保單帳戶價值＋**平準**淨危險保額（NAR）

A型圖表標示：金額、迴廊、平準式死亡給付、淨危險保額、保單帳戶價值、年齡

B型圖表標示：金額、逐漸增加的死亡給付、平準式淨危險保額、保單帳戶價值、年齡

A型說明：
在美國，為使保單符合美國國稅局（IRS）的稅負優惠，則死亡給付在保單的後期呈**遞增**現象，而淨危險保額亦須隨之**增加**，淨危險保額的形狀像一個**迴廊**或稱**門檻**（corridor）。

若無此迴廊，死亡給付在後期沒有呈現遞增型態，則保單將被IRS歸類為修正式養老保單，即不適用稅負優惠。

註 萬能壽險保單須符合門檻法則規定之主要目的是**維持一定淨危險保額**。

B型說明：
保單帳戶價值＝保險準備金－解約費用

說明：
淨危險保額（Net Amount at Risk, NAR）為每一保單期間（通常為每月）調整。

	A型保單（Options A）＝甲型	B型保單（Options B）＝乙型
帳戶價值	1.保單帳戶價值↑（增加） 　→ NAR↓（減少） 2.保單帳戶價值↓（減少） 　→提供與傳統壽險相同之保障	1.保單帳戶價值↑（增加） 　→總保單死亡給付↑（增加） 2.保單帳戶價值↓（減少） 　→總保單死亡給付↓（減少）

主管機關為維持國內萬能壽險具有一定淨危險保額，避免保戶將萬能壽險當成投資商品，故頒定「**人壽保險商品死亡給付對保單價值準備金（保單帳戶價值）之最低比率規範**」民國109年06月30日修正，民國109年07月01日生效，最低比率列示如下：(1)30歲（含）以下：190%；(2)31～40歲：160%；(3)41～50歲：140%；(4)51～60歲：120%；(5)61～70歲：110%；(6)71～90歲：102%；(7)91歲（含）以上：100%。（舊法「非投資型萬能人壽保險商品死亡給付對保單價值準備金之最低比率規範」已不適用）。

三、變額萬能壽險（Variable Universal Life Insurance）

(一) 變額萬能壽險除了具有萬能保單原有的保單彈性外，同時還可讓客戶選擇自己偏好的投資組合，故又稱為彈性保費變額壽險（Flexible-Premium Variable Life）。變額萬能壽險和萬能壽險比傳統壽險受到消費者喜愛的理由皆是因為保險費和保障均具彈性。

(二) 變額萬能壽險＝變額保險的投資特性＋萬能保險的彈性特點，故有列特色：

1. 保戶可自行決定繳費時間及支付金額。

2. 保戶可任意選擇調高或降低保額。

3. 保戶自行承擔投資風險。

4. 投入投資的保費放置於分離帳戶，而不是一般帳戶。

5. 若投資績效不理想，分離帳戶的保單價值不夠抵扣保險費，則保單失效。因此，在介紹變額萬能壽險時，最重要需提醒保戶注意投資風險。

變額萬能壽險與固定保費之**變額壽險**不同為**變額萬能壽險**沒有保證死亡給付金額。

1. 美國稅法認定的「人壽保險」，終身壽險保單在被保險人到達95歲之前，都要維持一定比例（或稱**門檻**）以上的純保險保障（亦是**淨危險**

保額）。若違反此規定，或於95歲前有提前滿期的保單，即不能享有稅法之優惠。

2. 變額萬能壽險於臺灣與美國的門檻法則不同之處：

比較項目 \ 家國	臺灣	美國
設立機關	保險主管機關	稅賦機關
最高比率	舊法－130% 新法－190%	250%

變額萬能壽險臺灣門檻法則之年齡級距，依「人壽保險商品死亡給付對保單價值準備金（保單帳戶價值）之最低比率規範」民國109年06月30日修正，民國109年07月01日生效，最低比率列示如下：(1)30歲（含）以下：190%；(2)31～40歲：160%；(3)41～50歲：140%；(4)51～60歲：120%；(5)61～70歲：110%；(6)71～90歲：102%；(7)91歲（含）以上：100%。

重點整理—死亡給付對保單價值準備金之最低比率

項目 \ 商品名稱		萬能壽險 （非投資型）	變額萬能壽險 （投資型）
舊法規	法規名稱	非投資型萬能人壽保險商品死亡給付對保單價值準備金之最低比率規範	投資型人壽保險商品死亡給付對保單帳戶價值之最低比率規範
	公發布日	民國101年04月03日	民國99年02月10日
	生效日期	民國101年07月01日	民國99年02月10日
	最低比率	(1) 15～40歲：155% (2) 41～70歲：130% (3) 71歲（含）以上：105%	(1) 15～40歲：130% (2) 41～70歲：115% (3) 71歲（含）以上：101%
新法規	法規名稱	人壽保險商品死亡給付對保單價值準備金（保單帳戶價值）之最低比率規範 第4點	
	公發布日	民國108年12月24日	

項目＼商品名稱	萬能壽險（非投資型）	變額萬能壽險（投資型）
修正日期	民國109年06月30日	
生效日期	民國109年07月01日	
最低比率（新法規）	(1) 30歲（含）以下：190% (2) 31～40歲：160% (3) 41～50歲：140% (4) 51～60歲：120%	(5) 61～70歲：110% (6) 71～90歲：102% (7) 91歲（含）以上：100%

註 舊法「非投資型萬能人壽保險商品死亡給付對保單價值準備金之最低比率規範」和「投資型人壽保險商品死亡給付對保單帳戶價值之最低比率規範」已不適用，請以新法「人壽保險商品死亡給付對保單價值準備金（保單帳戶價值）之最低比率規範」之內容為主。

變額萬能壽險的要保人可隨意繳交大於「目標保險費」的金額。若保單帳戶價值到達門檻限額（法定保險費額）時，將**死亡給付**隨**保單帳戶價值**的增加而提高，除了維持**淨危險保額**不變，又能維持變額萬能壽險的彈性。

目標保險費（或稱**基本保險費**）是指保險公司在保險契約裡規定保戶需繳交的保費金額。有些保險公司會於變額萬能壽險中載明，保險公司所建議的最少應繳交的保費金額，此金額使保單在保守的投資及報酬假設條件下仍可繼續有效。

註 投資型保險之保險金額（保險公司同意保戶承保的保額）須為目標保險費的一定倍數，其立法目的是避免**保險金額太低**，而造成身故保險金與保單帳戶價值之間存在著不合理的關係。因此，政府為維持人壽保險商品之基本保險保障比重，藉以提高國人保險保障，特訂定《死亡給付對保單價值準備金之最低比率》規範。

四、變額年金（Variable Annuity）

(一) **人壽保險**是防範走得太早責任未了，**年金保險**是擔心活得太久錢不夠用，兩者皆靠**時間**和**複利**累積資金。年金保險分為：1.即期年金保險：經一次繳費之後，即可分期請領分期年金，也就是即繳即領；2.遞延年金保險（或稱利變年金保險）：可一次或多次繳費，須經年金累積期間後，才能請領年金，可一次請領或分期請領，目前市面上的利變年金皆屬於遞延年金保險；3.變額年金保險：屬投資型保單，可一次或多次繳

費，投資標的連結投信公司的基金為主，此險種不保本，投資風險由保戶自行承擔。

(二) **變額年金**是為了因應通貨膨脹而發展的商品，此險種提供被保險人退休所得的規劃，其中最常見的是「遞延變額年金」。在美國變額年金受到歡迎是因為**利息遞延課稅**之稅賦優惠效果。

遞延課稅源於美國聯邦稅法第401條第k項又稱401（k）退休福利計劃，主要是美國企業提供員工退休給付的一種計劃。年金之提撥額是由員工薪資中扣除，可以作為課稅所得之減項，但在未來領取退休金時則需課稅，也就是遞延課稅的意思。

(三) **變額年金**和**變額壽險**皆是透過自己所選的投資組合的績效呈現於保單價值上，保單價值的增減則用於調整年金金額的給付。在繳費期間，存於分離帳戶的保費依當時的基金價值購買一定數量的基金單位，此稱為「**累積基金單位**」。年金給付的來源就是在領取開始日時，保單持有人所擁有的**累積基金單位的總價值**，其用於購買新的**年金基金單位**。每期年金給付額＝年金基金單位數量×給付當期的基金價格，故年金給付額是隨著年金基金單位的資產價值之波動而變化。

變額年金的要保人可以依自己的投資屬性，選擇可承受的風險組合之投資標的。此種險的優缺為**節稅**、**分散投資**、**報酬率高**（與傳統商品比較時）、**管理費用不高**；缺點為保戶須承擔投資風險。

由於**市場利率持續走低**、**企業退休制度逐漸改為固定提撥制**、**保險商品之稅負優惠**，以上皆為變額年金快速成長之原因。

此外，變額年金之帳戶移轉限制的部分，保戶不可讓分離帳戶價值的餘額低於「保單約定的最低金額」。

(四) **變額年金的年金金額之決定，有下列三個步驟：**

步驟1 **決定年金給付開始日的年金金額**

年金給付開始日的年金金額＝保單累積的帳戶價值×年金購買率

範例 A君（男性）60歲，購買保證期為10年期的即期終身年金，預定報酬率為3.2%，且：

(1)保單累積的帳戶價值為50,000，或50千元。

(2)年金購買率為5.89元（每千元帳戶價值提供的每月年金給付）

則年金給付開始日的年金金額＝50,000／1,000×5.89＝294.5元

說明　年金購買率（5.89元）與預定報酬率（3.2%）及保證期
（10年）有關，若用較高的預定報酬率或較低的保證期，
則年金購買率及年金開始日的年金金額也會隨之提高。

步驟2　**轉換為年金單位數**

$$總年金單位數 = \frac{年金給付開始日的年金金額}{年金給付開始日的年金單位價值}：$$

(1)年金給付開始日的年金金額為294.5元

(2)年金給付開始日的年金單位價值為1.73元

則總年金單位數＝294.5÷1.73＝170.23單位

說明　年金受領人往後的每月領取金額就以170.23單位數為計算
基礎，此單位數在支付期間皆維持不變。

步驟3　**決定後續的每月年金金額**

每月年金金額＝總年金單位數×計算日的年金單位價值

範例　總年金單位數為170.23單位，則當期年金單位價值及金額

月份	年金單位價值	計算式	年金金額
10	$ 1.73	＝**170.23**單位×$ 1.73	$ 294.5
11	$ 1.75	＝**170.23**單位×$ 1.75	$ 297.9
12	$ 1.77	＝**170.23**單位×$ 1.77	$ 301.3

說明　每月受領的**年金金額**是隨著**年金單位價值**而變動，年金單
位的價值愈高，則能購置的單位數愈少。**年金購買率**與**預
定報酬率（預定利率）**和**保證期**有關，若採用**較高的預定
報酬率**或**較低的保證期**，則**年金購買率**及**年金開始日的年
金金額**也會隨之提高。

保險公司計算累積單位成本，可以**日計**、**週計**或**月計**，而
季計、**半年計**或**年計**較為少見。

進入年金領取始期，保單所有人擁有的「累積基金單位的總價值」，可
用於購買新的基金單位，因為此時保戶已不再繳費，則其年金單位數已
固定不再改變。

因此，變額年金之年金受益人，是領取一個固定數目之年金單位，但每單位年金價值仍會隨投資績效而改變。

(五) **變額年金之年金給付方式**

1. 當年金到了應開始支付時，保單所有人可以選擇自己想要受領的類型。在實務上，保戶通常選擇的給付方式如下：

    (1)**終身年金**：保險公司保證年金受領人於生存期間可以持續收受年金給付，一旦年金受領人身故時，保險公司即停止給付。

    (2)**定期年金**：保險公司於在一定年限內給付受領人年金，但若受領人在年限內死亡則保險公司不再給付。

    (3)**保證期間終身年金**：無論受人是否身故，保險公司會於保證期間內持續給付年金至契約所約定之期間。

    (4)**保證金額終身年金**：無論受人是否身故，保險公司會付年金至契約所約定之總額。

    目前，保證期間終身年金（附保證期間年金給付）是國內變額年金保險之常見的年金給付方式。

2. 個人年金險是由一人受領之年金險；多數受領人年金險即是約定兩個以上的受領人之年金險，分為下列種類：

    (1)**連生共存年金**：受領人皆須生存才會給付年金，若其中一人死亡，就停止給付。

    (2)**連生遺族年金**：若受領人死亡，保險公司仍會持續給付給年金給相關受領人或指定受益人。

    (3)**最後生存者年金**：兩個或兩個以上之受領人中至少還有一個生存，保險公司得持續給付年金至最後一個生存者死亡為止。

3. 年金給付金額有二種：

    (1)**定額年金**：給付的金額從一開始至結束皆為同一個金額。

    (2)**變額年金**：給付的金額會隨著投資收益而變動。

不同的是，變額年金的所有人比定額年金的所有人多了－在各種不同的給付方式中選擇變額或定額的機會。此外，變額年金的所有人可以把年金基金分別放在一般帳戶和分離帳戶，故創造了定額年金給付加變額年金給付的組合。

> ● **考點速攻**
>
> 變額年金的潛在客戶群有：(1)為退休規劃者；(2)目前有投資共同基金者；(3)不想受通貨膨脹影響者。

五、指數年金（Equity Indexed Annuities）－傳統型保險而非投資型保險

指數年金又稱**市場價值年金**（Market Value Annuity, MVA）或稱**市場價值調整年金**（Market Value Adjusted Annuity），在美國，屬於定額年金的一種。1984年推出至今，大多為3至10年期的躉繳遞延年金，與傳統定額遞延年金之主要差別在於**決定利率的方式**。**指數年金**的**利息之計算**與**年金給付**，會與市場上之某股價或股價指數連動，而將**股價**或**股價指數**（常見為Standard & Poor's 500 Composite Stock Price Index）代入客戶投保之保單契約所規定的利率計算公式而得出年金給付金額。

(一) 指數年金的運作

1. 指數連動利率之計算

計算方式	計算式／適用時機	
(1) 點對點法（Point-to-point Method; PTP） 又稱終點法 （End-point Method）	● 計算式：$\dfrac{\text{合約終點的指數}-\text{合約起始點的指數}}{\text{合約起始點的指數}}$ ● 適用時機：景氣擴張期（預期指數**持續上升**）。 ● 參與率較高。	
	範例	1,000　1,200　800　1,100　1,300　1,200 ├第一年┤第二年┤第三年┤第四年┤第五年┤ 利率$=\dfrac{1,200-1,000}{1,000}=20\%$ **速記** 起始對**終點**，前面（**起始**）當分母。
(2) 高標法 （High Water Mark Method; HWM）	● 計算式： $\dfrac{\text{合約期間之最高指數}-\text{合約起始點的指數}}{\text{合約起始點的指數}}$ ● 適用時機：預期指數**先上升**、**後下降**。 ● 參與率比點對點法低。	
	範例	1,000　1,200　800　1,100　1,300　1,200 ├第一年┤第二年┤第三年┤第四年┤第五年┤ 利率$=\dfrac{1,300-1,000}{1,000}=30\%$ **速記** 起始對**高點**，前面（**起始**）當分母。

計算方式		計算式／適用時機
(3) 低標法 （Low Water Mark Method; LWM）		● 計算式： $$\frac{\text{合約終點的指數}-\text{合約期間之最低指數}}{\text{合約期間之最低指數}}$$ ● 適用時機：預期指數**跌至低點，後期上升**。
	範例	1,000　1,200　800　1,100　1,300　1,200 |第一年|第二年|第三年|第四年|第五年| $$利率=\frac{1,200-800}{800}=50\%$$ 速記 **低點**對**終點**，前面（**低點**）當分母。
(4) 年增法 （Annual Reset Method）		● 計算式：契約期間各期年初至年底股價指數之**增加率**的**加總**；若增加率為負，則以0計算。也就是0為下限（Floor）值。 ● 適用時機：預期指數**上下波動**。 ● 此法會增加保險公司之作業成本，故參與率最低。
	範例	+20%　0%　+37.5%　+18.18%　0% 1,000　1,200　800　1,100　1,300　1,200 |第一年|第二年|第三年|第四年|第五年| 利率＝20%＋37.5%＋18.18%＝75.68%
(5) 多年期增加法 （Multi-year Reset Method）		● 計算式：以2年或3年為一期，契約期間各期年初至年底股價指數之**增加率**的**加總**；若增加率為負，則以0計算。 ● 適用時機：預期指數**上下波動**。
	範例	0%　　+62.5%　　+7.69% 1,000　1,200　800　1,100　1,300　1,200　1,400 |第一年|第二年|第三年|第四年|第五年|第六年| 利率＝62.5%＋7.69%＝70.19%

計算方式	計算式／適用時機
(6) 數位法 （Digital Method）	● 計算式：基於「開／關」原理之設計，契約期間各期年初至年底股價指數之**增加率**為正，則**加計固定報酬**（開）；若**增加率**為為負，則以0計算（關）。 ● 適用時機：預期指數呈**緩步趨堅**。 ● 此法可選擇「不複合計算利率」，故有機會獲得比年增法更高的利率。

	若增加率為正，則加計10%
範例	

利率＝10%＋10%＋10%＝30%

2. 複合式利率：參與率或差額

項目	計算式	說明
參與率	實際應付的指數報酬率 ＝指數連動利率×參與率	參與率是指「保戶可以分享投資升幅的比率」或「保戶可以參與報酬分成的比率」。 **參與率的功能**：將指數連動利率，轉換成「實際應付的指數報酬率」。參與率的高低取決於產品之特質及衡量指數變動率所使用之方式（例如：點對點法、高標法等），可訂

項目	計算式	說明
差額	實際應付的指數報酬率 ＝指數連動利率－差額	於20%～100%。一般而言，高風險基金可能有100%的參與率，而保本基金的參與率可能只有20%，故高參與率未必產生更高之利率。大部分的指數年金在契約期間參與率是固定不變的，但也有某些契約是採每年變動。 **最佳情況**：當指數連動利率較低時，乘參與率；當指數連動利率較高時，減差額。

3. **最低保證率**

    指數年金屬一般帳戶的產品，故有最低保證利率，保單持有人可選擇最低保證利率作為利息給付的基準。一般而言，保險公司以累積保費的90%作為計算利息之基準，再以年利率3%為複利增值；另外的10%為分擔保險公司投資支出或其他相關費用。

    此外，有些指數年金會提供**選擇期間**，一般為原保單期間終了的30～45天。在選擇期間，保單持有人除了可決定年金的價值，尚可選擇年金價值的處置方式，例如：採年金給付、全部／部分領現、重新換約等。宣告利率是用「年金累積期間」，而非「合約期間終了後」的選擇期間。

4. **特殊之設計**：上限（Cap）或下限（Floor）

    有些保單採上限設計，例如：指數連動利率在一既定時間，設定一給付限額；或設定利息給付不得超過原始金額的100%。也有些保單採下限設計，例如：將合約下限設定為0%，若指數下跌，則保戶的帳戶價值也不會有損失，仍保持與前一年度相同的水準。

指數年金的計算練習：

方法	題目	計算
點對點法（Point-to-point Method; PTP）	A君購買5,000美元之指數年金，契約期間為5年，參與率100%，當時S＆P 500指數為1,000點。 情況一 5年後契約期間終了的指數為1,300點。 情況二 5年後契約期間終了的指數為900點。	情況一 5年後契約期間終了的指數為1,300點。 (1) 指數連動利率 $=\dfrac{1,300-1,000}{1,000}=30\%$ (2) 實際應付的指數報酬率 $=30\%\times100\%=30\%$ (3) A君可獲得的利息＝5,000×30%＝1,500 # 情況二 5年後契約期間終了的指數為900點。 (1) 指數連動利率 $=\dfrac{900-1,000}{1,000}=-10\%$ (2) 因為指數連動利率為負數，A君可選擇最低保證率，以保費90%、年利率3%的5年複利計算。 實際應付的指數報酬率 $=5,000\times90\%\times(1+3\%)^5=5,217$ (3) A君可獲得的利息 $=5,217-5,000=217$ #
高標法（High Water Mark Method; HWM）	A君購買5,000美元之指數年金，契約期間為5年，參與率90%，當時S＆P 500指數為1,000點。 情況一 契約期間指數最高點為1,500點。 情況二 契約期間指數最高點為950點。	情況一 契約期間指數最高點為1,500點。 (1) 指數連動利率 $=\dfrac{1,500-1,000}{1,000}=50\%$ (2) 實際應付的指數報酬率 $=50\%\times90\%=45\%$ (3) A君可獲得的利息＝5,000×45%＝2,250 # 情況二 契約期間指數最高點為950點。 (1) 950點＜購買時的指數1,000。 (2) 因為指數連動利率為負數，A君可選擇最低保證率，以保費90%、年利率3%的5年複利計算。 實際應付的指數報酬率 $=5,000\times90\%\times(1+3\%)^5=5,217$ (3) A君可獲得的利息＝5,217−5,000＝217 #

方法	題目	計算
年增法 （Annual Reset Method）	A君購買5,000美元之指數年金，契約期間為5年，參與率60%，當時S＆P 500指數為1,000點。 情況一 契約期間指數分別為1,200、800、1,100、1,300、1,200。 情況二 契約期間指數分別為900、800、700、600、500。	情況一 契約期間指數分別為1,200、800、1,100、1,300、1,200。 ＋20%　0%　＋37.5%　＋18.18%　0% 1,000　1,200　800　1,100　1,300　1,200 第一年｜第二年｜第三年｜第四年｜第五年 (1) 指數連動利率 　＝20%＋37.5%＋18.18%＝75.68% (2) 實際應付的指數報酬率 　＝75.68%×60%＝45.41% (3) A君可獲得的利息＝5,000×45.41%＝2,271 情況二 契約期間指數分別為900、800、700、600、500。 0%　0%　0%　0%　0% 1,000　900　800　700　600　500 第一年｜第二年｜第三年｜第四年｜第五年 (1) 指數連動利率＝0% (2) 因為指數連動利率為0%，A君可選擇最低保證率，以保費90%、年利率3%的5年複利計算。 　實際應付的指數報酬 　＝$5,000 \times 90\% \times (1+3\%)^5 = 5,217$ (3) A君可獲得的利息＝5,217－5,000＝217 #

最低保證給付的投資型保險商品

常見的最低保證給付的投資型保險商品：

(1) **保證最低身故給付**（Guaranteed Minimum **Death** Benefit, GM**D**B）：保險人（保險公司）保證，被保險人於契約期間內死亡，不論投資績效如何，保險公司承諾保證某一特定死亡給付金額，給付金額大多是期初保單帳戶價值或保費，也可能是兩者較大值。

(2) **保證最低滿期給付**（Guaranteed Minimum **Maturity** Benefit, GM**M**B）：保險人（保險公司）保證，當契約期滿時，不論投資績效如何，保單的價值準備金會有最低保證金額。

(3)**保證最低提領給付**（Guaranteed Minimum **Withdraw** Benefit, GM**W**B）：保險人（保險公司）保證，在契約提領期間內，不論投資績效如何，保戶每期可提領其事先已預定的保單戶價值之保證比率（一般為每年5～10%），若投資標的績效超過保證比率時，還可以參加獲利。若被保險人死亡時，受益人可提領「剩餘未提領金」或「帳戶價值」兩者取其大。

(4)**保證最低累積給付**（Guaranteed Minimum **Accumulation** Benefit, GM**A**B）：保險人（保險公司）保證，在某些特定時間點鎖住保單帳戶價值的高點，在到期日時做為最低給付保證之金額。一般是變額年金會運用這種方式，給保戶的一種保證。

(5)**保證最低收入給付**（Guaranteed Minimum **Income** Benefit, GM**I**B）：保險人（保險公司）保證，在轉換年金時，可依據約定的年金率為最低收入給付保證，還可將此約定年金率與市場利率做比較，若市場利率較高，則以市場利率為準。

保險公司提供的「保險保證」條件，保戶需另支付「保證」費用才可享有。

註 以上縮寫要記下來，標示下底線的文字為關鍵字。

精選試題

( ) **1** 下列敘述何者不正確？ (A)投資型保險商品資金單獨設立帳戶，管理透明 (B)傳統壽險主要功能為提供被險險人保障，而投資型保險商品具有保障及投資功能 (C)變額壽險之保險金額隨資金運用好壞而變化，有最低死亡保險金額之規定 (D)傳統壽險保費繳納較變額萬能壽險富彈性。

( ) **2** 美國大多數變額壽險的借款限額通常是多少？ (A)保單現金價值的100% (B)保單現金價值的75%左右 (C)不超過現金價值的50% (D)以上皆非。

(　) **3** 變額壽險與傳統型壽險之主要差異在於：　(A)保險費金額不固定　(B)保單帳戶價值不固定　(C)保險繳納方式不固定　(D)以上皆是。

(　) **4** 下列哪一項費用是屬於保險公司收取之後置費用　(A)附加費用　(B)管理費用　(C)保證費用　(D)解約費用。

(　) **5** 保險人擴大了變額壽險在個人市場及團體市場的應用範圍，是透過哪三者的結合而形成的？　(A)死亡給付成長潛力、保單所有人有機會掌控投資標的與投資方法　(B)彈性的保單設計、保單所有人有機會掌握投資標的與投資方法　(C)保單帳戶價值成長保證、保單所有人有機會掌控投資標的與專業投資管理　(D)高於平均報酬率、保單所有人有機會掌控投資標的與稅負遞延效果。

(　) **6** 下列何者敘述適用於萬能壽險？　(A)保單內有保單帳戶價值及遞增定期壽險保障　(B)保險費可由保單所有人決定多繳或少繳　(C)保險金額可由保單所有人決定，但決定後便不可更動　(D)性質與養老壽險類似。

(　) **7** 萬能壽險是屬於？　(A)變額年金　(B)利率敏感性商品　(C)遞延年金商品　(D)指數連動型商品。

(　) **8** 萬能壽險B型保單之淨危險保額（NAR）為：
(A)遞增　(B)遞減　(C)固定　(D)不固定。

(　) **9** 下列關於臺灣與美國變額萬能壽險之門檻法則規定，何者錯誤？
(A)美國實施較早　(B)美國門檻法則由國稅局頒訂　(D)臺灣門檻年齡級距區分7級　(D)臺灣門檻比率相對較高。

(　)**10** 在介紹變額萬能壽險時，最重要需提醒保戶注意哪一項風險？
(A)政治風險　(B)投資風險　(C)信用風險　(D)流動風險。

(　)**11** 依照投資型商品死亡給付與保單帳戶價值之最低比率規定，71歲之被保險人最低比率為：　(A)102%　(B)110%　(C)130%　(D)以上皆非。

(　　) **12** 在美國變額年金受到歡迎是因為何種稅賦優惠效果？　(A)利息定額免稅　(B)利息分離免稅　(C)利息遞延課稅　(D)以上皆是。

(　　) **13** 如公司採愈高預定利率計算未來年金給付，則保戶可領年金金額會如何？　(A)愈低　(B)愈高　(C)無影響　(D)以上皆非。

(　　) **14** 假設陳先生選擇向B保險公司購買變額年金，其變額年金所結合之基金在9月1日之基金淨值500萬元，總共發行20萬個單位數，陳先生在9月1日繳交1萬3千元，若半年後基金之單位市價漲為40元，請問陳先生變額年金保單價值為何？　(A)20,700元　(B)20,800元　(C)20,900元　(D)30,000元。

(　　) **15** 下列哪一項是國內變額年金保險之常見的年金給付方式？　(A)附保證期間年金給付　(B)連生年金給付　(C)遺族年金給付　(D)以上皆非。

(　　) **16** 保證年金受領人有生之年繼續支付，年金受領人死亡時，就停止所有的支付。此是指何種年金給付方式？　(A)定期年金　(B)終身年金　(C)連生年金　(D)附期間保證的終身年金。

(　　) **17** 所謂「市場價值調整年金」（market value adjusted）是指何種產品？　(A)連生年金　(B)定期年金　(C)變額年金　(D)指數年金。

(　　) **18** 下列對指數年金敘述，何者錯誤？　(A)大多數為3到10年期之躉繳遞延年金產品　(B)在美國，其為定額年金的一種　(C)利息之計算與年金給付金額是由保險公司逐年訂定的　(D)亦有最低保證利率之選擇。

(　　) **19** 指數年金之指數連動計算方式是以契約起始點與契約終止之增加率為基礎，是屬於哪一種計算方式？　(A)點對點法　(B)年增法　(C)低標法　(D)高標法。

(　　) **20** 高標法之指數年金商品，適用於何種指數行情之狀況，以獲得更高之指數報酬？　(A)預期指數行情將持續往上攀升　(B)預期

指數行情將會上下波動時　(C)當預期指數行情將呈緩步趨堅時
(D)預期指數行情先上升、後下降時。

(　　) **21** 有些指數年金會在契約終了一定期間內，讓保戶選擇年金價值處
理方式，此一期間稱為：　(A)選擇期間　(B)等待期間　(C)除斥
期間　(D)免責期間。

(　　) **22** 指數年金之利率是如何計算出來的？　(A)依照該年金產品所設
定之公式求得一個指數本身變動之比率，再將所求得的數值除以
「參與率」或加上「差額」(B)依照該年金產品所設定之公式求得
一個指數本身變動之比率，再將所求得的數值乘以「參與率」再
加上「差額」(C)依照該年金產品所設定之公式求得一個指數本身
變動之比率，再將所求得的數值乘以「參與率」或減掉「差額」
(D)以上皆非。

(　　) **23** 假設張先生購買了5,000美元的指數年金，契約6年，且當時S＆P指
數為1000點。若指數連動利率採「點對點法」，參與率為80%，且契
約終了指數為1300點，契約期間最高指數為1200點，則張先生可獲
利息為：　(A)1,200　(B)1,300　(C)1,400　(D)1,500。

(　　) **24** 假設廖先生購買了10,000美元的指數年金，契約七年，指數連動
利率採「高標法」，參與率100%，且最低保證利率為累積保費
九成、年利率3%計算，購買當時之S＆P指數為1000點。七年後，
契約期間指數之最高點若為1100點。請問廖先生可得的利息為多
少？　(A)1,000　(B)1,050　(C)1,069　(D)以上皆非。

(　　) **25** 假設徐先生選擇購買5,000美元之指數年金，契約期間5年，當時
之S＆P 500指數為1000點，之後每週年之S＆P指數分別為1100
點、1200點、1300點、1500點、契約到期時之指數為1200點，
若指數連動利率採「高標法」、差額（margin）3%，則契約
到期時，徐先生可獲多少美元之利息？　(A)3,250　(B)3,350
(C)2,250　(D)2,350。

(　　) **26** 保戶如選擇保證給付商品，公司會取何種投資型保險費用？
(A)附加費用　(B)管理費用　(C)保證費用　(D)免費贈送。

解答與解析

1 (D)。**變額萬能壽險**保費繳納較傳統壽險富彈性。故此題答案為(D)。

2 (B)。《保險法》第120條第1項：保險費付足一年以上者，要保人得以保險契約為質，向保險人借款。
但變額壽險會限制保戶借款需低於保單帳戶價值的100%，其比例通常為75%～90%。
註 美國大多數變額壽險的借款限額通常是保單現金價值的75%左右。
故此題答案為(B)。

3 (B)。變額壽險與傳統保險相同和相異之項目如下表：

相同點	相異點
1.皆為終身保險。 2.簽發保單時，皆載明保單面額。 3.有保單借款條款。 　《保險法》第120條第1項：保險費付足一年以上者，要保人得以保險契約為質，向保險人借款。 　但變額壽險會限制保戶借款需低於保單帳戶價值的100%，其比例通常為75%～90%。 　註 美國大多數變額壽險的借款限額通常是保單現金價值的75%左右。 4.定期交付定額的保費。 　唯萬能壽險則沒有確定的繳交金額及繳付期間的強制要求。 5.皆有二年抗辨條款，亦自殺除外條款及不喪失價值選擇權等。	1.變額壽險的**投資報酬率**無最低之保證。 2.變額壽險的**保單帳戶價值**無一定的保證，但有最低的死亡給付之保證。

故此題答案為(B)。

4 (D)。變額壽險保單的保險成本大部分是從保單帳戶價值中扣除。投資型保險的相關費用有二種，(1)保險公司收取：**前置費用（保單附加費用，執行保險契約運作產生之投資、佣金及行政費用等）**、**保險相關費用（保單管理費和保險成本）**、**後置費用（解約費用或部分提領費用）**；(2)投資機構收取：基金申購的手續費、經理人管理費及保管費等。故此題答案為(D)。

5 (A)。 保險公司擴大了變額壽險在個人市場及團體市場的應用範圍,是透過:**死亡給付成長潛力**(保障+投資的帳戶價值)、**保單所有人有機會掌控投資標的**(投資自主權交給保戶)及**保單所有人有機會掌控投資方法**(投資方式由保戶自行決定)。
故此題答案為(A)。

6 (B)。 萬能壽險的二大特點:
1. **靈活性**:**保費繳納**的可選擇性和**保險金額(保費)**的可調整性。亦客戶繳納第一期保費後,只要符合保險公司規定的限額內(有的保險公司會要求繳納一定的整數,例如以100元為單位),保戶可自行選擇於未來任何時間繳納下期保費。只要保單價值足夠支付下一期的保險成本和相關費用,保單持續有效。此外,保戶可以在任意時間提出減少或增加保險金額(若增加保險金額,需重新核保),故繳費靈活的特性適用於保戶在人生不同時期的需求。
2. **透明性**:保險公司向保戶公開組成商品價格的各種因素,並在每年度報告書中,向保戶說明保費、保險金額、利息、保險成本、各項費用及保單帳戶價值變動之情形。以上資料便於保戶進行不同商品之比較,並可監督保險公司的經營狀況。
故此題答案為(B)。

7 (B)。 萬能壽險以宣告利率的方式來累積現金價值,即保單帳戶價值會跟隨利息走勢而變動,也就是**利率敏感保險商品**。其提供**富彈性**的**保費**和**保額**,保費的投資標的以**債券**為主。
故此題答案為(B)。

8 (C)。 萬能壽險保單有兩種典型,通常被標示為:
1. 選擇A(Options A)
平準死亡給付=死亡當時保單帳戶價值+每期調整之淨危險保額(NAR)
2. 選擇B(Options B)
死亡給付=死亡當時保單帳戶價值+平準淨危險保額(NAR)
因此,B型保單之淨危險保額是固定的。故此題答案為(C)。

9 (D)。 變額萬能壽險於臺灣與美國的門檻法則不同之處:

比較項目 ＼ 家國	臺灣	美國
設立機關	保險主管機關	稅賦機關
最高比率	舊法-130% 新法-190%	250%

此外，變額萬能壽險目前（民國109年07月01日起）是依人壽保險商品死亡給付對保單價值準備金（保單帳戶價值）之最低比率規範，最低比率分為：
(1)30歲（含）以下：190%；(2)31～40歲：160%；(3)41～50歲：140%；
(4)51～60歲：120%；(5)61～70歲：110%；(6)71～90歲：102%；(7)91歲（含）以上：100%。→共七個層級。最高僅190%，仍小於美國的250%。
故此題答案為(D)。

10 (B)。　變額萬能壽險＝變額保險的投資特性＋萬能保險的彈性特點，故有列特色：
(1)保戶可自行決定繳費時間及支付金額。
(2)保戶可任意選擇調高或降低保額。
(3)保戶自行承擔投資風險。
(4)投入投資的保費放置於分離帳戶，而不是一般帳戶。
(5)若投資績效不理想，分離帳戶的保單價值不夠抵扣保險費，則保單失效。
因此，在介紹變額萬能壽險時，最重要需提醒保戶注意投資風險。
故此題答案為(B)。

11 (A)。　投資型人壽保險目前（民國109年07月01日起）是依人壽保險商品死亡給付對保單價值準備金（保單帳戶價值）之最低比率規範，最低比率分為：
(1)30歲（含）以下：190%；(2)31～40歲：160%；(3)41～50歲：140%；
(4)51～60歲：120%；(5)61～70歲：110%；(6)71～90歲：102%；(7)91歲（含）以上：100%。→共七個層級。
因此，71歲之被保險人最低比率為102%。
故此題答案為(A)。

12 (C)。　**人壽保險**是防範走得太早責任未了，**年金保險**是擔心活得太久錢不夠用，兩者皆靠**時間**和**複利**累積資金。而**變額年金**是為了因應通貨膨脹而發展的商品，此險種提供被保險人退休所得的規劃。在美國變額年金受到歡迎是因為**利息遞延課稅**之稅賦優惠效果。
故此題答案為(C)。

13 (B)。　**年金購買率**與**預定報酬率（預定利率）**和**保證期**有關，若採用**較高的預定報酬率**或較低的保證期，則**年金購買率**及**年金開始日的年金金額**也會隨之提高。
故此題答案為(B)。

14 (B)。　09月01日的年金單價值＝總基金淨值÷年金單位數
　　　　　　　　　　　　　　　　＝5,000,000÷200,000＝25元／單位
09月01日陳先生年金單位數＝購買變額年金÷年金單價值＝13,000元÷25＝520
半年後陳先生的年金保單價值＝年金單位數×年金單位價值＝520×40＝20,800元
故此題答案為(B)。

15 (A)。 年金給付方式如下：
(1)**終身年金**：保險公司保證年金受領人於生存期間可以持續收受年金給付，一旦年金受領人身故時，保險公司即停止給付。
(2)**定期年金**：保險公司於在一定年限內給付受領人年金，但若受領人在年限內死亡則保險公司不再給付。
(3)**保證期間終身年金**：無論受人是否身故，保險公司會於保證期間內持續給付年金至契約所約定之期間。
(4)**保證金額終身年金**：無論受人是否身故，保險公司會付年金至契約所約定之總額。
目前，保證期間終身年金（附保證期間年金給付）是國內變額年金保險之常見的年金給付方式。
故此題答案為(A)。

16 (B)。 年金給付方式如下：
(1)**終身年金**：保險公司保證年金受領人於生存期間可以持續收受年金給付，一旦年金受領人身故時，保險公司即停止給付。
(2)**定期年金**：保險公司於在一定年限內給付受領人年金，但若受領人在年限內死亡則保險公司不再給付。
(3)**保證期間終身年金**：無論受人是否身故，保險公司會於保證期間內持續給付年金至契約所約定之期間。
(4)**保證金額終身年金**：無論受人是否身故，保險公司會付年金至契約所約定之總額。
故此題答案為(B)。

17 (D)。 **指數年金**又稱**市場價值年金**（Martet Value Annuity, MVA）或稱**市場價值調整年金**（Market Value Adjusted Annuity），與傳統定額遞延年金之主要差別在於**決定利率的方式**。
指數年金的**利息之計算**與**年金給付**，會與市場上之某股價或股價指數連動，而將**股價**或**股價指數**（常見為Standard & Poor's 500 Composite Stock Price Index）代入客戶投保之保單契約所規定的利率計算公式而得出年金給付金額。
故此題答案為(D)。

18 (C)。 **指數年金**的**利息之計算**與**年金給付**，會與市場上之某股價或股價指數連動，而將**股價**或**股價指數**（常見為Standard & Poor's 500 Composite Stock Price Index）代入客戶投保之保單契約所規定的利率計算公式而得出年金給付金額。
故此題答案為(C)。

19 (A)。　指數連動利率之計算方式如下：

計算方式	計算式／適用時機
點對點法 （Point-to-point Method; PTP） 又稱終點法 （End-point Method）	● 計算式：$\dfrac{\text{合約終點的指數}-\text{合約起始點的指數}}{\text{合約起始點的指數}}$ ● 適用時機：景氣擴張期（預期指數**持續上升**）。 ● 參與率較高。 　　1,000　1,200　800　1,100　1,300　1,200 　　｜第一年｜第二年｜第三年｜第四年｜第五年｜
高標法 （High Water Mark Method; HWM）	● 計算式： $\dfrac{\text{合約期間之最高指數}-\text{合約起始點的指數}}{\text{合約起始點的指數}}$ ● 適用時機：預期指數**先上升**、**後下降**。 ● 參與率比點對點法低。 　　1,000　1,200　800　1,100　1,300　1,200 　　｜第一年｜第二年｜第三年｜第四年｜第五年｜
低標法 （Low Water Mark Method; LWM）	● 計算式： $\dfrac{\text{合約終點的指數}-\text{合約期間之最低指數}}{\text{合約期間之最低指數}}$ ● 適用時機：預期指數**跌至低點**，**後期上升**。 　　1,000　1,200　800　1,100　1,300　1,200 　　｜第一年｜第二年｜第三年｜第四年｜第五年｜
年增法 （Annual Reset Method）	● 計算式：契約期間各期年初至年底股價指數之**增加率**的**加總**；若增加率為負，則以0計算。也就是0為下限（Floor）值。 ● 適用時機：預期指數**上下波動**。 ● 此法會增加保險公司之作業成本，故參與率最低。 　　+20%　　0%　　+37.5%　+18.18%　　0% 　　1,000　1,200　800　1,100　1,300　1,200 　　｜第一年｜第二年｜第三年｜第四年｜第五年｜
多年期增加法 （Multi-year Reset Method）	● 計算式：以2年或3年為一期，契約期間各期年初至年底股價指數之**增加率**的**加總**；若增加率為負，則以0計算。

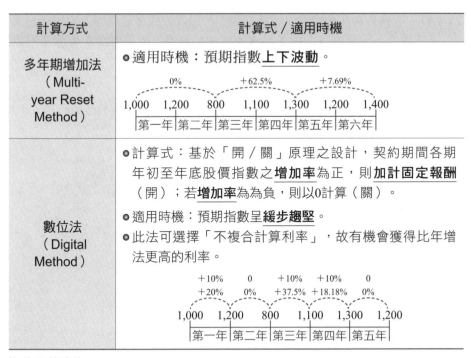

計算方式	計算式／適用時機
多年期增加法 （Multi-year Reset Method）	● 適用時機：預期指數**上下波動**。
數位法 （Digital Method）	● 計算式：基於「開／關」原理之設計，契約期間各期年初至年底股價指數之**增加率**為正，則**加計固定報酬**（開）；若**增加率**為為負，則以0計算（關）。 ● 適用時機：預期指數呈**緩步趨堅**。 ● 此法可選擇「不複合計算利率」，故有機會獲得比年增法更高的利率。

故此題答案為(A)。

20 (D)。

計算方式	計算式／適用時機
點對點法 （Point-to-point Method; PTP）又稱終點法（End-point Method）	景氣擴張期（預期指數**持續上升**）。
高標法 （High Water Mark Method; HWM）	預期指數**先上升、後下降**。
低標法 （Low Water Mark Method; LWM）	預期指數**跌至低點，後期上升**。
年增法（Annual Reset Method）	預期指數**上下波動**。
多年期增加法 （Multi-year Reset Method）	預期指數**上下波動**。
數位法（Digital Method）	預期指數呈**緩步趨堅**。

故此題答案為(D)。

21 (A)。有些指數年金會提供選擇期間，一般為原保單期間終了的30～45天。在選擇期間，保單持有人除了可決定年金的價值，尚可選擇年金價值的處置方式，例如：採年金給付、全部／部分領現、重新換約等。
故此題答案為(A)。

22 (C)。指數年金的運作：指數連動利率×參與率　或　指數連動利率－差額
故此題答案為(C)。

23 (A)。指數連動利率採點對點法之計算式：

$$\frac{\text{合約終點的指數}-\text{合約起始點的指數}}{\text{合約起始點的指數}}\times\text{參與率}=\frac{1,300-1,000}{1,000}\times80\%$$

$=0.3\times80\%=24\%$，利息$=5,000$元$\times24\%=1,200$元
故此題答案為(A)。

24 (C)。[選擇一]
最低保證率，以保費90%、年利率3%的7年複利計算。
實際應付的指數報酬$=10,000\times90\%\times(1+3\%)^7=11,069$元
可獲得的利息$=11,069-10,000$元$=1,069$元
[選擇二]
指數連動利率採點高標法之計算式：

$$\frac{\text{合約期間之最高指數}-\text{合約起始點的指數}}{\text{合約起始點的指數}}\times\text{參與率}=\frac{1,100-1,000}{1,000}\times100\%$$

$=0.1\times100\%=10\%$，利息$=10,000$元$\times10\%=1,000$元
由於1,069元大於1,000元，保戶選擇1,069元為利息較有利。
故此題答案為(C)。

25 (D)。指數連動利率採點高標法之計算式：

$$\frac{\text{合約期間之最高指數}-\text{合約起始點的指數}}{\text{合約起始點的指數}}-\text{差額}=\frac{1,500-1,000}{1,000}-3\%$$

$=0.5-0.03=47\%$，利息$=5,000$元$\times47\%=2,350$元
故此題答案為(D)。

26 (C)。保險公司提供的「保險保證」條件，保戶需另支付「保證」費用才可享有。
故此題答案為(C)。

Day 02　投資型保險實務面

重點 1　投資型保險商品之運作

投資型保險為保護保單持有人的權益，運用了專設帳簿及資產交付保管機制，運作方式如下圖所示：

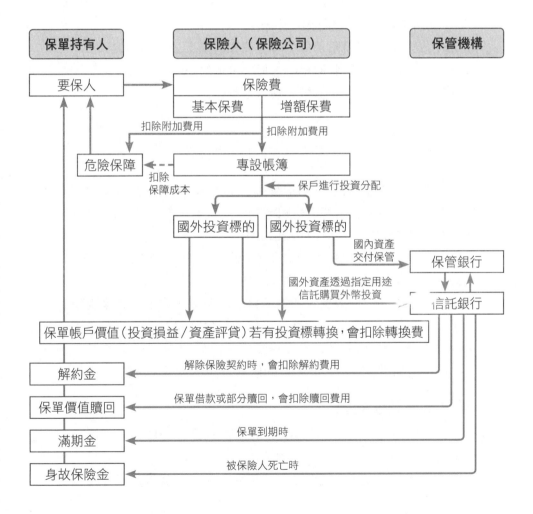

一、保險費繳付及扣除附加費用

(一) 當要保人繳付保險費給保費公司時，不論是躉繳、分期繳費、彈性繳費（包含基本保費和增額保費），保險公司會先扣除**附加費用**（或稱**前置費用**）後之餘額，才會全數存放於專設帳簿裡。《人身保險商品審查應注意事項》第157點 各保單年度基本保險費附加費用率之總和不得超過150%，而且每年附加費用率不得超過附加費用率平均值的**2倍**，其目的是使要保人在保單年度的前幾年可以有較多的保險費餘額進行投資。

投資型保險商品各保單年度目標保險費之附加費用率，不得超過下列公式計得之比率：$(\Sigma Li / n) \times k$，其參數之定義及限制如下：

1. Li代表第i保單年度之附加費用率。

2. ΣLi代表各保單年度附加費用率之總和，但不得超過150%。

3. n代表附加費用實際收取年限，但不得低於5年。

4. k代表新契約費用調整倍數，其值等於2。

(二) **範例說明**：

第一年	第二年	第三年	第四年	第五年
60%	40%	30%	15%	5%

1. 各保單年度之基本保險費附加費用率分別為60%、40%、30%、15%及5%。

2. 基本保險費附加費用率之總和＝60%＋40%＋30%＋15%＋5%＝150%

3. 基本保險費附加費用收取年限為5年。

4. 新契約費用率為60%，其值為基本保險費附加費用率之平均值的2倍。

　　150%÷5年＝30%→2倍為60%

投資型保險商品收取要保人所繳的**目標保險費**（或稱**基本保險費**）以外之保費，此保費屬**超額保險費**（或稱**增額保險費**），而超額保險費之附加費用不得超過5%。例如：契約為每月繳交5,000元，但要保人想多繳一些保費增加投資資金，此多繳的保險費即是超額保險費。

二、專設帳簿資金配置

(一) 保險公司依要保人同意或所指定的投資標的進行運作。專設帳簿重要之規定如下：

1. 專設帳簿的資產，應與保險人（保險公司）的其他資產分開設置，並單獨管理。

2. 專設帳簿的資產運用，應與要保人同意或指定之投資方式、投資標的相符。

3. 保險人（保險公司）應將專設帳簿的資產交由保管機構保管，並需向主管機關申報其所選任之保管機構。若保管機構有變更者，應於變更後15個工作日內向主管機關申報。

4. 專設帳簿之資產與保險人（保險公司）的一般帳簿之資產，不得互相出售、交換或移轉。專設帳簿資金之運用範圍，可區分為**非全權委託型**及**全權委託型**，其限制規定如下：

非全權委託型	全權委託型
決定權：保戶	決定權：保險公司
《投資型保險投資管理辦法》 第10條第1項： 投資型保險契約所提供連結之投資標的及專設帳簿資產之運用，除要保人以保險契約約定委任保險人全權決定運用標的者外，以下列為限： 1.**銀行存款**。 2.**證券投資信託基金受益憑證**。 3.**境外基金**。 4.**共同信託基金受益證券**。 5.依不動產證券化條例所發行之**不動產投資信託受益證券**或**不動產資產信託受益證券**。 6.依金融資產證券化條例所發行之**受益證券**或**資產基礎證券**。 （1～6項不需經主管機關認可之信用評等機構評等達一定等級以上。） 7.各國中央政府發行之**公債**、**國庫券**。 8.**金融債券**。 9.公開發行之有擔保公司債，或經評等為相當等級以上之公司所發行之公司債，或外國證券集中交易市場、店頭市場交易之公司債。	《投資型保險投資管理辦法》 第11條第1項： 保險人接受要保人以保險契約委任全權決定運用標的者，其運用範圍以下列為限： 1.銀行存款。 2.公債、國庫券。 3.金融債券、可轉讓定期存單、銀行承兌匯票、金融機構保證商業本票。 4.公開發行之公司股票。 5.公開發行之有擔保公司債，或經評等為相當等級以上之公司所發行之公司債。 6.證券投資信託基金受益憑證及共同信託基金受益證券。 7.臺灣存託憑證。 8.依金融資產證券化條例發行之受益證券。 9.依不動產證券化條例發行之不動產資產信託受益證券及不動產投資信託受益證券。 10.外國有價證券。 11.證券相關商品。 12.其他經主管機關核准之標的。

非全權委託型	全權委託型
10.**結構型商品**。 11.美國聯邦國民抵押貸款協會、聯邦住宅抵押貸款公司及美國政府國民抵押貸款協會所發行或保證之不動產抵押權證券。 （7～11項應經主管機關認可之信用評等機構評等達一定等級以上。） 12.其他經主管機關核准之投資標的 註 以上沒有列示「外國有價證券」。	外國價證券以下列各款為限： 1.外國中央政府發行之公債、國庫券。 2.外國銀行發行之金融債券、可轉讓定期存單、浮動利率中期債券。 3.外國證券集中交易市場、店面市場交易之股票、公司債。 4.境外基金。 5.美國聯邦國民抵押款協會、聯邦住宅抵押貸款公司及美國政府國民抵押貸款協會所發行或保證之不動產抵押權證券。 註 以上沒有列示「結構型債券」。

(二) 相關法規彙整

1. 《投資型保險投資管理辦法》第5條第1項，保險人運用與管理專設帳簿資產，以下列方式之一行之：

(1)保險人指派具有金融、證券或其他投資業務經驗之專業人員運用與管理專設帳簿之資產。但涉及由保險人全權決定運用於證券交易法第六條之有價證券者，應另依證券投資信託及顧問法申請兼營全權委託投資業務。

(2)非由保險人全權決定運用標的之投資型保險，保險人得委託經主管機關核准經營或兼營全權委託投資業務之事業代為運用與管理專設帳簿之資產者，該管理事業之選任，應依保險人內部所訂之委外代為資金管理處理程序及相關法令之規定辦理。保險人應向主管機關申報其所選任之管理事業，管理事業有變更者，應於變更後十五個工作日內向主管機關申報。

(3)《投資型保險投資管理辦法》第5條第3項，保險人依第5條第1項規定運用與管理專設帳簿資產時，不得有下列情事：

A.提供專設帳簿之資產做為擔保之用。

B.將專設帳簿之資產借予他人。但主管機關另有規定者，不在此限。

C.從事法令禁止投資之項目。

(4)《投資型保險投資管理辦法》第8條第1項，置於專設帳簿之資產與
保險人之一般帳簿資產間，不得互相出售、交換或移轉。但有下列
情事之一者，不在此限：

　A.將一般帳簿資產轉入非由保險人全權決定運用標的之投資型保險
　　專設帳簿做為其設立之用，或用於支應該轉入專設帳簿保單之正
　　常運作。

　B.為保險成本或第三條訂定之各項費用必要之轉出。

　C.為維護要保人或受益人之利益並經主管機關核准。

(5)《投資型保險投資管理辦法》第13條（裡面提到的條款內容，將列
於下方的「重點整理」）：

　A.投資型保險之投資標的為第十條第一項第七款至第十一款所定標
　　的者，應經主管機關認可之信用評等機構評等達一定等級以上。

　B.投資型保險之投資標的為第十一條第一項第三款、第五款及同條
　　第二項第一款、第二款、第三款及第五款所定公債、債券或不動
　　產抵押債權證券者，準用前項規定。

重點整理─《投資型保險投資管理辦法》提到的條款內容

投資型保險之投資標的為：

(1) 各國中央政府發行之公債、國庫券。（第10條第1項第7款）

(2) 金融債券。（第10條第1項第8款）

(3) 公開發行之有擔保公司債，或經評等為相當等級以上之公司所發行之公司債，或
外國證券集中交易市場、店頭市場交易之公司債。（第10條第1項第9款）

(4) 結構型商品。（第10條第1項第10款）

(5) 美國聯邦國民抵押貸款協會、聯邦住宅抵押貸款公司及美國政府國民抵押貸款協
會所發行或保證之不動產抵押債權證券。（第10條第1項第11款）

(6) 金融債券、可轉讓定期存單、銀行承兌匯票、金融機構保證商業本票。（第11條
第1項第3款）

(7) 公開發行之有擔保公司債，或經評等為相當等級以上之公司所發行之公司債。
（第11條第1項第5款）

(8) 外國中央政府發行之公債、國庫券。（第11條第2項第1款）

(9) 外國銀行發行之金融債券、可轉讓定期存單、浮動利率中期債券。（第11條第2
項第2款）

(10) 外國證券集中交易市場、店頭市場交易之股票、公司債。（第11條第2項第3款）

(11) 美國聯邦國民抵押貸款協會、聯邦住宅抵押貸款公司及美國政府國民抵押貸款協
會所發行或保證之不動產抵押債權證券。（第11條第2項第5款）

以上標的應經主管機關認可之信用評等機構評等達一定等級以上。

註 (1)～(5)為《投資型保險投資管理辦法》第13條第1項之內容，(6)～(11)為《投資
型保險投資管理辦法》第13條第2項之內容。

三、保單帳戶價值計算與通知

(一) 專設帳簿內的資產價值，是指要保人所繳交保險費及指定之投資標的、
投資配置比率，換算各投資標的之單位數，在評價日依**各投資標的變動
後淨值**乘以**各標的變化後單位數**（包含在兩評價日期間內**保險費增加**、
投資標的轉換、**部分提領**、**扣除死亡費用**、**管理費用**、**轉換費用**及**最低
保證給付費用**等因素而**增減單位數**），計算各標的之子帳戶價值，並加
總各子帳戶價值。

(二) **保單帳戶價值計算步驟**

步驟	說明	範例
1.決定單位 價值	單位的價值＝分離帳戶 內全部證券的總值÷發 行在外的單位數	ABC基金在1月23日營業日終了 的價值為600,000元，發行在外的 單位數為300,000，則單位價值＝ $600,000÷300,000＝$2
2.決定可購 得的單位 數	可買到的單位數＝繳費 金額÷當日的單位價值	保單所有人在1月23日繳了一筆300 元的保險費，則可以買到的單位數 ＝$300÷$2＝150單位
3.決定保單 的價值	變額保險保單在某一時 點的價值＝總累積單位 數×評價日結束時的單 位價值	保單所有人共有890單位（包括1月 23日購得的150單位，和扣除相關費 用之單位數），其在1月23日的保單 價值＝890單位×$2＝$1,780

步驟	說明	範例
4.任何需要保單評價的時候,重覆步驟1~3	情況一 漲價 單位的價值→可買到的單位數→保單價值	情況一 漲價 ABC基金的帳戶價值在1月30日漲至630,000元,發行在外的單位數仍為300,000。假設保單所有人在1月23日購買150單位後就沒有繳交其他的保險費,也沒有任何的單位贖回。 (1) 單位價值＝$630,000÷300,000 　　　　　　＝$2.1 (2) 保單價值＝890單位×$2.1 　　　　　　＝$1,869
	情況二 降價 單位的價值→可買到的單位數→保單價值	情況二 降價 ABC基金的帳戶價值在1月30日漲至570,000元,發行在外的單位數仍為300,000。假設保單所有人在1月23日購買150單位後就沒有繳交其他的保險費,也沒有任何的單位贖回。 (1) 單位價值＝$570,000÷300,000 　　　　　　＝$1.9 (2) 保單價值＝890單位×$1.9 　　　　　　＝$1,691

從以上的步驟得知,投資型保險的保單帳戶價值是受投資標的價值之波動及定期需扣除相關費用之影響,其費用項目中的(1)死亡費用是以被保險人的**性別**和**到達的年齡**為計算基礎;(2)管理費用是以保單帳戶價值的某百分比或是固定金額計算;(3)轉換費用通常以一年內有免費轉換的次數(各家保險公司不同),超過次數則另計價;(4)保證最低給付費用與保證給付型式有關,通常**保證生存給付之費用高於保證死亡給付的費用**。

保險公司依投資型保險資訊揭露應遵循事項規定,保險公司**每季**至少一次將保單帳戶價值等重要事項通知要保人,即保險公司須行通知保戶之義務。通知內容應揭露之事項有:

1. 投資組合現況。
2. 期初單位數和單位價值。

3. 本期單位數異動情形（含異動日期、異動當時之單位價值）。

4. 期末單位數和單位價值。

5. 本期收受之保險費金額。

6. 本期已扣除的各項費用明細（包括銷售費用、管理費用、死亡費用、附約保費）。

7. 期末的死亡保險金額、淨現金解約價值。

8. 期末的保單借款本息。

四、保單帳戶價值贖回

當**要保人**有部分贖回、保單借款、全部解約、保險單到期，或**被保險人**發生身故／完全殘廢之情況，其專設帳簿內的資產，以保險公司依保單約定，由保管銀行或信託銀行向投資標的管理機構贖回，所得保單帳戶價值於扣除相關約定費用後，透過保險公司交付要保人或受益人。而保險公司針對早期解約的保單，通常會在保險契約生效後約定5～7年解約費用收取期間，其解約費用大部分為**保單帳戶價值**乘以**解約費用率**。解約費用率一般採遞減方式，即第一保單年度為最高，逐年遞減至0%，例如：7%、6%、5%、4%、3%、2%、1%、0%。因此，保戶若在投保前幾年解約，不但有可能面臨投資損失，保單帳戶價值還要扣除前置費用（保單附加費用）、後置費用（解約費用），則會使投資型保單之實質報酬率降低許多。

精選試題

(　　) **1** 我國保險法令規令投資型保險之保險金額須為目標保險費一定倍數，其立法目的為何？　(A)避免保險金額太低　(B)避免公司收取太高費用　(C)避免保單失效　(D)避免影響投資績效。

(　　) **2** 保險公司是在哪一時點收取附加費用？　(A)投資配置日　(B)每期保單週月日　(C)保險費繳付時　(D)解約日。

( ) **3** 我國保險法令規定投資型人壽保險之各年度目標保險費附加費用率總和，不得超過保險費多少百分比？ (A)100% (B)130% (C)150% (D)1800%。

( ) **4** 投資型保險為保護保單持有人權益，運用了那兩個機制： (A)專設帳簿及投資機制 (B)專設帳簿及資產交付保管機制 (C)專設帳簿及費用揭露機制 (D)專設帳簿及免課稅負機制。

( ) **5** 對於保險人運用與管理投資型保險之專設帳簿資產時，下列敘述何者錯誤： (A)得提供專設帳簿之資產做為擔保之用 (B)保險人指派具有金融、證券或其他投資業務經驗之專業人員運用與管理專設帳簿之資產 (C)不得將專設帳簿之資產借予他人。但主管機關另有規定者，不在此限 (D)不得從事法令禁止投資之項目。

( ) **6** 投資型保險專設帳簿資產，若是保險人接受要保人以保險契約委任全權決定運用標的者，下列何者不屬於其運用範圍？ (A)臺灣存託憑證 (B)結構型債券 (C)金融債券 (D)外國銀行發行之浮動利率中期債券。

( ) **7** 關於投資型保險的風險，下列敘述何者錯誤： (A)若保戶是購買美元計價的外幣投資型保單，而保險契約所連結之投資標的是美元計價的海外共同基金，此時沒有匯兌風險 (B)當中央銀行宣布調升存款準備率時，我們預期固定收益證券的價格將會下跌 (C)投資標的若為國內外共同基金時，因其流動性佳，通常贖回基金時，不會有折價的情形 (D)若投資型保險之投資標的為共同信託基金受益證券，應經主管機關認可之信用評等機構評等達一定等級以上，才可連結之。

( ) **8** 若投資型保險之投資標的為下列何者時，不須經主管機關認可之信用評等機構評等達一定等級以上，就可連結之：
(A)銀行定期存款存單 (B)公司債 (C)金融機構發行或保證之結構型債券 (D)美國政府國民抵押貸款協會所發行或保證之不動產抵押債權證券。

(　　) **9** 下列哪一項費用是從每期保單帳戶價值中扣除？　(A)目標保險費費用　(B)保單管理費用　(C)增額保險費費用　(D)以上皆是。

(　　) **10** 某一分離帳戶在8月1日的資產總值為600,000元，所有保戶持有之單位總數為200,000，此帳戶每一單位之價值為何？
(A)2元　(B)3元　(C)4元　(D)5元。

(　　) **11** 基金在10月1日之價值為2,000,000元，發行在外之單位數為500,000，某保單所有人於10月1日繳了保費1,000元購買該基金，請問保單所有人可以買到幾單位？　(A)200單位　(B)250單位　(C)300單位　(D)350單位。

(　　) **12** 依規定保險公司通知保戶有關保單帳戶價值之頻率至少多久一次？　(A)每月年　(B)每季　(C)每半年　(D)每年。

解答與解析

1 (A)。投資型保險之保險金額（保險公司同意保戶承保的保額）須為目標保險費的一定倍數，其立法目的是避免**保險金額太低**，而造成身故保險金與保單帳戶價值之間存在著不合理的關係。因此，政府為維持人壽保險商品之基本保險保障比重，藉以提高國人保險保障，特訂定《死亡給付對保單價值準備金之最低比率》規範。
故此題答案為(A)。

2 (C)。當要保人繳付保險費給保費公司時，不論是躉繳、分期繳費、彈性繳費（包含基本保費和增額保費），保險公司會先扣除**附加費用**（或稱**前置費用**）後之餘額，才會全數存放於專設帳簿裡。
故此題答案為(C)。

3 (C)。《人身保險商品審查應注意事項》第157點：各保單年度基本保險費附加費用率之總和不得超過**150%**，而且每年附加費用率不得超過附加費用率平均值的**2倍**，其目的是使要保人在保單年度的前幾年可以有較多的保險費餘額進行投資。故此題答案為(C)。

4 (B)。投資型保險為保護保單持有人的權益，運用了**專設帳簿**及**資產交付保管機制**。故此題答案為(B)。

5 (A)。《投資型保險投資管理辦法》第5條第3項：保險人依第5條第1項規定運用與管理專設帳簿資產時，不得有下列情事：
1.提供專設帳簿之資產做為擔保之用。

2.將專設帳簿之資產借予他人。但主管機關另有規定者，不在此限。

3.從事法令禁止投資之項目。

故此題答案為(A)。

6 (B)。《投資型保險投資管理辦法》第11條第1項：

保險人接受要保人以保險契約委任全權決定運用標的者，其運用範圍以下列為限：

1.銀行存款。

2.公債、國庫券。

3.金融債券、可轉讓定期存單、銀行承兌匯票、金融機構保證商業本票。

4.公開發行之公司股票。

5.公開發行之有擔保公司債，或經評等為相當等級以上之公司所發行之公司債。

6.證券投資信託基金受益憑證及共同信託基金受益證券。

7.臺灣存託憑證。

8.依金融資產證券化條例發行之受益證券。

9.依不動產證券化條例發行之不動產資產信託受益證券及不動產投資信託受益證券。

10.外國有價證券。

11.證券相關商品。

12.其他經主管機關核准之標的。

外國價證券以下列各款為限：

1.外國中央政府發行之公債、國庫券。

2.外國銀行發行之金融債券、可轉讓定期存單、浮動利率中期債券。

3.外國證券集中交易市場、店面市場交易之股票、公司債。

4.境外基金。

5.美國聯邦國民抵押款協會、聯邦住宅抵押貸款公司及美國政府國民抵押貸款協會所發行或保證之不動產抵押權證券。

註 以上沒有列示「結構型債券」。

故此題答案為(B)。

7 (D)。「投資型保險投資管理辦法」第13條規定，投資型保險之投資標的是：

(1)各國中央政府發行之公債、國庫券。

(2)銀行發行之金融債券。

(3)公開發行之有擔保公司債，或經評等為相當等級以上之公司所發行之公司債，或外國證券集中交易市場、店頭市場交易之公司債。

(4)金融機構發行或保證之結構型商品。

(5)美國聯邦國民抵押貸款協會、聯邦住宅抵押貸款公司及美國政府國民抵押貸款協會所發行或保證之不動產抵押債權證券。

上述標的應經主管機關認可之**信用評等機構評等**達一定等級以上，才可做為投資型保單的連結標的。

註 沒有「共同信託基金受益證券」。

故此題答案為(D)。

8 (A)。《投資型保險投資管理辦法》第10條第1項：

投資型保險契約所提供連結之投資標的及專設帳簿資產之運用，除要保人以保險契約約定委任保險人全

權決定運用標的者外，以下列為限：

1.**銀行存款**。

2.**證券投資信託基金受益憑證**。

3.**境外基金**。

4.**共同信託基金受益證券**。

5.依不動產證券化條例所發行之**不動產投資信託受益證券**或**不動產資產信託受益證券**。

6.依金融資產證券化條例所發行之**受益證券或資產基礎證券**。

（1～6項不需經主管機關認可之信用評等機構評等達一定等級以上。）

7.各國中央政府發行之公債、國庫券。

8.金融債券。

9.公開發行之有擔保公司債，或經評等為相當等級以上之公司所發行之公司債，或外國證券集中交易市場、店頭市場交易之公司債。

10.結構型商品。

11.美國聯邦國民抵押貸款協會、聯邦住宅抵押貸款公司及美國政府國民抵押貸款協會所發行或保證之不動產抵押權證券。

（7～11項應經主管機關認可之信用評等機構評等達一定等級以上。）

12.其他經主管機關核准之投資標的。

故此題答案為(A)。

9 **(B)**。 投資型保險的保單帳戶價值是受投資標的價值之波動及定期需扣除相關費用之影響，其費用項目中的：

(1)死亡費用是以被保險人的**性別**和**到達的年齡**為計算基礎。

(2)管理費用是以保單帳戶價值的某百分比或是固定金額計算。

(3)轉換費用通常以一年內有免費轉換的次數（各家保險公司不同），超過次數則另計價。

(4)保證最低給付費用與保證給付型式有關，通常**保證生存給付之費用高於保證死亡給付的費用**。

故此題答案為(B)。

10 **(B)**。 此帳戶每一單位之價值＝資產總值÷持有之單位總數＝600,000元÷200,000單位數＝3元／單位

故此題答案為(B)。

11 **(B)**。 此帳戶10月1日每一單位之價值＝資產總值÷持有之單位總數＝2,000,000元÷500,000單位數＝4元／單位

保單所有人可以買到的單位數＝購買該基金的保費÷此帳戶10月1日每一單位之價值＝1,000元÷4＝250個單位數

故此題答案為(B)。

12 **(B)**。 保險公司依投資型保險資訊揭露應遵循事項規定，保險公司**每季**至少一次將保單帳戶價值等重要事項通知要保人，即保險公司須行通知保戶之義務。

故此題答案為(B)。

重點 **2** ## 投資型保險的相關風險

投資型保險商品的投資自主權交給保戶，即保戶需承擔投資風險。因此，保戶投保投資型商品前需先了解商品的主要風險如下：

風險項目	說明
（一）價格風險（受價格波動）	投資型保險所連結之投資標的常見的有**國內（或國外）共同基金**、**結構型債券**、**指數股票型基金（ETF）**、**固定收益證券**等，這些投資標的之**價格**是波動的，因此，當價格下跌時，保戶的帳面價值會減少，若此時部分贖回或解約，則保戶需自行承擔投資損失。 **註** 依風險高至低排列：積極性股票型→股票型→全球型→貨幣市場型。 因此，積極性股票型之投資標的（例如：特別機會型之投資標的，集中於特定的概念股或特定產業的股票），屬高市場風險、低通貨膨脹風險之特性。
（二）利率風險（受市場利率波動）	**固定收益證券**（例如：零息債券、政府債券）的價格直接受到**市場利率**波動而呈反向變動。 情況一 市場利率↓，固定收益證券的價格↑，則保戶有投資利得。 情況二 市場利率↑，固定收益證券的價格↓，則保戶有投資損失。 若中央銀行實施緊縮貨幣政策，將導致市場利率上時，則固定收益證券的價格就會下跌。 ※以零息債券為例 　A君購買面額1萬元、10年到期的零息債券，目前殖利率（YTM）為3%，若殖利率上升至3.5%，則零息債券的價格有何變化呢？ (1)購買時的債券價格：$P_b = \dfrac{\$10,000}{(1+0.030)^{10}} = \$7,441$

風險項目	說明
(二) 利率風險 （受市場利率波動）	(2)殖利率上升時的債券價格：$P_b = \dfrac{\$10,000}{(1+0.035)^{10}} = \$7,089$ 殖利率上升0.5%時，債券價格會下跌\$352 （計算(2)－(1)）
(三) 信用風險 （發行機構有財務問題）	為降低投資人遭受到投資標的之發行機構有財務危機或倒閉，使投資人可能求償無門的信用風險。因此，《投資型保險投資管理辦法》第13條規定，投資型保險之投資標的是： 1.各國中央政府發行之**公債**、**國庫券**。 2.銀行發行之**金融債券**。 3.公開發行之有擔保公司債，或經評等為相當等級以上之公司所發行之公司債，或外國證券集中交易市場、店頭市場交易之公司債。 4.金融機構發行或保證之**結構型商品**。 5.美國聯邦國民抵押貸款協會、聯邦住宅抵押貸款公司及美國政府國民抵押貸款協會所發行或保證之不動產抵押債權證券。 上述標的應經主管機關認可之**信用評等機構評等**達一定等級以上，才可做為投資型保單的連結標的。 **註** 以上沒有列示「共同信託基金受益證券」。
(四) 匯兌風險 （幣別不同）	**保費之收取**、**各項保險金之給付**以及**保單帳戶價值之返還**等的貨幣單位，與**投資標的**的貨幣單位： 情況一 貨幣單位相同（例如臺幣對臺幣）→ 無匯兌風險 情況二 貨幣單位不同（例如臺幣對美元）→ 有匯兌風險 ※計算範例 　A君購買以臺幣計價之投資型保單，其投資標的為美元計價之LU共同基金。若扣除附加費用與保險成本後，保單帳戶價值為臺幣32,000元，當時美元對臺幣之匯率為1:32（一塊美元可換得臺幣32元），則美元計價的保單帳戶價值為USD 1,000。LU共同基金的單位淨值為USD 25，在一年後漲至USD 30。試算A君於投保一年後將投資標的全部贖回時，A君的投資報酬率為何呢？（假設無贖回費用，且投保時已扣除一年的保險成本）

風險項目	說明
（四） 匯兌風險 （幣別不同）	步驟一：先用投資標的的貨幣單位（美元）計算**帳戶價值**及**報酬率** (1)投資標的之帳戶價值＝TWD32,000÷32＝USD1,000 (2)基金單位數＝USD1,000÷USD25＝40單位 (3)一年後的帳戶價值＝40單位×USD30＝USD1,200 (4)美元計價之報酬率＝(USD1,200－USD1,000)÷USD1,000＝20% 步驟二：投資標的之**帳戶價值**轉換成保單的貨幣單位（臺幣） 情況一 美元對臺幣之匯率為1:32 (1)臺幣計價之帳戶價值＝USD1,200×32＝TWD38,400 (2)臺幣計價之報酬率＝ (TWD38,400－TWD32,000)÷TWD32,000＝20% # 情況二 美元對臺幣之匯率為1:31 (1)臺幣計價之帳戶價值＝USD1,200×31＝TWD37,200 (2)臺幣計價之報酬率＝ (TWD37,200－TWD32,000)÷TWD32,000＝16.25% # 情況三 美元對臺幣之匯率為1:33 (1)臺幣計價之帳戶價值＝USD1,200×33＝TWD39,600 (2)臺幣計價之報酬率＝ (TWD39,600－TWD32,000)÷TWD32,000＝23.75% #

匯率 （USD:TWD）	1：31	1：32	1：33
匯率走勢	臺幣升值 （美元貶值）	臺幣沒有升值 也沒有貶值	臺幣貶值 （美元升值）
臺幣計價之帳戶價值	TWD37,200	TWD38,400	TWD39,600
臺幣計價之報酬率	16.25%	20%	23.75%
報酬率之比較	16.25%＜20%	20%＝20%	23.75%＞20%
匯兌利益／損失	匯兌損失	無	匯兌利益

風險項目	說明
(五) 贖回風險（或稱 解約風險）	[觀念一] 投資標的若為 1.國內外基金：流動性較佳，贖回時不會有折價之情形。 2.流動性不佳（例如結構型債券）：中途贖回或解約，不提供 　最低保證收益率。 因此，保戶應注意投資標的之流動性，才能避開贖回風險。 [觀念二] 若投資標的為結構型債券，投資人必須中長期投資，以免短期持有產生贖回風險。 我國境外結構型商品管理規則要求公司須揭露基本風險資訊，必須提醒保戶最低收益風險是所領回金額會等於零。 [觀念三] 若購買保本型結構型債券，其發行機構只保證到期時的最低保證收益率，當保戶中途贖回或解約時，發行機構並不提供最低保證收益率。
(六) 法律風險 （法律規範）	投資型商品所連結的投資標的會受到國內與國外的**法律規範**，若適用的法律變更，可能導致無法**投資**、**轉換**、**贖回**或**給付金額**等風險。 [實例說明] 民國95年1月1日開始施行的《所得基本稅額條例》第12條：受益人與要保人非屬同一人之**人壽保險**及**年金保險**（健康險和傷害險除外），受益人受領之保險給付須加計於個人綜合所得淨額。 也就是在95年1月1日以後購買的保單，除死亡給付每一申報戶全年合計數在新臺幣**3,330萬元**（102年度以前為3,000萬元）以下部分，免予計入外，死亡給付超過該限額部分及其餘非死亡給付部分均應計入基本所得額申報。 **註** 依據財政部說明，保險死亡給付免稅金額金隨著消費者物價指數，較上次調整年度的指數上漲累計達10%以上時，應按上漲程度調整之。雖然稅法內容為3,000萬元，但目前皆以3,330萬元計算。（詳見第108頁的保險給付之課稅，裡面有計算方式。）

精選試題

( ) **1** 高市場風險、低通貨膨脹風險之特性是指怎樣的投資型商品的投資標的？
　　(A)全球型　(B)貨幣市場型　(C)股票型　(D)積極性股票型。

( ) **2** 投資型保險中對於特別機會型之投資標的之敘述，何者錯誤？
　　(A)集中於特定的概念股或特定產業的股票
　　(B)主要的投資目標是成長與收益
　　(C)高市場風險、低通貨膨脹風險
　　(D)屬於積極性股票型基金。

( ) **3** 當保戶所選擇投資標的因淨值下跌而遭受投資損失，又稱之何種風險？
　　(A)利率風險　(B)信用風險　(C)價格風險　(D)匯率風險。

( ) **4** 當保戶所選擇固定收益證券商品，因市場利率上升而使投資標的價格下跌，是屬於何種風險？
　　(A)價格風險　(B)信用風險　(C)匯率風險　(D)利率風險。

( ) **5** 投資人在金融海嘯時購買雷曼兄弟之結構型債券，因該公司倒閉而遭受損失，是屬於哪一種風險？
　　(A)價格風險　(B)信用風險　(C)利率風險　(D)匯率風險。

( ) **6** 如保戶選擇投資美元計價共同基金，當新臺幣升值時保戶進行贖回（保單解約），除了會被扣除解約費用外，還會遭受何種損失風險？
　　(A)匯率風險　(B)價格風險　(C)利率風險　(D)信用風險。

( ) **7** 稅法相關規定之改變可能會影響投資型保險之投資報酬率給付金額，此種風險為：
　　(A)價格風險　(B)法律風險　(C)信用風險　(D)利率風險。

(　) **8** 我國境外結構型商品管理規則要求公司須揭露基本風險資訊，必須提醒保戶最低收益風險是所領回金額會等於多少？

(A)所繳保險費　(B)零　(C)投資本金　(D)以上皆非。

(　) **9** 何先生購買以新臺幣計價之投資型保險，投資標的為美元計價之ABC海外共同基金。一年後，若何先生想要贖回，下列匯兌走勢情況何者較為不利？

A.臺幣升值　B.臺幣貶值　C.美元貶值　D.美元升值

(A)AC　(B)AD　(C)BC　(D)BD。

(　) **10** 自104年申報103年度所得基本稅額開始，訂立受益人與要保人非屬同一人之人壽保險及年金保險給付中，死亡給付每一申報戶全年合計數不超過多少金額，可免予計入基本所得額？

(A)3,000萬　(B)3,100萬　(C)3,300萬　(D)3,330萬。

解答與解析

1 (D)。依風險高至低排列：積極性股票型→股票型→全球型→貨幣市場型。

因此，積極性股票型之投資標的，屬高市場風險、低通貨膨脹風險之特性。

故此題答案為(D)。

2 (B)。特別機會型之投資標的，集中於特定的概念股或特定產業的股票，屬於積極性股票型基金，其有高市場風險、低通貨膨脹風險之特性。

故此題答案為(B)。

3 (C)。投資型保險所連結之投資標的常見的有**國內（或國外）共同基金**、**結構型債券**、**指數股票型基金（ETF）**、**固定收益證券**等，這些投資標的之**價格**是波動的，因此，當價格下跌時，保戶的帳面價值會減少，若此時部分贖回或解約，則保戶需自行承擔投資損失。→價格風險

故此題答案為(C)。

4 (D)。**固定收益證券**（例如：零息債券、政府債券）的價格直接受到**市場利率**波動而呈反向變動。

[情況一] 市場利率↓，固定收益證券的價格↑，則保戶有投資利得。

[情況一] 市場利率↑，固定收益證券的價格↓，則保戶有投資損失。

若中央銀行實施緊縮貨幣政策，將導致市場利率上時，則固定收益證券的價格就會下跌。→利率風險

故此題答案為(D)。

5 (B)。為降低投資人遭受到投資標
的之發行機構有財務危機或倒閉，
使投資人可能求償無門的信用風
險。因此，《投資型保險投資管理
辦法》第13條規定，投資型保險之
投資標的，應經主管機關認可之**信
用評等機構評等**達一定等級以上，
才可做為投資型保單的連結標的。
故此題答案為(B)。

6 (A)。**保費之收取**、**各項保險金之
給付**以及**保單帳戶價值之返還**等的
貨幣單位，與**投資標的**的貨幣單
位：
[情況一] 貨幣單位相同（例如臺幣
對臺幣）→無匯兌風險
[情況二] 貨幣單位不同（例如臺幣
對美元）→有匯兌風險
故此題答案為(A)。

7 (B)。投資型商品所連結的投資標
的會受到國內與國外的**法律規範**，
若適用的法律變更，可能導致無法
投資、**轉換**、**贖回**或**給付金額**等風
險。
故此題答案為(B)。

8 (B)。若投資標的為結構型債券，
投資人必須中長期投資，以免短期
持有產生贖回風險。
我國境外結構型商品管理規則要求
公司須揭露基本風險資訊，必須提
醒保戶最低收益風險是所領回金額
會等於零。
故此題答案為(B)。

9 (A)。贖回需將美元換回臺幣，則
臺幣升值亦美元貶值，對保戶較不
利。
故此題答案為(A)。

10 (D)。民國95年1月1日開始施行的
《所得基本稅額條例》第12條：受
益人與要保人非屬同一人之**人壽保
險**及**年金保險**（健康險和傷害險除
外），受益人受領之保險給付須加
計於個人綜合所得淨額。
除死亡給付每一申報戶全年合計數
在新臺幣（下同）**3,330萬元**（102
年度以前為3,000萬元）以下部
分，免予計入外，死亡給付超過該
限額部分及其餘非死亡給付部分均
應計入基本所得額申報。
故此題答案為(D)。

Day 03 投資型保險商品之相關法令

重點 1 投資型保險商品銷售相關規定

一、銷售行為他律規範（主管機關頒定的規範）

身份類別／遵循規範		要點
［類別一］保險業	投資型保險商品銷售應注意事項（修正日期：民國111年03月31日）	**第5點** 保險業應確保本商品之招攬人員符合主管機關規定之資格條件、受有完整教育訓練，且已具備本商品之專業知識。 保險業應至少**每季**抽查招攬人員使用之文宣、廣告、簡介、商品說明書及建議書等文書；如發現招攬人員有使用未經核可文書之情事，應立即制止並為適當之處分，對客戶因此所受損害，亦應依法負連帶賠償責任。 **第6點** 保險業銷售本商品予客戶應考量適合度，並應注意避免銷售風險過高、結構過於複雜之商品。但有客觀事實證明客戶有相當專業認識及風險承擔能力者，不在此限。 保險業銷售本商品予**65歲以上**之客戶，應經客戶同意後將銷售過程以**錄音**或**錄影**方式保留紀錄，或以電子設備留存相關作業過程之軌跡，並應由適當之單位或主管人員進行覆審，確認客戶辦理本商品交易之適當性後，始得承保。 前項銷售過程所保留之錄音或錄影紀錄，或所留存之軌跡至少應包括下列事項，且應保存至保險契約期滿後**5年**或未承保確定之日起5年： 1.招攬之業務員出示其合格登錄證，說明其所屬公司及獲授權招攬投資型保險商品。

身份類別／遵循規範		要點
【類別二】保險業	投資型保險商品銷售應注意事項（修正日期：民國111年03月31日）	2.告知保戶其購買之商品類型為投資型保險商品、保險公司名稱及招攬人員與保險公司之關係、繳費年期、繳費金額、保單相關費用（包括保險成本等保險費用）及其收取方式。 3.說明商品重要條款內容、投資風險、除外責任、建議書內容及保險商品說明書重要內容。 4.說明契約撤銷之權利。 5.詢問客戶是否瞭解每年必需繳交之保費及在較差情境下之可能損失金額，並確認客戶是否可負擔保費及承受損失。 第二項錄音、錄影或以電子設備辦理之方式，由中華民國人壽保險商業同業公會訂定，並報主管機關備查。 保險業銷售本商品係連結結構型商品時，應遵守下列事項： 1.須採適當方式區分及確認要保人屬專業投資人或非專業投資人。但本商品非以專業投資人為銷售對象者不在此限。 2.須就非專業投資人之年齡、對本商品相關知識、投資經驗、財產狀況、交易目的及商品理解等要素，綜合評估其風險承受能力，依程度高低至少區分為三個等級，並請要保人簽名確認。 保險業就客戶購買本商品者，應另指派非銷售通路之人員，於銷售本商品後且同意承保前，再依下列事項進行電話訪問、視訊或遠距訪問，並應保留電訪錄音紀錄、視訊或遠距訪問錄音或錄影紀錄備供查核，且應保存至保險契約期滿後5年或未承保確定之日起5年： 1.對於繳交保險費之資金來源為貸款或保險單借款之客戶，向其明確告知其因財務槓桿操作方式所將面臨之相關風險，以及最大可能損失金額。 2.對於繳交保險費之資金來源為解約之客戶，向其明確告知其因終止契約後再投保所產生之保險契約相關權益損失情形。 3.對於年齡在65歲以上之客戶，應依本商品不利於其投保權益之情形進行關懷提問，確認客戶瞭解本商品特性對其之潛在影響及各種不利因素。但本商品之特性經依保險商品銷售前程序作業準則第6條第7款規定評估不具潛在影響及各種不利因素者，不在此限。

身份類別／遵循規範	要點
【類別一】保險業 投資型保險商品銷售應注意事項（修正日期：民國111年03月31日）	**第9點（有考題，下列6項請背起來）** 保險業對於本商品之銷售，應建立適當之**內部控制制度及風險管理制度**，並落實執行。其內容至少應包括下列事項： 1.本商品招攬人員之管理辦法。 2.充分瞭解客戶之作業準則。 3.監督不尋常或可疑交易之作業準則。 4.保險招攬之作業準則。 5.內線交易及利益衝突之防範機制。 6.客戶紛爭之處理程序。 **註** 上列沒有列示「投資交易紀錄程序」
【類別二】保險代理人 保險代理人管理規則（修正日期：民國111年09月22日）	**第36條** 代理人公司或銀行所任用之代理人及所屬業務員使用之宣傳及廣告內容，應經所屬公司或銀行核可；其所屬公司或銀行並應依法負責任。 **第37條** 個人執業代理人、代理人公司及銀行依保險代理合約之授權執行或經營業務之過失、錯誤或疏漏行為，致要保人、被保險人受有**損害**時，該授權保險人（代理人公司和授權保險公司）應依法負賠償責任。 **註** 考題：代理人之業務員有招攬不實致客戶發生**損害**時，**代理人公司**和**授權保險公司**須負賠償責任。 **第41條** 個人執業代理人、代理人公司及銀行應按其代理契約或授權書所載之範圍，保存**招攬**、**收費或簽單**、**批改**、**理賠**及**契約終止**等**文件副本**。 個人執業代理人、代理人公司及銀行受保險業之授權代收保險費者，應保存**收費紀錄**及**收取保險費**之**證明文件**。 前二項應保存各項文件之期限最少為**5年**。但法令另有規定者，依其規定。 **註** 考題：代理人依規定須保存**招攬**、**收費紀錄**及**收據影本**等文件至少**5年**期間。

身份類別／遵循規範	要點
【類別二】 保險代理人	保險代理人管理規則（修正日期：民國111年09月22日）	**第49條** 個人執業代理人、代理人公司、銀行及受代理人公司或銀行所任用之代理人不得有下列各款行為之一者： 1. 申領執業證照時具報不實。 2. 為未經核准登記之保險業代理經營或執行業務。 3. 為保險業代理經營或執行未經主管機關核准之保險業務。 4. 故意隱匿保險契約之重要事項。 5. 利用職務或業務上之便利或以其他不正當手段，強迫、引誘或限制要保人、被保險人或保險人締約之自由或向其索取額外報酬或其他利益。 6. 以誇大不實、引人錯誤之宣傳、廣告或其他不當之方法經營或執行業務或招聘人員。 7. 有以不當之手段慫恿保戶退保、轉保或貸款等行為。 8. 挪用或侵占保險費、保險金。 9. 本人未執行業務，而以執業證照供他人使用。 10. 有侵占、詐欺、背信、偽造文書行為受刑之宣告。 11. 經營或執行執業證照所載範圍以外之保險業務。 12. 除合約所訂定之佣酬及費用外，以其他名目或以第三人名義向保險人收取金錢、物品、其他報酬或為不合營業常規之交易。 13. 以不法之方式使保險人為不當之保險給付。 14. 散播不實言論或文宣擾亂金融秩序。 15. 授權第三人代為經營或執行業務，或以他人名義經營或執行業務。 16. 將非所任用之代理人或非所屬登錄之保險業務員招攬之要保文件轉報保險人或將所招攬之要保文件轉由其他保險經紀人或代理人交付保險人。但代理人公司收受個人執業代理人已事先取得要保人書面同意之保件，不在此限。 17. 聘用未具保險招攬資格者為其招攬保險業務。 18. 未依第15條第1項（代理人公司及銀行所任用之代理人終止簽署工作，應於所任用之代理人離職後15日內向主管機關申報並繳銷執業證照，及向代理人商業同業公會報備）、第26條（個人執業代理人停止執行業務，應於事

身份類別／遵循規範		要點
【類別二】保險代理人	保險代理人管理規則（修正日期：民國111年09月22日）	實發生後15日內向主管機關申報並繳銷執業證照）、第27條第5項（代理人公司如有第一項第一款、第三款或經主管機關註銷代理人公司執業證照之情事，未辦理繳銷所任用代理人之執業證照者，該受任用之代理人應於代理人公司停業、解散或主管機關註銷代理人公司執業證照之日起30日內，檢具相關文件委由代理人商業同業公會向主管機關辦理註銷登記）或第28條第3項（銀行經主管機關核准暫時停止、終止其兼營保險代理之一部或全部業務，或經主管機關廢止或撤銷其許可，並註銷兼營保險代理業務執業證照，未辦理繳銷所任用代理人之執業證照者，該受任用之代理人應於主管機關核准銀行暫時停止、終止其兼營保險代理之一部或全部業務或主管機關註銷兼營保險代理業務執業證照之日起30日內，檢具相關文件委由代理人商業同業公會辦理註銷登記）所定期限內，辦理繳銷執業證照。 19.擅自停業、暫時停止一部或全部業務、復業、恢復業務、解散或終止一部或全部業務。 20.代理人公司或銀行經營業務後，未於所任用之代理人離職時，依第七條第二項任用代理人擔任簽署工作。 21.未依主管機關所規定相關事項向代理人商業同業公會報備。 22.使用與保險商品有關之廣告、宣傳內容，非屬保險業提供或未經其同意。 23.將佣酬支付予非實際招攬之保險業務員及其業務主管。但支付續期佣酬予接續保戶服務人員者，不在此限。 24.未確認金融消費者對保險商品之適合度，包括對於65歲以上之客戶提供不適合之保險商品。 25.銷售未經主管機關許可之國外保單貼現受益權憑證商品 26.提報業務或財務報表之資料不實或不全。 27.任職於保險業、擔任有關公會現職人員或登錄為保險業務員。 28.勸誘客戶解除或終止契約，或以貸款、定存解約或保險單借款繳交保險費。

身份類別／遵循規範	要點
【類別二】 保險代理人 保險代理人管理規則（修正日期：民國111年09月22日）	29.未據實填寫招攬報告書，包括對於65歲以上之客戶投保財產保險及微型保險以外之投保案件，未載明該客戶是否具有辨識不利其投保權益情形之能力、保險商品適合該客戶及評估理由，並做成評估紀錄。但保險商品之特性經保險業依保險商品銷售前程序作業準則第六條第七款規定評估不具潛在影響及各種不利因素者，不在此限。 30.其他違反本規則或相關法令。 31.其他有損保險形象。
【類別三】 保險經紀人 保險經紀人管理規則（修正日期：民國111年09月22日）	**第38條** 經紀人公司或銀行所任用之經紀人及所屬業務員使用之宣傳及廣告內容，應經所屬公司或銀行核可；其所屬公司或銀行並應依法負責任。 **第39條** 個人執業經紀人、經紀人公司及銀行因執行或經營業務之過失、錯誤或疏漏行為，致要保人、被保險人受有損害時，應依法負賠償責任。 **第49條** 個人執業經紀人、經紀人公司、銀行及受經紀人公司或銀行所任用之經紀人不得有下列各款行為之一者： 1.申領執業證照時具報不實。 2.為未經核准登記之保險業洽訂保險契約。 3.故意隱匿保險契約之重要事項。 4.利用職務或業務上之便利或以其他不正當手段，強迫、引誘或限制要保人、被保險人或保險人締約之自由或向其索取額外報酬或其他利益。 5.以誇大不實、引人錯誤之宣傳、廣告或其他不當之方法經營或執行業務或招聘人員。 6.有以不當之手段慫恿保戶退保、轉保或貸款等行為。 7.挪用或侵占保險費、再保險費、保險金或再保險賠款。 8.本人未執行業務，而以執業證照供他人使用。 9.有**侵占**、**詐欺**、**背信**、**偽造文書**行為受刑之宣告。 10.經營或執行執業證照所載範圍以外之保險業務。

身份類別／遵循規範	要點
〔類別三〕 保險經紀人 保險經紀人管理規則（修正日期：民國111年09月22日）	11.除合約所訂定之佣金、費用或依同業標準所收取之佣酬及依保險法第九條提供保險相關服務之合理報酬外，以其他費用名目或以第三人名義向保險人收取金錢、物品、其他報酬或為不合營業常規之交易。 12.以不法之方式使保險人為不當之保險給付。 13.散播不實言論或文宣擾亂金融秩序。 14.授權第三人代為經營或執行業務，或以他人名義經營或執行業務。 15.將非所任用之經紀人或非所屬登錄之保險業務員招攬之要保文件轉報保險人或將所招攬之要保文件轉由其他經紀人或保險代理人交付保險人。但經紀人公司收受個人執業經紀人已事先取得要保人書面同意之保件，不在此限。 16.聘用未具保險招攬資格者為其招攬保險業務。 17.未依第15條第1項（經紀人公司及銀行所任用之經紀人終止執行簽署工作，應於所任用之經紀人離職後15日內向主管機關申報並繳銷執業證照，及向經紀人商業同業公會報備）、第26條（個人執業經紀人停止執行業務，應於事實發生後15日內向主管機關申報並繳銷執業證照）、第27條第5項（經紀人公司如有第一項第一款、第三款或經主管機關註銷經紀人公司執業證照之情事，未辦理繳銷所任用經紀人之執業證照者，該受任用之經紀人應於經紀人公司停業、解散或主管機關註銷經紀人公司執業證照之日起30日內，檢具相關文件委由經紀人商業同業公會向主管機關辦理註銷登記）或第28條第3項（銀行經主管機關核准暫時停止、終止其兼營保險經紀之一部或全部業務，或經主管機關廢止或撤銷其許可，並註銷兼營保險經紀業務執業證照，未辦理繳銷所任用經紀人之執業證照者，該受任用之經紀人應於主管機關核准銀行暫時停止、終止其兼營保險經紀之一部或全部業務或主管機關註銷兼營保險經紀業務執業證照之日起30日內，檢具相關文件委由經紀人商業同業公會辦理註銷登記）所定期限內，辦理繳銷或註銷執業證照。

身份類別／遵循規範		要點
[類別三] 保險經紀人	保險經紀人管理規則（修正日期：民國111年09月22日）	18. 擅自停業、暫時停止一部或全部業務、復業、恢復業務、解散或終止一部或全部業務。 19. 經紀人公司或銀行經營業務後，未於所任用之經紀人離職時，依第7條第2項（經紀人公司及銀行應任用經紀人至少一人擔任簽署工作，向主管機關辦理許可登記，其人數並應視業務規模及登錄保險業務員人數，由經紀人公司及銀行作適當調整，必要時主管機關得視情況，要求經紀人公司或銀行增加任用經紀人擔任簽署工作）任用經紀人擔任簽署工作。 20. 未依主管機關所規定相關事項向經紀人商業同業公會或經紀人公會報備。 21. 使用與保險商品有關之廣告、宣傳內容，非屬保險業提供或未經其同意。 22. 將佣酬支付予非實際招攬之保險業務員及其業務主管。但支付續期佣酬予接續保戶服務人員者，不在此限。 23. 未確認金融消費者對保險商品之適合度，包括對於65歲以上之客戶提供不適合之保險商品。 24. 銷售未經主管機關許可之國外保單貼現受益權憑證商品。 25. 提報業務或財務報表之資料不實或不全。 26. 任職於保險業、擔任有關公會現職人員或登錄為保險業務員。 27. 勸誘客戶解除或終止契約，或以貸款、定存解約或保險單借款繳交保險費。 28. 未據實填寫招攬報告書，包括對於65歲以上之客戶投保財產保險及微型保險以外之投保案件，未載明該客戶是否具有辨識不利其投保權益情形之能力、保險商品適合該客戶及評估理由，並做成評估紀錄。但保險商品之特性經保險業依保險商品銷售前程序作業準則第六條第七款規定評估不具潛在影響及各種不利因素者，不在此限。 29. 其他違反本規則或相關法令。 30. 其他有損保險形象。 註 考題：依「保險經紀人管理規則」規定，擔任保險經紀人不得有**詐欺**、**偽造文書**、**侵占**等受刑之宣告。

身份類別／遵循規範	要點
【類別四】 保險業務員 保險業務員管理規則（修正日期：民國110年01月08日）	**第16條** 1.業務員從事保險招攬所用之文宣、廣告、簡介、商品說明書及建議書等文書，應標明所屬公司之名稱，所屬公司為代理人、經紀人或銀行者並應標明往來保險業名稱，並不得假借其他名義、方式為保險之招攬。 2.前項文宣、廣告、簡介、商品說明書及建議書等文書之內容，應與保險業報經主管機關審查通過之保險單條款、費率及要保書等文件相符，且經所屬公司核可同意使用，其內容並應符合主管機關訂定之資訊揭露規範。 3.保險代理人、經紀人公司或銀行所屬業務員使用之文宣、廣告、簡介、商品說明書及建議書等文書應經其往來保險業提供或同意方可使用。 **第19條第1項** 保險業務員不得從事之行為及所屬保險公司應執行之行為及處分： 業務員有下列各款情事之一者，除有犯罪嫌疑，其行為時之所屬公司應依法移送偵辦外，並應按其情節輕重，予以**3個月以上1年以下**停止招攬行為之處分： 1.就影響要保人或被保險人權益之事項為不實之說明或不為說明。 2.唆使要保人或被保險人對保險人為不告知或不實之告知；或明知要保人或被保險人不告知或為不實之告知而故意隱匿。 3.妨害要保人或被保險人為告知。 4.對要保人或被保險人以錯價、**放佣**或其他不當折減保險費之方法為招攬。 5.對要保人、被保險人或第三人以誇大不實之宣傳、廣告或其他不當之方法為招攬。 6.**未經所屬公司同意而招聘人員**。 7.代要保人或被保險人簽章、或未經其同意或授權填寫有關保險契約文件。 8.以威脅、利誘、隱匿、欺騙等不當之方法或不實之說明慫恿要保人終止有效契約而投保新契約致使要保人受損害。

身份類別／遵循規範	要點
[類別四] 保險業務員 保險業務員管理規則（修正日期：民國110年01月08日）	9. 未經授權而代收保險費或經授權代收保險費而挪用、**侵占所收保險費**或代收保險費未依規定交付保險業開發之正式收據。 10. **以登錄證供他人使用或使用他人登錄證。** 11. 招攬或推介未經主管機關核准或備查之保險業務或其他金融商品。 12. 為未經主管機關核准經營保險業務之法人或個人招攬保險。 13. 以誇大不實之方式就不同保險契約內容，或與銀行存款及其他金融商品作不當之比較。 14. 散播不實言論或文宣，擾亂金融秩序。 15. 挪用款項或代要保人保管保險單及印鑑。 16. 違反第9條（(1)業務員登錄證有效期間為5年，應於期滿前辦妥換發登錄證手續，未辦妥前不得為保險之招攬；(2)業務員換證作業規範，由各有關公會訂定報主管機關備查）、第11條第2項（業務員從事第四條所定應通過特別測驗之保險招攬前，應通過前項測驗機構舉辦之特別測驗，並由所屬公司依第十條第一項第一款向各有關公會辦理變更登錄，始得招攬該種保險）、第14條第1項（業務員經登錄後，應專為其所屬公司從事保險之招攬）、第15條第4項（業務員從事前項所稱保險招攬之行為，應取得要保人及被保險人親簽之投保相關文件；業務員招攬涉及人身保險之商品者，應親晤要保人及被保險人。但主管機關另有規定者不在此限）、第5項（業務員應於所招攬之要保書上親自簽名並記載其登錄字號。但主管機關另有規定者不在此限）或第16條（(1)業務員從事保險招攬所用之文宣、廣告、簡介、商品說明書及建議書等文書，應標明所屬公司之名稱，所屬公司為代理人、經紀人或銀行者並應標明往來保險業名稱，並不得假借其他名義、方式為保險之招攬；(2)前項文宣、廣告、簡介、商品說明書及建議書等文書之內容，應與保險業報經主管機關審查通過之保險單條款、費率及要保書等文件相符，且經所屬公司核

身份類別／遵循規範		要點
【類別四】保險業務員	保險業務員管理規則（修正日期：民國110年01月08日）	可同意使用，其內容並應符合主管機關訂定之資訊揭露規範；(3)保險代理人、經紀人公司或銀行所屬業務員使用之文宣、廣告、簡介、商品說明書及建議書等文書應經其往來保險業提供或同意方可使用）規定。 17.其他利用其業務員身分從事業務上不當行為。 前項業務員行為時之所屬公司已解散或註銷公司執業證照者，由現行所登錄之所屬公司予以處分。 最近五年內受停止招攬行為處分期間累計達**2年**者，所屬公司應予**撤銷其業務員登錄**處分。 註 1.以上列示沒有「向公司索取不合理報酬」。 　　2.考題：業務員**以登錄證供他人使用**，會依情節輕重被施以）**3個月～1年**期間停止招攬或撤銷登錄之處分。

二、銷售行為自律規範（保險業自行制定的規範）

(一) 投資型保險商品銷售自律規範

1. **投資型保險商品銷售應注意事項**（修正日期：民國111年03月31日）

   第17點

   保險業應確實要求與其往來之保險代理人、保險經紀人、共同行銷或合作推廣對象，遵守本注意事項及**投資型保險商品銷售自律規範**之規定，並納入與其簽訂之合約內容加強管理。

   有關**投資型保險商品銷售自律規範**由**中華民國人壽保險商業同業公會**訂定之。

2. **投資型保險商品銷售自律規範**（修正日期：民國111年10月21日）

   （中華民國人壽保險商業同業公會訂定）

   第2條

   各會員應建立銷售本商品之交易控管機制，至少應包括下列事項：

   (1)避免提供客戶逾越財力狀況或不合適之商品或服務，包括對65歲（含）以上之客戶提供不適合之商品或服務。

   (2)避免招攬人員非授權或不當銷售之行為。

(3)招攬人員不得勸誘客戶解除或終止契約,或以貸款、保險單借款繳交本商品之保險費。

第5條

各會員銷售本商品時,應審酌被保險人年齡等情況予以推介或銷售適當之商品,當被保險人投保時之**保險年齡大於或等於**65或本商品連結有結構型商品且被保險人於該結構型商品期滿時之**保險年齡大於或等於**65時,各會員應請要保人及被保險人於要保書中之重要事項告知書或「結構型債券投資報酬與風險告知書」簽名已瞭解並願意承擔投資風險,如要保人及被保險人不願填寫則各會員得婉拒投保。

各會員銷售本商品予**65歲(含)以上**之客戶,應經客戶同意後,將對客戶之銷售過程,予以**錄音**或**錄影**方式保留紀錄,並應由適當之單位或主管人員進行覆審,確認客戶辦理本商品交易之適當性後,始得承保。

第8條

各會員銷售本商品,應將本商品之風險、報酬及其他相關資訊,依「投資型保險資訊揭露應遵循事項」規定對客戶作適時之揭露,並提供相關銷售文件。其涉及連結結構型商品者,另應提供客戶投資報酬與風險告知書。

各會員應就前項銷售文件記載之給付項目、各項費用、投資風險、相關警語及人身保險安定基金對本商品之保障範圍,予以標示重點,協助客戶審閱,並應予以詳加說明。

第9條(資訊揭露)

各會員銷售屬非全權委託之投資型保險商品含有連結結構型商品時,應就所連結之結構型商品標的說明下列資訊:

(1)**發行機構**及**保證機構名稱**。

(2)連結標的資產,及其與投資績效之關連情形。

(3)投資報酬與風險告知書,包含情境分析或歷史倒流測試之解說。

(4)**保本條件**與**投資風險**、**警語**。

(5)**各種費用**,包含通路服務費。

(6)投資年期及未持有至到期時之投資本金潛在損失。

(7)投資部分不受保險安定基金保障之有關說明。

(8)在法令許可之前提下，應告知客戶在有急需資金情況下，可依契約選擇辦理保單質借並將質借利率或其決定方式告知客戶，以避免因中途解約而承擔投資標的提前贖回之損失。

前項第5款所稱通路服務費，係指各會員自連結結構型商品發行機構取得之銷售獎金或折讓。

[補充]若投資標的所連結結構型商品非百分之百保本時，除現行每季寄對帳單外，當該結構型商品**虧損達30%**時，另應以書面或電子郵件通告。（第10條第3項第3款）

第10條（門外漢條款）

招攬原則：

會員銷售之商品含有連結結構型商品時，除應依前目規定辦理外，應確認客戶具備相當之投資專業或財務能力，並足以承擔該商品之風險。客戶應具備下列條件之一：

(1)客戶具備期貨、選擇權、或其他衍生性金融商品交易經驗達一定期間。

(2)依據各會員內部制定之程序審核通過（各會員應依據結構型商品之風險與複雜程度之不同，制定不同之審核條件），由核保人員確認該客戶具備相當之結構型商品投資經驗或風險承擔能力。

第11條（會考，請背起來）

各會員銷售本商品含有連結結構型商品者，應參附表一及附表二訂定一套商品適合度政策，包括客戶類型、商品風險等級之分類，依據客戶對風險之承受度提供適當之商品，並應建立執行監控機制。

各會員銷售前項商品時，應優先選擇透過人員解說之行銷通路，以即時確認客戶是否充分瞭解商品內容與風險。

(1)客戶類型定義如下：

　　A.**積極型客戶**：指個別保單**躉繳保費達新臺幣80萬元以上**或**年繳化保費達新臺幣8萬元以上**者。

　　B.**一般客戶**：指個別保單**躉繳保費達新臺幣30萬元以上**或**年繳化保費達新臺幣3萬元以上**，但本自律規範實施前已投保且約定採年繳、半年繳、季繳、月繳等分期繳費方式連結結構型商品之契約，不在此限。

(2)商品等級分類（附表一）

等級	連結標的類別
Level 1	交易所編製之指數
Level 2	非交易所編製之指數 商品期貨價格或原物料期貨價格 利率 股票、基金、REITs 匯率（貨幣） 未來保單審查經主管機關同意新增之標的類別

(3)結構型商品與客戶適合度對照表（附表二）

國外發行或保證機構之 長期債務信用評等等級	Level 1	Level 2
AAA／AA＋／AA	一般客戶	一般客戶
AA－／A＋	一般客戶	積極型客戶
A／A－	積極型客戶	積極型客戶

A.本表中適合**一般客戶**投資者，亦可提供予**積極型客戶**投資。

B.結構型商品年期限為6～10年（結構型商品採動態調整機制
（CPPI、TIPP）者，其年期不受10年上限之限制，但不得涉及
一般帳簿之投資）。

C.結構型商品到期本金原幣別保本率（即結構型商品於投資標的發
行公司及保證公司不違約之情況下，保證達成投資本金領回最低
比率）不得低於100%（經主管機關核准不在此限）；
結構型商品採動態調整機制（CPPI、TIPP）者，其保本率不得
低於80%。

D.結構型商品採動態調整機制（CPPI、TIPP）者不適用上表，本
商品皆分類為一般客戶。

E.國外發行或保證機構之長期債務信用評等等級，指的是經
standard & poor's Corp或Moody's Investors Service或Fitch
Rating Ltd評定之評等或相同等級。

銷售投資型保單應確認客戶具有相當的**投資專業**或**財務能力**。

註 1. 考題：在投資型保險商品銷售自律規範中，投資連結交易所編製之指數是屬於level 1風險等級商品。
　　2. **一般客戶**合購買國外發行機構長期債務信用評等為AA之結構型債券商品。

第14條

各會員對於本商品之銷售，應注意下列事項，避免利益衝突：

(1)各會員應訂定適當之資訊隔離政策（例如資訊安全、防火牆等），避免資訊不當流用予未經授權者。

(2)各會員及其員工、招攬人員，不得直接或間接向投資標的發行機構要求、期約或收受不當之金錢、財物或其他利益，致影響其專業判斷與職務執行之客觀性，並請各會員與銀行業者及證券業者簽訂之銷售契約中納入相關禁止規定，並應於內部控制制度納入查核項目中。

(3)招攬人員不得以**收取佣金**或**報酬多寡**作為銷售本商品之唯一考量與利誘客戶投保本商品或以教唆客戶轉保方式進行招攬。

(4)各會員銷售本商品之各項費用應依「投資型保險資訊揭露應遵循事項」之規定辦理。

(5)各會員及員工、招攬人員不得直接或間接要求、期約或收受不當之金錢、財物或其他利益，致影響其專業判斷與職務執行之客觀性之規定，納入會員遵守法令遵循制度之查核項目中。

(6)各會員及本商品之招攬人員，不得給付或支領推介客戶申辦貸款之報酬。但招攬人員於貸款案件送件日前後3個月內未向同一客戶招攬本商品者，不在此限。

註 考題：在投資型保險商品銷售自律規範中，須訂定銷售人員與客戶間利益衝突問題，係為避免以**佣金高低做為銷售動機**。

第15條

各會員應依「保險業招攬廣告自律規範」辦理並至少**每季**一次抽查招攬人員使用之文宣、廣告、簡介、商品說明書及建議書等文書；如發現招攬人員有使用未經核可文書之情事，應立即制止並視情節輕重為適當之處分，對客戶因此所受損害，亦依法負連帶賠償責任。

(二) **保險業招攬廣告自律規範**

1. **重申保險業應恪遵保險業務員管理規則及相關業務招攬規定**

（公發布日：民國95年10月12日）

第1項

邇來發現因保險業務員不當招攬保險業務或招攬過程未就保險商品屬性詳實說明而衍生爭議，保險業應加強相關法令及規範（如：保險法、消費者保護法、保險業招攬廣告自律規範）之教育宣導，並將保險業務員之招攬行為列為內部管理重點，以保障保戶權益及維護保險之專業形象。

2. **保險業招攬廣告自律規範**（修正日期：民國110年10月27日）

（中華民國人壽保險商業同業公會訂定）

第4條

保險業從事保險商品銷售招攬廣告，應依社會一般道德、誠實信用原則及保護金融消費者之精神，遵守下列事項：

(1)應載明或聲明公司名稱、地址、電話。

(2)應確保廣告內容之正確性，不得有誇大不實，或與銀行存款及其他金融商品作比較性廣告，保險業對消費者所負之義務不得低於廣告之內容。

(3)廣告所使用之文宣，應以公司名義為之，其內容應經公司核可，並應與主管機關審查通過之保險單條款、費率及要保書等文件相符。但如保險業提供非屬履行保險契約權利義務之加值服務並列載為廣告內容之一部分者，應加註相關警語，避免讓消費者誤認該內容屬保險契約權利義務之一部分，且該內容不得違反法令規定。

(4)應以中文表達並力求淺顯易懂，必要時得附註原文。

(5)對保險商品或服務內容之揭露如涉及利率、費用、報酬及風險時，應以衡平及顯著之方式表達。

(6)壽險業應依據「補充訂定分紅人壽保險單與不分紅人壽保險單資訊揭露相關規範」規定揭露相關資訊。

(7)分紅保單不得以分紅率多寡為招攬廣告。保險業不得將分紅金額與同業、銀行存款或其他金融商品之報酬作比較性廣告。

(8)廣告內容不得有下列情事：

　A.勸誘保戶提前解約或贖回。

　B.藉主管機關對保險商品之核准、核備或備查，而使消費者誤認政府已對該保險商品提供保證。

　C.對未經主管機關核准、核備或備查之保險商品，預為宣傳廣告或促銷。

　　D.對於過去之業績作誇大不實之宣傳、故意截取報章雜誌不實之報導
　　　作為廣告內容，或對同業為攻訐、損害同業或他人營業信譽之廣告。
　　E.虛偽、欺罔、冒用或使用相同或近似於他人之註冊商標、服務標
　　　章或名號，致有混淆消費者之虞，或其他不實之情事。
　　F.廣告文字內容刻意以**不明顯字體**標示保單附註及限制事項。
　　G.違反法令或各公會所訂之自律規範及其他經主管機關禁止之行為。

第5條

人身保險業投資型保險商品招攬廣告除前條規定外，並應遵守下列事項：

(1)應依據「投資型保險資訊揭露應遵循事項」規定揭露相關資訊。

(2)廣告內容應凸顯保險商品，並對保險保障應有相當篇幅之介紹，且
　　依下列規定辦理：

　　A.如有揭示投資報酬率者，不得僅以個別年度之高報酬為銷售訴
　　　求，應揭露全期年化報酬率，並以同一字體列明給付條件。於連
　　　結結構型商品時，全期年化報酬率係指年化內部報酬率（Internal
　　　Rate of Return, IRR），應以消費者總繳保費及各期現金收入為
　　　計算基礎，且另需揭露淨投入本金為基礎之年化內部報酬率。
　　B.應揭示投資風險警語。
　　C.不得使人誤信能保證本金之安全或保證獲利。
　　D.如有保本字樣，應載明成就保本之各項條件。

第9條

保險業違反本自律規範經查核屬實者，提報各該公會理監事會，處以
新臺幣5萬元以上，**新臺幣20萬元以下**之罰款；前述處理情形並應於1
個月內報主管機關。

業務員有從事不實文宣、廣告情節重大者，所屬公司應依保險業務員
管理規則相關規定懲處並通報中華民國人壽保險商業同業公會及中華
民國產物保險商業同業公會。

各該公會為執行前二項查核事宜，應成立查核小組，其組織簡則另訂之。

保險業有第一項情事經查核屬實，或因業務員有第二項情事經查核認
定有監督不週之情形時，查核小組應依情節輕重擬具建議處理方案，
提報各該公會理事會通過後辦理，並報主管機關。

精選試題

(　　) **1** 下列哪一項規令不是屬於銷售行為他律規範？
(A)投資型保險商品銷售應遵循事項
(B)投資型保險商品銷售自律規範
(C)保險代理人管理規則
(D)保險業務員管理規則。

(　　) **2** 保險業需建立投資型保險商品之內部控管及風險管理制度，其內容不包含哪一點事項？　(A)客戶紛爭之處理程序　(B)利益衝突之防範機制　(C)投資交易紀錄程序　(D)充分瞭解客戶之作業。

(　　) **3** 代理人之業務員有招攬不實致客戶發生損害時，下列哪一單位須負賠償責任？　(A)代理人公司　(B)授權保險公司　(C)以上皆非　(D)以上皆是。

(　　) **4** 代理人依規定須保存招攬、收費紀錄及收據影本等文件至少幾年期間？　(A)2年　(B)3年　(C)4年　(D)5年。

(　　) **5** 依「保險經紀人管理規則」規定，擔任保險經紀人不得有下列何種受刑之宣告？　(A)詐欺　(B)偽造文書　(C)侵占　(D)以上皆是。

(　　) **6** 業務員以登錄證供他人使用，會依情節輕重被施以多久期間停止招攬或撤銷登錄之處分？　(A)3個月～1年　(B)3個月～2年　(C)6個月～1年　(D)1年～2年。

(　　) **7** 下列哪一項不是「保險業務員管理規則」第19條第1項所禁止之事項？　(A)未經公司同意招聘人員　(B)侵占所收保險費　(C)向公司索取不合理報酬　(D)對要保人放佣。

(　　) **8** 保險業務員於登錄有效期間內，受停止招攬行為處分期間累計超過幾年，應予撤銷其業務員登錄處分？　(A)一年　(B)二年　(C)三年　(D)四年。

(　　) **9** 保險業從事保險商品銷售招攬廣告（如文宣、廣告、簡介、商品說明書及建議書等），應遵守自律規範要求，下列敘述何者錯誤？
(A)應標明所屬公司之名稱、地址、電話　(B)廣告所使用之文宣，可以個人名義為之，其內容公司可不用審查　(C)應以中文表達並力求淺顯易懂，必要時得附註原文　(D)廣告揭露如涉及利率、費用、報酬及風險時，應力求平衡方式表達。

(　　) **10** 保險業從事保險商品銷售招攬廣告（如文宣、廣告、簡介、商品說明書及建議書等），不得出現哪些內容？
A.勸誘保戶提前解約或贖回
B.對同業為攻訐、損害同業或他人營業信譽之廣告
C.故意截取報章雜誌不實之報導作為廣告內容
D.冒用或使用相同或近似於他人之註冊商標
(A)ABC　(B)ABD　(C)ACD　(D)ABCD。

(　　) **11** 為避免年齡太大客戶購買風險太高結構型債券投資型保單，被保險人年齡超過幾歲時需簽名同意瞭解風險告知書，否則公司予以拒保？　(A)55歲　(B)60歲　(C)65歲　(D)70歲。

(　　) **12** 在投資型保險商品銷售自律規範中，投資連結交易所編製的指數是屬於哪一類風險等級商品？
(A)level 1　(B)level 2　(C)level 3　(D)level 4。

(　　) **13** 一般客戶合購買國外發行機構長期債務信用評等為多少之結構型債券商品？　(A)A－　(B)A　(C)AA　(D)AA－。

(　　) **14** 現行「投資型保險商品銷售自律規範」規定，如果被保險人超過幾歲時，壽險顧問必須另行提供重要事項告知書予要保人及被保險人，並由要保人及被保險人於告知書上簽名表示已瞭解並願意承擔投資風險？　(A)60歲　(B)65歲　(C)70歲　(D)75歲。

(　　) **15** 當客戶接受投資型保險之風險容忍度測試，結果分析與其屬性不符時，招攬人員不應：
(A)婉拒絕客戶購買該商品

(B)要求執意購買者於要保書適當位置簽名
(C)請客戶重做測試至符合為止
(D)另行介紹適合其風險屬性之保險商品。

( )**16** 下列關於結構型債券商品之資訊揭露規定之敘述,何者錯誤?
(A)需載明發行機構與保證機構名稱　(B)保本條件與投資風險及
警語　(C)揭露各種相關費用　(D)投資部分受安定基金之保障。

( )**17** 在投資型保險商品銷售自律規範中,須訂定銷售人員與客戶間利
益衝突問題,是為避免下列何種行為?　(A)銷售人員侵占保險費
(B)以佣金高低做為銷售動機　(C)誇大不實引誘投保　(D)代要保
人保管印鑑。

( )**18** 當投資標的連結結構型債券商品屬非百分之百保本,其標的價格
虧損達多少百分比時,公司應以書面通知保戶?
(A)20%　(B)30%　(C)40%　(D)50%。

( )**19** 下列關於保險商品之廣告內容規定,何者錯誤?
(A)不得以明顯字體標示限制事項
(B)不得勸誘保護提前贖回
(C)不得促銷未經主管機關備查商品
(D)不得對同業做攻訐之廣告。

( )**20** 保險業者違反「保險業招攬廣告自律規範」者,可能會處以多少罰
款?　(A)處以新臺幣1萬元以上,5萬元以下之罰款　(B)處以新臺
幣3萬元以上,20萬元以下之罰款　(C)處以新臺幣5萬元以上,20萬
元以下之罰款　(D)處以新臺幣20萬元以上,50萬元以下之罰款。

( )**21** 下列關於保險公司銷售非全權委託型投資型保險商品之敘述,何
者正確?
(A)提供特定投資標的供保戶選擇
(B)由保戶選擇投資方式及標的
(C)由公司代為投資運用
(D)以上皆非。

解答與解析

1 (B)。 銷售行為他律規範有下列四種：

[類別一] 保險業：投資型保險商品銷售應注意事項

[類別二] 保險代理人：保險代理人管理規則

[類別三] 保險經紀人：保險經紀人管理規則

[類別四] 保險業務員：保險業務員管理規則

銷售行為他律規範是主管機關頒定的規範，而投資型保險商品銷售「自律」規範不屬之。

故此題答案為(B)。

2 (C)。《投資型保險商品銷售應注意事項》第9點：保險業對於本商品之銷售，應建立適當之**內部控制制度**及**風險管理制度**，並落實執行。其內容至少應包括下列事項：

1.本商品招攬人員之管理辦法。

2.充分瞭解客戶之作業準則。

3.監督不尋常或可疑交易之作業準則。

4.保險招攬之作業準則。

5.內線交易及利益衝突之防範機制。

6.客戶紛爭之處理程序。

故此題答案為(C)。

3 (D)。《保險代理人管理規則》第37條：個人執業代理人、代理人公司及銀行依保險代理合約之授權執行或經營業務之過失、錯誤或疏漏行為，致要保人、被保險人受有**損害**時，該授權保險人（代理人公司和授權保險公司）應依法負賠償責任。

故此題答案為(D)。

4 (D)。《保險代理人管理規則》第41條：

個人執業代理人、代理人公司及銀行應按其代理契約或授權書所載之範圍，保存**招攬**、**收費或簽單**、**批改**、**理賠**及**契約終止**等**文件副本**。

個人執業代理人、代理人公司及銀行受保險業之授權代收保險費者，應保存**收費紀錄**及**收取保險費**之**證明文件**。

前二項應保存各項文件之期限最少為**5年**。但法令另有規定者，依其規定。

故此題答案為(D)。

5 (D)。《保險經紀人管理規則》第49條第1款第9項：

個人執業經紀人、經紀人公司、銀行及受經紀人公司或銀行所任用之經紀人不得有**侵占**、**詐欺**、**背信**、**偽造文書**行為受刑之宣告。

故此題答案為(D)。

6 (A)。《保險業務員管理規則》第19條第1項第10點：

業務員有**以登錄證供他人使用或使用他人登錄證**，所屬公司並應按其情節輕重，予以**3個月以上1年以下**停止招攬行為或撤銷其業務員登錄之處分。

故此題答案為(A)。

7 (C)。《保險業務員管理規則》第19條第1項：

業務員有下列各款情事之一者，除有犯罪嫌疑，其行為時之所屬公司

應依法移送偵辦外，並應按其情節輕重，予以3個月～1年停止招攬行為之處分：

1. 就影響要保人或被保險人權益之事項為不實之說明或不為說明。
2. 唆使要保人或被保險人對保險人為不告知或不實之告知；或明知要保人或被保險人不告知或為不實之告知而故意隱匿。
3. 妨害要保人或被保險人為告知。
4. 對要保人或被保險人以錯價、**放佣**或其他不當折減保險費之方法為招攬。
5. 對要保人、被保險人或第三人以誇大不實之宣傳、廣告或其他不當之方法為招攬。
6. **未經所屬公司同意而招聘人員。**
7. 代要保人或被保險人簽章、或未經其同意或授權填寫有關保險契約文件。
8. 以威脅、利誘、隱匿、欺騙等不當之方法或不實之說明慫恿要保人終止有效契約而投保新契約致使要保人受損害。
9. 未經授權而代收保險費或經授權代收保險費而挪用、**侵占所收保險費**或代收保險費未依規定交付保險業開發之正式收據。
10. 以登錄證供他人使用或使用他人登錄證。
11. 招攬或推介未經主管機關核准或備查之保險業務或其他金融商品。
12. 為未經主管機關核准經營保險業務之法人或個人招攬保險。
13. 以誇大不實之方式就不同保險契約內容，或與銀行存款及其他金融商品作不當之比較。
14. 散播不實言論或文宣，擾亂金融秩序。
15. 挪用款項或代要保人保管保險單及印鑑。
16. 違反第9條、第11條第2項、第14條第1項、第15條第4項、第5項或第16條規定。
17. 其他利用其業務員身分從事業務上不當行為。

故此題答案為(C)。

8 (B)。 若業務員於登錄有效期間內受停止招攬行為處分期間累計達**2年**者，應予**撤銷其業務員登錄**處分。
故此題答案為(B)。

9 (B)。 《投資型保險商品銷售應注意事項》第5點：
保險業應確保本商品之招攬人員符合主管機關規定之資格條件、受有完整教育訓練，且已具備本商品之專業知識。
保險業應至少**每季**抽查招攬人員使用之文宣廣告簡介商品說明及建議書等文書；如發現招攬人員有使用未經核可文書之情事，應立即制止並為適當之處分，對客戶因此所受損害，亦應依法負連帶賠償責任。
故此題答案為(B)。

10 (D)。 《保險業招攬廣告自律規範》第4條第8項：
保險業從事保險商品銷售招攬廣告，應依社會一般道德、誠實信用

原則及保護金融消費者之精神，遵守下列事項：

……八、廣告內容不得有下列情事：

1. 勸誘保戶提前解約或贖回。
2. 藉主管機關對保險商品之核准、核備或備查，而使消費者誤認政府已對該保險商品提供保證。
3. 對未經主管機關核准、核備或備查之保險商品，預為宣傳廣告或促銷。
4. 對於過去之業績作誇大不實之宣傳、故意截取報章雜誌不實之報導作為廣告內容，或對同業為攻訐、損害同業或他人營業信譽之廣告。
5. 虛偽、欺罔、冒用或使用相同或近似於他人之註冊商標、服務標章或名號，致有混淆消費者之虞，或其他不實之情事。
6. 廣告文字內容刻意以不明顯字體標示保單附註及限制事項。
7. 違反法令或各公會所訂之自律規範及其他經主管機關禁止之行為。

故此題答案為(D)。

11 (C)。《投資型保險商品銷售自律規範》第5條：

各會員銷售本商品時，應審酌被保險人年齡等情況予以推介或銷售適當之商品，當被保險人投保時之**保險年齡大於或等於**65或本商品連結有**結構型商品**且被保險人於該結構型商品期滿時之**保險年齡大於或等於**65時，各會員應請要保人及被保險人於要保書中之重要事項告知書或「結構型債券投資報酬與風險告知書」簽名已瞭解並願意承擔投資

風險，如要保人及被保險人不願填寫則各會員得婉拒投保。

故此題答案為(C)。

12 (A)。《投資型保險商品銷售自律規範》第11條：

商品等級分類

等級	連結標的類別
Level 1	**交易所編製之指數**
Level 2	非交易所編製之指數
	商品期貨價格或原物料期貨價格
	利率
	股票、基金、REITs
	匯率（貨幣）
	未來保單審查經主管機關同意新增之標的類別

故此題答案為(A)。

13 (C)。《投資型保險商品銷售自律規範》第11條：

結構型商品與客戶適合度對照表

國外發行或保證機構之長期債務信用評等等級	Level 1	Level 2
AAA／AA＋／AA	一般客戶	一般客戶
AA－／A＋	一般客戶	積極型客戶
A／A－	積極型客戶	積極型客戶

(1)A－：積極型客戶

(2)A：積極型客戶

(3)AA－：一般客戶、積極型客戶

(4)AA：一般客戶

一般客戶合購買國外發行機構長期債務信用評等為AA之結構型債券商品。

故此題答案為(C)。

14 (B)。 《投資型保險商品銷售自律規範》第5條：

各會員銷售本商品時，應審酌被保險人年齡等情況予以推介或銷售適當之商品，當被保險人投保時之**保險年齡大於或等於**65或本商品連結有**結構型商品**且被保險人於該結構型商品期滿時之**保險年齡大於或等於**65時，各會員應請要保人及被保險人於要保書中之重要事項告知書或「結構型債券投資報酬與風險告知書」**簽名**已瞭解並願意承擔投資風險，如要保人及被保險人不願填寫則各會員得婉拒投保。

故此題答案為(B)。

15 (C)。 《投資型保險商品銷售自律規範》第10條：

招攬原則：

會員銷售之商品含有連結結構型商品時，除應依前目規定辦理外，應確認客戶具備相當之投資專業或財務能力，並足以承擔該商品之風險。客戶應具備下列條件之一：

1. 客戶具備期貨、選擇權、或其他衍生性金融商品交易經驗達一定期間。

2. 依據各會員內部制定之程序審核通過（各會員應依據結構型商品

之風險與複雜程度之不同，制定不同之審核條件），由核保人員確認該客戶具備相當之結構型商品投資經驗或風險承擔能力。

故此題答案為(C)。

16 (D)。 《投資型保險商品銷售自律規範》第9條：

各會員銷售屬非全權委託之投資型保險商品含有連結結構型商品時，應就所連結之結構型商品標的說明下列資訊：

1. **發行機構**及**保證機構名稱**。

2. 連結標的資產，及其與投資績效之關連情形。

3. 投資報酬與風險告知書，包含情境分析或歷史倒流測試之解說。

4. **保本條件**與**投資風險**、**警語**。

5. **各種費用**，包含通路服務費。

6. 投資年期及未持有至到期時之投資本金潛在損失。

7. 投資部分不受保險安定基金保障之有關說明。

8. 在法令許可之前提下，應告知客戶在有急需資金情況下，可依契約選擇辦理保單質借並將質借利率或其決定方式告知客戶，以避免因中途解約而承擔投資標的提前贖回之損失。

前項第5款所稱通路服務費，係指各會員自連結結構型商品發行機構取得之銷售獎金或折讓。

[補充]

若投資標的所連結結構型商品非百分之百保本時，除現行每季寄對帳單外，當該結構型商品**虧損達30%**

時，另應以書面或電子郵件通告。
故此題答案為(D)。

17 (B)。《投資型保險商品銷售自律規範》第14條第3項：各會員對於本商品之銷售，應注意下列事項，避免利益衝突：……
招攬人員不得以**收取佣金**或**報酬多寡**作為銷售本商品之唯一考量與利誘客戶投保本商品或以教唆客戶轉保方式進行招攬。
故此題答案為(B)。

18 (B)。若投資標的所連結結構型商品非百分之百保本時，除現行每季寄對帳單外，當該結構型商品**虧損達30%**時，另應以書面或電子郵件通告。
故此題答案為(B)。

19 (A)。《保險業招攬廣告自律規範》第4條第8項：
保險業從事保險商品銷售招攬廣告，應依社會一般道德、誠實信用原則及保護金融消費者之精神，遵守下列事項：……
八、廣告內容不得有下列情事：
(1)勸誘保戶提前解約或贖回。
(2)藉主管機關對保險商品之核准、核備或備查，而使消費者誤認政府已對該保險商品提供保證。
(3)對未經主管機關核准、核備或備查之保險商品，預為宣傳廣告或促銷。
(4)對於過去之業績作誇大不實之宣傳、故意截取報章雜誌不實之報導作為廣告內容，或對同

業為攻訐、損害同業或他人營業信譽之廣告。
(5)虛偽、欺罔、冒用或使用相同或近似於他人之註冊商標、服務標章或名號，致有混淆消費者之虞，或其他不實之情事。
(6)廣告文字內容刻意以**不明顯字體**標示保單附註及限制事項。
(7)違反法令或各公會所訂之自律規範及其他經主管機關禁止之行為。
故此題答案為(A)。

20 (C)。《保險業招攬廣告自律規範》第9條：
保險業違反本自律規範經查核屬實者，提報各該公會理監事會，處以**新臺幣5萬元以上，新臺幣20萬元以下**之罰款。
故此題答案為(C)。

21 (B)。保險公司銷售非全權委託型投資型保險商品，由**保戶**選擇投資方式及標的。
故此題答案為(B)。

重點 2 投資型保險商品管理相關規定

一、投資型保險投資管理法令

◎ **投資型保險投資管理辦法**（修正日期：民國111年05月30日）

第3條

保險人銷售投資型保險商品時，應充分揭露相關資訊；於訂約時，應以重要事項告知書向要保人說明下列事項，並經其簽章：

1. 各項費用。
2. 投資標的及其可能風險。
3. 相關警語。
4. 其他經主管機關規定之事項。

前項資訊揭露及銷售應遵循事項，由主管機關另定之。

第7條

投資型保險之投資方式或標的之變更，須依法令規定及保險契約之約定行之。

※ 關於專設帳簿之規定

第9條第2項

投資型保險契約所提供連結之投資標的發行或經理機構破產時，保險人應基於要保人、受益人之利益向該機構積極追償。

第13條第1項

投資型保險之投資標的為「(1)各國中央政府發行之公債、國庫券；(2)金融債券；(3)公開發行之有擔保公司債，或經評等為相當等級以上之公司所發行之公司債，或外國證券集中交易市場、店頭市場交易之公司債；(4)結構型商品；(5)美國聯邦國民抵押貸款協會、聯邦住宅抵押貸款公司及美國政府國民抵押貸款協會所發行或保證之不動產抵押債權證券」所定標的者，應經主管機關認可之信用評等機構評等達一定等級以上。

第14條第1項

投資型保險之投資標的為**證券投資信託基金受益憑證**者，應為經主管機關核准或申報生效得募集發行之證券投資信託基金受益憑證；其為境外

基金者，係經主管機關核准或申報生效在國內募集及銷售之境外基金。但於**國內、外證券交易市場交易之指數股票型基金（Exchange Traded Fund, ETF）**，不在此限。

> 註　考題：除了**國內交易所交易之ETF**之外，投資標的為**境外基金、共同信託基金受益憑證、投資信託基金受益憑證**等需經主管機關核准或申報生效，即可作為投資型保險之連結標的。

第18條

1. 訂立投資型保險契約時，保險人與要保人得約定保險費、保險給付、費用及其他款項收付之幣別，且不得於新臺幣與外幣間約定相互變換收付之幣別。但以外幣收付之投資型年金保險，於年金累積期間屆滿時將連結投資標的全部處分出售，並轉換為一般帳簿之即期年金保險者，得約定以新臺幣給付年金。

2. 保險人經營以外幣收付之投資型保險業務及依前項但書之規定辦理以新臺幣給付年金者，須分別經中央銀行之許可。

3. 以外幣收付之投資型保險契約，其專設帳簿資產，以投資外幣計價之投資標的為限；保險人並應與要保人事先約定收付方式，且以外匯存款戶存撥之。但有下列情形之一者，不在此限：
   (1) 依第一項但書規定辦理以新臺幣給付年金。
   (2) 保險人與要保人約定，於其他外幣保險契約所定生存保險金應給付日當日，以該生存保險金，抵繳相同幣別外幣保險契約之保險費，且該生存保險金之受益人，與所抵繳保險契約之要保人為同一人。

4. 以新臺幣收付之投資型保險契約，其結匯事宜應依中央銀行訂定之外匯收支或交易申報辦法等有關規定辦理。
   及保險契約之約定行之。

※關於全權委託型之投資商品（保戶將投資型保險之專設帳簿的資產，交由保險人全權決定運用標的之投資型保險）

第19條

1. 保險人銷售由其全權決定運用標的之投資型保險，應符合下列資格條件：
   (1) 最近一年之自有資本與風險資本之比率符合保險法第143-4條第1項（保險業自有資本與風險資本之比率，不得低於200%）之適足比率。
   (2) 最近一年內未有遭主管機關重大裁罰及處分者，或受處分情事已獲具體改善經主管機關認可者，不在此限。

(3)國外投資部分已採用計算風險值評估風險,並每週至少控管乙次。

(4)董事會中設有風險控管委員會或於公司內部設置風險控管部門及風控長或職務相當之人,並實際負責公司整體風險控管。

(5)最近一年公平待客原則評核結果為人身保險業前80%。但提出合理說明並經主管機關核准者,不在此限。

2. 前項第二款所稱重大裁罰及處分,指金融監督管理委員會處理違反金融法令重大裁罰措施之對外公布說明辦法第二條所定各款之情事。

3. 第一項第三款所稱之風險值,係指按週為基礎、樣本期間至少3年,或按日為基礎、樣本期間至少1年,樣本之資料至少每週更新一次,以至少99%的信賴水準,計算10個交易日之風險值,且須每月進行回溯測試。

4. 保險人依證券投資信託及顧問法申請兼營全權委託投資業務前,應先經主管機關認可其符合第一項所定資格。

第22條

全委投資型保險之保險契約及保險商品說明書,除應符合投資型保險資訊揭露應遵循事項及證券投資信託事業證券投資顧問事業經營全權委託投資業務管理辦法規定之應載事項外,並應分別載明下列事項:

1. 保險契約:
   (1)保險契約轉換條款。
   (2)越權交易之責任歸屬。
   (3)其他經主管機關規定應記載事項。

2. 保險商品說明書:
   (1)全委投資型保險之性質、範圍、經營原則、收費方式、禁止規定、保戶、保險人及保管機構之法律關係及運作方式等事項。
   (2)運用委託投資資產之分析方法、資訊來源及投資策略。
   (3)經營全委投資型保險業務之部門主管及業務人員之學歷與經歷。
   (4)最近二年度損益表及資產負債表。
   (5)因業務發生訴訟或非訟事件之說明。
   (6)投資或交易風險警語、投資或交易標的之特性、可能之風險及法令限制。

第24條

1. 全委投資型保險契約於簽訂後，因法令變更致其投資或交易範圍有增減時，保險人應以不低於60日之期間內通知要保人。
2. 要保人於前項期間內表示異議而向保險人申請終止保險契約者，保險人不得向要保人收取任何解約費用。

第26條

除保險契約另有約定外，保險人應於每一營業日就各全委投資型保險專設帳簿分別計算其每一要保人之保單帳戶價值。

二、投資型保險商品監理法令

(一) 人身保險商品審查應注意事項（修正日期：民國111年03月31日）

第2點

投資型保險商品可區分為

1. 投資型人壽保險：變額壽險、變額萬能壽險及投資連（鏈）結型保險。
2. 投資型年金保險：變額年金保險。

※ 關於審查應注意之重要法令

第141點

投資型保險商品之保險金給付、解約、投資標的轉換及贖回等各時間點應揭露。

第142點

要保人或被保險人如有告知不實而解除契約之情形時，應退還保單帳戶價值。

第143點

投資型保險商品要保人借款本息超過保單價值準備金時，公司應負通知義務，並需於條款中載明。

第149點

外幣計價之投資型保險商品應敘明**保險費收取方式**、**匯款費用之負擔**、**各項交易的會計處理方式**及**外匯風險的揭露**等相關事宜。

第150點

投資型保險商品應以主契約方式出單，其附加契約以一年期保險為原則。保險費扣繳之方式應於條款中訂明。

第152點

投資型保險商品之要保書，不得因銷售通路之不同有限縮連結投資標的選項之情形。

第155點

投資型保險商品契約之撤銷生效日無論在保單帳戶價值運用起始日之前或之後，保險公司均應無息返還保戶所繳之總保費。

第157點

投資型保險商品之目標保險費，應與投保金額有合理對應關係，且其金額不得超過20年限期繳費終身壽險年繳總保險費。

第160點

投資型保險商品連結之消極管理之資金停泊帳戶，如確有相關管理成本，應於宣告利率中反映，不得另外收取。

第161-1點

投資型保險商品連結境外結構型商品者，不得將屬該境外結構型商品之不可抗力事件風險，於保險契約條款中約定轉嫁予保戶或加重保戶之責任。

第170點

要保人若未做年金給付開始日的選擇時，年金給付開始日不得晚於被保險人保險年齡達70歲之保單周年日。

第199點

投資型保險商品附加有解約金之長年期健康保險附約，應同時符合「附約保險費不得由主契約保單帳戶價值中支應」及「要保人辦理解約時，保險公司須提供各險解約金明細表」。

(二) **保險商品銷售前程序作業準則**（修正日期：民國111年06月29日）

第17條

保險業應將下列人身保險商品申請主管機關核准，始得銷售。但主管機關另有規定者，不在此限：

1. 依據勞工退休金條例相關規定辦理之年金保險商品。

2. 應提存保證給付責任準備金之投資型保險商品。

3. 新型態之保險商品。

4. 經主管機關依第21-1條第2項（人身保險業最近一年保障型及高齡化保險商品之新契約保費收入占所有商品之新契約保費收入占比由高而低排名後5%且占比較前一年度下降者）規定通知變更審查方式之保險商品。

註 考題：有關各公司全權委託型商品之審查方式規定，第一張商品才須核准。

三、投資型保險資訊揭露法令

(一) **投資型保險投資管理辦法**（修正日期：民國111年05月30日）

第3條

保險人銷售投資型保險商品時，應充分揭露相關資訊；於訂約時，應以重要事項告知書向要保人說明下列事項，並經其簽章：

1. 各項費用。　　　　　　　　2. 投資標的及其可能風險。

3. 相關警語。　　　　　　　　4. 其他經主管機關規定之事項。

(二) **投資型保險資訊揭露應遵循事項**（修正日期：民國111年03月31日）

第2點

保險業辦理投資型保險商品之資訊揭露，應遵守下列基本原則：

1. 保險商品資訊揭露應本於最大誠信原則，並應遵守**保險法**、**公平交易法**、**消費者保護法**及**金融消費者保護法**等相關法令規定。

2. 任何揭露之資訊或資料均必須為最新且正確，所有陳述或圖表均應公平表達，並不得有引人錯誤、隱瞞之情事。

3. 銷售文件之用語應以中文表達、力求白話，必要時得附註英文；涉及專有名詞時，並須加註解釋。

4. 所有銷售文件必須編印頁碼，俾便消費者確認是否缺頁及是否已接收完整訊息。

5. 銷售文件中有關警語、成就保本、定期或到期投資收益給付之條件，其字體大小應至少與其他部分相同，並以**鮮明字體**（如粗體、斜體、劃線、黑體、對比色或其他顯著方式）印刷。

6. 銷售文件不得載明免所得稅、免遺產稅或可節稅等相關文字。

7. 對65歲以上或為身心障礙者之客戶，應提供有利其閱讀銷售文件之友善措施。

保險業應於銷售文件中以鮮明字體顯著標示下列內容，俾利保戶充分瞭解：

(1)稅法相關規定之改變可能會影響本險之投資報酬及給付金額。

(2)投資型保險商品之專設帳簿記載投資資產之價值金額不受人身保險安定基金之保障。

註 銷售文件是指經保險公司審查過並建檔備查之**保險商品說明書**（須提供給消費者在購買前參閱，並於承保後交付給要保人留存）、**保險商品簡介**及**建議書**等文件。

第4點

保險**商品說明書**應揭露下列事項：

1. 封面。　　　　　　　　　　　2. 封裡內頁。

3. **保險公司基本資料**。　　　　4. 保險計畫詳細說明。

5. **投資風險警語揭露**。　　　　6. **費用揭露**。

7. 投資標的揭露。　　　　　　　8. 保單價值通知。

9. 要保人行使契約撤銷權期限。

10. 重要保單條款摘要及其附件、附表。

11. 本公司及負責人簽章及其簽章之年月日。

第9點

保險**商品說明書**之**投資風險警語揭露**，應依下列規定辦理：

1. 應於封裡以顯著方式及鮮明字體刊印下列文字：

(1)本商品所連結之一切投資標的，其發行或管理機構以往之投資績效不保證未來之投資收益，除保險契約另有約定外，本公司不負投資盈虧之責，要保人投保前應詳閱本說明書。

(2)連結投資標的有保本，或為第11點第3款至第5款（第3款：投資標的為結構型商品；第4款：投資標的為金融債券或公司債；第5款：投資標的為公債、庫券、儲蓄券或銀行定期存款存單）所定投資標的並提供定期或到期投資收益者，另應刊印「○○○○（投資標的名稱）須持有至定期給付收益之日或到期日時，始可享有該投資標的發行或保證機構所提供之收益，要保人如有中途轉出、贖回或提前解約，均不在其提供收益之範圍，要保人應承擔一切投資風險及相關費用。要保人於選定該項投資標的前，應確定已充分瞭解其風險與特性。」

(3)連結非屬前目之投資標的者，另應刊印「○○○○（投資標的名稱）無保本、提供定期或到期投資收益，最大可能損失為全部投資本金。要保人應承擔一切投資風險及相關費用。要保人於選定該項投資標的前，應確定已充分瞭解其風險與特性。」。

(4)投資標的包括依投資型保險投資管理辦法第10條第3項（費用改變之通知期限由保險公司訂明，並至少應於3個月前通知要保人）得辦理貨幣相關衍生性金融商品交易者，應另刊印「本商品委託經主管機關核准經營或兼營全權委託投資業務之事業代為運用與管理專設帳簿之資產，得為匯率避險目的從事貨幣相關衍生性金融商品交易，該避險交易並不保證完全無匯率風險。因避險工具之性質、避險比例高低、市場匯率走勢或其他因素，仍有因匯率變動產生損失或減少原可得投資報酬之可能性。」。

(5)本保險說明書之內容如有虛偽、隱匿或不實，應由本公司及負責人與其他在說明書上簽章者依法負責。

2. 應將下列重要特性事項於第一頁載明：

(1)本項重要特性陳述係依主管機關所訂投資型保險資訊揭露應遵循事項辦理，可幫助您瞭解以決定本項商品是否切合您的需要。

(2)採約定定期繳費投資型保險商品應載明：

A.這是一項長期投保計畫，若一旦早期解約，您可領回之解約金有可能小於已繳之保險費。

B.只有在您確定可進行長期投保，您才適合選擇本計畫。

C.您必須先謹慎考慮未來其他一切費用負擔後，再決定您可以繳付之保險費額度。

(3)採彈性繳費投資型保險商品應載明：

　　A.您的保單帳戶餘額是由您所繳保險費金額及投資報酬，扣除保單相關費用、借款本息及已解約或已給付金額來決定。

　　B.若一旦早期解約，您可領回之解約金有可能小於已繳之保險費。

(4)採躉繳繳費投資型保險商品應載明：

　　A.您的保單帳戶餘額是由您所繳保險費金額及投資報酬，扣除保單相關費用、借款本息及已解約或已給付金額來決定。

　　B.除解約金不可能小於已繳保險費者外，均應記載：「若一旦早期解約，您可領回之解約金有可能小於已繳之保費」。

第16點

保險<u>商品簡介</u>應至少包括下列事項：

1. 保險商品名稱。

2. 應於首頁以鮮明字體載明相關警語。

3. 商品文號及日期。

4. 保險保障內容，包括給付內容、給付條件。並註明「不保事項或除外責任，請要保人詳閱商品說明書」。

5. 投資標的種類及配置比例，成就保本、定期或到期投資收益給付之條件（如無投資標的配置比例、成就保本、定期或到期投資收益給付之條件時，則無須揭露）。

6. 投資風險之揭露，包括信用風險、市場價格風險（含最大可能損失風險）、法律風險、匯兌風險等，但無前述風險者，得免列。

7. 有關費用揭露事項，應列示要保人應付予保險公司之所有費用，包括前置費用、保險相關費用、投資相關費用、贖回費用、其他費用等。

8. 加註「自連結投資標的交易對手取得之報酬、費用折讓等各項利益，應於簽約前提供予要保人參考」。

9. 保險公司基本資料，包括保險公司名稱、公司地址、網址或電子郵件信箱、免費服務及申訴電話等。

保險商品簡介內容不得為誇大或虛偽之宣傳，應與商品核准之有關資料相符，內容並不得與說明書內容有所牴觸。

第17點

解約金申請書應揭露提示要保人：「提前或部分解約將可能蒙受損失」等相關文字及說明。

第18點

保單價值定期報告應揭露下列事項：

1. 每季應揭露事項：
   (1)投資組合現況。
   (2)期初單位數及單位價值。
   (3)本期單位數異動情形（含異動日期及異動當時之單位價值）。
   (4)期末單位數及單位價值。
   (5)本期收受之保險費金額。
   (6)本期已扣除之各項費用明細（包括銷售費用、管理費用、死亡費用、附約保費）。
   (7)期末之死亡保險金額、淨現金解約價值。
   (8)期末之保單借款本息。
   (9)從事匯率避險者，應另揭露匯率避險比率及避險損益對單位價值之影響。

2. 每年應揭露事項：除應按前款所列項目揭露年度彙總資料外，應附帶報告下列事項：
   (1)與保險計畫有關之各投資標的財務報表、淨投資報酬率、報告日之投資明細、收費明細、投資目標或限制之改變及經理人異動之詳情。
   (2)投資標的為依投資型保險投資管理辦法第5條第1項第2款（非由保險人全權決定運用標的之投資型保險）方式辦理者，應另揭露下列事項之查詢路徑：
      A.反映於投資標的淨值及投資標的投資單一子標的金額達該投資標的淨資產價值1%（含）以上者之子標的淨值之經理費及保管費之費用率。
      B.最近3年、2年及1年（或成立至今）之投資績效（包括「含資產撥回」及「不含資產撥回」）及其計算方式。
      C.近12個月之收益分配來源組成表。

3. 揭露方式：應依保險契約約定或要保人所指定之方式，採書面或電子
郵遞方式辦理。但每年應揭露事項中之附帶報告與保險計畫有關之各
投資標的財務報表、淨投資報酬率、報告日之投資明細、收費明細、
投資目標或限制之改變及經理人異動之詳情等事項，得採於公司網站
揭露及書面備索方式辦理。

第19點

要保書應揭露下列事項：

1. 應顯著載明人身保險商品審查應注意事項第7點規定之相關警語及投
資風險警語。
2. 應載明本遵循事項第9點（保險商品說明書之投資風險警語揭露）有
關避險風險警語揭露規定之文字。
3. 應加列詢問事項：「保險業招攬人員是否出示合格銷售資格證件，並
提供保單條款、說明書供本人參閱」。
4. 保險公司須告知保戶之重要事項（例如：保單價值之計算、投資風險、保
單借款之條件、契約各項費用等）應依商品特性以表列方式敘明，表末
請要保人於「本人已瞭解本保險商品之重要事項」及「本人已同意投保」
選項勾選，並請要保人親自簽名，簽名應與要保書一致。

第20點

保險招攬人員如為保險代理人或保險經紀人時，銷售文件須將保險公司與
該招攬人員之角色關係做一簡要描述，並表明商品係由保險公司所發行。

保險經紀人、保險代理人、保險業務員均不得印發或自製商品銷售文件、文
宣、廣告或其他文件。

銷售文件中的投資報酬之描述，必須說明投資報酬的計算基礎（例如：以**要
保人所繳保險費**扣除各項前置費用後的餘額為基礎）；針對無投資收益保證
者，由保險公司參考投資標的之過去投資績效表現，以不高於年報酬率**6%**
（含）範圍內，列舉三種不同數值的投資報酬率作為舉例之基準，若有發生
投資虧損之可能，則應至少包含一種取絕對值後之相對較大的負報酬率給客
戶參考（例如：5%、3%、－5%）。

精選試題

( ) **1** 下列哪一種投資標的無需經主管機關核准或申報生效,即可作為投資型保險之連結標的?
(A)境外基金
(B)國內交易所交易之ETF
(C)共同信託基金受益憑證
(D)投資信託基金受益憑證。

( ) **2** 下列關於外幣投資型保險商品之敘述,何者錯誤?
(A)保費與保險給付需同一幣別
(B)投資型壽險資產不得轉換為新臺幣
(C)年金給付期間資產不得轉為新臺幣
(D)專設帳簿資產以外幣為限。

( ) **3** 壽險業申請銷售全權委託型投資型保險商品,其風險資本額比率需達到多少? (A)100% (B)150% (C)180% (D)200%。

( ) **4** 若因法令導致全權委託型投資型保險之投資範圍有所增減時,保險公司應不得低於幾日前通知保戶?
(A)1週 (B)30日 (C)60日 (D)90日。

( ) **5** 有關各公司全權委託型商品之審查方式規定,何者正確?
(A)第一張商品才須核准
(B)每一張商品都需經核准
(C)每一張商品都需經核備
(D)可直接備查毋須核准。

( ) **6** 金管會訂定「人身保險商品審查應注意事項」,其第2條明訂投資型年金保險係指:
(A)投資連(鏈)結型保險
(B)變額年金保險
(C)股價指數型年金保險
(D)利率變動型年金保險。

( ) **7** 下列何者商品於我國非屬投資型保險?
(A)變額壽險
(B)變額萬能壽險
(C)萬能壽險
(D)以上皆屬於投資型保險。

（　　） **8** 有關外幣計價投資型保險商品之敘明事項，何者正確？　(A)保險費收取方式　(B)外匯風險之揭露　(C)匯款費用之負擔　(D)以上皆是。

（　　） **9** 有關投資型保險商品之附加附約規定，何者錯誤？　(A)需於條款明定保費扣繳方式　(B)以一年期保險為原則　(C)保險期間同主契約　(D)不得收取附加費用。

（　　）**10** 保戶購買投資型年金保險時如未選擇年金給付開始日，則年金給付開始日不得晚於被保險人幾歲年齡？　(A)60歲　(B)65歲　(C)70歲　(D)75歲。

（　　）**11** 有關投資型保險商品之要保書規定，何者錯誤？　(A)需提供重要事項告知　(B)需提供投資風險警語　(C)需提供解約可能不利保戶警語　(D)需配合通路提供不同基金標的。

（　　）**12** 下列關於投資型保險之銷售文件敘述，何者錯誤？　(A)警語用一般字體顯示　(B)不得記載可節稅　(C)資訊為最新且正確　(D)文件需編印頁碼。

（　　）**13** 下列哪一項不是投資型保險商品說明書之應揭露事項？　(A)投資風險警語　(B)稅賦優惠介紹　(C)公司基本資料　(D)相關費用。

（　　）**14** 我國保險商品資訊揭露應本於最大誠信原則，並應遵守那些相關法令規定：　(A)消費者保護法　(B)公平交易法　(C)保險法　(D)以上皆是。

（　　）**15** 根據投資型保險商品資訊揭露應遵循事項，何者銷售文件必須提供消費者參閱並交付要保人留存：　(A)保險商品簡介　(B)建議書　(C)保險商品說明書　(D)風險告知書。

（　　）**16** 下列哪一數值不符合「投資型保險資訊揭露應遵循事項」中無投資收益保證型之投資報酬敘述範圍？　(A)6%　(B)0%　(C)－6%　(D)9%。

解答與解析

1 (B)。《投資型保險投資管理辦法》第14條第1項：投資型保險之投資標的為**證券投資信託基金受益憑證**者，應為經主管機關核准或申報生效得募集發行之**證券投資信託基金受益憑證**；其為境外基金者，係經主管機關核准或申報生效在國內募集及銷售之境外基金。但於**國內、外證券**交易市場交易之**指數股票型基金**（Exchange Traded Fund, ETF），不在此限。
故此題答案為(B)。

2 (C)。《投資型保險投資管理辦法》第18條第1項：
訂立投資型保險契約時，保險人與要保人得約定保險費、保險給付、費用及其他款項收付之幣別，且不得於新臺幣與外幣間約定相互變換收付之幣別。但以外幣收付之投資型年金保險，於年金累積期間屆滿時將連結投資標的全部處分出售，並轉換為一般帳簿之即期年金保險者，得約定以新臺幣給付年金。
故此題答案為(C)。

3 (D)。《投資型保險投資管理辦法》第19條第1項：
保險人銷售由其全權決定運用標的之投資型保險，應符合下列資格條件：
最近一年之自有資本與風險資本之比率符合保險法第143-4條第1項……（保險業自有資本與風險資本之比率，不得低於**200%**）之適足比率。
故此題答案為(D)。

4 (C)。《投資型保險投資管理辦法》第24條第1項：
全委投資型保險契約於簽訂後，因法令變更致其投資或交易範圍有增減時，保險人應以不低於60日之期間內通知要保人。
故此題答案為(C)。

5 (A)。《保險商品銷售前程序作業準則》第17條：
保險業應將下列人身保險商品申請主管機關核准，始得銷售。但主管機關另有規定者，不在此限：
1. 依據勞工退休金條例相關規定辦理之年金保險商品。
2. 應提存保證給付責任準備金之投資型保險商品。
3. 新型態之保險商品。
4. 經主管機關依第21-1條第2項（人身保險業最近一年保障型及高齡化保險商品之新契約保費收入占所有商品之新契約保費收入占比由高而低排名後5%且占比較前一年度下降者）規定通知變更審查方式之保險商品。
故此題答案為(A)。

6 (B)。《人身保險商品審查應注意事項》第2點：
投資型保險商品可區分為
1. 投資型人壽保險：變額壽險、變額萬能壽險及投資連（鏈）結型保險。
2. 投資型年金保險：變額年金保險。
故此題答案為(B)。

7 (C)。《人身保險商品審查應注意事項》第2點：投資型保險商品可區分為
1. 投資型人壽保險：變額壽險、變額萬能壽險及投資連（鏈）結型保險。
2. 投資型年金保險：變額年金保險。
故此題答案為(C)。

8 (D)。《人身保險商品審查應注意事項》第149點：外幣計價之投資型保險商品應敘明**保險費收取方式**、**匯款費用之負擔**、**各項交易的會計處理方式**及**外匯風險的揭露**等相關事宜。故此題答案為(D)。

9 (C)。
1. 《人身保險商品審查應注意事項》第150點：
   投資型保險商品應以主契約方式出單，其附加契約以**一年期保險**為原則（選項(B)正確）。保險費扣繳之方式應於條款中訂明（保險期間以一年為原則，而不是同主契約）。選項(C)錯誤。
2. 《人身保險商品審查應注意事項》第198點：
   附加於投資型保險商品、萬能或利率變動型人壽保險商品之一年期保險附約（適用於主契約保單帳戶中扣款者），應注意下列事項：
   (1)保險費（保險成本）之名詞定義，應於附約明定。選項(A)正確。
   (2)應於主契約條款中訂定繳交附約保險費（保險成本）之約定。如主契約為投資型保險商品其附約終止後退還之保險費（保險成本）如何再投資，應於主契約條款中訂明。

   (3)附約之保單條款中應訂定保險責任之開始、催告與寬限期間等。
   (4)應就主、附約同時投保及主契約生效後再投保附約之情況，分別約定附約保險責任之開始。
   (5)應將附約保險費（保險成本）之收取方式於附約條款內作完整明確規範。
   (6)保單帳戶價值不足支付當月主契約或附約保險費（保險成本）之相關處理方式，應於條款中明確訂定。
3. 《人身保險商品審查應注意事項》第215點：
   附加於投資型保險商品、萬能或利率變動型人壽保險之附約，其保險費由主契約保單帳戶價值扣除者，其附約部分不得再收取附加費用。選項(D)正確。
故此題答案為(C)。

10 (C)。《人身保險商品審查應注意事項》第170點：
要保人若未做年金給付開始日的選擇時，**年金給付開始日**不得晚於被保險人保險年齡達**70歲**之保單周年日。故此題答案為(C)。

11 (D)。《投資型保險資訊揭露應遵循事項》第17點：
解約金申請書應揭露提示要保人：「提前或部分解約將可能蒙受損失」等相關文字及說明。
《投資型保險資訊揭露應遵循事項》第19點：
要保書應揭露下列事項：
1. 應顯著載明人身保險商品審查應

注意事項第7點規定之相關警語及**投資風險警語**。

2.應載明本遵循事項第9點（保險商品說明書之投資風險警語揭露）有關避險風險警語揭露規定之文字。

3.應加列詢問事項：「保險業招攬人員是否出示合格銷售資格證件，並提供保單條款、說明書供本人參閱」。

4.保險公司**須告知保戶之重要事項**（例如：保單價值之計算、投資風險、保單借款之條件、契約各項費用等）應依商品特性以表列方式敘明，表末請要保人於「本人已瞭解本保險商品之重要事項」及「本人已同意投保」選項勾選，並請要保人親自簽名，簽名應與要保書一致。

故此題答案為(D)。

12 (A)。《投資型保險資訊揭露應遵循事項》第2點第5項
銷售文件中有關警語、成就保本、定期或到期投資收益給付之條件，其字體大小應至少與其他部分相同，並以**鮮明字體**（如粗體、斜體、劃線、黑體、對比色或其他顯著方式）印刷。
故此題答案為(A)。

13 (B)。《投資型保險資訊揭露應遵循事項》第4點：
保險**商品說明書**應揭露下列事項：
1.封面。
2.封裡內頁。
3.**保險公司基本資料**。
4.保險計畫詳細說明。
5.**投資風險警語揭露**。
6.**費用揭露**。

7.投資標的揭露。
8.保單價值通知。
9.要保人行使契約撤銷權期限。
10.重要保單條款摘要及其附件、附表。
11.本公司及負責人簽章及其簽章之年月日。
故此題答案為(B)。

14 (D)。《投資型保險資訊揭露應遵循事項》第2點第1項：
保險商品資訊揭露應本於最大誠信原則，並應遵守**保險法**、**公平交易法**、**消費者保護法**及**金融消費者保護法**等相關法令規定。
故此題答案為(D)。

15 (C)。銷售文件是指經保險公司審查過並建檔備查之**保險商品說明書**（須提供給消費者在購買前參閱，並於承保後交付給要保人留存）、**保險商品簡介**及**建議書**等文件。
故此題答案為(C)。

16 (D)。銷售文件中的投資報酬之描述，必須說明投資報酬的計算基礎（例如：以**要保人所繳保險費**扣除**各項前置費用**後的餘額為基礎）；針對無投資投益保證者，由保險公司參考投資標的之過去投資績效表現，以不高於年報酬率**6%**（含）範圍內，列舉三種不同數值的投資報酬率作為舉例之基準，若有發生投資虧損之可能，則應至少包含一種取絕對值後之相對較大的負報酬率給客戶參考（例如：5%、3%、－5%）。
故此題答案為(D)。

<table>
<tr><td>重點 3</td><td><h1>投資型保險商品稅法相關規定</h1></td></tr>
</table>

目前國內的投資型商品除了**投資收益**需納入**當年度的所得**或**分離課稅**外，其相關稅負規定與傳統型保險並無差別。一般而言，每一種變額產品都有期對應的定額產品作為基礎，例如：變額壽險vs終身壽險、變額萬能壽險vs萬能壽險、變額年金vs定額年金。**變額保險**在**功能方面**的運作與其所對應的**定額保險**幾乎一樣，故在課稅方面的規定也相同；差別在於，**保險金額是否固定不變、保險費及保單帳戶價值的投資方法**及**由誰來承擔風險**。

在國內壽險的稅負優惠有：(一)買保險時，保險費用可抵稅；(二)理賠時，所得稅、遺產稅之稅負優惠。

一、保險費用可抵稅

抵稅項目	要點
綜合所得稅之減免	《所得稅法》第17條，列舉扣除額中的保險費：納稅義務人、配偶或受扶養直系親屬之人身保險、勞工保險、國民年金保險及軍、公、教保險之保險費，每人每年扣除數額以不超過24,000元為限。但**全民健康保險之保險費不受金額限制**。 若人身保險中途解約，以往年度申報綜合所得稅的保險費列舉扣除額，須在解約後補繳稅款。 因此，曾經以保險費為列舉扣除額之保單，若不再繳款，建議辦理**減額繳清**或**展期**，讓契約保持有效之狀態，即不需解約。
營利事業所得稅之減免	1. 《營利事業所得稅查核準則》第83條第4款：勞工保險及全民健康保險，其由營利事業負擔之保險費，應予核實認定，並不視為被保險員工之薪資。 2. 《營利事業所得稅查核準則》第83條第5款：營利事業為員工投保之**團體人壽保險、團體健康保險、團體傷害保險**及**團體年金保險**，其由營利事業負擔之保險費，以營利事業或被保險員工及其家屬為受益人者，准予認定。每人每月保險費合計在**新臺幣2,000元**以內部分，免視為被保險員工之薪資所得；超過部分，視為對員工之補助費，應轉列各該被保險員工之薪資所得，並應依所得稅法第89條（扣繳義務人及納稅義務人）規定，列單申報該管稽徵機關。 因此，公司要列舉保險費用時，應取得保險法之主管機關許可的保險公司開立之收據和保單，並附上每一被保險員工保險費用明細表。若投保未經核准之國外保險公司的保險費，則不能列為費用扣除。

二、保險給付之課稅

項目	要點
免納所得稅	《所得稅法》第4條第1項（免納所得稅項目）第7項：下列各種所得免納所得稅：……、人身保險、勞工保險及軍、公、教保險之保險給付。 壽險除了保險費用可於所得申報時，用列舉扣除額之方式扣除，凡屬於人身保險之保險給付，均不需繳納所得稅。
人壽保險金可不列入遺產稅	1. 《保險法》第112條：保險金額約定於**被保險人**死亡時給付於其所指定之**受益人**者，其金額不得作為**被保險人之遺產**。 《遺產及贈與稅法》第16條第9款：約定於被繼承人死亡時，給付其所指定受益人之人壽保險金額、軍、公教人員、勞工或農民保險之保險金額及互助金，不計入遺產總額。 2. 《保險法》第113條：死亡保險契約**未指定受益人**者，其保險金額作為**被保險人之遺產**。 由於壽險理賠金只要有指定受益人，即可享有稅法規定的免稅額，故保險常被用來作為遺產稅規劃。
受益人與要保人非屬同一人	1. 《所得基本稅額條例》第12條：個人之基本所得額，為依所得稅法規定計算之綜合所得淨額，加計下列各款金額後之合計數： 「……二、本條例施行後所訂立**受益人**與**要保人**非屬同一人之人壽保險及年金保險，**受益人**受領之保險給付。但死亡給付每一申報戶全年合計數在新臺幣3,000萬元以下部分，免予計入。」 2. 《所得基本稅額條例》第3條第1項第10款：依第12條第1項及第12-1第1項規定計算之基本所得額合計在新臺幣600萬元以下之個人。 3. 《所得基本稅額條例》第3條第2項：前項第9款及第10款規定之金額，每遇消費者物價指數較上次調整年度之指數上漲累計達10%以上時，按上漲程度調整之。調整金額以新臺幣10萬元為單位，未達新臺幣10萬元者，按萬元數四捨五入；其調整之公告方式及所稱消費者物價指數，準用《所得稅法》第5條第4項規定。 註 依上述條例，以目前現況說明如下： 依據財政部說明，保險死亡給付免稅金額金隨著**消費者物價指數**，較上次調整年度的指數上漲累計達10%以上時，應按上漲程度調整之。例如：95年度適用的指數為92.57，與103年度適用的指數102.65，其上漲了10.89%，已達應調整的標準（10%）。

項目	要點
受益人與要保人非屬同一人	因此，自104年申報103年度所得基本稅額起，「保險期間始日在95年1月1日以後，且其受益人與要保人非屬同一人的人壽保險及年金保險契約，受益人受領的保險給付。但其中屬於死亡給付部分，每一申報戶全年合計數在3,330萬元以下者，免予計入，超過3,330萬元者，以扣除3,330萬元後的餘額計入。非屬死亡給付部分，應全數計入基本所得額，不得扣除3,330萬元。」
個人投資型保險所得課稅規定	個人投資型保險所得課稅規定，主要內容有： 1. 適用於民國99年1月1日起要保人與保險人所訂立之投資型保險契約。 2. 保險人應於投資收益發生年度，按所得類別依法減除成本及必要費用後分別計算要保人之各類所得額，由**要保人併入當年度所得額**，依所得稅法及所得基本稅額條例徵免所得稅。 3. 因保險事故發生，保險人自該等契約投資資產之價值所為各項給付，免計入受益人綜合所得總額及基本所得額課稅。 4. 因要保人解約或部分提領，保險人自該等契約投資資產之價值所為各項給付，免計入要保人綜合所得總額課稅。 5. 該等投資收益如源自中華民國境內，應依規定辦理扣繳及申報。 6. 債券與證券化商品的利息、暨結構型商品交易所得，均按10%稅率分離課稅。

精選試題

(　) **1** 依我國所得稅法規定國人每年的商業人身保險費最高扣除額為多少？　(A)新臺幣2萬　(B)新臺幣2.4萬　(C)新臺幣3.6萬　(D)新臺幣4.8萬。

(　) **2** 張先生每年支付壽險保費4萬元、車險保費3萬元，另外健保費支出為1.6萬元，則張先生在申報所得稅時合計保險費扣除額為多少？　(A)2.4萬　(B)4萬　(C)5.6萬　(D)7萬。

(　) **3** 下列有關我國稅法的敘述，何者為非？　(A)保險費為所得稅中列舉扣除額項目之一　(B)人身保險若中途解約，且以往年度申報綜合所得稅時，利用解約保單所列舉扣除的保費支出，須在解約後補繳稅款　(C)公司為員工投保團體壽險，由公司負擔的保險費，在一定限額內可視為公司的保險費費用　(D)因經濟狀況改變而繳不出保費，最好解約，以避免繳稅款。

(　) **4** 某公司以公司名義為受益人，為員工投保團體人壽保險，依現行營利事業所得稅結算申報準則之規定，由該公司負擔部分，每人每月保險費合計最多新臺幣多少元以內，免視為被保險員工之薪資所得？　(A)1,000元　(B)1,500元　(C)2,000元　(D)5,000元。

(　) **5** 關於我國稅法之相關規定，下列敘述何者錯誤？　(A)若受益人與要保人非屬同一人之人壽保險及年金保險，受益人受領之保險給付，有可能要課徵所得稅　(B)自104年申報103年度所得基本稅額開始，受益人與要保人非屬同一人之人壽保險及年金保險給付中，屬於死亡給付部分，一申報戶全年合計數在2,000萬元以下者，免予計入基本所得額　(C)自民國96年5月報稅起，列舉扣除全民健康保險之保險費不受金額限制　(D)直系親屬的人身保險費，得從個人所得總額中扣除；但每人每年扣除額以不超新臺幣24000元為限。

(　) **6** 關於我國稅法之相關規定，下列敘述何者錯誤？　(A)自104年申報103年度所得基本稅額開始，受益人與要保人非屬同一人之人壽保險及年金保險給付中，屬於死亡給付部分，一申報戶全年合計數在3330萬元以下者，免予計入基本所得額　(B)若受益人與要保人非屬同一人之人壽保險及年金保險，受益人受領之保險給付，有可能要課徵所得稅　(C)直系親屬的人身保險費，得從個人所得總額中扣除；但每人每年扣除額以不超過新臺幣24,000元為限　(D)約定於被保險人死亡時給付未指定受益人所領取的保險金額，不列入遺產稅計算。

(　) **7** 自104年申報103年度所得基本稅額開始，訂立受益人與要保人非屬同一人之人壽保險及年金保險給付中，若一申報戶全年死亡給

付為3,330萬,請問多少錢須納入基本所得稅額課徵？ (A)3,330萬元 (B)0元 (C)330萬 (D)3,000萬。

( ) **8** 有關投資型保險之課稅,下列何者需計入要保人所得額？
(A)部分提領 (B)解約金 (C)身故保險金 (D)投資收益。

( ) **9** 根據財政部說明,保險死亡給付免稅金額會隨著下列何者指標上漲幅度而調整？ (A)一年期定存利率 (B)失業率 (C)消費者物價指數 (D)躉售物價指數。

( ) **10** 根據財政部說明,保險死亡給付免稅金額會隨著消費者物價指數,指上次調整年度的指數上漲累計達百分之幾時,應調整之？
(A)3% (B)10% (C)15% (D)20%。

解答與解析

1 (B)。《所得稅法》第17條,列舉扣除額中的保險費:納稅義務人、配偶或受扶養直系親屬之人身保險、勞工保險、國民年金保險及軍、公、教保險之保險費,每人每年扣除數額以不超過**24,000元**為限。但**全民健康保險之保險費不受金額限制**。
故此題答案為(B)。

2 (B)。《所得稅法》第17條,列舉扣除額中的保險費:納稅義務人、配偶或受扶養直系親屬之人身保險、勞工保險、國民年金保險及軍、公、教保險之保險費,每人每年扣除數額以不超過**24,000元**為限。但**全民健康保險之保險費不受金額限制**。
因此,A君的保險費扣除額＝商業保險扣除額2.4萬＋全民健康保險扣除額1.6萬＝4萬,故此題答案為(B)。

3 (D)。 若人身保險中途解約,以往年度申報綜合所得稅的保險費列舉扣除額,須在解約後補繳稅款。
因此,曾經以保險費為列舉扣除額之保單,若不再繳款,建議辦理**減額繳清**或展期,讓契約保持有交之狀態,即不需解約。
故此題答案為(D)。

4 (C)。《營利事業所得稅查核準則》第83條第5款:營利事業為員工投保之**團體人壽保險**、**團體健康保險**、**團體傷害保險**及**團體年金保險**,其由營利事業負擔之保險費,以營利事業或被保險員工及其家屬為受益人者,准予認定。每人每月保險費合計在**新臺幣2,000元**以內部分,免視為被保險員工之薪資所得。
故此題答案為(C)。

5 (B)。 自104年申報103年度所得基
本稅額起,「保險期間始日在95年1
月1日以後,且其受益人與要保人非
屬同一人的人壽保險及年金保險契
約,受益人受領的保險給付。但其
中屬於死亡給付部分,每一申報戶
全年合計數在**3,330萬元**以下者,免
予計入,超過3,330萬元者,以扣除
3,330萬元後的餘額計入。非屬死亡
給付部分,應全數計入基本所得額,
不得扣除3,330萬元。」
故此題答案為(B)。

6 (D)。 《保險法》第112條：保險
金額約定於**被保險人**死亡時給付於
其所指定之**受益人**者,其金額不得
作為被保險人之遺產。
《保險法》113條：死亡保險契約
未指定受益人者,其保險金額作為
被保險人之遺產。
故此題答案為(D)。

7 (B)。 自104年申報103年度所得基
本稅額起,「保險期間始日在95年1
月1日以後,且其受益人與要保人非
屬同一人的人壽保險及年金保險契
約,受益人受領的保險給付。但其
中屬於死亡給付部分,每一申報戶
全年合計數在**3,330萬元**以下者,免
予計入,超過3,330萬元者,以扣除
3,330萬元後的餘額計入。非屬死亡
給付部分,應全數計入基本所得額,
不得扣除3,330萬元。」
題目的3,300萬,剛好沒有超過限額。
故此題答案為(B)。

8 (D)。 保險人應於**投資收益**發生年
度,按所得類別依法減除成本及必
要費用後分別計算要保人之各類所
得額,由**要保人併入當年度所得
額**,依所得稅法及所得基本稅額條
例徵免所得稅。
故此題答案為(D)。

9 (C)。 《所得基本稅額條例》第12
條：個人之基本所得額,為依所得稅
法規定計算之綜合所得淨額,加計
下列各款金額後之合計數：「…二、本
條例施行後所訂立**受益人**與**要保人**
非屬同一人之人壽保險及年金保險,
受益人受領之保險給付。但死亡給
付每一申報戶全年合計數在新臺幣
3,000萬元以下部分,免予計入。」
依據財政部說明,保險死亡給付免
稅金額金隨著**消費者物價指數**,較
上次調整年度的指數上漲累計達
10%以上時,應按上漲程度調整之。
故此題答案為(C)。

10 (B)。 《所得基本稅額條例》第12
條：個人之基本所得額,為依所得稅
法規定計算之綜合所得淨額,加計
下列各款金額後之合計數：「…二、本
條例施行後所訂立**受益人**與**要保人**
非屬同一人之人壽保險及年金保險,
受益人受領之保險給付。但死亡給
付每一申報戶全年合計數在新臺幣
3,000萬元以下部分,免予計入。」
依據財政部說明,保險死亡給付免
稅金額金隨著**消費者物價指數**,較
上次調整年度的指數上漲累計達
10%以上時,應按上漲程度調整之。
故此題答案為(B)。

重點 **4** 金融消費評議機制

一、金融消費者保護法之立法起源

2008年雷曼兄弟破產等金融機構倒閉事件引發全球金融海嘯之後，保障金融消費者成為國際趨勢，各國紛紛成立新機構以加強保護金融消費者，例如：

(一) 美國於2010年7月通過金融改革與消費者保護法案，成立金融消費者保護局。

(二) 英國於2010年7月發佈金融監理體系改革方案，設立消費者保護暨市場總署，隔年2月更名為金融行為監理總署，其目標仍為保護消費者。

(三) 臺灣參考英國金融服務暨市場法、英國金融公評人與新加坡金融業調解中心，其運作機制及國內相關法規，於民國100年6月29日立法通過「金融消費者保護法（簡稱金保法）」，並於同年12月30日施行。

二、金融消費者保護法之基本概念

項目	要點
立法目的	《金融消費者保護法》第1條： 為保護金融消費者權益，公平、合理、有效處理金融消費爭議事件，以增進金融消費者對市場之信心，並促進金融市場之健全發展，特制定本法。
主管機關	《金融消費者保護法》第2條： 本法之主管機關為**金融監督管理委員會（金管會）**。
金融服務業之定義	《金融消費者保護法》第3條： 1.本法所定**金融服務業**，包括**銀行業**、**證券業**、**期貨業**、**保險業**、**電子票證業**及其他經主管機關公告之金融服務業。 2.前項銀行業、證券業、期貨業及保險業之範圍，依金融監督管理委員會組織法第2條第3項規定（銀行業、證券業、期貨業及保險業範圍之定義）。但不包括證券交易所、證券櫃檯買賣中心、證券集中保管事業、期貨交易所及其他經主管機關公告之事業。 3.第一項所稱電子票證業，指電子票證發行管理條例第3條第2款（發行機構：指經主管機關許可，依本條例經營電子票證業務之機構）之發行機構。

項目	要點
金融消費者 之定義	《金融消費者保護法》第4條： 1.本法所稱金融消費者，指接受金融服務業提供金融商品或服務者。但不包括下列對象： (1) 專業投資機構。 (2) 符合一定財力或專業能力之自然人或法人。 2.前項專業投資機構之範圍及一定財力或專業能力之條件，由主管機關定之。 3.金融服務業對自然人或法人未符合前項所定之條件，而協助其創造符合形式上之外觀條件者，該自然人或法人仍為本法所稱金融消費者。
金融消費 爭議	《金融消費者保護法》第5條： 本法所稱金融消費爭議，指金融消費者與金融服務業間因商品或服務所生之民事爭議。
金融服務業 之責任	《金融消費者保護法》第6條： 1.本法所定金融服務業對金融消費者之責任，不得預先約定限制或免除。 2.違反前項規定者，該部分約定無效。

三、金融消費評議機制

(一) 財團法人金融消費評議中心（簡稱評議中心）是依據《金融消費者保護法》第13條第1項：「為公平合理、迅速有效處理金融消費爭議，以保護金融消費者權益，應依本法設立爭議處理機構」。

(二) 金融消費爭議處理於金融消費者保護法第13條至第30條制定關於金融消費者與金融服務業間因金融商品或服務產生之爭議，除了提供司法訴訟途徑之外，另有紛爭解決及申訴管道。下圖為爭議處理程序流程：

爭議處理程序圖

（金融消費者保護法第13條、第23至第30條、第32條）

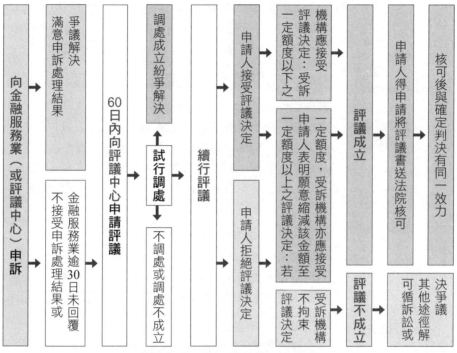

資料來源：金融監督管理委員會

(三) 保險申訴處理之說明：

項目	要點
保險消費糾紛	金融消費者依金融消費者保護法向評議中心申請評議前，應先向金融服務業申訴。
保險公司申訴部門（30天之處理時間）	狀況一 滿意→結案 狀況二 未處理或不滿意→60日法定期限內檢具相關文件資料 若金融服務業逾收受申訴之日起30日期限未為處理，或處理果無法為金融消費者接受。
60日法定期限內檢具相關文件資料	金融消費者得於收受處理結果或期限屆滿之日起60日內，向**評議中心**申請評議。

項目	要點
進行評議程序（含試行調處及評議兩個階段）	評議中心受理評議後，得依法請金融服務業陳述意見及提供相關資料。原則上是依據雙方當事人提供之書面資料進行審查，必要時輔以言詞審理，並視個案情節**試行調處**。 狀況一 試行調處滿意→結案 狀況二 試行調處滿意→評議 若當事人不同意或調處不成立，則由3名以上預審委員依法及公平合理原則先行審查，並研提審查意見報告送交至評議委員會進行**評議**。評議委員會公平合理審酌評議事件之一切情狀後，以全體評議委員1／2以上出席，出席評議委員1/2以上同意，作出評議決定。
一定額度以下／以上之評議決定	狀況一 一定額度以下之評議決定 《金融消費者保護法》第29條第2項前半部： 對於評議委員會所作其應向金融消費者給付每一筆金額或財產價值在一定額度以下之評議決定，金融服務業應予接受。 狀況二 一定額度以上之評議決定 《金融消費者保護法》第29條第2項後半部： 超過一定額度之評議決定，而金融消費者表明願意縮減該金額或財產價值至一定額度者，金融服務業亦應予接受。
結案／評議不成立	狀況一 一定額度以下之評議決定 若申訴人接受，則結案；若申訴人拒絕，則評議不成立。 狀況二 一定額度以上之評議決定 雙方同意或消費者同意限縮至一定額度，則結案；若任一方不意，則評議不成立。 評議不立時，申請人仍可依其他途經（例如法院）尋求救濟。

(四) 關於「一定額度」之說明：

項目	要點
法規名稱	公告修正金融消費者保護法第二十九條第二項之一定額度，並自即日生效。

項目	要點
公發布日	民國111年03月18日
發文字號	金管法字第11101915421號公告
主旨	公告修正金融消費者保護法第29條第2項之一定額度,並自即日生效。
依據	金融消費者保護法第29條第3項(一定額度,由爭議處理機構擬訂,報請主管機關核定後公告之)
公告事項	1. 金融服務業所提供之下列金融商品或服務,其一定額度為新臺幣120萬元: (1) 信託業辦理特定金錢信託業務或特定有價證券信託業務,受託投資國內外有價證券、短期票券或結構型商品。 (2) 信託業辦理具運用決定權之金錢信託或有價證券信託,以財務規劃或資產負債配置為目的,受託投資國內外有價證券、短期票券或結構型商品。 (3) 信託業運用信託財產於黃金或衍生性金融商品。 (4) 共同信託基金業務。 (5) 信託資金集合管理運用帳戶業務。 (6) 銀行與客戶承作之衍生性金融商品及結構型商品業務。 (7) 黃金及貴金屬業務。但不包括受託買賣集中市場或櫃檯買賣市場交易之黃金業務。 (8) 受託買賣非集中市場交易且具衍生性商品性質之外國有價證券業務。 (9) 證券商營業處所經營衍生性金融商品及槓桿交易商經營槓桿保證金契約交易業務。 (10) 證券投資信託基金及境外基金。但不包括受託買賣集中市場或櫃檯買賣市場交易之證券投資信託基金。 (11) 期貨信託基金。但不包括受託買賣集中市場或櫃檯買賣市場交易之期貨信託基金。 (12) 全權委託投資業務。 (13) 全權委託期貨交易業務。 (14) 保險業所提供之財產保險給付、人身保險給付(不含多次給付型醫療保險金給付)及投資型保險商品或服務。 2. 金融服務業所提供前點規定以外之金融商品或服務,其一定額度為新臺幣12萬元。

四、評議機制常見問題

評議中心為能讓金融消費者快速了解該中心的作業流程，整理出大眾對於評議機制常見的問與答，如下列說明：

常見的Q & A

問1　什麼樣的金融消費爭議可以向評議中心提出評議申請？

只要是金融消費者與金融服務業間，因商品或服務所生之民事爭議，皆可向評議中心提出**評議申請**，例如：銀行、保險、抵押、放款、信用卡（不含債務協商）、存款、投資（不含商品訂價和績效表現）⋯等。

問2　當發生金融消費爭議時，金融消費者應該如何處理？

在評議中心開始接受金融消費者的評議申請之前，請消費者先向金融服務業申訴。若消費者不知道如何向金融服務業反應問題，可以電洽金融消費者申訴專線0800-789-885。

問3　金融服務業若不理會消費者的申訴，消費者應如何處理？

金融服務業應於收受申訴之日起30日內為適當之處理，並將處理結果回覆給提出申訴之金融消費者；若金融消費者不接受處理結果或金融服務業逾30日不為處理，金融消費者得於收受處理結果或期限屆滿之日起60日內，向評議中心申請評議。

問4　什麼時候評議中心才會開始處理金融消費者的問題？

當金融服務業有下列情形時，請金融消費者向評議中心提出評議申請：(1)金融消費者已向金融服務業提出申訴，但消費者不接受金融服務業的處理結果；(2)金融服務業在接受消費者的申訴後，超過30日仍未回覆給消費者最後的處理結果。

問5　當金融消費者未先向金融服務業提出申訴，就向評議中心提出申請時，評議中心會不會拒絕受理？

金融消費者未先向金融服務業提出申訴，就向評議中心提出評議申請時，評議中心依法不能直接受理，故會將申訴案移交給金融服務業，請金融服務業先行處理。

問6　向金融服務業申訴後，金融消費者不接受處理結果應該怎麼辦？

金融消費者不接受金融服務業的處理結果，得於收受處理結果或期限屆滿之日起60日內，向評議中心申請評議。

常見的Q & A

問7 金融消費者向評議中心申請評議，有需要親自到現場嗎？

評議中心受理評議案件後，其以書面或者電話方式聯絡當事人，該中心認為有必要者，得通知當事人或利害關係人至指定處所陳述意見。

問8 金融消費者向評議中心申請評議是否需要收費？

金融消費者申請評議不需支付任何費用。

問9 評議中心不接受何人的金融消費爭議之評議申請？

評議中心不接受專業投資機構以及符合一定財力（詳見《金融消費者保護法》第4條第2項規定所發布之命令）或專業能力之自然人或法人的金融消費者爭議之評議申請。金融消費者保護法之金融消費爭議處理程序，是為了建立訴訟外，其公平合理、迅速有效、專業之紛爭的解決途徑，供財力與專業能力較弱之金融消費者選擇使用，故對於可適用金融消費者保護法之金融消費者予以設限，以避免耗費評議中心的資源。

問10 評議決定書之效力為何？

評議書經送法院核可者，與民事確定判決有同一之效力，當事人就該事件不得再行起訴或依本法申訴、申請評議。

問11 評議中心做出之評議決定對何人有拘束力？

評議中心做成之評議結果於一定額度下約束金融務業，並不對消費者產生拘束力，金融消費者若不接受評議結果，仍可逕向法院等機構訴訟。

問12 在多少金額下所做的評議決定，金融服務業須接受？

評議賠付在一定金額以下（10萬元及100萬元），金融服務業須接受。評議賠付在一下金額以上，若申請人表明願縮減金額至一定額度，金融服務業亦應接受。金管會公告《金融消費者保護法》第29條第2項之一定額度，在保險業是指：(1)保險業所提供之財產保險給付、人身保險給付（不含多次給付型醫療保險金給付）及投資型保險商品或服務，其一定額度為新臺幣100萬元；(2)保險業所提供多次給付型醫療保險金給付及非屬保險給付爭議類型（不含投資型保險商品或服務），其一定額度為新臺幣10萬元。

常見的Q & A

問13 評議中心不處理之範圍為何？

依《金融消費者保護法》第24第2項條規定：

(1) 申請不合程式。

(2) 非屬金融消費爭議。

(3) 未先向金融服務業申訴。

(4) 向金融服務業提出申訴後，金融服務業處理申訴中尚未逾30日。

(5) 申請已逾法定期限。

(6) 當事人不適格。

(7) 曾依本法申請評議而不成立。

(8) 申請評議事件<u>已經法院判決確定</u>，或已成立調處、評議、和解、調解或仲裁。

(9) 其他主管機關規定之情形。（相關規定請參閱金融消費爭議處理機構評議委員資格條件聘任解任及評議程序辦法第15條）

問14 何謂申請不合程式？

金融消費者申請評議，應填具申請書，載明當事人名稱及基本資料、請求標的、事實、理由及申訴未獲妥適處理之情形，並檢具相關文件或資料。若金融消費者未具上述資料，本中心應決定不受理，並以書面通知金融消費者及金融服務業。但其情形可以補正者，本中心應通知金融消費者於合理期限內補正。

問15 金融消費者於《金融消費者保護法》施行前已向主管機關及其所屬機關、金融服務業所屬同業公會或財團法人保險事業發展中心申請申訴、和解、調解、調處、評議及其他相當程序，其爭議結果不成立者，可否再向評議中心提出申訴申請？

可以，金融消費者得於爭議處理結果60日內申請評議；自爭議處理結果不成立之日起已逾60日者，得依《金融消費者保護法》第13條第2項規定向金融服務業重新提出申訴，金融消費者不接受處理結果或金融服務業逾30日處理期限不為處理者，得向評議中心申請評議。

精選試題

(　) **1** 何者是金融消費者保護法之主管機關？
(A)經濟部　(B)金管會　(C)財政部　(D)保險局。

(　) **2** 下列何者是金融消費者保護法所定義之金融服務業？
(A)證券交易所　(B)證券集中保管事業　(C)保險業　(D)證券櫃檯買賣中心。

(　) **3** 什麼樣的金融消費爭議可以向金融消費評議中心提出評議申請？
(A)債務協商　(B)商品訂價　(C)績效表現　(D)一般消費者與保險業因保險商品所生之爭議。

(　) **4** 什麼樣的金融消費爭議不可以向金融消費評議中心提出評議申請？　(A)申請評議事件已經法院判決確定　(B)保險理賠爭議
(C)銀行存款爭議　(D)銀行辦理放款及抵押設定爭議。

(　) **5** 金融服務業應於收受金融消費者申訴之日起幾日內為適當之處理，並將處理結果回覆？　(A)10日　(B)15日　(C)20日　(D)30日。

(　) **6** 什麼時候金融消費評議中心才會開始處理消費者的申訴？
(A)金融服務業在接受消費者的申訴後，超過40天仍未回覆給消費者最後的處理結果　(B)金融服務業在接受消費者的申訴後，超過20天仍未回覆給消費者最後的處理結果　(C)金融服務業在接受消費者的申訴後，超過30天仍未回覆給消費者最後的處理結果
(D)金融服務業在接受消費者的申訴後，超過10天仍未回覆給消費者最後的處理結果。

(　) **7** 金融消費者若不接受金融服務業的處理結果，得於收受處理結果或期限屆滿之日起幾日內，向評議中心申請評議？
(A)30日　(B)50日　(C)60日　(D)90日。

(　) **8** 金融消費者向評議中心申請評議時，需要支付多少費用？
(A)3000元　(B)2000元　(C)1000元　(D)不需支付任何費用。

( ) **9** 金融消費評議中心對保險爭議所做成的評議決定，若保險業應支付之金額在多少範圍內，金融服務業應予接受？ (A)非屬保險給付爭議類型（不含投資型保險商品）為20萬元 (B)非屬保險給付爭議類型（不含投資型保險商品）為5萬元 (C)投資型保險商品為100萬元 (D)投資型保險商品為200萬元。

( ) **10** 金融消費評議中心對保險爭議所做成的評議決定，若保險業應支付之金額在多少範圍內，保險業應予接受？ (A)非屬保險給付爭議類型（不含投資型保險商品）為10萬元 (B)非屬保險給付爭議類型（不含投資型保險商品）為50萬元 (C)投資型保險商品為150萬元 (D)投資型保險商品為200萬元。

解答與解析

1 (B)。《金融消費者保護法》第2條：本法之主管機關為**金融監督管理委員會（金管會）**。
故此題答案為(B)。

2 (C)。《金融消費者保護法》第3條第1項：
本法所定**金融服務業**，包括**銀行業、證券業、期貨業、保險業、電子票證業**及其他經主管機關公告之金融服務業。
故此題答案為(C)。

3 (D)。只要是金融消費者與金融服務業間，因商品或服務所生之民事爭議，皆可向評議中心提出**評議申請**，例如：銀行、保險、抵押、放款、信用卡（不含債務協商）、存款、投資（不含商品訂價和績效表現）……等。
故此題答案為(D)。

4 (A)。評議中心不處理之範圍，依《金融消費者保護法》第24第2項條規定有下列9項：
(1)申請不合程式。
(2)非屬金融消費爭議。
(3)未先向金融服務業申訴。
(4)向金融服務業提出申訴後，金融服務業處理申訴中尚未逾30日。
(5)申請已逾法定期限。
(6)當事人不適格。
(7)曾依本法申請評議而不成立。
(8)申請評議事件**已經法院判決確定**，或已成立調處、評議、和解、調解或仲裁。
(9)其他主管機關規定之情形。（相關規定請參閱金融消費爭議處理機構評議委員資格條件聘任解任及評議程序辦法第15條）
故此題答案為(A)。

5 (D)。金融服務業應於收受申訴之日起30日內為適當之處理，並將處理結果回覆給提出申訴之金融消費者；若金融消費者不接受處理結果或金融服務業逾30日不為處理，金融消費者得於收受處理結果或期限屆滿之日起60日內，向評議中心申請評議。

故此題答案為(D)。

6 (C)。金融服務業應於收受申訴之日起30日內為適當之處理，並將處理結果回覆給提出申訴之金融消費者；若金融消費者不接受處理結果或金融服務業逾30日不為處理，金融消費者得於收受處理結果或期限屆滿之日起60日內，向評議中心申請評議。

故此題答案為(C)。

7 (C)。金融服務業應於收受申訴之日起30日內為適當之處理，並將處理結果回覆給提出申訴之金融消費者；若金融消費者不接受處理結果或金融服務業逾30日不為處理，金融消費者得於收受處理結果或期限屆滿之日起60日內，向評議中心申請評議。

故此題答案為(C)。

8 (D)。金融消費者申請評議不需支付任何費用。

故此題答案為(D)。

9 (C)。金管會公告《金融消費者保護法》第29條第2項之一定額度，在保險業是指：

(1)保險業所提供之財產保險給付、人身保險給付（不含多次給付型醫療保險金給付）及投資型保險商品或服務，其一定額度為新臺幣100萬元。

(2)保險業所提供多次給付型醫療保險金給付及非屬保險給付爭議類型（不含投資型保險商品或服務），其一定額度為新臺幣10萬元。

故此題答案為(C)。

10 (A)。金管會公告《金融消費者保護法》第29條第2項之一定額度，在保險業是指：

(1)保險業所提供之財產保險給付、人身保險給付（不含多次給付型醫療保險金給付）及投資型保險商品或服務，其一定額度為新臺幣100萬元；

(2)保險業所提供多次給付型醫療保險金給付及非屬保險給付爭議類型（不含投資型保險商品或服務），其一定額度為新臺幣10萬元。

故此題答案為(A)。

重點5　投資型保險商品爭議案件之分析

一、前言

投資型保險商品已成為壽險公司的主力商品之一，而行銷人員更應具備足夠的專業能力與職業倫理，以向消費者解釋說明此類商品與傳統型商品相異之處。但自從投資型保險商品推出以來，銷售糾紛不斷發生，連英國、美國、日本等保險先進國家也在所難免。由於消費者對投資型保單的不熟悉，導致保單持有人受到經濟上的損失，讓社會大眾漸漸失去對保險業的信賴。因此於以下的章節說明，我國保險申訴資料進行分析之結果；其次為，介紹銷售糾紛的類型；最後是，以爭議案件分析，讓所有保險從業人員引以為鑑。

二、保險申訴案件之分析

依財團法人金融消費評議中心之2020年第1季至2022年第2季收受申訴暨評議案件數和爭議類型統計分析，如下：

2020年第1季至2022年第2季評議中心收受申訴暨評議案件數統計表

行業別＼季別	申訴				評議			
	壽險	產險	保險輔助人	小計	壽險	產險	保險輔助人	小計
2020年第一季	1,252	477	29	1,758	428	116	11	555
2020年第二季	1,221	485	49	1,755	534	122	17	673
2020年第三季	1,261	521	55	1,837	502	99	27	628
2020年第四季	1,149	497	34	1,680	504	111	10	625
2021年第一季	1,113	512	50	1,675	426	146	10	582

行業別 季別	申訴				評議			
	壽險	產險	保險輔助人	小計	壽險	產險	保險輔助人	小計
2021年第二季	1,134	528	48	1,710	436	138	17	591
2021年第三季	1,133	602	52	1,787	416	141	26	583
2021年第四季	1,133	579	40	1,752	447	175	14	636
2022年第一季	1,104	646	42	1,792	372	142	9	523
2022年第二季	1,284	7,735	67	9,086	475	304	25	804

2020年第1季至2022年第2季評議中心常見爭議類型統計表

行業別 爭議類型	壽險		產險		保險輔助人
	理賠類	非理賠類	理賠類	非理賠類	非理賠類
2020年第一季	必要性醫療	業務招攬爭議	理賠金額認定	未遵循服務規範	業務招攬爭議
2020年第二季	手術認定	業務招攬爭議	理賠金額認定	續保爭議	業務招攬爭議
2020年第三季	必要性醫療	業務招攬爭議	理賠金額認定	續保爭議	業務招攬爭議
2020年第四季	必要性醫療	業務招攬爭議	理賠金額認定	續保爭議	業務招攬爭議
2021年第一季	理賠金額認定	業務招攬爭議	理賠金額認定	續保爭議	業務招攬爭議
2021年第二季	理賠金額認定	業務招攬爭議	理賠金額認定	續保爭議	業務招攬爭議

行業別	壽險		產險		保險輔助人
爭議類型	理賠類	非理賠類	理賠類	非理賠類	非理賠類
2021年第三季	理賠金額認定	業務招攬爭議	理賠金額認定	續保爭議	業務招攬爭議
2021年第四季	理賠金額認定	業務招攬爭議	理賠金額認定	續保爭議	業務招攬爭議
2022年第一季	理賠金額認定	業務招攬爭議	理賠金額認定	拒絕承保、解除或終止契約	業務招攬爭議
2022年第二季	承保範圍	業務招攬爭議	承保範圍	承保範圍	業務招攬爭議

各產業爭議案件件數統計表

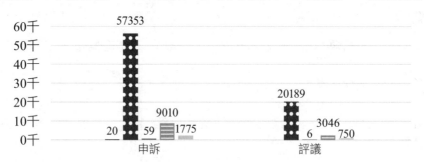

各產業爭議案件件數統計表

案件	其他金融…	保險業	電子票證業	銀行業	證券期貨業
評議	──	20189	6	3046	750
申訴	20	57353	59	9010	1775
總計	20	77543	65	12056	2525

金融消費評議中心2012第1季至2022第2季的爭議案件統計資料-各產業爭
議案件件數統計圖（資料來源：財團法人金融消費評議中心https://app.
powerbi.com/view?r=eyJrIjoiOGJkZDg2ODAtOWY1ZC00MWRmLWE1Mm
UtMzZkNTI5ODc2NWZiIiwidCI6IjljM2UyYTZmLWFmZDMtNDUwZS1hM
TI2LTU2YzVkMDY4N2NmNyIsImMiOjEwfQ%3D%3D）

各產業爭議案件占比

產業別　■其他金融⋯　工保險業　〣電子票證業　〓銀行業　▦證券期貨業

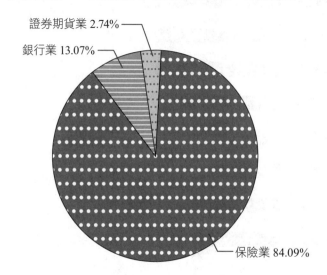

證券期貨業 2.74%
銀行業 13.07%
保險業 84.09%

金融消費評議中心2012第1季至2022第2季的爭議案件統計資料-各產業爭
議案件占比統計圖（資料來源：財團法人金融消費評議中心https://app.
powerbi.com/view?r=eyJrIjoiOGJkZDg2ODAtOWY1ZC00MWRmLWE1Mm
UtMzZkNTI5ODc2NWZiIiwidCI6IjljM2UyYTZmLWFmZDMtNDUwZS1hM
TI2LTU2YzVkMDY4N2NmNyIsImMiOjEwfQ%3D%3D）

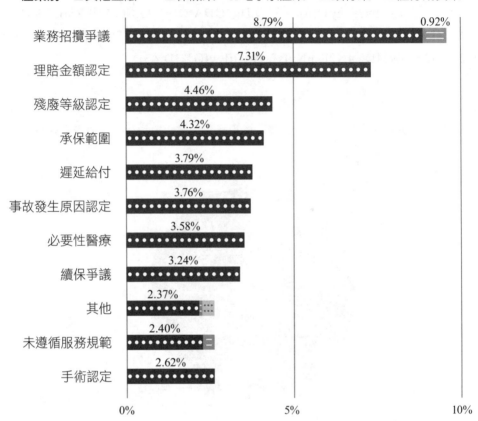

各產業爭議案件占比

產業別　■其他金融…　Ⅰ保險業　◎電子票證業　▤銀行業　▦證券期貨業

金融消費評議中心2012第1季至2022第2季的爭議案件統計資料-爭議類型占比統計圖（資料來源：財團法人金融消費評議中心https://app.powerbi.com/view?r=eyJrIjoiOGJkZDg2ODAtOWY1ZC00MWRmLWE1MmUtMzZkNTI5ODc2NWZiIiwidCI6IjljM2UyYTZmLWFmZDMtNDUwZS1hMTI2LTU2YzVkMDY4N2NmNyIsImMiOjEwfQ%3D%3D）

三、銷售糾紛的類型

在銷售投資型保單時，保險從業人員應將投資型保險商品和傳統型壽險商品說明清楚，尤其是相同與相異之處。

常見的投資型保單銷售糾紛如下：

糾紛類型	非正當銷售之行為說明
誤導或 誇大投資型酬率	保險從業人員沒有清楚說明，保險公司不提供投資收益（除非保險公司有保證收益）；或誇大投資報酬率，勸誘保戶購買投資型保單。
揩油行銷 （churning）或 不正當地將 保單置換	**揩油行銷**是指保險從業人員為賺取額外佣金，勸誘保戶購買超乎其需求或經濟能力之保險商品，導致保戶最終因繳不出保費而造成保單失效，之前所繳的保費也無法領回；保險從業人員勸誘保戶將傳統保單或現有的其他保單解約，置換購買其推銷之投資型保單。
目標保險費配置 過高及保單費用 說明不詳盡	《人身保險商品審查應注意事項》第157點：各保單年度基本保險費附加費用率之總和不得超過**150%**（＝1.5），而且每年附加費用率不得超過附加費用率平均值的**2倍**，其目的是使要保人在保單年度的前幾年可以有較多的保險費餘額進行投資。因此，投資型保單的前期是以保障為主，所繳的保費需扣除一定比例及相關費用後，剩餘的保費才是分離帳戶的資金。這些說明須由保險從事人員向保戶介紹商品就應告知，以避免日後的糾紛。
掩護行銷或將保 險以投資商品的 方式銷售	**掩護行銷**是指保險從業人員假藉投資商品或退休商品之名，販售投資型保險。但投資型保險本質仍是已保險為主的商品，若過度強調投資，容易誤導消費者並導致招攬糾紛。
選擇性說明及未 充分告知風險	投資型保險就是將投資的自主權交給保戶，相對地保戶需自行承擔投資風險，這是投資型保單與傳統型保單最大的不同。因此，保險從業人員在招攬時，應向保戶說明清楚，切勿忽略或選擇性告知。

註 金融評議中心案例

https://www.foi.org.tw/Article.aspx?Lang=1&Arti=39&k=&ClassId=0&p=3

有多許案例及說明可以參考。

精選試題

(　) **1** 依據金管會保險局所公布其所受理人身保險申請案件從2020年至2021年間之統計資料，其中人身保險申訴爭議類型分析排名，何者是歷年來理賠類排名第一名？
(A)事故發生原因認定
(B)違反告知義務
(C)理賠金額認定
(D)殘廢等級認定。

(　) **2** 依據金管會保險局所公布其所受理人身保險申請案件從2020年至2021年間之統計資料，其中人身保險申訴爭議類型分析排名，何者是歷年來非理賠類排名第一名？
(A)停效復效爭議
(B)業務招攬爭議
(C)契約變更
(D)保單紅利。

(　) **3** 下列何者非壽險顧問在銷售投資型保險商品時，產生糾紛的類型：
(A)誤導或誇大投資報酬率
(B)揩油行銷
(C)不當的將保單置換
(D)將投資型保險商品描述成一種低風險低利得之投資產品。

(　) **4** 下列何者非壽險顧問在銷售投資型保險商品時，產生糾紛的類型：
(A)將投資商品以保險的方式銷售
(B)誤導保戶將原有品解約，並以其解約金來購買投資型保險
(C)將投資型保險商品描述成一種低風險高利得，且無需繳稅之投資產品
(D)與傳統壽險商品進行比較時，誇大投資型保險商品的投資報酬率。

(　) **5** 下列何者非壽險顧問在銷售投資型保險商品時，產生糾紛的類型：
(A)誤導保戶將原有品解約，並以其解約金來購買投資型保險
(B)假借投資商品或退休金商品之名而行販售保險之實
(C)壽險顧問在銷售過程中，強調高投資報酬率、高風險之情形
(D)勸誘保戶購買超乎其需求或經濟能力之保險商品。

(　　) **6** 壽險顧問為賺取額外佣金，勸誘保戶購買超乎其需求或經濟能力
之保險商品，稱為：
(A)誤導或誇大投資報酬率　　　(B)揹油行銷
(C)掩護行銷　　　　　　　　　(D)保單費用說明不詳盡。

(　　) **7** 為避免壽險顧問於銷售投資型保險時將目標保費配置過高以謀取
高額佣金，金管會已採取相關措拖，其中目標保險費之附加費用
率總和比率上限為：
(A)1.2　　　　　　　　　　　　(B)1.3
(C)1.5　　　　　　　　　　　　(D)1.8。

解答與解析

1 (C)。依據金管會保險局所公布其
所受理人身保險申請案件從2020年
至2021年間之統計資料，其中人身
保險申訴爭議類型分析排名，**理賠
金額認定**是歷年來理賠類排名第一
名。
故此題答案為(C)。

2 (B)。依據金管會保險局所公布其
所受理人身保險申請案件從2020年
至2021年間之統計資料，其中人身
保險申訴爭議類型分析排名，**業務
招攬爭議**是歷年來非理賠類排名第
一名。
故此題答案為(B)。

3 (D)。常見的投資型保單銷售糾紛
如下：
(1)誤導或誇大投資型酬率。
(2)揹油行銷（churning）或不正當
地將保單置換。
(3)目標保險費配置過高及保單費
用說明不詳盡。

(4)掩護行銷或將保險以投資商品
的方式銷售。
(5)選擇性説明及未充分告知風險。
故此題答案為(D)。

4 (A)。常見的投資型保單銷售糾紛
如下：
(1)誤導或誇大投資型酬率。
(2)揹油行銷（churning）或不正當
地將保單置換。
(3)目標保險費配置過高及保單費
用說明不詳盡。
(4)掩護行銷或將保險以投資商品
的方式銷售。
(5)選擇性説明及未充分告知風險。
因此，將投資商品以保險的方式銷
售並不會產生銷售糾紛。
故此題答案為(A)。

5 (C)。常見的投資型保單銷售糾紛
如下：
(1)誤導或誇大投資型酬率。

(2)揩油行銷（churning）或不正當地將保單置換。

(3)目標保險費配置過高及保單費用說明不詳盡。

(4)掩護行銷或將保險以投資商品的方式銷售。

(5)選擇性說明及未充分告知風險。

因此，已於銷售前清楚告知消費－**高投資報酬率，就必須承受高風險**，並不會產生銷售糾紛。

故此題答案為(C)。

6 **(B)**。 揩油行銷是指保險從業人員為賺取額外佣金，勸誘保戶購買超乎其需求或經濟能力之保險商品，導致保戶最終因繳不出保費而造成保單失效，之前所繳的保費也無法領回。

掩護行銷是指保險從業人員假藉投資商品或退休商品之名，販售投資型保險。

故此題答案為(B)。

7 **(C)**。 《人身保險商品審查應注意事項》第157點：各保單年度基本保險費附加費用率之總和不得超過150%（＝1.5），而且每年附加費用率不得超過附加費用率平均值的**2倍**。

故此題答案為(C)。

Notes

Part 3　金融體系概述

Day 04　金融體系及金融市場

重點 1　金融體系簡介

金融體系（Financial System）泛指所有的金融中介、金融市場、金融工具，及指導資金活動的管理規範。健全的金融體系對**促進資金有效流通**、**推動經濟成長**，扮演重要之角色。

任何一個經濟單位的收支不可能永遠處於平衡狀態，會有下列狀況：

狀況一 當期的現金流入＞現金流出，則有多餘資金可供借貸，成為**資金供給者**；

狀況二 當期的現金流入＜現金流出，則有資金赤字亦對資金產生需求，成為**資金需求者**。

經濟單位為了解決資金不足的問題，有下列兩種方式：

融通類型	說明
內部融通 （Internal Financing）	內部融通：由先前各期的儲蓄或盈餘來挹注（取有餘以補不足）。例如：上期盈餘等。
外部融通 （External Financing）	外部融通：向資金供給者借得所需資金。例如：股票、向關係企業借款、向銀行借款等。 外部融通又分： (1) 直接金融：由資金供給者直接融通給資金需求者，而且大都是透過**金融市場**來進行。 (2) 間接金融：由資金供給者直接融通給資金需求者，而且大都是透過**金融中介機構**來進行。 金融市場或金融中介機構存在的目的是，將**資金供給者**與**資金需求者**有效率地撮合在一起，使資金能順利地互通有無。

一、金融中介與金融市場的角色與功能

金融體系的兩個主要成員為**金融市場**和**金融中介機構**，其各自在**直接金融**和**間接金融**扮演重要的角色（詳如下圖所示）。在**直接金融**裡，資金需求者（例如上市櫃公司）發行證券（例如股票、債券），透過金融市場售予資金供給者（如下圖的右上至左上方所示），而資金供給者（個人或法人）取得證券的同時，也同時取得對資金需求者（例如上市櫃公司）的收入請求權；在**間接金融**裡，資金供給者將資金存入金融中介機構，因而取得金融中介機構發行的存摺、存單或保險單等（如下圖左下方），再由金融中介機構將這些資金統合運用，將資金貸放或投資予資金需求者（如下圖右下方）。

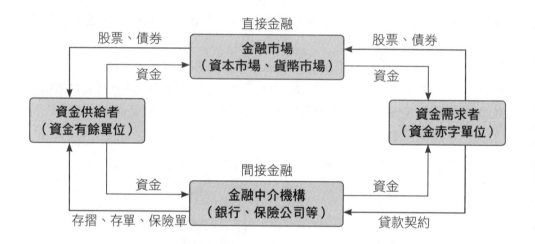

直接金融與間接金融的資金流向說明圖示

註 快速解讀圖示：
1. 資金需求者可以在金融市場（直接金融）發行股票、債券以取得資金，也可透過金融中介機構（間接金融）簽訂貸款契約以借入資金。
2. 資金供給者可以在金融市場（直接金融）買入股票、債券，也可以把資金存入金融中介機構（間接金融），以取得存摺、存單、保險單。

在沒有**金融中介機構**的情形下，經濟個體若有多餘的資金時可有兩種選擇：
(一) 將多餘資金以現金方式保存。
(二) 購買公司（資金需求者）所發行的有價證券。

公司發行有價證券售予資金供給者，以取得所需的資金，則可運用這些資金購買廠房、設備等生財器具。

而在資金供給者是否將資金借給公司，可能會面臨下列問題：

項目	說明
監督成本 （Monitoring Cost）	資金供給者無法確定公司是否將資金有效地投資在淨現值（Net Present Value, NPV）為正數的計畫上，故資金供給者為了確保公司不會浪費這些資金，其必須時常監督公司的營業活動。 然而，監督活動會使資金供給者產生監督成本，因為需要花費很多的精力與時間，使得資金供給者傾向依賴其他資金供給者來監督，也就是搭便車問題（Free-rider Problem），最後可能導致沒有人來監督公司。
流動性問題 （Liquidity Problem）	公司需要的資金可能是長期性的，一旦資金供給者貸予資金後，尚需面臨流動性的問題。
價格風險 （Price Risk）	即使**有價證券**有市場交易來解決流動性的問題，但資金供給者仍可能對**有價證券的市價**低於其**當初所購買的價格**，因而產生價格風險。

上述三項問題可能阻礙資金的流動，使得在沒有金融中介機構時，資金流動的情形較不發達。但在有金融中介機構的情形下，金融中介機構從資金供給者那取得資金，再提供給公司（資金需求者）。在此種情形下，金融中介機構扮演兩個重要的功能：

(一) **經紀人的功能**：金融中介機構可以承銷或代客買賣有價證券，或是擔任股票及債券發行的簽證人。這些功能可以大幅減少資金供給者在做決策時的**交易成本與訊息成本**。

(二) **資產轉換的功能**：金融中介機構可藉由降低上述的監督成本、流動性問題及價格風險等相關的融資風險問題，來發行更吸引資金供給者的證券。一般而言，金融中介機構以發行存單、保險單（可稱為**次級證券**）的方式來取得資金，而投資於資金需求者所發行的有價證券，如股票、國庫券、及債券等（可稱為**初級證券**）。經由這些轉換，資金供給者所取得的資產不再受資金需求者所發行證券的影響。

金融中介機構也有上述的三項成本問題，一方面，金融中介機構有較強烈的動機去監督資金需求者的營業，可避免搭便車的問題；另一方面，金融中介機構在克服訊息問題有規模經濟，也較有效率，故監督成本較個別資金供給者為小。

金融中介機構可以更有效地將資金分散投資以降低風險，使金融中介機構能更有效地預測其報酬，而這個分散風險的特質也反應在金融中介機構所發行的次級證券上。例如，相對於資金需求者所發行的股票、債券等初級證券，金融中介機構所發行的次級證券常提供較高的流動性、較低的價格風險（例如：資金供給者在將多餘資金存入銀行後，可以隨時提出現金使用）；**壽險公司**發行的壽險保單也提供保戶透過保單貸款借出資金之選擇，而這些**次級證券**的特質與金融中介機構能有效地分散風險有很大的關係。

因此，金融中介機構具有下列主要功能：

項目	說明
面額中介	從資金供給者吸收小額資金、匯集資金，再對資金需求者進行融通。
風險中介	金融中介機構可以較有效地評估資金需求者的風險，而且可以藉由分散投資來降低融資風險。
期間中介	金融中介機構自資金供給者吸收較「短期」的資金，提供需要「長期資金」的資金需求（資金不足）者進行融通。
資訊中介	金融中介機構以它們的專業技術，獲得資金供需雙方有用之資訊，使資金交易得以順利完成。
規模經濟	金融中介機構在資訊的取得上具有規模經濟，故可以有效地降低訊息成本，進而減少資金融通之成本。
提高資金的流動性	藉由分散投資與次級證券的設計，可以提供資金供給者較高的流動性。
促進證券的多樣化	透過資產轉換功能，金融中介機構可以設計出各種證券，以滿足資金供給者的需要。

金融中介機構面對其他更低成本的融資方式快速成長時，其因應之道為**削減費用**、**將業務擴展至其他領域**及**由提供服務來收取費用**。

二、金融中介機構與金融市場的種類

(一) 金融中介機構大致可分為：

1. **存款貨幣機構**：發行「貨幣性」間接證券，來吸收存款貨幣的金融中介機構。主要提供存款並發行貨幣間接請求權（例如：支票），在我國包括商業銀行、專業銀行、基層合作金融機構等。

2. **非存款貨幣機構**：發行「非貨幣性」間接證券，來吸收資金的金融中介機構，在我國包括保險公司、中華郵政公司、信託投資公司等。

(二) 金融市場的種類，可區分為：

分類方式	說明
依資金移轉的方式	(1) **直接金融**：資金需求者以發行證券的方式，向資金供給者取得資金。 (2) **間接金融**：資金供給者將資金存於**金融中介機構**，而由金融中介機構對資金需求者貸放資金。
依有價證券是否為首次發行	(1) **初級市場**：又稱發行市場，指政府或企業提供新的證券銷售給投資人的市場，而且在初級市場銷售證券所取得的資金是歸發行人。 (2) **次級市場**：又稱流通市場，指投資人在購買新證券之後，這些證券的後續買賣市場。
依交易場所分類	(1) **集中市場**：指透過有組織的公開市場集中於一定場所進行交易之市場。 (2) **店頭市場**：指在集中市場以外所進行交易的市場。
依請求權的先後次序	(1) **債務市場**：指各種債務工具之市場。債務工具為資金需求者承諾於未來特定日期支付約定金額工具。一般而言，債務工具承諾投資人約定之利息收入，而且相較於股票，債權人對公司的資產有優先受償的權利。 (2) **股權市場**：指股票市場。股票是對公司擁有所有權的證明。
依金融工具到期的期限	(1) **貨幣市場**：指供短期有價證券進行交易的場所。短期證券指國庫券、商業本票等到期日在1年以內的有價證券。 (2) **資本市場**：指供長期有價證券進行交易的場所。長期證券指股票、債券等到期日在1年以上的有價證券。

三、我國金融體系的架構

金融體系依據「是否有正式的組織」可區分為下列二種體系：

(一) 正式的金融體系

　　1. 金融市場。

　　2. 金融中介機構。

(二) 非正式的金融體系：指無制度、欠缺管理或非法的金融體系，又稱為「地下金融」。

正式的金融體系之架構

正式的金融體系	類型	說明
金融市場	貨幣市場（1年以下）	(1) 金融業拆款市場：銀行、經核准之信用合作社；信託投資公司、郵匯局；票券金融公司。 (2) 短期票券市場：經核准可經營短期票券之銀行；票券金融公司。
	資本市場（1年以上）	(1) 臺灣證券交易所。 (2) 證券金融公司。 (3) 證券商：自營商、經紀商、承銷商。 (4) 證券投資信託公司。 (5) 證券投資顧問公司。 (6) 臺灣證券集中保管公司。 (7) 中華民國證券櫃檯買賣中心。
金融中介機構	存款貨幣機構	(1) 商業銀行：本國一般銀行、外國銀行在臺分行。 (2) 專業銀行：地方性信用銀行、農業銀行、不動產信用銀行、輸出入銀行、中小企業銀行、工業銀行。 (3) 基層合作金融機構。
	非存款貨幣機構	(1) 中華郵政公司。 (2) 信託投資機構。 (3) 保險公司：**人壽保險公司**、產物保險公司、中央再保險公司。

精選試題

(　　) **1** 下列有關資金融通的說明，何者正確？　(A)內部融通只透過金融市場來進行　(B)直接金融大都透過金融中介機構來進行　(C)外部融通可能透過金融市場或是透過金融中介機構來進行　(D)間接金融大都透過資本市場來進行。

(　　) **2** 下列哪一項資金來源的工具是屬於內部融通？
(A)股票　(B)上期盈餘　(C)向關係企業借款　(D)向銀行借款。

(　　) **3** 下列對直接金融的說明，何者錯誤？　(A)資金供給者透過金融中介機構將資金貸予資金需求者　(B)資金需求者須發行證券　(C)主要的金融工具是股票及債券　(D)一般而言，資金供給者取得證券後，對資金需求者有直接請求權。

(　　) **4** 資金需求者透過直接金融方式取得資金的方式，下列何者為非？
(A)可經由證券商發行公司債　(B)可經由證券商辦理現金增資
(C)可經由證券商辦理海外存託憑證的發行　(D)可經由證券商協助，取得銀行的融資。

(　　) **5** 下列對金融體系的敘述，何者錯誤？
(A)金融體系存在的目的在使資金能有效率地流通
(B)金融體系可區分為銀行保險體系與股票市場體系
(C)健全的金融體系可以減少企業或政府的籌資成本
(D)健全的金融體系可以促進國家經濟發展。

(　　) **6** 下列哪一項問題不是資金供給者在決定是否將資金借予資金需求者時，所必須面對的？　(A)資金流動的效率問題　(B)監督成本
(C)流動性問題　(D)價格風險。

(　　) **7** 沒有金融中介機構的世界中，資金流動的情形較不發達的原因為何？
(A)資金供給者可能面對流動性問題　(B)資金供給者需負擔監督成本　(C)資金供給者可能面對價格風險　(D)以上皆是。

（　　）**8** 金融中介機構在從事中介業務時，具有下列哪些功能：
A.降低監督成本　　　　　　B.降低資金流動性
C.降低融資風險　　　　　　D.降低資金投資的分散程度
(A)A與B　(B)C與D　(C)A與C　(D)A、B與C。

（　　）**9** 金融中介機構所具有的主要功能，可包括：　(A)提高資金的流動性　(B)提供長期資金　(C)降低融資成本　(D)以上皆是。

（　　）**10** 下列哪一項證券不屬於次級證券？　(A)壽險保單　(B)國庫券(C)活期存款　(D)銀行可轉讓定期存單。

（　　）**11** 金融中介機構面對其他更低成本的融資方式快速成長時，其因應之道為何？　(A)將業務擴展至其他領域　(B)由提供服務來收取費用　(C)削減費用　(D)以上皆是。

（　　）**12** 下列對金融市場的分類，何者正確？
(A)依有價證券的請求權順序可區分為債務市場及股權市場
(B)依交易市場可區分為集中交易市場與店頭市場
(C)依金融工具的到期期限可分為貨幣市場及資本市場
(D)以上分類皆正確。

（　　）**13** 所謂店頭市場是指：　(A)到期日1年以上有價證券的交易市場(B)在集中市場以外進行交易的市場　(C)股票市場　(D)透過有組織的公開市場集中於一定場所交易之市場。

（　　）**14** 所謂股權市場是指：　(A)股票市場　(B)到期1年以內有價證券的交易市場　(C)透過有組織的公開市場集中於一定場所交易之市場(D)政府或企業提供新的證券銷售給投資人的市場。

（　　）**15** 投資人可在集中市場買賣台積電股票，該市場交是屬於何種類型？(A)初級市場　(B)次級市場　(C)發行市場　(D)店頭市場。

（　　）**16** 下列哪一種機構不屬於金融中介機構？(A)商業銀行　(B)保險公司　(C)證券金融公司　(D)信託投資公司。

( ) **17** 在貨幣市場中交易的證券為： (A)1年期以內有價證券 (B)1年期以上的有價證券 (C)3年期以內的有價證券 (D)3年期以上的有價證券。

( ) **18** 在資本市場中交易的證券為： (A)1年期以內有價證券 (B)1年期以上的有價證券 (C)3年期以內的有價證券 (D)3年期以上的有價證券。

( ) **19** 下列何種金融機構並非屬於存款貨幣機構？ (A)中小企業銀行 (B)信用合作社 (C)人壽保險公司 (D)土地銀行。

( ) **20** 下列何者為非存款貨幣機構？ (A)工業銀行 (B)產物保險公司 (C)臺灣銀行 (D)合作金庫銀行。

解答與解析

1 (C)。內部融通：由先前各期的儲蓄或盈餘來挹注（取有餘以補不足）。例如：上期盈餘等。

外部融通又分：

1.直接金融：由資金供給者直接融通給資金需求者，而且大都是透過**金融市場**來進行。

2.間接金融：由資金供給者直接融通給資金需求者，而且大都是透過**金融中介機構**來進行。

故此題答案為(C)。

2 (B)。內部融通：由先前各期的儲蓄或盈餘來挹注（取有餘以補不足）。

外部融通又分：

1.直接金融：由資金供給者直接融通給資金需求者，而且大都是透過**金融市場**來進行。

2.間接金融：由資金供給者直接融通給資金需求者，而且大都是透過**金融中介機構**來進行。

選項(A)、(C)、(D)皆屬於外部融通。

故此題答案為(B)。

3 (A)。直接金融：由資金供給者直接融通給資金需求者，而且大都是透過**金融市場**來進行。

間接金融：由資金供給者直接融通給資金需求者，而且大都是透過**金融中介機構**來進行。

故此題答案為(A)。

4 (D)。金融體系的兩個主要成員為**金融市場**和**金融中介機構**，其各自在**直接金融**和**間接金融**扮演重要的角色。在**直接金融**裡，資金需求者發行證券（例如股票、債券），透過金融市場售予資金供給者，而資金供給者取得證券的同時，也同時取得對資金需求者的收入請求權；在**間接金融**裡，資金供給者將資金存入金融中介機構，因而取得金融中介機構發行的存摺、存單或保險單等，再由金融中介機構將這些資金統合運用，將資金貸放或投資予資金需求者。

故此題答案為(D)。

5 (B)。金融體系的兩個主要成員為**金融市場**和**金融中介機構**，其各自在**直接金融**和**間接金融**扮演重要的角色。

故此題答案為(B)。

6 (A)。在資金供給者是否將資金借給公司，可能會面臨下列問題：

項目	說明
監督成本 （Monitoring Cost）	資金供給者無法確定公司是否將資金有效地投資在淨現值（Net Present Value, NPV）為正數的計畫上，故資金供給者為了確保公司不會浪費這些資金，其必須時常監督公司的營業活動。 然而，監督活動會使資金供給者產生監督成本，因為需要花費很多的精力與時間，使得資金供給者傾向依賴其他資金供給者來監督，也就是搭便車問題（Free-rider Problem），最後可能導致沒有人來監督公司。
流動性問題 （Liquidity Problem）	公司需要的資金可能是長期性的，一旦資金供給者貸予資金後，尚需面臨流動性的問題。
價格風險 （Price Risk）	即使**有價證券**有市場交易來解決流動性的問題，但資金供給者仍可能對**有價證券的市價**低於其**當初所購買的價格**，因而產生價格風險。

故此題答案為(A)。

7 (D)。在資金供給者是否將資金借給公司，可能會面臨下列問題：

項目	說明
監督成本 （Monitoring Cost）	資金供給者無法確定公司是否將資金有效地投資在淨現值（Net Present Value, NPV）為正數的計畫上，故資金供給者為了確保公司不會浪費這些資金，其必須時常監督公司的營業活動。
監督成本 （Monitoring Cost）	然而，監督活動會使資金供給者產生監督成本，因為需要花費很多的精力與時間，使得資金供給者傾向依賴其他資金供給者來監督，也就是搭便車問題（Free-rider Problem），最後可能導致沒有人來監督公司。
流動性問題 （Liquidity Problem）	公司需要的資金可能是長期性的，一旦資金供給者貸予資金後，尚需面臨流動性的問題。
價格風險 （Price Risk）	即使**有價證券**有市場交易來解決流動性的問題，但資金供給者仍可能對**有價證券的市價**低於其**當初所購買的價格**，因而產生價格風險。

上述三項問題可能阻礙資金的流動，使得在沒有金融中介機構時，資金流動的情形較不發達。故此題答案為(D)。

8 (C)。金融中介機構扮演兩個重要的功能：

(1)**經紀人的功能**：金融中介機構可以承銷或代客買賣有價證券，或是擔任股票及債券發行的簽證人。這些功能可以大幅減少資金供給者在做決策時的**交易成本**與**訊息成本**。

(2)**資產轉換的功能**：金融中介機構可藉由降低上述的**監督成本**、**流動性問題**及**價格風險**等相關的融資風險問題，來發行更吸引資金供給者的證券。一般而言，金融中介機構以發行存單、保險單（可稱為次級證券）的方式來取得資金，而投資於資金需求者所發行的有價證券，如股票、國庫券及債券等（可稱為初級證券）。經由這些轉換，資金供給者所取得的資產不再受資金需求者所發行證券的影響。

故此題答案為(C)。

9 (D)。金融中介機構具有下列主要功能：

項目	說明
面額中介	從資金供給者吸收小額資金、匯集資金，再對資金需求者進行融通。
風險中介	金融中介機構可以較有效地評估資金需求者的風險，而且可以藉由分散投資來降低融資風險。

項目	說明
期間中介	金融中介機構自資金供給者吸收較「短期」的資金，提供需要「長期資金」的資金需求（資金不足）者進行融通。
資訊中介	金融中介機構以它們的專業技術，獲得資金供需雙方有用之資訊，使資金交易得以順利完成。
規模經濟	金融中介機構在資訊的取得上具有規模經濟，故可以有效地降低訊息成本，進而減少資金融通之成本。
提高資金的流動性	藉由分散投資與次級證券的設計，可以提供資金供給者較高的流動性。
促進證券的多樣化	透過資產轉換功能，金融中介機構可以設計出各種證券，以滿足資金供給者的需要。

故此題答案為(D)。

10 (B)。　金融中介機構以發行存單、保險單（可稱為**次級證券**）的方式來取得資金，而投資於資金需求者所發行的有價證券，如股票、國庫券、及債券等（可稱為**初級證券**）。
故此題答案為(B)。

11 (D)。　**金融中介機構**可以更有效地將資金分散投資以降低風險，使金融中介機構能更有效地預測其報酬，而這個分散風險的特質也反應在金融中介機構所發行的次級證券上。
金融中介機構面對其他更低成本的融資方式快速成長時，其因應之道為**削減費用**、**將業務擴展至其他領域**及**由提供服務來收取費用**。
故此題答案為(D)。

12 (D)。　金融市場的種類，可區分為：

分類方式	說明
依資金移轉的方式	(1) **直接金融**：資金需求者以發行證券的方式，向資金供給者取得資金。 (2) **間接金融**：資金供給者將資金存於**金融中介機構**，而由金融中介機構對資金需求者貸放資金。
依有價證券是否為首次發行	(1) **初級市場**：又稱發行市場，指政府或企業提供新的證券銷售給投資人的市場，而且在初級市場銷售證券所取得的資金是歸發行人。 (2) **次級市場**：又稱流通市場，指投資人在購買新證券之後，這些證券的後續買賣市場。

分類方式	說明
依交易場所分類	(1) **集中市場**：指透過有組織的公開市場集中於一定場所進行交易之市場。 (2) **店頭市場**：指在集中市場以外所進行交易的市場。
依請求權的先後次序	(1) **債務市場**：指各種債務工具之市場。債務工具為資金需求者承諾於未來特定日期支付約定金額工具。一般而言，債務工具承諾投資人約定之利息收入，而且相較於股票，債權人對公司的資產有優先受償的權利。 (2) **股權市場**：指股票市場。股票是對公司擁有所有權的證明。
依金融工具到期的期限	(1) **貨幣市場**：指供短期有價證券進行交易的場所。短期證券指國庫券、商業本票等到期日在1年以內的有價證券。 (2) **資本市場**：指供長期有價證券進行交易的場所。長期證券指股票、債券等到期日在1年以上的有價證券。

故此題答案為(D)。

13 **(B)**。 金融市場依交易場所分類，分為：

1.集中市場：指透過有組織的公開市場集中於一定場所進行交易之市場。

2.店頭市場：指在集中市場以外所進行交易的市場。

故此題答案為(B)。

14 **(A)**。

1.**債務市場**：指各種債務工具之市場。債務工具為資金需求者承諾於未來特定日期支付約定金額工具。一般而言，債務工具承諾投資人約定之利息收入，而且相較於股票，債權人對公司的資產有優先受償的權利。

2.**股權市場**：指股票市場。股票是對公司擁有所有權的證明。

故此題答案為(A)。

15 **(B)**。 金融市場依有價證券是否為首次發行，分為：

1.初級市場：又稱發行市場，指政府或企業提供新的證券銷售給投資人的市場，而且在初級市場銷售證券所取得的資金是歸發行人。

2.次級市場：又稱流通市場，指投資人在購買新證券之後，這些證券的後續買賣市場。

故此題答案為(B)。

16 **(C)**。 金融中介機構大致可分為

(1)**存款貨幣機構**：發行「貨幣性」間接證券，來吸收存款貨幣的金融中介機構。主要提供存款並發行貨幣間接請求權（例如：支票），在我國包括商業銀行、專業銀行、基層合作金融機構等。

(2)**非存款貨幣機構**：發行「非貨幣性」間接證券，來吸收資金的金融中介機構，在我國包括保險公司、中華郵政公司、信託投資公司等。
故此題答案為(C)。

17 (A)。**貨幣市場**：指供短期有價證券進行交易的場所。短期證券指國庫券、商業本票等到期日在1年以內的有價證券。
資本市場：指供長期有價證券進行交易的場所。長期證券指股票、債券等到期日在1年以上的有價證券。
故此題答案為(A)。

18 (B)。**貨幣市場**：指供短期有價證券進行交易的場所。短期證券指國庫券、商業本票等到期日在1年以內的有價證券。
資本市場：指供長期有價證券進行交易的場所。長期證券指股票、債券等到期日在1年以上的有價證券。
故此題答案為(B)。

19 (C)。存款貨幣機構有：
1.商業銀行：本國一般銀行、外國銀行在臺分行。
2.專業銀行：地方性信用銀行、農業銀行、不動產信用銀行、輸出入銀行、中小企業銀行、工業銀行。
3.基層合作金融機構。
非存款貨幣機構有：
1.中華郵政公司。
2.信託投資機構。
3.保險公司：人壽保險公司、產物保險公司、中央再保險公司。
故此題答案為(C)。

20 (B)。存款貨幣機構有：
1.商業銀行：本國一般銀行、外國銀行在臺分行。
2.專業銀行：地方性信用銀行、農業銀行、不動產信用銀行、輸出入銀行、中小企業銀行、工業銀行。
3.基層合作金融機構。
非存款貨幣機構有：
1.中華郵政公司。
2.信託投資機構。
3.保險公司：人壽保險公司、產物保險公司、中央再保險公司。
故此題答案為(B)。

重點 2　金融中介機構

金融中介機構是指對**資金供給者**吸收資金，再將資金對資金需求者融通之媒介機構。金融中介機構通常發行各種次級證券（例如：定期存單、保險單等），來換取資金以達中介之功能。但各種金融中介機構所發行次級證券的差異很大，故經濟學家以這些差異作為對金融中介機構分類之依據。一般而言，發行貨幣性次級證券（例如：存摺、存單等）的金融中介機構稱為**存款貨幣機構**，而這些由存款貨幣機構發行的次級證券不僅占了存款貨幣機構負債的大部分，通常也是貨幣供給的一部分；**非存款貨幣機構**所發行的次級證券（例如：保險單等），則占非存款貨幣機構之負債的大部分，但不屬於貨幣供給的一部分。

一、金融中介機構的種類與功能

金融中介機構依據是否發行貨幣間接請求權，可分為：

(一) **存款貨幣機構**

1. 商業銀行。
2. 專業銀行：中小企業銀行、工業銀行及農業銀行等。
3. 基層合作金融中介機構：信用合作社、農漁會信用部等。

(二) **非存款貨幣機構**

1. 中華郵政公司。
2. 信託投資公司。
3. 保險公司：人壽保險公司、產物保險公司、中央再保險公司。

《銀行法》第20條：銀行分為下列三種：(1)商業銀行、(2)專業銀行及(3)信託投資公司。

每一銀行對**授信對象**、**授信的期間長短**及**任務**等，均有不同。因此，銀行之種類或其專業，除政府設立者外，應在其名稱中表示之。

《銀行法》第87條：為便利專業信用之供給，中央主管機關得許可設立專業銀行，或指定現有銀行，擔任該項信用之供給。《銀行法》第88條：專業信用分為：(1)工業信用、(2)農業信用、(3)輸出入信用、(4)中小企業信用、(5)不動產信用、(6)地方性信用。

各銀行得經營之業務項目，由中央主管機關依其類別，就「銀行法」所規定的範圍內分別核定，並於營業執照上載明之。

《銀行法》第52條第1項：銀行為**法人**，其組織除法律另有規定或銀行法修正施行前經專案核准者外，以**股份有限公司**為限。《銀行法》第29條第1項：除法律另有規定者外，非銀行不得經營**收受存款**、**受託經理信託資金**、**公眾財產**或**辦理國內外匯兌業務**。

二、商業銀行

商業銀行的主要業務為「收受支票存款、活期存款、定期存款，供給短期、中期信用」，依組織登記之差異，主要可區分為**一般銀行（本國銀行）**和**外國銀行在臺分行**。

一般銀行（本國銀行）是指依銀行法組織登記，經營銀行業務之機構；**外國銀行在臺分行**是指依照外國法律組織登記設立之銀行，經由中華民國政府認許，在中華民國境內依公司法及銀行法登記營業之分行。

目前外國銀行在臺分行與本國銀行的營業範圍幾乎沒有差異。《銀行法》第71條，商業銀行經營下列業務：

1. 收受支票存款。　　　　　　2. 收受活期存款。
3. 收受定期存款。　　　　　　4. 發行金融債券。
5. 辦理短期、中期及長期放款。　6. 辦理票據貼現。
7. 投資公債、短期票券、公司債券、金融債券及公司股票。
8. 辦理國內外匯兌。　　　　　9. 辦理商業匯票之承兌。
10. 簽發國內外信用狀。　　　　11. 保證發行公司債券。
12. 辦理國內外保證業務。　　　13. 代理收付款項。
14. 代銷公債、國庫券、公司債券及公司股票。
15. 辦理與前十四款業務有關之倉庫、保管及代理服務業務。
16. 經主管機關核准辦理之其他有關業務。

《銀行法》第28條第1項：商業銀行及專業銀行經營信託或證券業務，其營業及會計必須獨立；其營運範圍及風險管理規定，得由主管機關定之。

雖然商業銀行得經營證券業務，但存款和放款才是商業銀行的主要業務，其中來自企業及個人的存款是商業銀行的主要資金來源，而對企業及個人的放款則為商業銀行資產經營的主要項目。

《銀行法》第72條：商業銀行辦理中期放款之總餘額，不得超過其所收定期存款總餘額。

《銀行法》第5條：銀行依本法辦理授信，其期限在1年以內者，為**短期信用**；超過1年而在7年以內者，為中期信用；超過7年者，為**長期信用**。

三、專業銀行

專業銀行是指政府為便利專業信用之供給，所許可設立的銀行，或藉由指定現有銀行，擔任提供專業信用的業務。《銀行法》第88條：專業信用分為：(1)工業信用、(2)農業信用、(3)輸出入信用、(4)中小企業信用、(5)不動產信用、(6)地方性信用。各信用所對應之銀行說明如下表：

專用類型／說明
工業銀行是指工業信用之專業銀行，其業務以供給**工**、**礦**、**交通**及其他公用事業所需**中期**、**長期**信用為主。 工業銀行得經營之業務項目，是由金管會依《銀行法》第4條和第89條之規定，以下列業務範圍分別核定，並於營業執照上載明之： 1.收受支票存款及其他各種存款　　　2.發行金融債券 3.辦理放款　　　　　　　　　　　　4.投資有價證券 5.辦理直接投資生產事業、金融相關事業及創業投資事業 6.辦理國內外匯兌　　　　　　　　　7.辦理國內外保證業務 8.簽發國內外信用狀　　　　　　　　9.代理收付款項 10.承銷有價證券　　　　　　　　　　11.辦理政府債券自行買賣業務 12.擔任股票及債券發行簽證人 13.辦理與前列各款業務有關之倉庫、保管及各種代理服務事項 14.經金管會核准辦理之其他有關業務 工業銀行的營運具有下列特色： 1.授信對象：《銀行法》第91條第2項：工業銀行以供給**工**、**礦**、**交通**及**其他公用事業**所需中、長期信用為主要業務。 2.授信期間：授信是以中期、長期為主，且《工業銀行設立及管理辦法》第7條：工業銀行對生產事業中長期授信總餘額，**不得少於其授信總餘額百分之60%**。 3.資金來源：主要資金來源為存款及發行金融債券，但所收受之存款，應以其投資、授信之(1)公司組織客戶、(2)依法設立保險業、(3)財團法人及政府機構，這三種為限。

工業銀行

專用類型／說明	
工業銀行	工業銀行不得附設儲蓄部辦理有關儲蓄的業務，也不得收受金融中介機構之轉存款以避免存款大眾承擔太高的風險。工業銀行可以發行金融債券作為資金來源，但依《工業銀行設立及管理辦法》第6條第1項：工業銀行發行之金融債券應接受金融監督管理委員會認可之信用評等機構予以信用評等，其**發行總餘額並不得超過該行調整後淨值之6倍**。 4.直接投資：相對於銀行法對商業銀行投資非金融相關事業的金額規定與不得參與經營的限制，工業銀行可以直接投資生產事業。《工業銀行設立及管理辦法》第16條：工業銀行因投資關係得派任其負責人或職員，兼任生產事業之董事或監察人，但不得兼任董事長。 5.實收資本額：《工業銀行設立及管理辦法》第3條：工業銀行最低實收資本額為**新臺幣200億元**。 此設立之資本金額遠高於成立商業銀行所需的資本額。
農業銀行	供給農業信用之專業銀行為農業銀行。農業銀行是以調劑農村金融，及供應農、林、漁、牧之生產及有關事業所需信用為主要任務之銀行。 因為農業信用有其特性，非一般金融機構所能勝任，故成立農業銀行專門辦理農業信用等相關事宜。
輸出入銀行	輸出入銀行是提供中期、長期輸出入信用的政策性專業銀行，其主要業務在於協助拓展外銷及輸入國內工業所必須之設備和原料。 中國輸出入銀行是依據《中國輸出入銀行條例》設立之輸出入信用專業銀行，於民國68年正式成立，在財政部監督下，由政府提供資金設立的金融機構，辦理專業性之中長期輸入融資、保證及輸出保險業務。
中小企業銀行	中小企業銀行是指專門供給中小企業信用之專業銀行。其主要任務以供給中小企業中、長期信用，協助其改善生產設備及財務結構，暨健全經營管理。 一般而言，中小企業較難取得長期資金，主要理由在於： 1.中小企業一般不願放棄經營權，寧願舉債以取得資金。 2.中小企業的財務報表通常不甚健全，增加商業銀行借款的困難。 3.中小企業的信用基礎較差，而商業銀行在考量到借貸風險下，所要求的利率也較高。

	專用類型／說明
不動產信用銀行	是供給不動產信用之專業銀行。不動產信用銀行的主要任務以供給**土地開發**、**都市改良**、**社區發展**、**道路建設**、**觀光設施**及**房屋建築**等所需中、長期信用為主要任務。
國民銀行	是供給地方信用之專業銀行。國民銀行的主要任務是供給地區發展及當地國民所需短、中期信用。國民銀行應分區經營，在同一地區內以設立一家為原則。而且國民銀行對每一客戶之放款總額，也有上限之規定。目前實務上並無此類的地方性之專業銀行。

四、保險公司（非存款機構）

保險是指當事人約定，一方（保戶）交付保險費給他方（保險公司），他方對於因不可預料，或不可抗力之事故所致之損害，負擔賠償財物之行為。而保險人（保險公司）是指經營保險事業之各種組織，(1)在保險契約成立時，有保險費之請求權；(2)在承保期間發生危險事故時，依其承保之責任，負擔賠償之義務。

保險業之組織，以股份有限公司或合作社為限，但依其法律規定或經主管機關核准設立者，不在此限。若保險業非申請主管機關核准，並依法為營業登記，繳存保證金，領得營業執照後，不得開始營業，亦保險業須經由主管機關核准使得營業。《保險業設立許可及管理辦法》第2條：申請設立保險公司，其最低實收資本額為新臺幣20億元。發起人及股東之出資以現金為限。

依經營業務的差異，保險業可分為：

(一) **財產保險業**：主要的營業範圍有**火災保險**、**海上保險**、**陸空保險**、**責任保險**、**保證保險**及**經主管機關核准之其他保險**。目前，財產保險業也可經主管機關核准，經營**傷害保險**及**健康保險**。

(二) **人身保險業**：主要的營業範圍有**人壽保險**、**健康保險**、**傷害保險**及**年金保險**。

此外，保險法也規定，**財產保險業**經營**財產保險**，**人身保險業**經營**人身保險**，同一保險業不得兼營財產保險及人身保險。保險業不得兼營保險法規定以外之

業務，而非保險業不得兼營保險或類似保險之業務。上述條文基本上是將產險業及壽險業的營業範圍與其他行業區分開來，以維持保險業專業經營的原則。然而，近幾年來，隨著金融服務整合趨勢之盛行，直接或間接跨業經營的需求逐漸提高。因此，除了民國98年1月21日修正過金融控股公司法第4條，允許金融控股公司得以子公司方式，經營保險等金融服務事業之外，於民國96年7月18日修正的保險法第146條第1項也允許保險業得投資保險相關事業。其中，保險相關事業指**保險**、**金融控股**、**銀行**、**票券**、**信託**、**信用卡**、**融資性租賃**、**證券**、**期貨**、**證券投資信託**、**證券投資顧問事業**及**其他經主管機關認定之保險相關事業**。也就是，無論產險業與壽險業之間，或是保險業與其他金融業之間，其分業的界限會逐漸縮小。

我國保險業之發展，可分為四個階段：

(一) **第一階段**：臺灣光復後至民國51年開放民間申請設立保險公司。

(二) **第二階段**：民國52年至民國76年，這段期間不再開放成立新保險公司，直到民國76年開放美商公司來臺設立壽險分公司後才改變。

(三) **第三階段**：民國76年至82年，開放本國新設壽險公司成立之前，基本上此階段保險市場仍由本國舊公司主宰，外商保險公司的市場占有率仍很小。

(四) **第四階段**：民國82年，開放國人新設保險公司及次年將保險市場開放予各國保險業均得來臺設立分支機構之後，才正式開啟了保險業的戰國時代。

五、信託投資公司

信託投資公司是以受託人之地位，依其特定目的，收受、經理及運用信託資金與經營信託財產，或以**投資中間人**之地位，從事與**資本市場**有關特定目的投資之金融機構。依據《銀行法》第101條規定，載明信託公司可經營之業務。然而，近年來國內的信託投資公司因為經營狀況不佳，不是被其他行庫概括承受，就是轉型，故自民國97年12月起，國內暫時沒有信託投資公司。

六、金融業發展的趨勢－業務的綜合化與合併

(一) **金融業務的綜合化**

金融中介機構發行**次級證券**取得資金，並購買**初級證券**，同時藉由次級證券與初級證券之間的利差，以支付業務費用並獲取利潤，而此類利息收入亦是金融中介機構的主要收入來源。但近年來，各國普遍的現象是以**更直接**與**更低成本**的**融資方式**快速成長，故使金融中介機構的重要性逐漸下降。

此外，金融中介機構的總資產在金融體系的比重也逐漸下降，而且利潤空間也相對被壓縮。金融中介機構面對這些趨勢，其因應之道除了削減費用之外，另試圖將業務擴展至其他領域，藉由提供服務來收取費用，以增加非利息收入。

金融中介機構削減費用之作法，例如：

1. 銀行提供自動櫃員機、設立無人銀行以取代傳統分行。
2. 保險公司則嘗試以其他行銷通路，例如銀行、郵件等方式來降低業務成本。

金融中介機構擴展業務領域可歸納為下列兩個議題：

1. **推動成立綜合金融機構**

   綜合金融機構是指能提供傳統銀行存放款、證券業務、投資信託及保險等服務的金融機構。

   從傳遞金融服務到消費者的角度來說，這些金融服務可以分別透過由整合金融機構的組織，再整合金融服務，或是由異業策略聯盟，而藉由行銷體系來整合金融服務。

   (1)藉由異業策略聯盟於行銷體系整合金融服務的運作，在國內保險業界非常普遍。

   例如：壽險公司的業務員除了可以銷售其公司所發行的壽險保單、房貸服務外，還可以推銷策略聯盟機構所發行的金融商品（例如：信用上、汽車險、長期火險、共同基金等）。

   這些策略聯盟是由行銷體系去銷售原本應由不同業務體系所銷售的商品。在公司組織和金融商品設計方面，都沒有因為策略聯盟而有太多的改變。因此，不同的金融機構藉由策略聯盟的結合之效果仍有改進的空間。

   (2)整合性的金融服務可用金融機構組織之整合為基礎，而依整合度的高低大致上可以區分為下列三種模式：①一家金融機構可以同時從事策略聯盟機構的各種金融服務；②一家金融機構（例如：商業銀行）為另一家不同性質的金融機構（例如：證券商）的控股公司；③各種不同性質的金融機構同屬於一家控股公司，各金融機構並不直接持有對方股份。

我國在民國90年通過金融控股公司法後，也允許採用第三種模式成立金融控股公司。此外，我國保險法在民國96年修訂後，《保險法》第146條第4項允許保險業得投資「保險相關事業」，包括保險、金融控股、銀行、票券、信託、信用卡、融資性租賃、證券、期貨、證券投資信託、證券投資顧問事業及其他經主管機關認定之保險相關事業。

此外，商業銀行得經主管機關許可，從事有限度地證券業務，也就是在存放款及證券業方面，商業銀行早已採取第一種模式。但民國97年12月修正過後的銀行法，當中允許商業銀行可以向主管機關申請轉投資「金融相關事業」，《銀行法》第74條第4項：金融相關事業，指銀行、票券、證券、期貨、信用卡、融資性租賃、保險、信託事業及其他經主管機關認定之金融相關事業。

因此，上述法令提供了銀行及保險業採用第二種模式來整合各種金融服務的法律依據。

一般而言，銀行業務朝向綜合化的優點和缺點如下：

優點	缺點
(1) 增加營業項目可以增加「範疇經濟」，降低經營成本。 (2) 由產品的多樣化，滿足客戶不同的需求。 (3) 經由業務的多樣化，綜合銀行可以將風險分散在各項業務之中。 (4) 銀行經由放款等業務所取得客戶的內部訊息可充分利用。 **註** 範疇經濟是指，單一廠商（公司）同時生產兩項以上物品和服務的成本，還比分別由專業廠商（公司）生產的成本更低廉。導致廠商（公司）生產出現範疇經濟的原因，可能是來自**多元化的經營策略、營運範疇的擴大、資源的分享、投入要素的共同和統一管理的效率、財務會計的優勢**，導致**生產成本**降低的效果。	(1)綜合銀行各部門經營可能會產生利益衝突。 (2)綜合銀行一方面從事放款事務，另一方面從事完整的證券活動，可能造成銀行以承銷證券為公司取得資金來償還所欠銀行的債務。 (3)綜合銀行結合銀行、保險、證券等業務，因經營上非常複雜，可能產生經營風險。 (4)綜合銀行中的某一部門若經營不善，可能會使客戶對該銀行失去信心，而有引發金融危機的可能性。 (5)綜合銀行結合各種金融業務，使其在經營上非常複雜，也對政府的監理工作構成挑戰。

2. **保險業銷售投型保單**

保險業販售投資型保單的過程以美國最具代表。在1980年代初期,美國利率緩步上升,使新投資的資金往往可以獲得比已投資的資金有較高之報酬率,稱為**新錢報酬率(New-Money Rate)**。

此現象對美國壽險業產成兩個問題:

(1)壽險業的傳統保單僅能提供投資組合報酬率,但這些保單已不再吸引消費者。

(2)當時美國壽險業對保單貸款收取的利率往往比當期市場利率還低,而且保戶為了取得資金以賺取新錢報酬率,會透過保單貸款或解約之方式取得資金去投資。

這樣的情形導致壽險公司不僅無法在利率高漲的時期從事投資以賺取利潤,還必須折價出售資產以取得資金,才能支付保戶的保單質押或解約金的需求。這些「資金由金融中介機構流出,透過其他方式轉給資金需求者」的現象稱為**資金逆仲介(Disintermediation)**。

壽險業者為改善資金逆仲介之作法為**增加保單的附加價值**及**降低保戶對保單貸款的誘因**,這些作法以**萬能壽險**、**變額壽險**、**變額萬能壽險**最具代表。

(1)萬能壽險:1979年正式引進市場,具有**彈性繳費**、**可調整死亡給付**及**費用等相關資訊透明化**之特點。

(2)變額壽險:1976年引進市場,其相當於共同基本與保險之結合。雖然最早引進的變額壽險之用意在於克服傳統壽險所面臨的通貨膨脹之問題,隨後卻變成保險業跨入共同基金領域的重要工具。

　註 美國壽險業於1970年代引進變額壽險的主要目的為**對抗通貨膨脹**問題。

(3)變額萬能壽險:於1985年才開始販售,其結合了**萬能壽險所具有的彈性**與**變額壽險所具有的投資**之特性。

萬能壽險和變額壽險的推出在於率開始上升之前,其最初販售之動機為對抗通貨膨脹。保險業開始普遍地販售這些類型的商品,且這些商品於**市場占有率的快速上升**卻與**市場利率的大幅上升**有直接的關係。

雖然保險業屬於金融中介機構之一,其傳統收益來源是經由付給**資金供給者**與收取自**資金需求者**的利率之間的**利差**,以獲取利潤,這也是間接金融之特性。

變額壽險使得壽險業可以將經營觸角跨入直接金融的領域，壽險公司除了將投資風險移轉給保戶，同時也可以經由「資產管理」來收取**非利息收入**。

此兩個議題都顯現出銀行與保險業試圖以間接金融為基礎，將觸角延伸至直接金融的領域。

(二) **金融機構的合併**

我國於民國89年公布的金融機構合併法，其立法的三大方向為：

1. **提升我國銀行在國際間的競爭力**

我國金融體系中，包括(1)**商業銀行**、(2)**專業銀行**、(3)**信託投資公司**、(4)**信用合作社**及(5)**農、漁會信用部**等不同種類的金融機構，其個別市場占有率皆甚小。在立法前後，以國內最大的金融機構－臺灣銀行而言，其資產總額占銀行體系僅約10%，以股東權益在國際排名上約第60名，仍缺乏競爭力。因此，有必要透過金融機構間的合併，來提高在國際間的競爭力。而財政部也積極推動公營行庫進行合併，以培養出具國際競爭力的銀行。

2. **提升銀行的發展，提高經營效率**

我國金融機構規模普遍較小，在營運無法達到規模經濟，故可以透過合併以擴大金融機構的規模，提升經營效率。

3. **建立合併問題金融機構的機制**

金融機構合併法除了規範自願性合併外，另對問題金融機構之強制合併或強制性概括讓與其資產負債，於銀行法及存款保險條例外，提供補充規定，使合併或概括讓與、概括承受的規範更為完整，以利金融的安定。

精選試題

(　) **1** 依銀行法規定，下列對銀行的敘述何者錯誤？ 　(A)銀行的組織型態原則上以法人及合作社為限 　(B)銀行為法人 　(C)非銀行不得經營收受存款 　(D)非銀行不得經營信託基金。

(　) **2** 銀行法中所稱之銀行不包括下列何者？ 　(A)商業銀行 　(B)專業銀行 　(C)投資銀行 　(D)信託投資公司。

(　) **3** 下列那一機構得發行金融債券？ 　(A)信託投資公司 　(B)商業銀行 (C)保險公司 　(D)以上機構皆不得發行金融債券。

(　) **4** 下列哪一銀行的「主要任務」不是供給中長期信用？ 　(A)工業銀行 　(B)中小企業銀行 　(C)不動產信用銀行 　(D)商業銀行。

(　) **5** 依照銀行法的規定，短中長期信用的期限如何區分？ 　(A)1年以下為短期，1至3年為中期，3年以上為長期 　(B)半年以下為短期，半至3年為中期，3年以上為長期 　(C)1年以下為短期，1至5年為中期，5年以上為長期 　(D)1年以下為短期，1至7年為中期，7年以上為長期。

(　) **6** 下列何者為商業銀行？ 　(A)臺灣銀行 　(B)彰化銀行 　(C)匯豐銀行 　(D)以上皆是。

(　) **7** 依銀行法規定，下列哪一銀行不屬於專業銀行？ 　(A)工業銀行 (B)信用合作社 　(C)輸出入銀行 　(D)中小企業銀行。

(　) **8** 依據銀行法的規定，工業銀行是提供何種信用？ (A)輸出入信用 　(B)中小企業信用 　(C)外銷信用 　(D)工業信用。

(　) **9** 下列何者不屬於工業銀行的特質？ 　(A)無法發行金融債券 　(B)以中長期授信為主 　(C)資本額必須達到200億元 　(D)主要在提供工業信用。

(　　) **10** 下列說明何者錯誤？　(A)商業銀行的主要的資產經營項目之一為對企業放款　(B)商業銀行的資金來源之一為企業及個人存款　(C)工業銀行的主要的資產經營項目之一為對企業放款　(D)工業銀行的資金來源之一為企業及個人存款。

(　　) **11** 依我國銀行法對專業銀行的分類，下列何者不屬於專業銀行？　(A)中小企業銀行　(B)信託投資公司　(C)不動產信用銀行　(D)國民銀行。

(　　) **12** 下列對中小企業融資的說明，何者錯誤？　(A)中小企業一般均發行股票以取得資金　(B)中小企業信用基礎較差　(C)我國的中小企業銀行的主要任務在提供中小企業資金　(D)因財務報表較不健全，因此較難取得商業銀行的信用融通。

(　　) **13** 下列哪一銀行的主要任務以供給土地開發、都市改良、社區發展、道路建設等為主？　(A)中小企業銀行　(B)農民銀行　(C)不動產信用銀行　(D)以上皆非。

(　　) **14** 下列對保險業的敘述，何者錯誤？　(A)可將資金供給者與資金需求者撮合在一起　(B)保險公司在保險契約成立時，有保險費之請求權；在承保危險事故發生時，依其承保之責任，負擔賠償之義務　(C)保險業亦兼營保險法規定以外之業務　(D)同一保險業不得兼營財產保險及人身保險業務。

(　　) **15** 下列對保險人的敘述，何者錯誤？　(A)在保險業之組織，以股份有限公司或相互保險公司為限　(B)指經營保險事業之各種組織　(C)可區分為人身保險業與財產保險業　(D)在保險契約成立時，有保險費之請求權。

(　　) **16** 下列那一項是人身保險？　(A)保證保險　(B)責任保險　(C)陸空保險　(D)傷害保險。

(　　) **17** 請問設立一家保險公司的最低實收資本額為新臺幣：　(A)5億　(B)10億　(C)15億　(D)20億。

(　) **18** 下列那一金融中介機構依規定其業務之一是以投資中間人之
地位，從事與資本市場有關特定目的之投資？　(A)商業銀行
(B)信託投資公司　(C)保險公司　(D)工業銀行。

(　) **19** 下列有關金融中介機構之資產轉換功能的敘述，何者錯誤？
(A)商業銀行出售定期存單取得資金，而貸予公司購買生產設備
(B)產險公司出售車險保單取得資金，而投資於股票
(C)金融中介機構發行初級證券取得資金，而投資於次級證券
(D)壽險公司出售壽險保單取得資金，而投資於股票。

(　) **20** 美國壽險業於1970年代引進變額壽險的主要目的為何？
(A)對抗通貨膨脹問題　(B)配合金融服務整合趨勢　(C)增加範疇
經濟　(D)以上皆是。

(　) **21** 美國萬能與變額壽險市場佔率的快速上升與下列哪一項因素有直
接關係？　(A)利率下跌　(B)利率上升　(C)物價上漲　(D)所得
水準提高。

(　) **22** 壽險業面對資金逆仲介的做法是增加保單附加價值及降低保護保
單貸款的誘因，這種做法以發行何種保單為代表？　(A)意外險結
合壽險保單　(B)萬能壽險　(C)意外險結合定期存款　(D)醫療險
結合共同基金。

(　) **23** 下列何者是資金逆仲介的現象？　(A)存款戶將定期存單解約，並
將取得的資金購買豪華轎車　(B)存款戶在定期存單到期後，不再
續約，並將資金置於活期存款帳戶備用　(C)保戶辦理保單貸款，
並將取得的資金用來繳小孩的學費　(D)保戶將保單解約，並將取
得的資金購買股票。

(　) **24** 下列何者並非為銀行業務綜合化的優點？　(A)綜合銀行各部門經
營不會產生利益衝突　(B)分散業務風險　(C)增加範疇經濟、降
低經營成本　(D)綜合銀行可以充分利用經由放款等業務所取得客
戶的內部訊息。

(　) **25** 下列何者無法增加範疇經濟？ 　(A)保險公司兼賣共同基金可能可以增加範疇經濟 　(B)兩家業務相同的壽險公司合併 　(C)銀行兼賣保險可能可以增加範疇經濟 　(D)產險公司兼經營壽險商品可以增加範疇經濟。

(　) **26** 下列何者並非為金融機構合併法的立法方向？ 　(A)建立合併問題金融機構的機制 　(B)增加範疇經濟以降低經營成本 　(C)提昇經營規模與效率 　(D)提昇我國金融機構在國際間的競爭力。

解答與解析

1 (A)。《銀行法》第52條第1項：銀行為法人，其組織除法律另有規定或銀行法修正施行前經專案核准者外，以**股份有限公司**為限。
故此題答案為(A)。

2 (C)。《銀行法》第20條：銀行分為下列三種：(1)商業銀行、(2)專業銀行及(3)信託投資公司。
故此題答案為(C)。

3 (B)。《銀行法》第71條：商業銀行經營下列業務：
1.收受支票存款。
2.收受活期存款。
3.收受定期存款。
4.發行金融債券。
5.辦理短期、中期及長期放款。
6.辦理票據貼現。
7.投資公債、短期票券、公司債券、金融債券及公司股票。
8.辦理國內外匯兌。

9.辦理商業匯票之承兌。
10.簽發國內外信用狀。
11.保證發行公司債券。
12.辦理國內外保證業務。
13.代理收付款項。
14.代銷公債、國庫券、公司債券及公司股票。
15.辦理與前十四款業務有關之倉庫、保管及代理服務業務。
16.經主管機關核准辦理之其他有關業務。
故此題答案為(B)。

4 (D)。商業銀行的主要業務為「收受支票存款、活期存款、定期存款，供給**短期**、**中期**信用」。
故此題答案為(D)。

5 (D)。《銀行法》第5條：銀行依本法辦理授信，其期限在1年以內者，為**短期信用**；超過1年而在7年以內者，為**中期信用**；超過7年

者,為**長期信用**。

故此題答案為(D)。

6 **(D)**。商業銀行的主要業務為「收
受支票存款、活期存款、定期存款,
供給短期、中期信用」,依組織登記
之差異,主要可區分為**一般銀行(本
國銀行)**和**外國銀行在臺分行**。

一般銀行(本國銀行)是指依銀行
法組織登記,經營銀行業務之機構;
外國銀行在臺分行是指依照外國法
律組織登記設立之銀行,經由中華
民國政府認許,在中華民國境內依公
司法及銀行法登記營業之分行。

因此,臺灣銀行、彰化銀行、匯豐
銀行皆屬於商業銀行。

故此題答案為(D)。

7 **(B)**。《銀行法》第88條 專業信用
分為:(1)工業信用、(2)農業信用、(3)
輸出入信用、(4)中小企業信用、(5)不
動產信用、(6)地方性信用。

基層合作金融中介機構:信用合作
社、農漁會信用部等。

因此,信用合作社不屬於專業銀行。

故此題答案為(B)。

8 **(D)**。工業銀行是指工業信用之專
業銀行,其業務以供給**工、礦、交
通**及其他公用事業所需**中期、長期**
信用為主。

故此題答案為(D)。

9 **(A)**。工業銀行是指工業信用之專
業銀行,其業務以供給**工、礦、交
通**及其他公用事業所需**中期、長期**
信用為主。

《工業銀行設立及管理辦法》第3
條:工業銀行最低實收資本額為**新
臺幣200億元**。

工業銀行得經營之業務項目,是由
金管會依《銀行法》第4條和第89
條之規定,以下列業務範圍分別核
定,並於營業執照上載明之:

1.收受支票存款及其他各種存款。

2.發行金融債券。

3.辦理放款。

4.投資有價證券。

5.辦理直接投資生產事業、金融相
關事業及創業投資事業。

6.辦理國內外匯兌。

7.辦理國內外保證業務。

8.簽發國內外信用狀。

9.代理收付款項。

10.承銷有價證券。

11.辦理政府債券自行買賣業務。

12.擔任股票及債券發行簽證人。

13.辦理與前列各款業務有關之倉
庫、保管及各種代理服務事項。

14.經金管會核准辦理之其他有關業務。

故此題答案為(A)。

10 **(D)**。工業銀行的資金來源:主要
資金來源為存款及發行金融債券,

但所收受之存款，應以其投資、授信之(1)公司組織客戶、(2)依法設立保險業、(3)財團法人及政府機構，這三種為限。

存款和放款才是商業銀行的主要業務，其中來自企業及個人的存款是商業銀行的主要資金來源。

故此題答案為(D)。

11 (B)。《銀行法》第88條：專業信用分為：(1)工業信用、(2)農業信用、(3)輸出入信用、(4)中小企業信用、(5)不動產信用、(6)地方性信用。國民銀行是供給地方信用之專業銀行。國民銀行的主要任務是供給地區發展及當地國民所需短、中期信用。目前實務上並無此類的地方性之專業銀行。

故此題答案為(B)。

12 (A)。中小企業銀行是指專門供給中小企業信用之專業銀行。其主要任務以供給中小企業中、長期信用，協助其改善生產設備及財務結構，暨健金經營管理。

故此題答案為(A)。

13 (C)。供給不動產信用之專業銀行為不動產信用銀行。不動產信用銀行的主要任務以供給**土地開發**、**都市改良**、**社區發展**、**道路建設**、**觀光設施**及**房屋建築**等所需中、長期信用為主要任務。

故此題答案為(C)。

14 (C)。保險法也規定，**財產保險業**經營**財產保險**，**人身保險業**經營**人身保險**，同一保險業不得兼營財產保險及人身保險。保險業不得兼營保險法規定以外之業務，而非保險業不得兼營保險或類似保險之業務。上述條文基本上是將產險業及壽險業的營業範圍與其他行業區分開來，以維持保險業專業經營的原則。

故此題答案為(C)。

15 (A)。保險業之組織，以股份有限公司或合作社為限，但依其法律規定或經主管機關核准設立者，不在此限。

故此題答案為(A)。

16 (D)。依經營業務的差異，保險業可分為：

1.**財產保險業**：主要的營業範圍有**火災保險**、**海上保險**、**陸空保險**、**責任保險**、**保證保險**及**經主管機關核准之其他保險**。目前，財產保險業也可經主管機關核准，經營**傷害保險**及**健康保險**。

2.**人身保險業**：主要的營業範圍有**人壽保險**、**健康保險**、**傷害保險**及**年金保險**。

故此題答案為(D)。

17 (D)。《保險業設立許可及管理辦法》第2條：申請設立保險公司，其最低實收資本額為新臺幣20億元。發

起人及股東之出資以現金為限。
故此題答案為(D)。

18 (B)。 信託投資公司是以受託人之
地位，依其特定目的，收受、經理及
運用信託資金與經營信託財產，或以
投資中間人之地位，從事與資本市場
有關特定目的投資之金融機構。
故此題答案為(B)。

19 (C)。 金融中介機構發行次級證券
取得資金，並購買初級證券，同時
藉由次級證券與初級證券之間的利
差，以支付業務費用並獲取利潤，
而此類利息收入亦是金融中介機構
的主要收入來源。
故此題答案為(C)。

20 (A)。 美國壽險業於1970年代引進
變額壽險的主要目的為**對抗通貨膨
脹**問題。
故此題答案為(A)。

21 (B)。 萬能壽險和變額壽險的推出在
於率開始上升之前，其最初販售之動
機為對抗通貨膨脹。保險業開始普遍
地販售這些類型的商品，且這些商品
於**市場占有率的快速上升**卻與**市場
利率的大幅上升**有直接的關係。
故此題答案為(B)。

22 (B)。 壽險業者為改善資金逆仲介
之作法為**增加保單的附加價值**及**降
低保戶對保單貸款的誘因**，這些作
法以**萬能壽險**、**變額壽險**、**變額萬
能壽險**最具代表。
故此題答案為(B)。

23 (D)。 保戶為了取得資金以賺取新
錢報酬率，會透過保單貸款或解約
之方式取得資金去投資。「資金由
金融中介機構流出，透過其他方式
轉給資金需求者」的現象稱為**資金
逆仲介（Disintermediation）**。
故此題答案為(D)。

24 (A)。 銀行業務朝向綜合化的優點和缺點如下：

優點	(1) 增加營業項目可以增加「範疇經濟」，降低經營成本。 (2) 由產品的多樣化，滿足客戶不同的需求。 (3) 經由業務的多樣化，綜合銀行可以將風險分散在各項業務之中。 (4) 銀行經由放款等業務所取得客戶的內部訊息可充分利用。
缺點	(1) 綜合銀行各部門經營可能會產生利益衝突。 (2) 綜合銀行一方面從事放款事務，另一方面從事完整的證券活動，可能造成銀行以承銷證券為公司取得資金來償還所欠銀行的債務。

	(3) 綜合銀行結合銀行、保險、證券等業務，因經營上非常複雜，可能產生經營風險。
缺點	(4) 綜合銀行中的某一部門若經營不善，可能會使客戶對該銀行失去信心，而有引發金融危機的可能性。
	(5) 綜合銀行結合各種金融業務，使其在經營上非常複雜，也對政府的監理工作構成挑戰。

選項(A)是銀行業務綜合化的缺點。
故此題答案為(A)。

25 (B)。**範疇經濟**是指，單一廠商（公司）同時生產兩項以上物品和服務的成本，還比分別由專業廠商（公司）生產的成本更低廉。導致廠商（公司）生產出現範疇經濟的原因，可能是來自**多元化的經營策略、營運範疇的擴大、資源的分享、投入要素的共同和統一管理的效率、財務會計的優勢**，導致**生產成本**降低的效果。

因此，兩家業務相同的壽險公司合併無法增加範疇經濟。
故此題答案為(B)。

26 (B)。我國於民國89年公布的金融機構合併法，其立法的三大方向為：
1.提升我國銀行在國際間的競爭力。
2.提升銀行的發展，提高經營效率。
3.建立合併問題金融機構的機制。
故此題答案為(B)。

重點 3　金融市場的種類與證券市場的成員

一、依交易的金融工具劃分

以金融工具的到期期限之長短可劃分，金融市場可分為**貨幣市場**與**資本市場**；在**資本市場**中，主要有**權益證券**（例如：股票）與**債務證券**（例如：債券）等金融工具，故又可細分為**股票市場**與**債券市場**。此外，在金融市場中，也有以各國貨幣為交易標的之**外匯市場**，及由**貨幣市場、資金市場、外匯市場**等金融工具所衍生出來的**衍生性金融商品市場**。

金融市場的架構（依交易的金融工具劃分）：

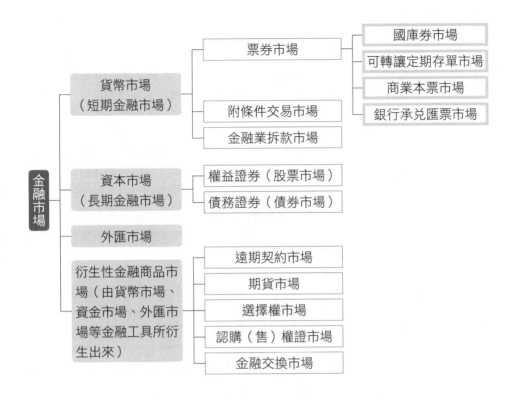

金融市場（依交易的金融工具劃分）之說明：

項目	說明
1.**貨幣市場**	貨幣市場是指提供1年以下之金融工具交易的短期資金市場，其包含(1)**票券市場**、(2)**附條件交易市場**、(3)**金融業拆款市場**等。 而**票券（或稱短期票券）**是指(1)**國庫券**、(2)**可轉讓定期存單**、(3)**商業本票**及(4)**銀行承兌匯票**等。 貨幣市場的主要任務：提供工商企業的**短期資金融通**或**營運週轉資金**、金融同業的拆款及**各種短期有價證券的買賣**。 貨幣市場金融工具的特性：**流動性高、交易期限短、倒帳風險低**。
2.**資本市場**	資本市場是指提供1年以上之金融工具交易的中、長期資金市場。 資本市場的主要任務：協助企業取得中、長期資金，以提供建廠或擴充生產設備所需的資本。 資本市場金融工具：**股票**、**債券**等。

項目	說明
3.外匯市場	在國際貿易和全球化的趨勢下，資金在各國之間的流動越來越頻繁。在資金流動過程中，外匯市場扮演著非常重要的角色，例如：各國貨幣之間的兌換就是在外匯市場交易，而各國貨幣之間的兌換關係即由「匯率」表示。 在外匯市場中，臺灣的進口商可將新臺幣兌換成他國貨幣（稱為**買匯**）以支付貨款；臺灣的出口商也可將所收取的他國貨幣之貨款兌換成新臺幣（稱為**賣匯**）。 金融機構中的**外匯指定銀行**與**外匯經紀商**也扮演非常重要的角色，其提供外匯買賣及中介的服務。此外，**中央銀行**有時也會利用外匯市場的操作以**穩定匯率**。
4.衍生性金融市場	近年來，衍生性金融商品不斷地推陳出新，也基於金融環境的變遷，造成衍生性金融商品的誕生。例如：為了因應匯率、利率、股價的波動，於是產生了可以規避此種風險的衍生性金融商品－(1)**遠期契約**、(2)**期貨**、(3)**選擇權**、(4)**認購（售）權證**及(5)**金融交換**等。在臺灣，**期貨**、**選擇權**及**認購（售）權證**等，皆有交易買賣的集中市場。

二、臺灣證券市場的成員

臺灣證券市場的主要參與者有：

(一) 金融監督管理委員會證券期貨局

1. **證券管理委員會**由**經濟部**於民國49年成立，並於民國70年將證券管理委員會改隸屬於**財政部**。為因應經濟國際化的需要，並健全期貨業管理與發展，於民國82年將期貨交易管理業務納入。也因業務之需要，於民國86年將證券管理委員會更名為「證券暨期貨管理委員會」（簡稱「證期會」）。
證券市場之主管機關原為**證期會**，但於民國93年6月30日發布「行政院金融監督管理委員會組織法」，93年7月1日成立行政院金融監督管理委員會後，本局改隸屬金管會，並更名為行政院金融監督管理委員會證券期貨局。證券市場之主管機關原為**證期會**，但於民國93年6月

30日發布「行政院金融監督管理委員會組織法」，93年7月1日成立行政院金融監督管理委員會後，本局改隸屬金管會，並更名為「行政院金融監督管理委員會證券期貨局」。

2. 金管會新設立的起源為：財政部於民國90年6月通過「金融控股公司法」後，有鑑於國內原金融集團跨行合併或與異業結盟者日益增多，為避免保險、證券、金融等多元監理制度，可能產生重複、累贅之管理問題，於是函送「行政院金融監督管理委員會組織法」草案至立法院審議，期望能使金融監理制度由原來的多元化改變成垂直整合的一元化監理，以健全金融機構業務經營，維持金融穩定與促進金融市場發展。此草案經民國92年7月10日立法院第五屆第三會期臨時會三讀通過，並經總統於民國92年7月23日公布，於民國93年7月1日起新設立「行政院金融監督管理委員會」，以實踐金融監理一元化目標。

3. 民國99年2月3日修正公布的行政院組織法明列「金融監督管理委員會」為行政院所屬委員會，於是據以修正該會組織法，並更名為「金融監督管理委員會組織法」。此外，「金融監督管理委員會組織法」也於民國100年6月14日經立法院第七屆第七會期三讀通過，經總統於民國100年6月29日公布，並經行政院命令自民國101年7月1日施行。

4. 依《金融監督管理委員會組織法》第2條：**金管會**主管金融市場及金融服務業之發展、監督、管理及檢查業務。所稱金融市場和金融服務業說明如下：
   (1) **金融市場**：銀行市場、票券市場、證券市場、期貨及金融衍生商品市場、保險市場及其清算系統等。
   (2) **金融服務業**：金融控股公司、金融重建基金、中央存款保險公司、銀行業、證券業、期貨業、保險業、電子金融交易業及其他金融服務業；但**金融支付系統**，由中央銀行主管。

(二) **臺灣證券交易所**

1. 證券交易所是指設置場所及設備，以提供給有價證券集中交易市場為目的之法人。每一證券交易所以**開設一個有價證券集中交易市場**為限。有價證券集中交易市場是指，證券交易所提供有價證券之**競價買賣**所開設之市場。

2. 非經主管機關核准，證券交易所不得經營其他業務或對其他事業投資。參加臺灣證券交易所股份有限公司市場交易買賣有價證券者，以

　　與臺灣證券交易所股分有限公司訂立供給使用有價證券集中交易市場契約之**證券經紀商**、**證券自營商**為限。

3. 《證券交易所管理規則》第2條：證券交易所之組織分**會員制**及**公司制**兩種，其設立應經主管機關（即金管會）之許可。

　(1)會員制證券交易所是非以營利為目的之社團法人，而會員以證券自營商及證券經紀商為限。

　(2)公司制證券交易所的組織型態應為股份有限公司，且最低實收資本額為新臺幣**5億元**，並應向國庫繳存**營業保證金**。營業保證金之金額為其**會員出資額之總額**或**公司實收資本額**的5%。

　　非依證券交易法，不得經營類似有價證券集中交易市場之業務。

　註 1960年4月14日行政院會議確立證券交易所採用**公司制**，並開放民間金融業者投資。

4. 政府於民國49年設置證管會後，就積極推動證券交易市場的設立，接著於民國50年由各**公民營金融**、**企業機構**共同出資，成立**臺灣證券交易所**，並於民國51年正式開業，成為我國唯一的證券集中交易市場。其主要任務在使資訊充分公開，以確保**證券交易得以有效且公平進行**。

(三) 財團法人中華民國證券櫃檯買賣中心

1. 櫃檯買賣：有價證券不在**集中交易市場**上市以**競價**方式買賣，而在**證券商的營業櫃檯**以**議價**方式進行的交易行為。

2. 櫃檯買賣市場（或稱店頭交易）：由櫃檯買賣所形成的市場。

3. 公開發行公司申請將其所發行的證券（包括股票與公司債）在證券商營業處所買賣者稱為**上櫃申請**，經核准可以在證券商營業處所為櫃檯買賣的股票稱為**上櫃股票**。也就是可以在櫃檯買賣市場發行與流通的股票稱為**上櫃股票**。

4. 股票櫃檯買賣業務於民國77年2月由證券商同業公會籌辦，為健全資本市場，提高櫃檯買賣市場之功能，財政部於民國82年開始檢討櫃檯買賣市場之建制、功能及組織型態等相關問題，決定規劃設立財團法人中華民國證券櫃檯買賣中心，以公益性的財團法人組織為主體，推動櫃檯買賣市場之發展。

　　民國83年11月1日正式依證券交易法設立，接辦櫃檯買賣市場業務，並致力於櫃檯買賣業務之推展，擴大市場規模、提升交易效率，提供企業另一籌措資金之管道，以健全國內證券市場的發展。

(四) **證券金融事業**

1. 證券金融事業是指依法給予**證券投資人**、**證券商**或**其他證券金融事業**融通**資金（融資）**或**證券（融券）**之事業。

2. 證券公司會(1)將資金借給投資者「融資」；(2)將融資擔保的股票提供給投資人「融券」。主要目的在活絡股票交易，調節市場供需。

3. 經營事業

   (1)**融資**：投資人買進信用交易之股票時，只繳付一定成數自備款，而由授與信用的證券金融公司提供資金，並以所買之證券為擔保品的交易。

   (2)**融券**：由證券金融公司或符合規定的證券商提供證券給投資人賣出，並以賣出證券所得做為擔保品，待日後買進證券再回補。

   證券金融事業經營的業務如下：

1. 有價證券買賣的融資融券。

2. 對證券商或其他證券金融事業之轉融通。

3. 現金增資及承銷認股之融資（簡稱「認股融資」）。

4. 對證券商辦理承銷之融資（簡稱「承銷融資」）。

5. 其他經主管機關核准之有關業務。

(五) **證券商**

1. 臺灣證券商依經營業務種類，可分為證券承銷商、證券自營商及證券經紀商。證券商的組織型態必須為**依法設立登記的公司**。證券商不得**收受存款、辦理放款、借貸有價證券**及**為借貸款項或有價證券之代理或居間**。但經主管機關核准者，得從事有價證券買賣之融資或融券，或從事融資融券買賣之代理。

2. 證券商之種類與業務範圍

   券商之種類及其主要業務說明如下：

   (1)**證券承銷商（Underwriter）**：經營有價證券的承銷及相關業務。其中，**承銷**是指依約定**包銷（Firm Commitment）**或**代銷（Best Effort）**發行人發行之有價證券之行為。

   包銷：證券承銷商於承銷契約所訂定之承銷期間屆滿後，對於約定包銷的有價證券未能全數銷售者，其剩餘數額的有價證券應自行認購。

   證券承銷商包銷有價證券，得先行認購後再行銷售，或於承銷契約

訂明保留一部分自行認購。但為避免證券承銷商因從事包銷業務而承受太多風險，故法令規定對於證券承銷商包銷有價證券的總金額，不得超過其**流動資產**減**流動負債**後餘額的**15倍**。

代銷：證券承銷商於承銷契約所訂定之承銷期間屆滿後，對於約定代銷的有價證券，未能全數銷售者，其剩餘數額的有價證券，得退還發行人。而代銷的收益來源是銷售佣金。

註 包銷是賣不完得自行吸收，代銷是賣不完可以退還。

(2)**證券自營商（Dealer）**：經營有價證券的自行買賣及其他經主管機關核准之相關業務。自營商本身並不接受客戶委託買賣，而且因為是以自有資金進行有價證券的交易，故負有較高的風險。

(3)**證券經紀商（Broker）**：從事有價證券買賣的行紀、居間、代理及其他經主管機關核准之相關業務，而本身並不從事買賣有價證券。經紀商的收入來源是手續費及佣金，經紀商對每一筆買進或賣出之交易，不論金額大小，都收一固定比率的手續費。

註 一般民眾想要買股票，應委託證券經紀商辦理。

3. 證券商的設立標準

(1)證券商必須經由主管機關的許可並發給許可證照，才可營業。除了主管機關核准者之外，證券商應分別依其種類經營證券業務，不得經營其本身以外的業務。但經主管機關核准者，得兼營他種證券業務或其有關之業務（證券交易法第45條）。

(2)除了金融機構得經主管機關之許可，兼營證券業務外，非證券商不得經營證券業務，亦不得由其他行業兼營證券商業務。

(3)在我國證券交易法於民國77年修正之前，證券業仍堅守「分工原則」，直到修正證券交易法第45條但書之規定後，綜合證券商才得以成立。

(4)證券商是指**經營證券買賣之承銷（承銷商）**、**自行買賣（自營商）**及**行紀、居間或代理等業務（經紀商）**之證券商。

自民國77年後，綜合證券商紛紛成立，其重要性也快速上升。

(六) **證券投資信託事業**

1. 《證券投資信託及顧問法》第67條第1項：證券投資信託事業及證券投資顧問事業之組織，以**股份有限公司**為限。

2. 投資信託的特點是結合眾多投資人的資金投資於有價證券，除了可分散風險，還可利用投資信託公司提供的專業服務。

3. 投資人的主要目的在分享投資收益，而非取得被投資公司的經營權。

(七) 證券投資顧問事業

1. 《證券投資顧問事業設置標準》第5條：證券投資顧問事業之組織，以**股份有限公司**為限，其實收資本額不得少於新臺幣2,000萬元。

2. 證券投資顧問是指直接或間接委任人或第三人取得報酬，對有價證券、證券相關商品或其他經主管機關核准項目之投資或交易有關事項，提供分析意見或推介建議。

(八) 證券集中保管事業

1. 證券集中保管事業是指經營有價證券之保管、帳簿劃撥及無實體有價證券登錄之事業。其所經營的業務如下所示：
   (1) 有價證券之保管。
   (2) 有價證券買賣交割或設質交付之帳簿劃撥。
   (3) 有價證券帳簿事務之電腦處理。
   (4) 有價證券帳簿劃撥配發作業之處理。
   (5) 有價證券無實體發行之登錄。
   (6) 其他經主管機關核准之有關業務。

2. 其中，證券集中保管事業所保管之有價證券以下列為限：
   (1) 在證券交易所上市之有價證券。
   (2) 在證券營業處所買賣之有價證券。
   (3) 其他經營主管機關核定之有價證券。

3. 在證券集中保管劃撥交割制度之下，投資人可以在證券商開設證券保管劃撥帳戶，委託證券商將自己持有的證券送交集保公司集中保管，並利用電腦自動劃撥轉帳功能，完成證券買賣有關交割結算工作，並可簡化**發行公司**、**證券商**以及**集保公司**對股務作業之手續。

4. 《證券集中保管事業管理規則》第4條第1項：證券集中保管事業以**股份有限公司**組織為限，其實收資本額不得少於新臺幣5億元，發起人並應於發起時一次認足之。

5. 《證券集中保管事業管理規則》第3條：經營證券集中保管事業，應經**金管會**核准，而且每一證券集中交易市場以設立一家證券集中保管事業為限。

精選試題

(　) **1** 下列對金融市場的描述，何者正確？　(A)衍生性金融商品場包括選擇權　(B)資本市場提供企業籌措中長期資金　(C)貨幣市場的主要產品包括商業本票　(D)以上皆是。

(　) **2** 下列敘述，何者錯誤？　(A)集中市場指透過有組織的公開市場集中於一定場所交易之市場　(B)店頭市場指在集中市場以外所進行交易的市場　(C)初級市場是指政府或企業提供新的證券銷售給投資人的市場　(D)資本市場指股票市場與到期日在1年內的證券市場。

(　) **3** 下列哪一金融工具屬於貨幣市場的工具？
(A)商業本票　(B)股票　(C)債券　(D)政府公債。

(　) **4** 下列何者為貨幣市場的證券？
A.國庫券　B.銀行承兌匯票　C.附條件交易
(A)A、B與C　(B)A與B　(C)B與C　(D)A與C。

(　) **5** 下列那一種金融商品屬於衍生性金融商品？
(A)金融交換　(B)期貨　(C)選擇權　(D)以上皆是。

(　) **6** 下列何者非短期票券？　(A)銀行承兌匯票　(B)國庫券　(C)支票
(D)商業本票。

(　) **7** 下列何者屬於資本市場？
A.債券市場　B.票券市場　C.股票市場　D.銀行短期存放款市場
(A)A與B　(B)C與D　(C)A與C　(D)B與D。

(　) **8** 下列對公司組織的說明，何者正確？　(A)證券投資顧問公司之組織以合作社及公司為限　(B)我國證券集中保管事業之組織，分為會員制及公司制　(C)證券投資信託公司相互制與公司制為限
(D)證券交易所之組織可分為會員制及公司制。

(　　) **9** 下列對證券交易所的說明，何者錯誤？　(A)會員制證券交易所，為非以營利為目的之社團法人　(B)證券交易所之組織，依法可分為會員制，公司制及合作社制　(C)公司制之證券交易所以股份有限公司為限　(D)會員制的證券交易所，其會員以證券自營商及證券經紀商為限。

(　　) **10** 下列對臺灣證券交易所任務的敘述，何者錯誤？　(A)確保個別投資人不因政治因素致投資產生損失，以維護投資人的權益　(B)使資訊充分公開　(C)確保證券交易得以有效且公平進行　(D)非經主管機關許可，不得從事其他投資。

(　　) **11** 下列對證券交易所的說明，何者錯誤？　(A)非經主管機關核准，證券交易所不得經營其他業務或對其他事業投資　(B)係指依「證券交易法」規定，設置場所及設備，以供給有價證券集中交易市場為目的之法人　(C)每一證券交易所，以各開設一個集中交易市場與店頭交易市場為限　(D)臺灣證券交易所為我國唯一的證券交易所。

(　　) **12** 下列何者不是證券金融事業融通的對象？　(A)證券商　(B)其他證券金融事業　(C)證券投資人　(D)商業銀行。

(　　) **13** 下列對證券金融事業的業務範圍，何者錯誤？　(A)有價證券買賣之融資融券　(B)接受客戶委託投資業務　(C)對證券商或其他證券金融事業之轉融通　(D)現金增資及承銷認股之融資。

(　　) **14** 下列對融券的說明，何者錯誤？　(A)係由證券金融公司所辦理　(B)主要目的在活絡股票交易　(C)指投資人買進得為信用交易之股票時，由證券金融公司提供資金，並以所買之證券為擔保品的交易　(D)經主管機關核准後，證券商亦得從事有價證券的融券業務。

(　　) **15** 下列對證券承銷商的敘述，何者錯誤？　(A)可經營有價證券的居間、代理及相關業務　(B)可經營有價證券的包銷及相關業務　(C)可經營有價證券的代銷及相關業務　(D)經營有價證券的包銷業務時，得先行認購後再行銷售。

（　　）**16** 下列對證券自營商的敘述，何者正確？　(A)以自有資金進行有
價證券的交易，因此負有較高的風險　(B)不接受客戶委託買賣
(C)經營有價證券之自行買賣　(D)以上皆是。

（　　）**17** 在證券市場中從事有價證券買賣之行紀、居間以獲取收益的公
司為？　(A)證券金融公司　(B)證券經紀商　(C)證券承銷商
(D)證券自營商。

（　　）**18** 如果你想要買股票，應委託下列何者辦理？
(A)證券經紀商　(B)證券承銷商　(C)票券商　(D)證券自營商。

（　　）**19** 下列哪一項不是證券集中保管事業所經營之業務？　(A)有價證券
帳簿劃撥配發作業之　(B)有價證券之保管　(C)有價證券融資券
等信用之給予　(D)有價證券買賣交割或設質交付之轉帳簿劃撥。

解答與解析

　1 (D)。金融市場的架構（依交易的金融工具劃分）：

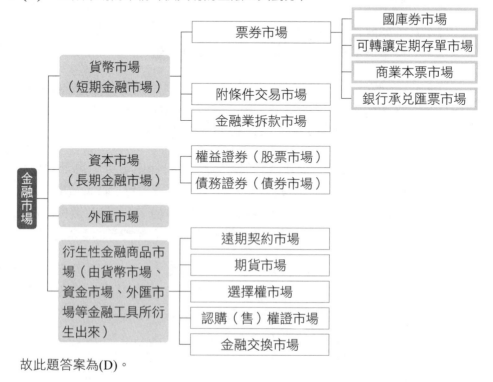

故此題答案為(D)。

2 (D)。　資本市場是指提供1年以上之金融工具交易的中、長期資金市場。資本市場的主要任務：協助企業取得中、長期資金，以提供建廠或擴充生產設備所需的資本。故此題答案為(D)。

3 (A)。　**貨幣市場（短期金融市場）** 分為：

1.票券市場：(1)國庫券市場、(2)可轉讓定期存單市場、(3)商業本票市場、(4)銀行承兌匯票市場。
2.附條件交易市場。
3.金融業拆款市場。

資本市場（長期金融市場） 分為權益證券（股票市場）及債務證券（債券市場）。故此題答案為(A)。

4 (A)。　**貨幣市場（短期金融市場）** 分為：

1.票券市場：(1)國庫券市場、(2)可轉讓定期存單市場、(3)商業本票市場、(4)銀行承兌匯票市場。
2.附條件交易市場。
3.金融業拆款市場。

資本市場（長期金融市場） 分為權益證券（股票市場）及債務證券（債券市場）。

故此題答案為(A)。

5 (D)。　衍生性金融商品市場（由貨幣市場、資金市場、外匯市場等金融工具所衍生出來）有：**遠期契約市場**、**期貨市場**、**選擇權市場**、**認購（售）權證市場** 及 **金融交換市場**。故此題答案為(D)。

6 (C)。　**貨幣市場（短期金融市場）** 分為：

1.票券市場：(1)國庫券市場、(2)可轉讓定期存單市場、(3)商業本票市場、(4)銀行承兌匯票市場。
2.附條件交易市場。
3.金融業拆款市場。

故此題答案為(C)。

7 (C)。　**貨幣市場（短期金融市場）** 分為：

1.票券市場：(1)國庫券市場、(2)可轉讓定期存單市場、(3)商業本票市場、(4)銀行承兌匯票市場。
2.附條件交易市場。
3.金融業拆款市場。

資本市場（長期金融市場） 分為權益證券（股票市場）及債務證券（債券市場）。故此題答案為(C)。

8 (D)。　選項(A)《證券投資顧問事業設置標準》第5條：證券投資顧問事業之組織，以 **股份有限公司** 為限。

選項(B)《證券集中保管事業管理規則》第4條第1項：證券集中保管事業以 **股份有限公司** 組織為限。

選項(C)《證券投資信託及顧問法》第67條第1項：證券投資信託事業及證券投資顧問事業之組織，以 **股份有限公司** 為限。

選項(D)《證券交易所管理規則》第2條：證券交易所之組織分 **會員制** 及 **公司制** 兩種，其設立應經主管機關（即金管會）之許可。

故此題答案為(D)。

9 (B)。《證券交易所管理規則》第2條：證券交易所之組織分**會員制**及**公司制**兩種，其設立應經主管機關（即金管會）之許可。故此題答案為(B)。

10 (A)。臺灣證券交易主要任務在使資訊充分公開，以確保**證券交易得以有效且公平進行**。
非依證券交易法，不得經營類似有價證券集中交易市場之業務。
故此題答案為(A)。

11 (C)。證券交易所是指設置場所及設備，以提供給**有價證券集中交易市場**為目的之法人。每一證券交易所以**開設一個有價證券集中交易市場**為限。
故此題答案為(C)。

12 (D)。證券金融事業是指依法給予**證券投資人**、**證券商**或**其他證券金融事業**融通**資金（融資）**或**證券（融券）**之事業。故此題答案為(D)。

13 (B)。證券金融事業經營的業務如下：
1.有價證券買賣的融資融券
2.對證券商或其他證券金融事業之轉融通
3.現金增資及承銷認股之融資（簡稱「認股融資」）
4.對證券商辦理承銷之融資（簡稱「承銷融資」）
5.其他經主管機關核准之有關業務
故此題答案為(B)。

14 (C)。**融資**：投資人買進信用交易之股票時，只繳付一定成數自備款，而由授與信用的證券金融公司提供資金，並以所買之證券為擔保品的交易。
融券：由證券金融公司或符合規定的證券商提供證券給投資人賣出，並以賣出證券所得做為擔保品，待日後買進證券再回補。
選項(B)為融資之敘述。故此題答案為(C)。

15 (A)。**證券承銷商（Underwriter）**：經營有價證券的承銷及相關業務。其中，**承銷**是指依約定**包銷（Firm Commitment）**或**代銷（Best Effort）**發行人發行之有價證券之行為。
包銷：證券承銷商於承銷契約所訂定之承銷期間屆滿後，對於約定包銷的有價證券未能全數銷售者，其剩餘數額的有價證券應自行認購。證券承銷商包銷有價證券，得先行認購後再行銷售，或於承銷契約訂明保留一部分自行認購。但為避免證券承銷商因從事包銷業務而承受太多風險，故法令規定對於證券承銷商包銷有價證券的總金額，不得超過其流動資產減流動負債後餘額的**15倍**。
代銷：證券承銷商於承銷契約所訂定之承銷期間屆滿後，對於約定代銷的有價證券，未能全數銷售者，其剩餘數額的有價證券，得退還發行人。而代銷的收益來源是銷售佣金。

註 包銷是賣不完得自行吸收，代銷是賣不完可以退還。

證券經紀商（Broker）：從事有價證券買賣的行紀、居間、代理及其他經主管機關核准之相關業務，而本身並不從事買賣有價證券。故此題答案為(A)。

16 (D)。**證券自營商（Dealer）**：經營有價證券的自行買賣及其他經主管機關核准之相關業務。自營商本身並不接受客戶委託買賣，而且因為是以自有資金進行有價證券的交易，故負有較高的風險。故此題答案為(D)。

17 (B)。**證券金融事業**是指依法給予**證券投資人**、**證券商**或**其他證券金融事業**融通**資金（融資）**或**證券（融券）**之事業。證券公司會(1)將資金借給投資者「融資」；(2)將融資擔保的股票提供給投資人「融券」。

證券經紀商（Broker）：從事有價證券買賣的行紀、居間、代理及其他經主管機關核准之相關業務，而本身並不從事買賣有價證券。

證券承銷商（Underwriter）：經營有價證券的承銷及相關業務。

證券自營商（Dealer）：經營有價證券的自行買賣及其他經主管機關核准之相關業務。故此題答案為(B)。

18 (A)。**證券經紀商（Broker）**：從事有價證券買賣的行紀、居間、代理及其他經主管機關核准之相關業務，而本身並不從事買賣有價證券。

經紀商的收入來源是**手續費**及**佣金**，經紀商對每一筆買進或賣出之交易，不論金額大小，都收一固定比率的手續費。故此題答案為(A)。

19 (C)。**證券集中保管事業**所經營的業務如下所示：

(1)有價證券之保管。

(2)有價證券買賣交割或設質交付之帳簿劃撥。

(3)有價證券帳簿事務之電腦處理。

(4)有價證券帳簿劃撥配發作業之處理。

(5)有價證券無實體發行之登錄。

(6)其他經主管機關核准之有關業務。

其中，證券集中保管事業所保管之有價證券以下列為限：

(1)在證券交易所上市之有價證券。

(2)在證券營業處所買賣之有價證券。

(3)其他經營主管機關核定之有價證券。

證券金融事業是指依法給予**證券投資人**、**證券商**或**其他證券金融事業**融通**資金（融資）**或**證券（融券）**之事業。

故此題答案為(C)。

Part 4

證券投資信託及顧問之規範與制度

Day 05 證券投資信託及顧問(一)

重點 1 證券投資信託及顧問法制之基本概念

一、立法目的與法規適用

(一) 證券投資信託及顧問業務之經營具有高度專業性與風險性，關係投資人權益與整體經濟發展很大，依據《證券投資信託及顧問法》第1條：為**健全證券投資信託及顧問業務之經營與發展，增進資產管理服務市場之整合管理**，並**保障投資**，特制定本法；本法未規定者，適用**證券交易法**之規定。

(二)《證券交易法》第2條最後一段：本法未規定者，適用**公司法**及其他有關法律之規定。

(三) 由上得知法規依據之順序為：1.證券投資信託及顧問法→2.證券交易法→3.公司法。

二、主管機關

《證券投資信託及顧問法》第2條：本法所稱主管機關，為**金融監督管理委員會**。

三、相關業務管理內容

(一) **證券投資信託業務**

    1. 意義

        《證券投資信託及顧問法》第3條第1項：本法所稱**證券投資信託**，指向不特定人募集證券投資信託基金發行受益憑證，或向特定人私募證

券投資信託基金交付受益憑證，從事於有價證券、證券相關商品或其他經主管機關核准項目之投資或交易。

2. 設立許可制

《證券投資信託及顧問法》第3條第2項：本法所稱證券投資信託事業，指經主管機關許可，以經營證券投資信託為業之機構。

3. 業務種類與核准制

《證券投資信託及顧問法》第3條第3項：證券投資信託事業經營之業務種類如下：(1)證券投資信託業務；(2)全權委託投資業務；(3)其他經主管機關核准之有關業務。

《證券投資信託及顧問法》第3條第4項：證券投資信託事業經營之業務種類，應報請主管機關核准。

(二) 證券投資顧問業務

1. 意義

《證券投資信託及顧問法》第4條第1項：本法所稱**證券投資顧問**，指直接或間接自委任人或第三人取得報酬，對有價證券、證券相關商品或其他經主管機關核准項目之投資或交易有關事項，提供分析意見或推介建議。

2. 設立許可制

《證券投資信託及顧問法》第4條第2項：本法所稱證券投資顧問事業，指經主管機關許可，以經營證券投資顧問為業之機構。

3. 業務種類與核准制

《證券投資信託及顧問法》第4條第3項：證券投資顧問事業經營之業務種類如下：(1)證券投資顧問業務；(2)全權委託投資業務；(3)其他經主管機關核准之有關業務。

《證券投資信託及顧問法》第4條第4項：證券投資顧問事業經營之業務種類，應報請主管機關核准。

四、專業經營原則與兼營申請

(一) 《證券投資信託及顧問法》第6條第1項：非依本法不得經營證券投資信託、證券投資顧問及全權委託投資業務。

(二) 《證券投資信託及顧問法》第6條第2項：信託業募集發行共同信託基金投資於有價證券為目的，並符合一定條件者，應依本法規定申請兼營證券投資信託業務。

(三) 《證券投資信託及顧問法》6條第3項：前項一定條件，由主管機關會商信託業法主管機關定之。

(四) 《證券投資信託事業證券投資顧問事業經營全權委託投資業務管理辦法》第22條第1項及第2項：證券投資信託事業或證券投資顧問事業經營全權委託投資業務，應與客戶簽訂全權委託投資契約，明定其與客戶間因委任或信託關係所生之各項全權委託投資權利義務內容，並將契約副本送交全權委託保管機構。

(五) 前項全權委託投資契約，應與客戶**個別簽訂**，除法令或本會另有規定外，**不得接受共同委任或信託**。

(六) 《證券投資信託事業證券投資顧問事業經營全權委託投資業務管理辦法》第11條第1項及第2項：證券投資信託事業或證券投資顧問事業以委任方式經營全權委託投資業務，應由客戶將資產委託全權委託**保管機構**保管或信託移轉予**保管機構**，證券投資信託事業或證券投資顧問事業並不得以任何理由保管受託投資資產。

(七) 前項全權委託**保管機構**，應由**客戶**自行指定之。

五、專有名詞之定義

◎ 《證券投資信託及顧問法》第5條：本法其他用詞定義如下：

1. **證券投資信託契約**：指由證券投資信託事業為委託人，基金保管機構為受託人所簽訂，用以規範證券投資信託事業、基金保管機構及受益人間權利義務之信託契約。

2. **基金保管機構**：指本於信託關係，擔任證券投資信託契約受託人，依證券投資信託事業之運用指示從事保管、處分、收付證券投資信託基金，並依本法及證券投資信託契約辦理相關基金保管業務之信託公司或兼營信託業務之銀行。

3. **受益人**：指依證券投資信託契約規定，享有證券投資信託基金受益權之人。

4. **證券投資信託基金**：指證券投資信託契約之信託財產，包括因受益憑證募集或私募所取得之申購價款、所生孳息及以之購入之各項資產。

5. **受益憑證**：指為募集或私募證券投資信託基金而發行或交付，用以表彰受益人對該基金所享權利之有價證券。

6. **境外基金**：指於中華民國境外設立，具證券投資信託基金性質者。

7. **證券投資顧問契約**：指證券投資顧問事業接受客戶委任，對有價證券、證券相關商品或其他經主管機關核准項目之投資或交易有關事項提供分析意見或推介建議所簽訂投資顧問之委任契約。

8. **有價證券**：指依證券交易法第6條規定之有價證券。

9. **證券相關商品**：指經主管機關核定准予交易之證券相關之期貨、選擇權或其他金融商品。

10. **全權委託投資業務**：指對客戶委任交付或信託移轉之委託投資資產，就有價證券、證券相關商品或其他經主管機關核准項目之投資或交易為價值分析、投資判斷，並基於該投資判斷，為客戶執行投資或交易之業務。

11. **全權委託保管機構**：指依本法及全權委託相關契約，保管委託投資資產及辦理相關全權委託保管業務之信託公司或兼營信託業務之銀行。

12. **委託投資資產**：指客戶因全權委託投資，委任交付或信託移轉之資產、所生孳息及以之購入之各項資產。

六、懲罰性賠償及時效

(一) 《證券投資信託及顧問法》第9條第1項：違反本法規定應負損害賠償責任之人，對於故意所致之損害，法院得因被害人之請求，依侵害情節，酌定損害額**3倍以下**之懲罰性賠償；因**重大過失所致之損害**，得酌定損害額**2倍以下**之懲罰性賠償。

(二) 《證券投資信託及顧問法》第9條第2項：本法規定之損害賠償請求權，自有請求權人知有得受賠償之原因時起**2年間**不行使而消滅；自賠償原因發生之日起**逾5年**者，亦同。

精選試題

(　) **1** 下列何者為證券投資信託及顧問法之立法目的？　(A)健全證券投資信託及顧問業務之經營與發展　(B)增進資產管理服務市場之整合管理　(C)保障投資　(D)以上皆是。

(　) **2** 證券投資信託及顧問法未規定者，應適用下列何項法律？
(A)公司法　(B)信託法　(C)信託業法　(D)證券交易法。

(　) **3** 證券投資信託事業或證券投資顧問事業經營全權委託投資業務，應向何機關申請？　(A)向投信投顧公會報備　(B)向投信投顧公會申請核准　(C)向金管會申報　(D)向金管會申請核准。

(　) **4** 證券投資信託及顧問法之主管機關為何者？
(A)經濟部　(B)行政院　(C)金融監督管理委員會　(D)財政部。

(　) **5** 同事五人各出1,000萬湊成5,000萬，打算委任某證券投顧公司全權委託投資，證券投顧公司應如何處理？　(A)與五人簽訂5,000萬元之共同委任契約　(B)與五人分別簽訂委任契約每人1,000萬元　(C)選項A及選項B之方式均可　(D)與規定不合拒絕接受委任。

(　) **6** 證券投資及投顧公司經營全權委託投資業務，客戶交付之委託投資資產由誰保管？　(A)客戶自己　(B)客戶指定之保管機構　(C)受委任之證券投信或投顧公司指定之保管機構　(D)受委任之證券投信或投顧公司。

(　) **7** 對客戶委任交付或信託移轉之委託投資資產，就有價證券、證券相關商品或其他經主管機關核准項目之投資或交易為價值分析、投資判斷，並基於該投資判斷，為客戶執行投資或交易之業務，為下列何項業務？　(A)信託業務　(B)證券投資信託業務　(C)全權委託業務　(D)證券投資顧問業務。

( ) **8** 違反證券投資信託及顧問法之相關規定，其應負損害賠償之人，對於故意所致之損害，法院得應被害人之請求，依侵害情節，酌定損害額幾倍以下之懲罰性賠償？ (A)1 (B)2 (C)3 (D)4。

( ) **9** 依證券投資信託及顧問法規定之損害賠償請求權，自由請求權人知有得受賠償之原因時起多久時間不行使而削滅？ (A)1年 (B)2年 (C)3年 (D)5年。

解答與解析

1 (D)。證券投資信託及顧問業務之經營具有高度專業性與風險性，關係投資人權益與整體經濟發展很大，依據《證券投資信託及顧問法》第1條：為**健全證券投資信託及顧問業務之經營與發展，增進資產管理服務市場之整合管理**，並**保障投資**，特制定本法。
故此題答案為(D)。

2 (D)。《證券投資信託及顧問法》第1條：為**健全證券投資信託及顧問業務之經營與發展，增進資產管理服務市場之整合管理**，並保障投資，特制定本法；本法未規定者，適用**證券交易法**之規定。
《證券交易法》第2條最末段：本法未規定者，適用公司法及其他有關法律之規定。
由上得知法規依據之順序為：(1)證券投資信託及顧問法→(2)證券交易法→(3)公司法。
故此題答案為(D)。

3 (D)。
1.《證券投資信託及顧問法》第2條：本法所稱主管機關，為**金融監督管理委員會（金管會）**。
2.《證券投資信託及顧問法》第3條第2項：本法所稱證券投資信託事業，指經主管機關許可，以經營證券投資信託為業之機構。
3.《證券投資信託及顧問法》第3條第3項：證券投資信託事業經營之業務種類如下：(1)證券投資信託業務；(2)全權委託投資業務；(3)其他經主管機關核准之有關業務。
4.《證券投資信託及顧問法》第3條第4項：證券投資信託事業經營之業務種類，應報請主管機關核准。
故此題答案為(D)。

4 (C)。《證券投資信託及顧問法》第2條：本法所稱主管機關，為**金融監督管理委員會（金管會）**。
故此題答案為(C)。

5 (B)。《證券投資信託事業證券投資顧問事業經營全權委託投資業務管理辦法》第22條第1項及第2項：
證券投資信託事業或證券投資顧問事業經營全權委託投資業務，應與客戶簽訂全權委託投資契約，明定其與客戶間因委任或信託關係所生之各項全權委託投資權利義務內容，並將契約副本送交全權委託保管機構。
前項全權委託投資契約，應與客戶**個別簽訂**，除法令或本會另有規定外，**不得接受共同委任或信託。**
故此題答案為(B)。

6 (B)。《證券投資信託事業證券投資顧問事業經營全權委託投資業務管理辦法》第11條第1項及第2項：
證券投資信託事業或證券投資顧問事業以委任方式經營全權委託投資業務，應由客戶將資產委託全權委託**保管機構**保管或信託移轉予**保管機構**，證券投資信託事業或證券投資顧問事業並不得以任何理由保管受託投資資產。
前項全權委託**保管機構**，應由**客戶**自行指定之。
故此題答案為(B)。

7 (C)。《證券投資信託及顧問法》第5條第10項：
全權委託投資業務：指對客戶委任交付或信託移轉之委託投資資產，就有價證券、證券相關商品或其他經主管機關核准項目之投資或交易為價值分析、投資判斷，並基於該投資判斷，為客戶執行投資或交易之業務。
故此題答案為(C)。

8 (C)。《證券投資信託及顧問法》第9條第1項：違反本法規定應負損害賠償責任之人，對於**故意所致之損害**，法院得因被害人之請求，依侵害情節，酌定損害額**3倍以下**之懲罰性賠償；**因重大過失所致之損害**，得酌定損害額**2倍以下**之懲罰性賠償。
《證券投資信託及顧問法》第9條第2項：本法規定之損害賠償請求權，自有請求權人知有得受賠償之原因時起**2年間**不行使而消滅；自賠償原因發生之日起**逾5年**者，亦同。
故此題答案為(C)。

9 (B)。《證券投資信託及顧問法》第9條第2項：本法規定之損害賠償請求權，自有請求權人知有得受賠償之原因時起**2年間**不行使而消滅；自賠償原因發生之日起**逾5年**者，亦同。
故此題答案為(B)。

重點 2 證券投資信託基金

一、證券投資信託基金之募集

(一) 申報生效制或核准制

《證券投資信託及顧問法》第10條第1項：證券投資信託事業募集證券投資信託基金，非經主管機關核准或向主管機關申報生效後，不得為之；其申請核准或申報生效應檢附之書件、審核程序、核准或申報生效之條件及其他應遵行事項之準則，由主管機關定之。

(二) 證券投資信託契約之應記載事項

《證券投資信託及顧問法》第12條第1項：證券投資信託契約除主管機關另有規定外，應記載下列各款事項：

1. 證券投資信託事業及基金保管機構之名稱及地址。
2. 證券投資信託基金之名稱及其存續期間。
3. 證券投資信託事業之權利、義務及法律責任。
4. 基金保管機構之權利、義務及法律責任。
5. 受益人之權利、義務及法律責任。
6. 運用證券投資信託基金投資有價證券及從事證券相關商品交易之基本方針及範圍。
7. 證券投資信託之收益分配事項。
8. 受益憑證之買回事項。
9. 證券投資信託基金應負擔之費用。
10. 證券投資信託事業及基金保管機構之經理或保管費用。
11. 證券投資信託基金及受益權單位淨資產價值之計算。
12. 證券投資信託契約之終止事項。
13. 受益人會議之召開事由、出席權數、表決權數及決議方式。

　　《證券投資信託及顧問法》第12條第2項：證券投資信託契約範本，應由同業公會洽商信託業商業同業公會擬訂，報經主管機關核定。

(三) 作業程序

《證券投資信託及顧問法》第10條第2項：基金之募集、發行、銷售及其申購或買回之作業程序，由**同業公會（中華民國證券投資信託暨顧問商業同業公會）**擬訂，報經主管機關核定。

(四) **中央銀行同意之情形**

《證券投資信託及顧問法》第10條第3項：前二項基金，如為國外募集基金投資國內或於國內募集基金投資國外者，應經**中央銀行**同意。

二、證券投資信託基金之私集

(一) **私募對象**

《證券投資信託及顧問法》第11條第1項：證券投資信託事業得對下列對象進行受益憑證之私募：

1. 銀行業、票券業、信託業、保險業、證券業或其他經主管機關核准之法人或機構。
2. 符合主管機關所定條件之自然人、法人或基金。
    (1)《證券投資信託及顧問法》第11條第2項：前項第二款之應募人總數，不得超過**99人**。
    (2)《證券投資信託及顧問法》第11條第3項：證券投資信託事業應第1項第2款對象（符合主管機關所定條件之自然人、法人或基金）之合理請求，於私募完成前負有提供與本次證券投資信託受益憑證私募有關之財務、業務或資訊之義務。

(二) **事後申報制**

《證券投資信託及顧問法》第11條第4項：證券投資信託事業應於私募受益憑證價款繳納完成日起5日內，向主管機關申報之；其應申報事項，由主管機關定之。擬於國外私募資金投資國內或於國內私募資金投資國外者，申報時應併同檢具中央銀行同意函影本。

[說明]因為證券投資信託基金之私募對象，為符合法令所定條件的具有較高自我保護能力之特定投資人，其無須以事前核准之方式加強保護，故規定證券投資信託基金之**私募**採**事後申報備查制**。

(三) **受益憑證上之註記**

《證券投資信託及顧問法》第11條第5項：有關私募受益憑證轉讓之限制，應於受益憑證以明顯文字註記，並於交付應募人或購買人之相關書面文件中載明。

(四) **一般性廣告或公關勸誘之禁止**

1. 《證券投資信託及顧問法》第11條第6項：證券交易法第43-7條（有價證券之私募及再行賣出，不得為一般性廣告或公開勸誘之行為）及

證券交易法第43-8條第1項（有價證券私募之應募人及購買人所列之情形）規定，於私募之受益憑證，準用之。

2. 《證券交易法施行細則》第8-1條：**一般性廣告**或**公開勸誘之行為**，係指以公告、廣告、廣播、電傳視訊、網際網路、信函、電話、拜訪、詢問、發表會、說明會或其他方式，向證券交易法第43-6第1項（准予進行私募對象）以外之非特定人為要約或勸誘之行為。

三、證券投資基金之運用及經理

(一) 書面分析報告

1. 《證券投資信託及顧問法》第17條第1項：證券投資信託事業運用證券投資信託基金投資或交易，應依據其分析作成決定，交付執行時應作成紀錄，並按月提出檢討，其分析與決定應有合理基礎及根據。

2. 《證券投資信託及顧問法》第17條第2項前項分析、決定、執行及檢討之方式，證券投資信託事業應訂定於內部控制制度，並確實執行；其控制作業應留存紀錄並保存一定期限。

3. 《證券投資信託及顧問法》第17條第3項：前項保存期限，由主管機關定之。

(二) 投資運用

1. 《證券投資信託及顧問法》第18條第1項：證券投資信託事業運用證券投資信託基金從事投資或交易之方式與為指示保管、處分、收付及其他相關事項之辦法，由主管機關定之。

2. 《證券投資信託及顧問法》第18條第2項：證券投資信託事業運用證券投資信託基金所持有之資產，應以**基金保管機構**之基金專戶名義登記。但持有外國之有價證券及證券相關商品，得依**基金保管機構**與**國外受託保管機構**所訂契約辦理之。

(三) 投資運用之例外規定

1. 《證券投資信託及顧問法》第19條第1項：證券投資信託事業應依本法、本法授權訂定之命令及證券投資信託契約之規定，運用證券投資信託基金，除主管機關另有規定外，不得為下列行為：
(1)指示基金保管機構為放款或提供擔保。
(2)從事證券信用交易。

(3)與本證券投資信託事業經理之其他證券投資信託基金間為證券交易行為。

(4)投資於本證券投資信託事業或與本證券投資信託事業有**利害關係之公司**（其範圍由主管機關定之）所發行之證券。

(5)運用證券投資信託基金買入該基金之受益憑證。

(6)指示基金保管機構將基金持有之有價證券借與他人。

2. 《證券投資信託及顧問法》第19條第2項：前項第4款所稱利害關係之公司，其範圍由主管機關定之。

四、基金之保管

(一) 依證券投資信託事業指示運用基金

1. 《證券投資信託基金管理辦法》第6條第1項：基金保管機構應依證券投資信託事業之指示運用基金之資產，並行使與該資產有關之權利。

2. 《證券投資信託基金管理辦法》第6條第2項：基金保管機構僅得依證券投資信託事業指示而為下列處分基金資產之行為：

(1)因**投資決策**所需之投資組合調整。

(2)**保證金帳戶**調整或支付權利金。

(3)給付依證券投資信託契約約定應由**基金負擔之款項**。

(4)給付依證券投資信託契約約定應**分配予受益人之可分配收益**。

(5)給付**受益人**買回其受益憑證之買回價金。

(二) 分別設帳保管基金

1. 《證券投資信託及顧問法》第21條第1項：證券投資信託事業募集或私募之證券投資信託基金，與證券投資信託事業及基金保管機構之自有財產，應分別獨立。證券投資信託事業及基金保管機構就其自有財產所負之債務，其債權人不得對於基金資產為任何請求或行使其他權利。

2. 《證券投資信託及顧問法》第21條第2項：基金保管機構應依本法、本法授權訂定之命令及證券投資信託契約之規定，按基金帳戶別，獨立設帳保管證券投資信託基金。

3. 《證券投資信託基金管理辦法》第57條：證券投資信託事業經理之基金資產，與證券投資信託事業及基金保管機構之自有財產，應分別獨立。證券投資信託事業及基金保管機構就其自有財產所負之債務，其債權人不得對於基金資產為任何請求或行使其他權利。

4. 基金保管機構應依本法、本法授權訂定之命令及證券投資信託契約之規定，按基金帳戶別，獨立設帳保管基金。

5. 《證券投資信託基金管理辦法》第58條：信託業兼營證券投資信託業務募集基金，經本會核准得自行保管基金資產者，有關基金保管機構之義務，由信託業執行，並由**信託監察人監督**。

(三) **基金保管機構之消極資格**

1. 《證券投資信託及顧問法》第22條第1項：

    有下列情形之一者，不得擔任基金保管機構：

    (1)經主管機關依第115條規定處分，處分期限尚未屆滿。

    (2)未達經主管機關核准或認可之信用評等機構一定等級以上評等。

    《證券投資信託及顧問法》第22條第2項：

    有下列情形之一，除經主管機關核准外，不得擔任各該證券投資信託事業之基金保管機構：

    (1)投資於證券投資信託事業已發行股份總數達一定比率股份。（一定比率，由主管機關定之。）

    (2)擔任證券投資信託事業董事或監察人；或其董事、監察人擔任證券投資信託事業董事、監察人或經理人。（董事、監察人為法人者，其代表或指定代表行使職務者，準用）

    (3)證券投資信託事業持有其已發行股份總數達一定比率股份。（一定比率，由主管機關定之。）

    (4)由證券投資信託事業或其代表人擔任董事或監察人。

    (5)擔任證券投資信託基金之簽證機構。

    (6)與證券投資信託事業屬於同一金融控股公司之子公司，或互為關係企業。（子公司，指金融控股公司法第4條所稱之子公司）

    (7)其他經主管機關規定不適合擔任基金保管機構。

2. 《證券投資信託及顧問法》第22條第3項：董事、監察人為法人者，其代表或指定代表行使職務者，準用證券投資信託及顧問法第22條第2項第2款規定。

3. 《證券投資信託基金管理辦法》第59條第5項：證券投資信託事業應訂定基金保管機構遴選標準，並執行之。

(四) **基金保管機構之義務及責任**

1. 保持義務

   (1)《證券投資信託及顧問法》第30條第1項：證券投資信託事業就每一證券投資信託基金之資產，應依主管機關所定之比率，以下列方式保持之：

   ①現金。　　　　　　　　　②存放於銀行。

   ③向票券商買入短期票券。　④其他經主管機關規定之方式。

   (2)《證券投資信託及顧問法》第30條第2項：前項第2款或第3款之銀行或短期票券，應符合主管機關核准或認可之信用評等機構評等達一定等級以上者。

   (3)《證券投資信託及顧問法》第30條第3項：國內募集或私募之證券投資信託基金，持有第1項第2款至第4款之總額，不得超過一定比率；其一定比率，由主管機關會商中央銀行定之。

   (4)《證券投資信託及顧問法》第31條：證券投資信託基金投資所得依證券投資信託契約之約定應分配收益，除經主管機關核准者外，應於會計年度終了後**6個月內**分配之，並應於證券投資信託契約內明定分配日期。

2. 申報義務

   《證券投資信託及顧問法》第23條第1項：基金保管機構知悉證券投資信託事業有違反證券投資信託契約或相關法令，應即請求證券投資信託事業依契約或相關法令履行義務；其有損害受益人權益之虞時，應即向主管機關申報，並抄送同業公會。

3. 善良管理人之注意義務及忠實義務

   (1)《證券投資信託基金管理辦法》第60條第1項：基金保管機構應依本法、本法授權訂定之命令及證券投資信託契約之規定，以善良管理人之注意義務及忠實義務，本誠實信用原則，保管基金資產。

   (2)《證券投資信託基金管理辦法》第60條第2項：基金保管機構之董事、監察人、經理人、業務人員及其他受僱人員，不得以職務上所知悉之消息從事有價證券買賣之交易活動或洩漏予他人。

五、基金之買回

(一)《證券投資信託基金管理辦法》第70條第1項：證券投資信託契約載有受益人得請求買回受益憑證之約定者，受益人得以書面或其他約定方式請求證券投資信託事業買回受益憑證，證券投資信託事業不得拒絕；對買回價金之給付不得遲延。但有下列情事之一，並經本會核准者，不在此限：

1. 證券交易所、證券櫃檯買賣中心或外匯市場非因例假日而停止交易。
2. 通常使用之通信中斷。　　　　3. 因匯兌交易受限制。
4. 有無從收受買回請求或給付買回價金之其他特殊情事。

(二)《證券投資信託基金管理辦法》第71條第3項：證券投資信託事業所經理之基金有下列情形之一者，受益人請求買回受益憑證，其買回價金之給付依證券投資信託契約之規定辦理：

1. 於國內募集投資國外之基金。　2. 於國外募集投資國內之基金。
3. 指數股票型基金。　　　　　　4. 組合型基金。
5. 保本型基金。　　　　　　　　6. 其他經本會核准者。

六、基金之會計

(一)《證券投資信託及顧問法》第26條：證券投資信託事業募集或私募之各證券投資信託基金，應分別設帳，並應依主管機關之規定，作成各種帳簿、表冊；其保存方式及期限，依商業會計法及相關規定辦理。

(二)《證券投資信託及顧問法》第27條：證券投資信託基金之會計年度，除證券投資信託契約另有約定或經主管機關核准者外，為每年1月1日起至12月31日止。

(三)《證券投資信託基金管理辦法》第72條：

1. 證券投資信託事業應於每一營業日計算基金之淨資產價值。基金之淨資產價值應依有關法令及一般公認會計原則計算之。
2. 基金淨資產價值之計算，應由同業公會擬訂基金資產價值之計算標準及計算錯誤之處理方式，報經本會核定。
3. 每受益權單位淨資產價值，以計算日基金之淨資產價值，除以受益權單位總數計算之。

(四)《證券投資信託及顧問法》第29條第1項：

　　證券投資信託事業應於每一營業日公告前一營業日證券投資信託基金每受益權單位之淨資產價值。但對在國外發行受益憑證募集之證券投資信託基金，依募集所在地之法令規定辦理。

(五)《證券投資信託基金管理辦法》第73條：

　　證券投資信託事業應於每一營業日公告前一營業日基金每受益權單位之淨資產價值。但對在國外發行受益憑證募集之基金，依募集所在地之法令規定辦理。

七、受益憑證

(一) 記名式有價證券及無實體發行

1. 《證券投資信託及顧問法》第32條：

   受益憑證應為記名式。

   發行受益憑證得不印製實體，而以帳簿劃撥方式交付之。

   受益憑證事務之處理規則，由同業公會擬訂，報請主管機關核定。

2. 《證券投資信託及顧問法》第33條：

   受益憑證為數人共有者，其共有人應推派一人行使受益權。

   政府或法人為受益人時，應指定自然人一人代表行使受益權。

3. 《證券投資信託及顧問法》第34條：

   受益憑證，除法律另有規定者外，得自由轉讓之。

   受益憑證之轉讓，由受益人以背書交付，並將受讓人姓名或名稱記載於受益憑證。

   前項轉讓，非將受讓人姓名或名稱、住所或居所記載於證券投資信託事業之受益人名簿，不得對抗該事業。

   受益憑證之轉讓以帳簿劃撥或登錄方式為之者，不適用前項規定；其帳簿劃撥或登錄之作業辦法，由主管機關定之。

(二) 受益權

1. 《證券投資信託及顧問法》第35條：證券投資信託基金之受益權，按受益權單位總數，平均分割，每一受益憑證之受益權單位數，依受益憑證之記載。

受益人對於受益憑證之權利，依其受益憑證所載內容，按受益權之單位數行使之。基金追加募集或私募發行之受益權，亦享有相同權利。

2. 《證券投資信託及顧問法》第37條：

受益人之收益分配請求權，自收益發放日起**5年間**不行使而消滅，因時效消滅之收益併入該證券投資信託基金。

受益人買回受益憑證之價金給付請求權，自價金給付期限屆滿日起，**15年間**不行使而消滅。

基金清算時，受益人之賸餘財產分配請求權，自分配日起，15年間不行使而消滅。

受益人於本條所定消滅時效完成前行使前3項之權利時，不得請求加計遲延利息。

八、受益人會議

(一) 受益人會議之決議事項

1. 《證券投資信託及顧問法》第38條：受益人權利之行使，應經受益人會議決議為之。但僅為受益人自身利益之行為，不在此限。

2. 《證券投資信託及顧問法》第39條：下列情事，應經受益人會議決議為之。但主管機關另有規定者，不在此限：

(1)**更換**基金保管機構。

(2)**更換**證券投資信託事業。

(3)**終止**證券投資信託契約。

(4)**調增**證券投資信託事業或基金保管機構之經理或保管費用。

(5)重大變更基金投資有價證券或從事證券相關商品交易之基本方針及範圍。

(6)其他修正證券投資信託契約對受益人權益有重大影響。

(二) 受益人會議之召開權人

1. 《證券投資信託及顧問法》第40條第1項：依法律、命令或證券投資信託契約規定，應由受益人會議決議之事項發生時，由證券投資信託事業召開受益人會議。證券投資信託事業不能或不為召開時，由基金保管機構召開之。基金保管機構不能或不為召開時，依證券投資信託契約之規定或由受益人自行召開；均不能或不為召開時，由主管機關指定之人召開之。

2. 《證券投資信託及顧問法》第40條第2項：受益人自行召開受益人會議時，應由繼續持有受益憑證**1年以上**，且其所表彰受益權單位數占提出當時該基金已發行在外受益權單位總數**3%以上**之受益人，以書面敘明提議事項及理由，申請主管機關核准後，自行召開之。

3. 《證券投資信託及顧問法》第40條第3項：受益人會議非由證券投資信託事業召開時，證券投資信託事業應依基金保管機構、受益人或經主管機關指定之人之請求，提供召開受益人會議之必要文件及資料。

4. 《證券投資信託及顧問法》第41條：基金保管機構執行基金保管業務，遇有依第23條第1項規定請求證券投資信託事業履行義務而不履行，致損害受益人權益之情事，經書面通知證券投資信託事業限期改善而屆期不改善時，得經報請主管機關核准後，召開受益人會議更換證券投資信託事業。

九、基金之變更、終止、清算及合併

(一) 基金之變更

《證券投資信託基金管理辦法》第78條：證券投資信託契約之變更應報經本會核准；經核准後，證券投資信託事業應於**2日內**公告其內容。

(二) 基金之終止

1. 《證券投資信託及顧問法》第45條第1項：證券投資信託契約有下列情事之一者，應經主管機關核准後予以終止：
   (1)證券投資信託事業或基金保管機構有解散、破產、撤銷或廢止核准之情事，或因對證券投資信託基金之經理或保管顯然不善，經主管機關命令更換，致不能繼續執行職務，而無其他適當之證券投資信託事業或基金保管機構承受原事業或機構之權利及義務。
   (2)受益人會議決議更換證券投資信託事業或基金保管機構，而無其他適當之證券投資信託事業或基金保管機構承受原事業或機構之權利及義務。
   (3)基金淨資產價值低於主管機關所定之標準。
   (4)因市場狀況、基金特性、規模，或其他法律上或事實上原因致證券投資信託基金無法繼續經營。
   (5)受益人會議決議終止契約。

(6)受益人會議之決議，證券投資信託事業或基金保管機構無法接受，
且無其他適當之證券投資信託事業或基金保管機構承受原事業或機
構之權利及義務。

(7)其他依證券投資信託契約所定終止事由。

2. 《證券投資信託及顧問法》第45條第2項：基於保護公益或受益人權
益，以終止證券投資信託契約為宜者，主管機關得命令終止之。

3. 《證券投資信託及顧問法》第45條第3項：證券投資信託契約因存續
期間屆滿而終止者，應於屆滿**2日內**申報主管機關備查。

4. 《證券投資信託及顧問法》第45條第4項：證券投資信託契約之終
止，證券投資信託事業應於申報備查或核准之日起**2日內**公告之。

(三) 基金之清算

1. 《證券投資信託及顧問法》第47條：證券投資信託契約終止時，清
算人應於主管機關核准清算後3個月內，完成證券投資信託基金之清
算，並將清算後之餘額，依受益權單位數之比率分派予各受益人。但
有正當理由無法於3個月內完成清算者，於期限屆滿前，得向主管機
關申請展延一次，並以3個月為限。
清算人應將前項清算及分配之方式，向主管機關申報及公告，並通
知受益人。清算程序終結後應於**2個月內**，將處理結果向主管機關報
備，並通知受益人。

2. 《證券投資信託及顧問法》第49條：清算人應自清算終結申報主管機
關之日起，就各項帳簿、表冊保存**10年以上**。

(四) 基金之合併

1. 《證券投資信託及顧問法》第46條：證券投資信託事業得為證券投資
信託基金之合併；其合併之條件、程序及其他相關事項之辦法，由主
管機關定之。

2. 《證券投資信託基金管理辦法》第83條：證券投資信託事業所經理之
開放式基金，同為募集或私募之基金及經基金受益人會議同意者，得
向本會申請核准與本公司之其他開放式基金合併。但合併之基金為**同
種類**、消滅基金最近30個營業日淨資產價值平均低於新臺幣**5億元**且
存續基金之證券投資信託契約內容無重大修改者，得不經受益人會議
同意，向本會申請核准。

十、境外基金

(一) 境外基金之基本概念

1. 《證券投資信託及顧問法》第5條第6項：境外基金：指於中華民國境外設立，具證券投資信託基金性質者。

2. 《證券投資信託及顧問法》第16條第1項：任何人非經主管機關核准或向主管機關申報生效後，不得在中華民國境內從事或代理募集、銷售、投資顧問境外基金。

3. 《證券投資信託及顧問法》第16條第2項：境外基金之私募，應符合第11條第1項至第3項規定，並不得為一般性廣告或公開勸誘之行為。不符合規定者，視為募集境外基金；境外基金之投資顧問為一般性廣告或公開勸誘之行為者，亦同。

4. 《證券投資信託及顧問法》第16條第3項：證券投資信託事業、證券投資顧問事業、證券商、境外基金發行者與其指定之機構及其他經主管機關指定之機構，得在中華民國境內從事第一項所定業務；其資格條件、申請或申報程序、從事業務之項目及其他應遵行事項之辦法，由主管機關定之。

5. 《證券投資信託及顧問法》第16條第4項：在中華民國境內得從事或代理募集、銷售、投資顧問境外基金之種類、投資或交易範圍與其限制、申請或申報程序及其他應遵行事項之辦法，由主管機關定之。

6. 《證券投資信託及顧問法》第16條第5項：在中華民國境內從事或代理募集、銷售第1項境外基金，涉及資金之匯出、匯入者，應經中央銀行同意。

(二) 總代理人及銷售機構

1. 為利於管理和基於投資人保護之需要，參酌「香港單位信託及互惠基金守則[註1]」和「新加坡證券期貨法[註2]第287條」規範訂定：**境外基金管理機構或其指定機構（境外基金機構）**應於**中華民國境內（國內）**委任單一總代理人，以利境外基金機構與投資人或主管機關之溝通，並作為提供相關資訊之窗口，總代理人可代理1個以上之境外基金機構。此外，為落實對境外基金業務之整合管理及有效掌握境外基金在國內募集及銷售資訊，必須將現有投資境外基金之通路包括信託業辦理特定金錢信託投資境外基金及證券經紀商受託買賣外國有價證券一併納入管理。

2. 《境外基金管理辦法》第2條：任何人非經**金融監督管理委員會（以下簡稱本會）**核准或向本會申報生效後，不得在中華民國境內（以下簡稱國內）代理募集及銷售境外基金。

3. 《境外基金管理辦法》第3條：
   (1)境外基金管理機構或其指定機構（以下簡稱境外基金機構）應委任單一之總代理人在國內代理其基金之募集及銷售。
   (2)總代理人得在國內代理一個以上境外基金機構之基金募集及銷售。
   (3)銷售機構得在國內代理一個以上境外基金之募集及銷售。
   (4)信託業依特定金錢信託契約及證券經紀商依受託買賣外國有價證券契約受託投資境外基金者，除本辦法另有規定外，應適用本辦法總代理人或銷售機構之相關規定。
   (5)銷售機構受理境外基金投資人之申購、買回或轉換等事宜，除信託業依特定金錢信託契約受託投資境外基金者外，應經總代理人轉送境外基金機構辦理。
   (6)參與證券商受理或從事境外指數股票型基金（Exchange Traded Fund；ETF）之申購或買回，應依境外基金機構規定之方式辦理，得免經總代理人轉送境外基金機構。

4. 《境外基金管理辦法》第4條：
   (1)境外基金之投資顧問業務，應由經核准之證券投資顧問事業為之。
   (2)證券投資顧問事業除擔任銷售機構者外，辦理境外基金之投資顧問業務，應具有即時取得境外基金投資研究相關資訊設備，或與總代理人簽訂提供資訊合作契約。
   (3)前項資訊合作契約應行記載事項，由中華民國證券投資信託暨顧問商業同業公會（以下簡稱同業公會）擬訂，報經本會核定；修正時，亦同。
   (4)第1項境外基金應以經**本會（金管會）**核准或申報生效得募集及銷售者為限。

註 1.香港單位信託及互惠基金守則：其證監會為規範單位信託基金及互惠基金業務制定的非法定守則。該守則旨在保障投資者的利益，在守則第九章提到：在香港以外註冊（境外）的基金投資管理公司，必須委派一名香港代理人，處理該基金在香港的事務。

2.新加坡證券期貨法第287條：境外基金組織型態為公司型基金，則須依
新加坡公司法註冊成為當地分公司，當地主事務所須有經理人，於新加
坡境內須設有一自然人之代表人來負責行政事務。

(三) 法定義務

《境外基金管理辦法》第5條：

1. 總代理人、銷售機構及其經理人或受僱人，應以善良管理人之注意義
務及忠實義務，本誠實信用原則，代理境外基金募集及銷售。

2. 前項事業及其人員於辦理境外基金募集及銷售業務時，對於境外基金
投資人之個人資料、往來交易資料及其他相關資料，除法令另有規定
外，應保守秘密。

(四) 境外基金之募集及銷售

1. 《境外基金管理辦法》第23條第1項：境外基金除境外指數股票型基金
外，其符合下列條件者，得經本會核准或申報生效在國內募集及銷售：
(1)境外基金從事衍生性商品交易之比率，不得超過本會所訂定之比率。
(2)境外基金不得投資於黃金、商品現貨及不動產。
(3)境外基金投資大陸地區證券市場之有價證券占該境外基金總投資之
比率，不得超過本會所訂定之比率。
(4)國內投資人投資金額占個別境外基金比率，不得超過本會規定之一
定限額。
(5)境外基金之投資組合不得以中華民國證券市場為主要的投資地區，
該投資比率由本會定之。
(6)該境外基金不得以新臺幣或人民幣計價。
(7)境外基金必須成立滿1年。
(8)境外基金已經基金註冊地主管機關核准向不特定人募集者。
(9)其他經本會規定之事項。

2. 《境外基金管理辦法》第24條第1項：總代理人申請（報）境外基金
之募集及銷售，除境外指數股票型基金外，該境外基金之境外基金管
理機構，應符合下列條件：
(1)基金管理機構（得含其控制或從屬機構）所管理以公開募集方式集
資投資於證券之基金總資產淨值超過20億美元或等值之外幣者。所
稱總資產淨值之計算不包括退休基金或全權委託帳戶。

(2)最近2年未受當地主管機關處分並有紀錄在案者。

(3)成立滿2年以上者。

(4)基金管理機構或其集團企業對增進我國資產管理業務有符合本會規定之具體貢獻，且經本會認可者。但基金註冊地與基金管理機構所在地為我國承認且公告者，得不受限制。

3. 《境外基金管理辦法》第24條第2項：前項第四款所稱集團企業係指該基金管理機構所屬持股逾50%之控股公司，或持股逾50%之子公司，或屬同一控股公司持股逾50%之子公司。

(五) 告知義務之特殊規定

《境外基金管理辦法》第39-1條：

1. 總代理人及銷售機構辦理境外基金銷售業務，於銷售前，應將自境外基金機構或總代理人收取之報酬、費用及其他利益，告知投資人。

2. 依前項告知之內容如有變更，總代理人及銷售機構應即通知投資人。

3. 前2項有關告知之內容及其變更之通知，其施行要點，由同業公會擬訂，報經本會核定；修正時，亦同。

依據上述規範，中華民國證券投資信託暨顧問商業同業公會訂有「中華民國證券投資信託暨顧問商業同業公會會員及其銷售機構基金通路報酬揭露施行要點」。

《中華民國證券投資信託暨顧問商業同業公會會員及其銷售機構基金通路報酬揭露施行要點》第1條：宗旨在於避免銷售機構辦理基金銷售業務，因證券投資信託事業、總代理人或境外基金機構支付之通路報酬多寡而影響銷售行為之中立性，致產生未考量投資人最佳利益之情形。

精選試題

(　　) **1** 證券投資信託基金之募集、發行、銷售及其申購或買回之作業程序，應由下列何項機構擬定，報經主管機構核定？　(A)行政院　(B)財政部　(C)經濟部　(D)中華民國證券投資信託暨顧問商業同業公會。

( ) **2** 證券投資信託基金如為國外募集基金投資國內或於國內募集基金投資國外者，應經下列何項機關同意？ (A)財政部 (B)行政院 (C)經濟部 (D)中央銀行。

( ) **3** 證券投資信託基金之私募對象，為符合主管機關所訂條件之自然人、法人或基金其應募人總數，不得超過多少人？ (A)20 (B)70 (C)99 (D)100。

( ) **4** 證券投資信託事業應於私募受益憑證價款繳納完成日起幾日內，向主管機關申報之？ (A)3 (B)5 (C)10 (D)20。

( ) **5** 證券投資信託基金之私募採下列何項制度？ (A)核准制 (B)許可制 (C)申報生效日 (D)事後申報。

( ) **6** 證券投資信託事業運用證券投資信託基金所持有之資產，除持有外國之有價證券及證券相關商品外，應以下列何項機構之基金專戶名義登記？ (A)證券投資顧問事業 (B)客戶 (C)證券投資信託事業 (D)基金保管機構。

( ) **7** 下列何者為基金保管機構僅得依證券投資信託事業指示而為處分基金資產之行為？ (A)給付依證券投資信託契約約定應由基金負擔之款項 (B)因投資決策所需之投資組合調整 (C)為避險決策所需之保證金帳戶調整或支付權利金 (D)以上皆是。

( ) **8** 信託業兼營證券投資信託業務募集資金，經金管會核准得自行保管基金資產者，有關基金保管機構之義務，由信託業執行，並由下列何項之人監督？ (A)受益人 (B)信託監察人 (C)委託人 (D)受益人會議。

( ) **9** 證券投資信託基金投資所得依證券投資信託契約之約定應分配收益，除經主管機關核准者外，應於會計年度終了後幾個月內分配之？ (A)1 (B)3 (C)5 (D)6。

( )**10** 下列有關受益憑證買回之敘述，何者錯誤？ (A)有法定事由並經金管會核准者，受益人不得請求買回受益憑證 (B)證券投資信託

事業對買回價金之給付不得延遲　(C)證券投資信託契約載有受益人得請求買回受益憑證之約定者，受益人請求買回時，證券投資信託事業得拒絕　(D)證券投資信託契約載有受益人得請求買回受益憑證之約定者，受益人得以書面或其他約定方式請求證券投資信託事業買回受益憑證。

( ) **11** 下列有關受益憑證之敘述，何者錯誤？　(A)受益憑證為數人共有者，其共有人應推派1人行使受益權　(B)受益憑證得為無記名式　(C)發行受益憑證得不印製實體，而以帳簿劃撥方式交付之　(D)受益憑證，除法律另有規定外，得自由轉讓之。

( ) **12** 受益人買回受益憑證之價金給付請求權，自價金給付期限屆滿日起，幾年間不行使而消滅？　(A)1　(B)5　(C)15　(D)20。

( ) **13** 受益人自行召開受益人會議時，應由繼續持有受益憑證1年以上，且其所表彰受益權單位數占提出當時該基金已發行在外受益權單位總數百分之多少以上之受益人，以書面敘明提議事項及理由，申請主管機關核准後自行召開之？　(A)1　(B)2　(C)3　(D)6。

( ) **14** 受益人之收益分配請求權，自收益發放日起幾年間不行使而消滅？　(A)1　(B)5　(C)10　(D)15。

( ) **15** 受益人買回受益憑證之價金給付請求權，自價金給付期限屆滿日起，幾年間不行使而消滅？　(A)1年　(B)3年　(C)5年　(D)15年。

( ) **16** 基金清算時，受益人之剩餘財產分配請求權，自分配日起，幾年間不行使而消滅？　(A)1　(B)5　(C)15　(D)20。

( ) **17** 下列何項事由不需經受益人會議決議？　(A)更換基金保管機構　(B)終止證券投資信託契約　(C)僅為受益人自身利益之行為　(D)調增證券投資信託事業或基金保管機構之經理或保管費用。

( ) **18** 受益人自行召開受益人會議之召開權人，應符合下列何項要件？
(A)應由繼續持有受益憑證1年以上，且其所表彰受益權單位數占提出當時該基金已發行在外受益權單位總數3%以上之受益人

(B)應由繼續持有受益憑證六個月以上，且其所表彰受益權單位數占
　　提出當時該基金已發行在外受益權單位總數10%以上之受益人

(C)應由繼續持有受益憑證1年以上，且其所表彰受益權單位數占
　　提出當時該基金已發行在外受益權單位總數1%以上之受益人

(D)應由繼續持續持有受益憑證六個月以上，且其所表彰受益權單
　　位數占提出當時該基金已發行在外受益權單位總數5%以上之
　　受益人。

(　) **19** 證券投資信託契約之變更應報經金管會核准；經核准後，證券投資
信託事業應於幾日內公告其內容？　(A)1　(B)2　(C)10　(D)15。

(　) **20** 下列何者不屬於證券投資信託契約之終止事由？
(A)證券投資信託基金之經理或保管表現未達業界頂尖
(B)受益人會議之決議，證券投資信託事業或基金保管機構無法接
　　受，且無其他適當之證券投資信託事業或基金保管機構承受原
　　事業或機構之權利及義務
(C)證券投資信託事業或基金保管機構有解散、破產、撤銷或廢止
　　核准之情事
(D)受益人會議決議更換證券投資信託事業或基金保管機構，而無
　　其他適當之證券投資信託事業或基金保管機構承受原事業或機
　　構之權利及義務。

(　) **21** 證券投資信託契約因存續期間屆滿而終止者，因於屆滿幾日內申
報主管機關備查？　(A)1日　(B)2日　(C)5日　(D)10日。

(　) **22** 證券投資信託契約終止後，證券投資信託事業應於申報被查獲核
准之日起幾日內公告之？　(A)1　(B)2　(C)5　(D)15。

(　) **23** 證券投資信託基金之清算程序終結後，清算人應於幾個月內，將處理
結果向主管機關報備，並通知受益人？　(A)1　(B)2　(C)5　(D)6。

(　) **24** 證券投資信託基金之清算人應自清算終結申報主管機關之日起，就
各項帳簿、表冊保存幾年以上？　(A)3　(B)5　(C)10　(D)20。

( ) **25** 有關開放式基金之合併，下列敘述何者錯誤？ (A)合併之基金得為不同種類基金 (B)合併之基金應同為公開募集或私募之基金 (C)除特定情況外，應經受益人會議同意合併 (D)合併之基金投資區域及國家應相同。

( ) **26** 下列關於境外基金代理之敘述，何者錯誤？ (A)參與證券商受理或從事境外指數股票型基金（Exchange Traded Fund, ETF）之申購或買回，應依境外基金機構規定之方式辦理，得免經總代理人轉送境外基金管理機構 (B)銷售機構得在國內代理1個以上境外基金之募集及銷售 (C)境外基金管理機構或其指定機構應委任數個代理人，在國內代理其基金之募集及銷售 (D)總代理人得在國內代理1個以上境外基金募集及銷售。

( ) **27** 有中華民國境內從事或代理募集、銷售經主管機關核准之境外基金，其涉及資金之匯出、匯入者，應經什麼單位同意？ (A)證期局 (B)中央銀行 (C)投信投顧公會 (D)金管會。

( ) **28** 有中華民國境內代理境外基金募集及銷售需經什麼機關核准？ (A)中央銀行 (B)金管會 (C)經濟部 (D)投信投顧公會。

( ) **29** 消滅基金最近30個營業日淨資產價值平均低於新臺幣多少元且存續基金之證券投資信託契約內容未修改者，不得經由受益人會議同意合併？ (A)5,000萬 (B)3億 (C)5億 (D)10億。

( ) **30** 下列何者非屬境外基金在我國國內不得銷售之事由？ (A)經基金註冊地主管機關核准向不特定人募集 (B)成立未滿1年但經金管會專案核准或基金註冊地經我國承認並公告 (C)投資於黃金、商品現貨及不動產 (D)以新臺幣或人民幣計價。

( ) **31** 證券投資信託事業應於被投資外國證券事業營業年度終了後幾個月內，申報該被投資事業之年度財務報告？ (A)2 (B)3 (C)4 (D)6。

解答與解析

1 (D)。《證券投資信託及顧問法》
第10條第2項：基金之募集、發
行、銷售及其申購或買回之作業
程序，由**同業公會（中華民國證券
投資信託暨顧問商業同業公會）**擬
訂，報經主管機關核定。
故此題答案為(D)。

2 (D)。《證券投資信託及顧問法》
第10條第3項：基金如為國外募集
基金投資國內或於國內募集基金投
資國外者，應經**中央銀行**同意。
故此題答案為(D)。

3 (C)。《證券投資信託及顧問法》
第11條第1項：證券投資信託事業得
對下列對象進行受益憑證之私募：
(1)銀行業、票券業、信託業、保
　險業、證券業或其他經主管機
　關核准之法人或機構。
(2)符合主管機關所定條件之自然
　人、法人或基金。
　《證券投資信託及顧問法》第11
　條第2項：前項第2款之應募人總
　數，不得超過**99人**。
故此題答案為(C)。

4 (B)。《證券投資信託及顧問法》
第11條第4項：證券投資信託事業
應於私募受益憑證價款繳納完成日
起**5日**內，向主管機關申報之；其
應申報事項，由主管機關定之。
故此題答案為(B)。

5 (D)。《證券投資信託及顧問法》
第11條第4項：證券投資信託事業

應於私募受益憑證價款繳納完成日
起5日內，向主管機關申報之；其
應申報事項，由主管機關定之。擬
於國外私募資金投資國內或於國內
私募資金投資國外者，申報時應併
同檢具中央銀行同意函影本。
[説明]因為證券投資信託基金之私
　　　募對象，為符合法令所定條
　　　件的具有較高自我保護能力
　　　之特定投資人，其無須以事
　　　前核准之方式加強保護，故
　　　規定證券投資信託基金之**私
　　　募採事後申報備查制**。
故此題答案為(D)。

6 (D)。《證券投資信託及顧問法》第
18條第2項：證券投資信託事業運用
證券投資信託基金所持有之資產，
應以**基金保管機構**之基金專戶名義
登記。但持有外國之有價證券及證券
相關商品，得依**基金保管機構**與**國外
受託保管機構**所訂契約辦理之。
故此題答案為(D)。

7 (D)。《證券投資信託基金管理辦
法》第6條第2項：基金保管機構僅
得依證券投資信託事業指示而為下
列處分基金資產之行為：
(1)因**投資決策**所需之投資組合調整。
(2)**保證金帳戶**調整或支付權利金。
(3)給付依證券投資信託契約約定
　應由**基金負擔之款項**。
(4)給付依證券投資信託契約約定應
　分配予受益人之可分配收益。

(5)給付**受益人**買回其受益憑證之買回價金。

故此題答案為(D)。

8 (B)。《證券投資信託基金管理辦法》第58條：信託業兼營證券投資信託業務募集基金，經本會核准得自行保管基金資產者，有關基金保管機構之義務，由信託業執行，並由**信託監察人監督**。

故此題答案為(B)。

9 (D)。《證券投資信託及顧問法》第31條：證券投資信託基金投資所得依證券投資信託契約之約定應分配收益，除經主管機關核准者外，應於會計年度終了後**6個月內**分配之，並應於證券投資信託契約內明定分配日期。

故此題答案為(D)。

10 (C)。《證券投資信託基金管理辦法》第70條第1項：證券投資信託契約載有受益人得請求買回受益憑證之約定者，受益人得以書面或其他約定方式請求證券投資信託事業買回受益憑證，證券投資信託事業**不得拒絕**。

故此題答案為(C)。

11 (B)。《證券投資信託及顧問法》第32條：受益憑證應為**記名式**。

發行受益憑證得不印製實體，而以帳簿劃撥方式交付之。

受益憑證事務之處理規則，由同業公會擬訂，報請主管機關核定。

《證券投資信託及顧問法第33條》：

受益憑證為數人共有者，其共有人應推派1人行使受益權。

政府或法人為受益人時，應指定自然人1人代表行使受益權。

故此題答案為(B)。

12 (C)。《證券投資信託及顧問法》第37條第1項及第2項：受益人之收益分配請求權，自收益發放日起**5年間**不行使而消滅，因時效消滅之收益併入該證券投資信託基金。

受益人買回受益憑證之價金給付請求權，自價金給付期限屆滿日起，**15年間**不行使而消滅。

故此題答案為(C)。

13 (C)。《證券投資信託及顧問法》第40條第2項：受益人自行召開受益人會議時，應由繼續持有受益憑證**1年以上**，且其所表彰受益權單位數占提出當時該基金已發行在外受益權單位總數**3%以上**之受益人，以書面敘明提議事項及理由，申請主管機關核准後，自行召開之。

故此題答案為(C)。

14 (B)。《證券投資信託及顧問法》第37條第1項：受益人之收益分配請求權，自收益發放日起**5年間**不行使而消滅，因時效消滅之收益併入該證券投資信託基金。

故此題答案為(B)。

15 (D)。《證券投資信託及顧問法》第37條第2項：受益人買回受益憑證之價金給付請求權，自價金給付期限屆滿日起，**15年間**不行使而消滅。

故此題答案為(D)。

16 (C)。《證券投資信託及顧問法》
第37條第3項：基金清算時，受益
人之謄餘財產分配請求權，自分配
日起，**15年間**不行使而消滅。
故此題答案為(C)。

17 (C)。《證券投資信託及顧問法》
第38條：受益人權利之行使，應經
受益人會議決議為之。但僅為受益
人自身利益之行為，不在此限。
《證券投資信託及顧問法》第39
條：下列情事，應經受益人會議決
議為之。但主管機關另有規定者，
不在此限：
(1)**更換**基金保管機構。【選項(A)】
(2)**更換**證券投資信託事業。
(3)**終止**證券投資信託契約。
　　【選項(B)】
(4)**調增**證券投資信託事業或基金
　　保管機構之經理或保管費用。
　　【選項(D)】
(5)重大變更基金投資有價證券或
　　從事證券相關商品交易之基本
　　方針及範圍。
(6)其他修正證券投資信託契約對
受益人權益有重大影響。
故此題答案為(C)。

18 (A)。《證券投資信託及顧問法》
第40條第2項：受益人自行召開受益
人會議時，應由繼續持有受益憑證
1年以上，且其所表彰受益權單位數
占提出當時該基金已發行在外受益
權單位總數**3%**以上之受益人，以書
面敘明提議事項及理由，申請主管機
關核准後，自行召開之。
故此題答案為(A)。

19 (B)。《證券投資信託基金管理辦
法》第78條：證券投資信託契約之
變更應報經本會核准；經核准後，
證券投資信託事業應於**2日內**公告
其內容。
故此題答案為(B)。

20 (A)。《證券投資信託及顧問法》
第45條第1項：證券投資信託契約
有下列情事之一者，應經主管機關
核准後予以終止：
(1)證券投資信託事業或基金保管
　　機構有解散、破產、撤銷或廢
　　止核准之情事，或因對證券投
　　資信託基金之經理或保管顯然
　　不善，經主管機關命令更換，
　　致不能繼續執行職務，而無其
　　他適當之證券投資信託事業或
　　基金保管機構承受原事業或機
　　構之權利及義務。【選項(C)】
(2)受益人會議決議更換證券投資信
　　託事業或基金保管機構，而無其
　　他適當之證券投資信託事業或基
　　金保管機構承受原事業或機構之
　　權利及義務。【選項(D)】
(3)基金淨資產價值低於主管機關
　　所定之標準。
(4)因市場狀況、基金特性、規
　　模，或其他法律上或事實上原
　　因致證券投資信託基金無法繼
　　續經營。
(5)受益人會議決議終止契約。
(6)受益人會議之決議，證券投資
信託事業或基金保管機構無法
接受，且無其他適當之證券投

資信託事業或基金保管機構承受原事業或機構之權利及義務。【選項(B)】

(7)其他依證券投資信託契約所定終止事由。

故此題答案為(A)。

21 **(B)**。《證券投資信託及顧問法》第45條第3項：證券投資信託契約因存續期間屆滿而終止者，應於屆滿**2日內**申報主管機關備查。

故此題答案為(B)。

22 **(B)**。《證券投資信託及顧問法》第45條第4項：證券投資信託契約之終止，證券投資信託事業應於申報備查或核准之日起**2日內**公告之。

故此題答案為(B)。

23 **(B)**。《證券投資信託及顧問法》第47條：證券投資信託契約終止時，清算人應於主管機關核准清算後3個月內，完成證券投資信託基金之清算，並將清算後之餘額，依受益權單位數之比率分派予各受益人。但有正當理由無法於3個月內完成清算者，於期限屆滿前，得向主管機關申請展延一次，並以3個月為限。

清算人應將前項清算及分配之方式，向主管機關申報及公告，並通知受益人。清算程序終結後應於**2個月內**，將處理結果向主管機關報備，並通知受益人。

故此題答案為(B)。

24 **(C)**。《證券投資信託及顧問法》第49條：清算人應自清算終結申報主管機關之日起，就各項帳簿、表冊保存**10年以上**。

故此題答案為(C)。

25 **(A)**。《證券投資信託基金管理辦法》第83條：證券投資信託事業所經理之開放式基金，同為募集或私募之基金及經基金受益人會議同意者，得向本會申請核准與本公司之其他開放式基金合併。但合併之基金為**同種類**、消滅基金最近30個營業日淨資產價值平均低於新臺幣5億元且存續基金之證券投資信託契約內容無重大修改者，得不經受益人會議同意，向本會申請核准。→合併之基金僅為同種類基金

故此題答案為(A)。

26 **(C)**。《境外基金管理辦法》第3條：

(1)境外基金管理機構或其指定機構（以下簡稱境外基金機構）應委任單一之總代理人在國內代理其基金之募集及銷售。

故此題答案為(C)。

27 **(B)**。

1.《證券投資信託及顧問法第10條》第1項：證券投資信託事業募集證券投資信託基金，非經主管機關核准或向主管機關申報生效後，不得為之；其申請核准或申報生效應檢附之書件、審核程序、核准或申報生效之條件及其他應遵行事項之準則，由主管機關定之。

2.《證券投資信託及顧問法》第10條第2項：基金之募集、發行、銷售及其申購或買回之作業程序，由**同業公會（中華民國證券投資信託暨顧問商業同業公會）**擬訂，報經主管機關核定。

3.《證券投資信託及顧問法》第10條第3項：前二項基金，如為國外募集基金投資國內或於國內募集基金投資國外者，應經**中央銀行**同意。

故此題答案為(B)。

28 (B)。

1.《境外基金管理辦法》第2條：任何人非經**金融監督管理委員會（以下簡稱本會）**核准或向本會申報生效後，不得在中華民國境內（以下簡稱國內）代理募集及銷售境外基金。

2.《境外基金管理辦法》第4條：

(1)境外基金之投資顧問業務，應由經核准之證券投資顧問事業為之。

(2)證券投資顧問事業除擔任銷售機構者外，辦理境外基金之投資顧問業務，應具有即時取得境外基金投資研究相關資訊設備，或與總代理人簽訂提供資訊合作契約。

(3)前項資訊合作契約應行記載事項，由中華民國證券投資信託暨顧問商業同業公會（以下簡稱同業公會）擬訂，報經本會核定；修正時，亦同。

(4)第1項境外基金應以經**本會（金管會）**核准或申報生效得募集及銷售者為限。

故此題答案為(B)。

29 (C)。《證券投資信託基金管理辦法》第83條：證券投資信託事業所經理之開放式基金，同為募集或私募之基金及經基金受益人會議同意者，得向本會申請核准與本公司之其他開放式基金合併。但合併之基金為**同種類**、消滅基金最近30個營業日淨資產價值平均低於新臺幣**5億元**且存續基金之證券投資信託契約內容無重大修改者，得不經受益人會議同意，向本會申請核准。

故此題答案為(C)。

30 (A)。《境外基金管理辦法》第23條第1項：

境外基金除境外指數股票型基金外，其符合下列條件者，得經本會核准或申報生效在國內募集及銷售：

1.境外基金從事衍生性商品交易之比率，不得超過本會所訂定之比率。

2.境外基金不得投資於黃金、商品現貨及不動產。【選項(A)】

3.境外基金投資大陸地區證券市場之有價證券占該境外基金總投資之比率，不得超過本會所訂定之比率。

4.國內投資人投資金額占個別境外基金比率，不得超過本會規定之一定限額。

5.境外基金之投資組合不得以中華民國證券市場為主要的投資地區，該投資比率由本會定之。

6.該境外基金不得以新臺幣或人民幣計價。【選項(B)】

7.境外基金必須成立滿1年。【選項(D)】

8.境外基金已經基金註冊地主管機關核准向不特定人募集者。【選項(C)】

9.其他經本會規定之事項。

因此，選項(C)的敘述為「可」銷售之事由。

故此題答案為(A)。

31 (D)。《證券投資信託事業管理規則》第28條第1款第1項：證券投資信託事業經本會核准投資外國及大陸事業者，除本會另有規定外，應於被投資事業營業年度終了後**6個月內**，向本會申報該被投資事業之年度財務報告。

故此題答案為(D)。

重點 3 ── **證券投資信託及顧問事業之組織管理**

一、證券投資信託事業

(一) 證券投資信託事業之設立及自有資金

《證券投資信託事業設置標準》第7條：證券投資信託事業之組織，以**股份有限公司**為限，其實收資本額不得少於新臺幣**3億元**。

前項最低實收資本額，發起人應於**發起時一次認足**。

(二) 發起人之限制

《證券投資信託事業設置標準》第8條第1項：經營證券投資信託事業，發起人應有符合下列資格條件之基金管理機構、銀行、保險公司、證券商或金融控股公司，其所認股份，合計不得少於第一次發行股份之**20%**：

1. 基金管理機構：

  (1) 成立滿**3年**，且最近3年未曾因資金管理業務受其本國主管機關處分。

  (2) 具有管理或經營國際證券投資信託基金業務經驗。

  (3) 該機構及其控制或從屬機構所管理之資產中，以公開募集方式集資投資於證券之共同基金、單位信託或投資信託之基金資產總值不得少於新臺幣650億元。

2. 銀行：

  (1) 成立滿3年，且最近3年未曾因資金管理業務受其本國主管機關處分。

　　　(2) 具有國際金融、證券或信託業務經驗。

　　　(3) 最近1年於全球銀行資產或淨值排名居前**1,000名**內。

　3. 保險公司：

　　　(1) 成立滿3年，且最近3年未曾因資金管理業務受其本國主管機關處分。

　　　(2) 具有保險資金管理經驗。

　　　(3) 持有證券資產總金額在新臺幣**80億元**以上。

　4. 證券商：

　　　(1) 成立滿3年，並為綜合經營證券承銷、自營及經紀業務滿3年之證券商。

　　　(2) 最近3年未曾受證券交易法第66條第2款至第4款規定之處分；其屬外國證券商者，未曾受其本國主管機關相當於前述之處分。

　　　(3) 實收資本額達新臺幣**80億元**以上，且最近期經會計師查核簽證之財務報告，每股淨值不低於面額。

　5. 金融控股公司：該公司控股50%以上之子公司應有符合前四款所定資格條件之一者。

(三) 營業執照及費用

　1. 《證券投資信託事業設置標準》第48條第1項：證券投資信託事業向本會申請核發營業執照時，應依下列各款規定，繳納執照費：

　　　(1)設置證券投資信託事業者，應按法定最低實收資本額**1/4000**計算。

　　　(2)證券投資信託事業設置分支機構者，為新臺幣2,000元。

　2. 《證券投資信託事業設置標準》第48條第2項：他業兼營證券投資信託業務，除信託業應依本會銀行局規定辦理外，向本會申請換發營業執照時，應依下列各款規定，繳納執照費：

　　　(1)證券投資顧問事業、期貨信託事業或期貨經理事業兼營證券投資信託業務者，應按第7條規定之法定最低實收資本額1/4000計算。

　　　(2)兼營證券投資信託業務之期貨信託事業或期貨經理事業申請其分支機構協助辦理證券投資信託基金受益憑證之募集、銷售及私募業務者，為新臺幣2,000元。

　3. 《證券投資信託事業設置標準》第48條第3項：證券投資信託事業向本會申請換發營業執照時，應繳納執照費**新臺幣1,000元**。

　4. 《證券投資信託事業設置標準》第48條第4項：因行政區域調整或門牌改編致地址變更而申請換發營業執照，免繳證照費。

二、證券投資顧問事業

(一) 證券投資顧問事業之設立、自有資金及投資分析建議

1. 《證券投資顧問事業設置標準》第5條

   證券投資顧問事業之組織,以股份有限公司為限,其實收資本額不得少於**新臺幣2,000萬元**。

   前項最低實收資本額,發起人應於發起時一次認足。

2. 《證券投資顧問事業管理規則》第11條

   (1)證券投資顧問事業提供證券投資分析建議時,應作成投資分析報告,載明合理分析基礎及根據。

   (2)前項投資分析報告之副本、紀錄,應自提供之日起,保存五年,並得以電子媒體形式儲存。

   (3)證券投資顧問事業依前條訂定之證券投資顧問契約,應自契約之權利義務關係消滅之日起,保存<u>5年</u>。

   (4)證券投資顧問事業在各種傳播媒體提供投資分析者,應將節目錄影及錄音存查,並至少保存<u>1年</u>。

   前項最低實收資本額,發起人應於發起時一次認足。

(二) 營業執照及費用

1. 《證券投資顧問事業設置標準》第44條第1項:證券投資顧問事業向本會申請核發營業執照時,應依下列各款規定,繳納執照費:

   (1)設置證券投資顧問事業,按法定最低實收資本額四千分之一計算。

   (2)證券投資顧問事業設置分支機構者,為新臺幣2,000元。

2. 《證券投資顧問事業設置標準》第44條第2項:他業兼營證券投資顧問事業,除信託業兼營全權委託投資業務或證券投資顧問業務,應依本會銀行局規定辦理,或保險業兼營全權委託投資業務,應依本會保險局規定辦理外,向本會申請換發營業執照時,應依下列各款規定,繳納執照費:

   (1)證券投資信託事業、證券經紀商或期貨經紀商兼營證券投資顧問業務,應按第五條規定之法定最低實收資本額1/4000計算。

   (2)證券經紀商、期貨經紀商或期貨經理事業兼營證券投資顧問事業辦理全權委託投資業務,應按全權委託管理辦法所定之法定最低實收資本額四千分之一計算。證券經紀商兼營證券投資顧問事業新增以

委任方式或信託方式辦理全權委託投資業務，向本會申請換發營業
執照時，應繳納執照費新臺幣1,000元。

(3)期貨信託事業兼營證券投資顧問事業辦理全權委託投資業務，應按
法定最低實收資本額1/4000計算。

(4)兼營證券投資顧問事業辦理全權委託投資業務之證券經紀商、期貨
經紀商、期貨經理事業或期貨信託事業申請其分支機構辦理全權委
託投資業務之推廣及招攬者，為新臺幣2,000元。

3.《證券投資顧問事業設置標準》第44條第3項：證券投資顧問事業向
本會申請換發營業執照時，應繳納執照費新臺幣1,000元。

4.《證券投資顧問事業設置標準》第44條第4項：因行政區域調整或門
牌改編地址變更而申請換發執照，免繳執照費。

精選試題

(　　) **1** 證券投資信託事業應有具備法定條件之銀行、基金管理機構、保
險公司等機構擔任專業發起人，有關基金管理機構之資格條件下
列何者為非？　(A)該機構及其控制或從屬機構所管理之資產，包
括接受全權委託投資帳戶及公開募集之基金資產總值不得少於新
臺幣650億元　(B)具有管理或經營國際證券投資信託基金業務經
驗　(C)成立滿3年　(D)最近3年未曾因資金管理業務受其本國主
管機關處分。

(　　) **2** 經營證券投資信託事業，以股份有限公司組織為限，其實收資本
額不得少於新臺幣多少元？　(A)1億元　(B)3億元　(C)5億元
(D)10億元。

(　　) **3** 下列有關證券投資信託事業組織之敘述，何者錯誤？
(A)最低實收資本額，發起人應於發起時一次認足　(B)實收資本
額不得少於新臺幣3億元　(C)應採募集設立方式設立　(D)以股份
有限公司為限。

(　)　**4** 證券投資信託事業以下列何種之組織為限？
(A)有限公司　(B)股份有限公司　(C)獨資　(D)合夥。

(　)　**5** 證券投資信託事業之資本額不得少於新臺幣多少元？
(A)1億　(B)2億　(C)3億　(D)5億。

(　)　**6** 證券投資信託事業之發起人所認股份，合計不得少於第一次發行
股份之多少比率？　(A)5%　(B)10%　(C)20%　(D)30%。

(　)　**7** 基金管理機構為證券投資信託事業之發起人時，其成立必須要滿
幾年？　(A)1　(B)2　(C)3　(D)5。

(　)　**8** 銀行為證券投資信託事業之發起人時，其最近1年於全球銀行資產或
淨值排名須居前幾名內？　(A)100　(B)500　(C)800　(D)1,000。

(　)　**9** 證券商為證券投資信託事業之發起人時，其實收資本額應達新臺
幣多少元以上，且最近期經會計師查核簽證之財務報告，每股淨
值不低於面額？　(A)30億　(B)80億　(C)150億　(D)200億。

(　)**10** 設置證券投資信託事業者，應按法定最低實收資本額多少比例
計算其繳納之執照費？　(A)1/2000　(B)1/3000　(C)1/4000
(D)1/5000。

(　)**11** 證券投資信託事業向金管會申請換發營業執照時，應繳納執照費
新臺幣多少元？　(A)1,000　(B)3,000　(C)5,000　(D)7,000。

(　)**12** 證券投資顧問事業之實收資本額不得少於新臺幣多少元？
(A)1,500萬　(B)2,000萬　(C)2,500萬　(D)3,000萬。

(　)**13** 證券投資顧問事業提供之投資分析報告，其副本、紀錄，應自提
供之日起保存幾年？　(A)1　(B)3　(C)5　(D)10。

(　)**14** 證券投資顧問事業在各種傳播媒體提供投資分析者，應將節目錄
影及錄音存查，並至少保存幾年？　(A)1　(B)3　(C)5　(D)7。

(　)**15** 證券投資顧問事業與客戶訂定之證券投資顧問契約，應自契約之權
利義務關係消滅之日起保存幾年？　(A)1　(B)3　(C)5　(D)10。

解答與解析

1 (A)。《證券投資信託事業設置標準》第8條第1項：經營證券投資信託事業，發起人應有符合下列資格條件之基金管理機構，其所認股份，合計不得少於第一次發行股份之20%：

(1)成立滿**3年**，且最近3年未曾因資金管理業務受其本國主管機關處分。

(2)具有管理或經營國際證券投資信託基金業務經驗。

(3)該機構及其控制或從屬機構所管理之資產中，以公開募集方式集資投資於證券之共同基金、單位信託或投資信託之基金資產總值不得少於新臺幣650億元。

因此，選項(A)的「全權委託投資帳戶」不在法規內。

故此題答案為(A)。

2 (B)。《證券投資信託事業設置標準》第7條：證券投資信託事業之組織，以股份有限公司為限，其實收資本額不得少於新臺幣**3億元**。

故此題答案為(B)。

3 (C)。《證券投資信託事業設置標準》第7條：證券投資信託事業之組織，以**股份有限公司**為限，其實收資本額不得少於新臺幣**3億元**。

前項最低實收資本額，發起人應於**發起時一次認足**。

故此題答案為(C)。

4 (B)。《證券投資信託事業設置標準》第7條：證券投資信託事業之組織，以**股份有限公司**為限，其實收資本額不得少於新臺幣**3億元**。

故此題答案為(B)。

5 (C)。《證券投資信託事業設置標準》第7條：證券投資信託事業之組織，以**股份有限公司**為限，其實收資本額不得少於新臺幣**3億元**。

故此題答案為(C)。

6 (C)。《證券投資信託事業設置標準》第8條第1項：經營證券投資信託事業，發起人所認股份，合計不得少於第一次發行股份之**20%**。

故此題答案為(C)。

7 (C)。《證券投資信託事業設置標準》第8條第1項：經營證券投資信託事業，發起人應有符合下列資格條件之基金管理機構，其所認股份，合計不得少於第一次發行股份之20%：

(1)成立滿**3年**，且最近3年未曾因資金管理業務受其本國主管機關處分。

(2)具有管理或經營國際證券投資信託基金業務經驗。

(3)該機構及其控制或從屬機構所管理之資產中，以公開募集方式集資投資於證券之共同基金、單位信託或投資信託之基金資產總值不得少於新臺幣650億元。

故此題答案為(C)。

8 (D)。《證券投資信託事業設置標準》第8條第1項：經營證券投資信託事業，發起人應有符合下列資格條件之銀行，其所認股份，合計不得少於第一次發行股份之20%：

(1)成立滿3年，且最近3年未曾因資金管理業務受其本國主管機關處分。

(2)具有國際金融、證券或信託業務經驗。

(3)最近1年於全球銀行資產或淨值排名居前1,000名內。

故此題答案為(D)。

9 (B)。《證券投資信託事業設置標準》第8條第1項：經營證券投資信託事業，發起人應有符合下列資格條件之證券商，其所認股份，合計不得少於第一次發行股份之20%：

(1)成立滿3年，並為綜合經營證券承銷、自營及經紀業務滿3年之證券商。

(2)最近3年未曾受證券交易法第66條第2款至第4款規定之處分；其屬外國證券商者，未曾受其本國主管機關相當於前述之處分。

(3)實收資本額達新臺幣80億元以上，且最近期經會計師查核簽證之財務報告，每股淨值不低於面額。

故此題答案為(B)。

10 (C)。《證券投資信託事業設置標準》第48條第1項：證券投資信託事業向本會申請核發營業執照時，應依下列各款規定，繳納執照費：

(1)設置證券投資信託事業者，應按法定最低實收資本額1/4000計算。

(2)證券投資信託事業設置分支機構者，為新臺幣2,000元。

故此題答案為(C)。

11 (A)。《證券投資信託事業設置標準》第48條第3項：證券投資信託事業向本會申請換發營業執照時，應繳納執照費新臺幣1,000元。

故此題答案為(A)。

12 (B)。《證券投資顧問事業設置標準》第5條：證券投資顧問事業之組織，以股份有限公司為限，其實收資本額不得少於新臺幣2,000萬元。

故此題答案為(B)。

13 (C)。《證券投資顧問事業管理規則》第11條：

(1)證券投資顧問事業提供證券投資分析建議時，應作成投資分析報告，載明合理分析基礎及根據。

(2)前項投資分析報告之副本、紀錄，應自提供之日起，保存5年，並得以電子媒體形式儲存。

(3)證券投資顧問事業依前條訂定之證券投資顧問契約，應自契約之權利義務關係消滅之日起，保存5年。

(4)證券投資顧問事業在各種傳播媒體提供投資分析者，應將節目錄影及錄音存查，並至少保存1年。

故此題答案為(C)。

14 (A)。《證券投資顧問事業管理規則》第11條：
(1)證券投資顧問事業提供證券投資分析建議時，應作成投資分析報告，載明合理分析基礎及根據。
(2)前項投資分析報告之副本、紀錄，應自提供之日起，保存**5年**，並得以電子媒體形式儲存。
(3)證券投資顧問事業依前條訂定之證券投資顧問契約，應自契約之權利義務關係消滅之日起，保存**5年**。
(4)證券投資顧問事業在各種傳播媒體提供投資分析者，應將節目錄影及錄音存查，並至少保存**1年**。
故此題答案為(A)。

15 (C)。《證券投資顧問事業管理規則》第11條：
(1)證券投資顧問事業提供證券投資分析建議時，應作成投資分析報告，載明合理分析基礎及根據。
(2)前項投資分析報告之副本、紀錄，應自提供之日起，保存**5年**，並得以電子媒體形式儲存。
(3)證券投資顧問事業依前條訂定之證券投資顧問契約，應自契約之權利義務關係消滅之日起，保存**5年**。
(4)證券投資顧問事業在各種傳播媒體提供投資分析者，應將節目錄影及錄音存查，並至少保存**1年**。
故此題答案為(C)。

重點**4**　**證券投資信託及顧問事業之業務管理**

一、證券投資信託事業

(一) 營業促銷活動

1. 《證券投資信託事業管理規則》第22條第1項：證券投資信託事業為廣告、公開說明會及其他營業促銷活動時，不得有下列行為：
   (1)藉本會對證券投資信託基金募集之核准或生效，作為證實申請（報）事項或保證受益憑證價值之宣傳。
   (2)使人誤信能保證本金之安全或保證獲利者。
   (3)提供贈品或以其他利益勸誘他人購買受益憑證。但本會另有規定者，不在此限。
   (4)對於過去之業績作誇大之宣傳或對同業為攻訐之廣告。
   (5)為虛偽、詐欺或其他足致他人誤信之行為。

(6)對未經本會核准募集或生效之證券投資信託基金，預為宣傳廣告或其他促銷活動。

(7)內容違反法令、證券投資信託契約或公開說明書內容。

(8)為證券投資信託基金投資績效之預測。

(9)促銷證券投資信託基金，涉及對新臺幣匯率走勢之臆測。

(10)其他影響事業經營或受益人權益之事項。

2. 《證券投資信託事業管理規則》第22條第2項：證券投資信託事業或其基金銷售機構為基金之廣告、公開說明會及其他營業促銷活動，證券投資信託事業應於事實發生後**10日**內向同業公會申報。同法第22條第3項：同業公會發現有第一項各款不得為之情事，應於每月底前彙整函報本會依法處理。

(二) 適合性原則

1. 證券投資信託事業進行客戶徵信時，應遵守**認識客戶原則（Know Your Customers, KYC）**，並充分知悉、評估客戶之經驗及需求。

2. 證券投資信託事業及基金銷售機構亦應依規定對於首次申購之客戶應要求其提供相關文件。此外，投資信託事業之內部控制制度應包括充分瞭解客戶之作業原則，(1)內容應包括**開戶審查作業程序**、**應蒐集、查證與紀錄之資料**及**定期檢視制度**等；(2)有關其業務內容，例如：銷售行為、短線交易防制、洗錢防制及其他法令所訂應遵循事項，也應納入內部控制制度。

3. 《證券投資信託事業管理規則》第22-1條：

(1)證券投資信託事業應充分知悉並評估客戶之投資知識、投資經驗、財務狀況及其承受投資風險程度。

(2)證券投資信託事業及其基金銷售機構，對於首次申購之客戶，應要求其提出身分證明文件或法人登記證明文件，並填具基本資料。

(3)證券投資信託事業及其基金銷售機構受理基金申購、買回事宜，應依證券投資信託契約、公開說明書及同業公會證券投資信託基金募集發行銷售及其申購或買回作業程序辦理。對於一定金額以上或疑似洗錢之基金交易，其申購、買回或轉換應留存完整正確之交易紀錄及憑證，並應依洗錢防制法規定辦理。

(4)證券投資信託事業給付受益人買回價金時，應依公開說明書規定，對交易行為符合該基金短線交易認定標準之受益人，扣除基金短線交易之買回費用，該買回費用應歸入基金資產。

(5)證券投資信託事業之內部控制制度應包括充分瞭解客戶、銷售行為、短線交易防制、洗錢防制及法令所訂應遵循之作業原則。

(三) 基金銷售管理

1. 《中華民國證券投資信託暨顧問商業同業公會「會員及其銷售機構從事廣告及營業活動行為規範」》之制定，是避免證券投資信託事業、總代理人及基金銷售機構從事不實的廣告或宣傳。

2. 《中華民國證券投資信託暨顧問商業同業公會會員及其銷售機構從事廣告及營業活動行為規範》第8條：

3. 證券投資信託事業、總代理人及基金銷售機構從事基金之廣告、公開說明會及其他營業活動時，不得有下列行為：

   (1)藉金管會對該基金之核准或申報生效，作為證實申請（報）事項或誤導投資人認為主管機關已保證基金價值之宣傳。

   (2)使人誤信能保證本金之安全或保證獲利者。但設有保證機構之保證型保本基金已於其公開說明書中，充分揭露保證之具體內容者，其保證本金安全部分，不在此限。

   (3)提供贈品、或定存加碼、貸款減碼等金融性產品或以其他利益或方式等，勸誘他人購買基金。但金管會另有規定者，不在此限。

   (4)對於業績及績效作誇大之宣傳或對同業或他人為攻訐或損害營業信譽之廣告。

   (5)為虛偽、詐欺、隱匿、或其他足致他人誤信之行為。

   (6)對未經金管會核准募集或申報生效之基金，預為宣傳廣告、公開說明會及促銷。

   (7)內容違反法令、主管機關之規定、自律規範、證券投資信託契約、境外基金相關機構授權契約或基金公開說明書內容。

   (8)以基金經理人作為宣傳廣告之主要訴求或標題。

   (9)為基金投資績效之預測。

   (10)涉及對新臺幣匯率走勢之臆測。

   (11)內容採用可能貶低整體行業聲譽之方式作宣傳。

(12)內容載有不正確或與銷售文件內容不符或不雅之文字、美術稿或圖案設計。

(13)開放式基金以「無折價風險」等相類詞語作為廣告。

(14)以銷售費或經理費收入為捐贈或與投資人權益無關之詞語為訴求。

(15)截取報章雜誌之報導作為廣告內容。

(16)以採訪投資人之方式來廣告促銷基金。

(17)以獲利或配息率為廣告者，未同時報導其風險以作為平衡報導。

(18)以配息比率或配息金額為廣告文宣之主要標題。

(19)以配息為廣告標題者，加入基金配息資訊以外之行銷性質文字。

(20)股票型基金以月配息為廣告或銷售之主要訴求。

(21)使用優於定存、打敗通膨等相類之詞語為訴求。

(22)有關免稅之說明，未載明或說明係何種對象、何種內容免稅。

(23)以所獲基金信用評等等級或市場風險報酬之基金評級為廣告或促銷內容（含已成立或金管會核准募集但尚未成立之基金）時，未以顯著方式註明該基金所獲得信用評等或基金評級之性質或意義、資料來源及未成立基金未註明該基金尚未成立。

(24)未於基金銷售文件中，標明已備有公開說明書（或其中譯本）或投資人須知及可供索閱之處所或可供查閱之方式。

(25)股票型基金提及配息類股時，未於銷售文件中說明配息機制，包括股票配息情況及說明如何將股息收入轉為各期配息。

(26)銷售文件中有提及投資人直接應付之費用（含手續費前收或後收型基金之申購手續費、基金短線交易應付之買回費用或其它費用等）時，未清楚標示收取方式；以及未揭示『有關基金應負擔之費用（境外基金含分銷費用）已揭露於基金之公開說明書或投資人須知中，投資人可至公開資訊觀測站或境外基金資訊觀測站中查詢。』之相類資訊。

(27)對投資人須支付基金分銷費用之基金，未於銷售文件或廣告內容中以顯著方式揭露分銷費用反映於每日基金淨資產價值及其約占比例之資訊。

(28)申購手續費屬後收型之基金，以免收申購手續費為廣告主要訴求，未揭露遞延手續費、分銷費用之收取方式。

(29)為推廣業務所製發之書面文件，刻意以不明顯字體標示附註與限制事項，未列明公司名稱、地址及電話，或證券投資顧問事業未列明營業執照字號，以及冒用或使用相同或近似於他人之註冊商標、服務標章或名號，致有混淆投資人之虞。

(30)以未經金管會核准或同意生效之境外基金為廣告內容。

(31)專供理財專員使用之基金文宣資料，放置於櫃台或文宣資料區提供投資人自行取閱。

(32)以基金銷售排行之方式為廣告內容。

(33)以基金投資組合平均信用評級作為銷售訴求。若於基金月報或銷售文件中揭露基金投資組合平均信用評級資訊予投資人參考時，應同時載明平均信用評級計算方式、納入計算之資產項目、決定投資標的信用評級方式以及依投資標的信用評級揭示相關比重等。

(34)其他影響事業經營或投資人權益之事項。

4. 《中華民國證券投資信託暨顧問商業同業公會會員及其銷售機構從事廣告及營業活動行為規範》第10條：證券投資信託事業、總代理人及基金銷售機構除為單純登載投資管理專門知識或服務等標榜境外基金機構、集團、公司或企業形象而不涉及任何基金產品之廣告，無須標示警語外，其為基金廣告時，應於廣告內容中述明下列或與之相類之警語：

(1)平面廣告：

除保本型基金及以投資高收益債券為訴求之基金外，應揭示「本基金經金管會核准或同意生效，惟不表示絕無風險。基金經理公司以往之經理績效不保證基金之最低投資收益；基金經理公司除盡善良管理人之注意義務外，不負責本基金之盈虧，亦不保證最低之收益，投資人申購前應詳閱基金公開說明書。」之警語。

(2)各類型基金之有聲廣告：透過廣播、電視、電影、手機簡訊、手機來電答鈴或其他相似方式，以影像或聲音為有聲廣告時，應揭示「投資一定有風險，基金投資有賺有賠，申購前應詳閱公開說明書（投資人須知）」。但手機簡訊及手機來電答鈴之內容僅揭示以下訊息時，則不在此限：

A.基金名稱、募集日期　　　B.說明會日期及地點

C.手續費率（含優惠）　　　D.客服連絡電話

E.公司介紹

5. 《中華民國證券投資信託暨顧問商業同業公會「會員及其銷售機構從事廣告及營業活動行為規範」》第11條：證券投資信託事業、總代理人及基金銷售機構為前條警語之揭示時，應遵守下列原則：

(1)應以顯著之顏色、字體或方式等為之；有聲廣告應清楚的宣讀警語，且除廣播以聲音揭示外，須以易識別之字體揭示警語至少播放五秒鐘。

(2)所傳達之訊息應清晰、不含糊。

(3)平面廣告之警語字體大小，不得小於同一廣告上其他部分最小之字體，並應以粗體印刷顯著標示，使其在一般人快速閱覽相關廣告時，均可顯而易見。

6. 《中華民國證券投資信託暨顧問商業同業公會「會員及其銷售機構從事廣告及營業活動行為規範」》第8-1條第1項：證券投資信託事業、總代理人及基金銷售機構從事基金業務之宣導推廣活動時，得在不與基金申購結合之前提下，提供贈品鼓勵投資人索取基金相關資料，並應遵守下列原則：

(1)贈品活動不得變相誘導投資人購買基金，並應注意避免流於浮濫，以維持合理競爭秩序。

(2)贈品單一成本價格上限為**新臺幣200元**，且不得重複領取、累積金額以換取其他贈品或辦理抽獎活動。

(3)金融商品不得作為贈品。

7. 《中華民國證券投資信託暨顧問商業同業公會「會員及其銷售機構從事廣告及營業活動行為規範」》第8-1條第2項：證券投資信託事業、總代理人及基金銷售機構提供贈品鼓勵投資人索取基金相關資料時，應確實執行下列控管作業：

(1)應於相關宣傳文件（含電子媒體）上載明贈品活動之期間、人數、數量、參加辦法等項訂有限制條件者，以避免紛爭。

(2)應留存領取贈品之投資人所填寫資料或將投資人姓名、聯絡方式等項建檔留存。但贈品單一成本價值低於新臺幣30元且印有公司名稱之贈品（例如：原子筆、便條紙等）不在此限。

(3)對前款留存之投資人個人資料，除其他法律或金管會另有規定外，應保守秘密，並依個人資料保護法規定辦理。

(4)各項贈品活動應按月依附件4（造冊格式）造冊，併同第1款及第2款之宣傳文件、投資人資料及內部審核紀錄保存**2年**。

(5)贈品如以非現金取得，該贈品價值應以該項贈品或類似商品之零售價格、或其他可供佐證之單據文件認定之。

8.《中華民國證券投資信託暨顧問商業同業公會「會員及其銷售機構從事廣告及營業活動行為規範」》第8-1條第3項：證券投資信託事業、總代理人應於**每月10日前**將上個月份舉辦之贈品活動按前項第4款規定造冊，並以附件四向本公會申報，同時如上個月份未舉辦贈品活動者，則不需申報。基金銷售機構舉辦贈品活動時，亦僅需以附件4（造冊格式）交由證券投資信託事業或總代理人向本公會申報之。

9.《中華民國證券投資信託暨顧問商業同業公會「會員及其銷售機構從事廣告及營業活動行為規範」》第12條第1項：以基金績效及業績數字為廣告或促銷內容者，尚應符合下列原則：

(1)任何基金績效及業績數字（包括所提之獎項及排名）均需註明使用資料之來源及日期。但保本型基金如須採用複雜計算機制，為了向投資人詳細解釋該等機制，證券投資信託事業、總代理人及基金銷售機構可以使用假設數字，且須清楚列明該數字僅作說明用途，並非表示投資人將來可獲得的實際收益。

(2)以基金績效作為廣告者，基金需成立滿**6個月以上**者，始能刊登全部績效或年度績效；並應遵守以全部績效、年度績效及本項第7款以定時定額投資績效為廣告之事項。以全部績效作為廣告者，須刊登自成立日以來並以計算至月底之最近日期之全部績效（指3個月、6個月、1年、2年及自成立日之績效），同時可增加揭示「自今年以來」之績效；成立**滿3年**者，應以最近3年全部績效（指1年、2年及3年之績效）為圖表表示，同時可增加揭露「自今年以來」、或「3個月」及「6個月」、或「5年」、或「10年」、或「自成立日以來」之績效。基金之各期間績效排名皆為同類型基金之前1／2者，得以文字形容該基金績效，惟須一併揭示該基金應揭示之全部績效及同類型基金績效平均數或指標績效。以年度績效（指以1月至12月完整曆年期間計算之績效）作為廣告者，應揭示最近10年度之各年度績效，同時可增加揭示「自今年以來」績效；

成立未滿10年者，應揭示自成立以來之各年度績效，同時可增加揭示「自今年以來」績效；成立未滿3年者，除揭示年度績效外，須一併揭示該基金之全部績效（指3個月、6個月、1年、2年及自成立日之績效）。基金之各年度績效排名皆為同類型基金之前1／2者，得以文字形容該基金年度績效，惟須一併揭示該基金應揭示之年度績效及同類型基金年度績效平均數或指標年度績效。上述各期間績效之揭示，應遵守下列原則：

A. 不得以1個月之基金績效為廣告訴求及截取特定期間之績效。

B. 不得採點對點之直接連接之線圖方式來呈現基金績效表現之走勢。

C. 若以線圖呈現基金績效，基金成立未滿3年者，應揭示該基金自成立以來之績效，基金成立滿3年（含）者，得自行決定揭示自成立以來之績效或最近三年之績效，且不得對上揭績效的揭示期間作特定期間之壓縮或放大。

D. 基金績效與指標作比較時，除比較基期及計算幣別應一致外，該指標應由證券投資信託事業檢具相關證明文件，報經金管會核備後載明於基金公開說明書，並於通知本公會後始得為之；境外基金則由總代理人檢具證明文件並將該指標載明於投資人須知，於報經本公會核對無誤後始得為之；指標有變動時，亦同。

E. （刪除）

F. 如非以主要類股之績效揭示，應同時揭示該類股之級別（例如：資料來源：Lipper／類股：A累積）。

(3)以基金績效作為廣告者，應以本公會委請之專家學者、理柏（Lipper）、晨星（Morningstar）、嘉實資訊（股）公司或彭博（Bloomberg）等基金評鑑機構所作之評比資料為標準。

(4)與其他證券投資信託基金或境外基金之基金績效比較時，應使用同一國內、外機構之統計或分析資料，且須換算成相同幣別將全部同類型基金之績效均列入並以相同計算基礎比較。全部同類型基金之績效得以該分類之全體平均值替代。

(5)以模擬過去績效之方式作為廣告內容時，應針對該模擬績效之運算模型或模組及假設條件等相關資訊，加以詳細之附註說明於旁，並依本公會所定規範（如附件）對其風險作平衡報導，且其字體大小不得小於該模擬績效廣告部分之字體。

(6)以基金配息率為廣告時，應同時揭露各期間之報酬率（含息）或報酬率（不含息），並說明報酬率之計算方式；基金配息之年化配息率計算公式為「每單位配息金額÷除息日前1日之淨值×1年配息次數×100%」，並應加註「年化配息率為估算值」之說明。

(7)以基金定時定額投資績效為廣告時，應以本項第3款所作之評比資料為標準，惟可按基金扣款情形予以調整，但應確實核對數字之正確性，且須遵守下列事項：

　A.須載明投資績效計算期間且為迄最近日期資料及扣款日期；及投資績效若以原計價幣別以外之其它幣別計算揭露，應同時揭露以相同計算基礎所換算為原幣或新臺幣之投資績效。

　B.基金須成立滿1年以上。

　C.基金成立未滿3年者，應揭露1年、2年及自成立日以來之績效；基金成立滿3年以上者，應至少揭露3年之績效。前述績效應為迄最近日期資料且不得揭露1年（不含）以下期間之投資績效。

(8)以原計價幣別以外之其它幣別之基金績效作為廣告者，應同時揭露以相同計算基礎所換算為原幣或新臺幣之基金績效。

(9)廣告所列出之圖表，必須清楚展示其內容，不得有任何扭曲。

(10)除基金屬性係以追求一定報酬率為主之特殊型基金且其追求之報酬率已於基金公開說明書中揭露並為一致性之資訊外，不得使用「追求○%報酬率、或○%年報酬率、或○%絕對報酬率」等相類用語為基金之廣告及促銷。但符合前述所定條件之特殊型基金於引用時，不可對報酬率部分特別以其他顏色或與其他文字比例顯不相當之方式呈現之，且應揭露自成立日以來之全部績效以平衡風險報導。

(11)不得以（任何期間）基金績效數值或排名資料為廣告標題、或訴求、或為任何特別標識，且廣告內文中刊載基金績效時，不得以劃有色框線、或放大字體、或粗黑字體或不同顏色字樣等顯著方式加以放大或強調。

(12)以基金績效外之其他業績數字為廣告時，可引用之國內、外機構之統計或分析資料名單如附件，若作同類比較時，僅可使用同一來源。前述業績數字包括對證券投資信託事業、總代理人及境外基金管理機構所公布業績數字。

(13)證券投資信託事業對投資人進行槓桿型ETF及反向型ETF之教育宣導，協助投資人瞭解該等ETF產品之風險及特性，以基金績效與槓桿指數或反向指數（含證券投資信託事業自行計算之槓桿指數或反向指數）作單日或截取特定期間之比較者，得不受本項第二款序言「基金需成立滿六個月以上者，始能刊登」、第2款第1目、第2目及第4目規定之限制。

二、證券投資顧問事業

(一) 適合性原則

《證券投資顧問事業管理規則》第10條：證券投資顧問事業接受客戶委任，應充分知悉並評估客戶之投資知識、投資經驗、財務狀況及其承受投資風險程度。

證券投資顧問事業接受客戶委任，對證券投資或交易有關事項提供分析意見或推介建議時，應訂定書面證券投資顧問契約，載明雙方權利義務。

(二) 投資分析建議

《證券投資顧問事業管理規則》第11條：

(1)證券投資顧問事業提供證券投資分析建議時，應作成投資分析報告，載明合理分析基礎及根據。

(2)前項投資分析報告之副本、紀錄，應自提供之日起，保存**5年**，並得以電子媒體形式儲存。

(3)證券投資顧問事業依前條訂定之證券投資顧問契約，應自契約之權利義務關係消滅之日起，保存**5年**。

(4)證券投資顧問事業在各種傳播媒體提供投資分析者，應將節目錄影及錄音存查，並至少保存1年。

(三) 營業促銷活動

1. 《證券投資顧問事業管理規則》第12條：

(1)證券投資顧問事業從事廣告、公開說明會及其他營業促銷活動時，不得有誇大或偏頗之情事。

(2)證券投資顧問事業為廣告、公開說明會及其他營業促銷活動，應於事實發生後10日內向同業公會申報；同業公會發現有第14條第1項各款情事，應於每月底前彙整函報本會依法處理。

(3)第1項從事廣告、公開說明會及其他營業促銷活動製作之宣傳資料、廣告物及相關紀錄應保存**2年**；從事公開說明會及其他營業促銷活動之內容應錄影及錄音存查，並至少保存**1年**。

(4)本會得隨時抽查證券投資顧問事業之宣傳資料、廣告物、錄影及錄音等相關紀錄，證券投資顧問事業不得拒絕或妨礙。

2. 《證券投資顧問事業管理規則》第14條：

(1)證券投資顧問事業從事廣告、公開說明會及其他營業活動，不得有下列行為：

A.於傳播媒體提供證券投資分析節目，違反第13條規定。

B.為招攬客戶，以詐術或其他不正當方式，誘使投資人參加證券投資分析活動。

C.對所提供證券投資服務之績效、內容或方法無任何證據時，於廣告中表示較其他業者為優。

D.於廣告中僅揭示對公司本身有利之事項，或有其他過度宣傳之內容。

E.未取得核准辦理全權委託投資業務，而為使人誤信其有辦理該項業務之廣告。

F. 為保證獲利或負擔損失之表示。

G.於傳播媒體從事投資分析之同時，有招攬客戶之廣告行為。

H.涉有利益衝突、詐欺、虛偽不實或意圖影響證券市場行情之行為。

I. 涉有個別有價證券未來價位研判預測。

J. 於有價證券集中交易市場或櫃檯買賣成交系統交易時間及前後1小時內，在廣播或電視傳播媒體，對不特定人就個別有價證券之買賣進行推介或勸誘。

K.於前款所定時間外，在廣播或電視媒體，未列合理研判分析依據，對不特定人就個別有價證券之產業或公司財務、業務資訊提供分析意見，或就個別有價證券之買賣進行推介。

L.對證券市場之行情研判、市場分析及產業趨勢，未列合理研判依據。

M.以主力外圍、集團炒作、內線消息或其他不正當或違反法令之內容，作為招攬之訴求及推介個別有價證券之依據。

N.引用各種推薦書、感謝函、過去績效或其他易使人認為確可獲利之類似文字或表示。

O.為推廣業務所製發之書面文件未列明公司登記名稱、地址、電話及營業執照字號。

P. 以業務人員或內部研究單位等非證券投資顧問事業名義，舉辦證券投資分析活動、製作書面或電子文件。

Q.違反同業公會訂定廣告及促銷活動之自律規範。

(2)前項第17款之自律規範，由同業公會擬訂，申報本會核定後實施；修正時，亦同。

(四) 善良管理人之注意義務與忠實義務

《證券投資顧問事業管理規則》第13條：

(1)證券投資顧問事業應依本法、本法授權訂定之命令及契約之規定，以善良管理人之注意義務及忠實義務，本誠實及信用原則執行業務。

(2)前項事業除法令另有規定外，不得有下列行為：

A.以詐欺、脅迫或其他不正當方式簽訂委任契約。

B.代理他人從事有價證券投資或證券相關商品交易行為。

C.與客戶為投資有價證券收益共享或損失分擔之約定。

D.買賣該事業推介予投資人相同之有價證券。但證券投資信託基金及境外基金，不在此限。

E.為虛偽、欺罔、謾罵或其他顯著有違事實或足致他人誤信之行為。

F. 與客戶有借貸款項、有價證券，或為借貸款項、有價證券之居間情事。

G.保管或挪用客戶之有價證券、款項、印鑑或存摺。

H.意圖利用對客戶之投資研究分析建議、發行之出版品或舉辦之講習，謀求自己、其他客戶或第三人利益之行為。

I. 非依法令所為之查詢，洩漏客戶委任事項及其他職務所獲悉之秘密。

J. 同意或默許他人使用本公司或業務人員名義執行業務。

K.以任何方式向客戶傳送無合理分析基礎或根據之建議買賣訊息。

L. 於公開場所或廣播、電視以外之傳播媒體，對不特定人就個別有價證券未來之價位作研判預測，或未列合理研判分析依據對個別有價證券之買賣進行推介。

M.自行或委託他人製播之證券投資分析節目，以非事業之受僱人擔任節目主持人。

N.藉卜筮或怪力亂神等方式，為投資人作投資分析。

O.以文字、圖畫、演說或他法鼓動或誘使他人拒絕履行證券投資買賣之交割義務、為抗爭或其他擾亂交易市場秩序之行為。

P. 利用非專職人員招攬客戶或給付不合理之佣金。

Q.以非登記名稱從事證券投資分析活動或其他業務行為。

R.以證券投資顧問服務為贈品。

S. 於非登記之營業處所經營業務。

T. 與他人約定利潤與營業費用分成，並以本公司或受僱人名義參與經營證券投資顧問業務。

U.其他違反證券暨期貨管理法令或經本會規定不得為之行為。

(3)第1項事業對於客戶個人資料、往來交易資料及其他相關資料，除其他法律或本會另有規定外，應保守秘密。

(4)證券投資顧問事業應依同業公會規定訂定內部人員管理規範，並執行之。

精選試題

(　　) **1** 證券投資信託事業或其基金銷售機構為基金之廣告、公開說明會及其他營業促銷活動，證券投資信託事業應於事實發生後幾日內向同業公會申報？　(A)5　(B)10　(C)15　(D)20。

(　　) **2** 證券投資事業、總代理人及基金銷售機構從事基金之廣告、公開說明會及其他營業促銷活動時，下列何者為正確之宣傳行為？(A)為基金投資績效之預測　(B)以獲利或配息率為廣告者，同時報導其風險以作為平衡報導　(C)以基金經理人作為宣傳廣告之標題　(D)截取報章雜誌之報導作為廣告內容。

(　) **3** 證券投資信託事業、總代理人及基金銷售機構所辦理各項贈品活動，應按月造冊，併同宣傳文件、投資人資料及內部審核紀綠保存幾年？　(A)1年　(B)2年　(C)3年　(D)5年。

(　) **4** 基金銷售機構從事基金業務之宣導推廣活動時，得在不與基金申購結合之前提下，提供贈品鼓勵投資人索取基金相關資料，該贈品單一成本價格上限為新臺幣多少元？　(A)50　(B)100　(C)200　(D)500。

(　) **5** 基金銷售機構提供贈品鼓勵投資人索取基金相關資料時，下列控管作業之敘述何者有誤？　(A)各項贈品活動應按月造冊，併同宣傳文件、投資人資料及內部審核紀錄保存1年　(B)應留存領取贈品之投資人所填寫資料或將投資人姓名、聯絡方式等項建檔留存。但贈品單一成本價值低於新臺幣30元且印有公司名稱之贈品（例如：原子筆、便條紙等）不在此限　(C)贈品如以非現金取得，該贈品價值應以該項贈品或類似商品之零售價格、或其他可供佐證之單據文件認定之　(D)應於相關宣傳文件（含電子媒體）上載明贈品活動之期間、人數、數量、參加辦法等項訂有限制條件者，以避免紛爭。

(　) **6** 以基金績效作為廣告者，基金需成立滿多久者始能刊登？
(A)3個月　(B)6個月　(C)1年　(D)3年。

(　) **7** 下列何者為以基金定時定額投資績效為廣告時須遵守之事項？
(A)須載明投資績效計算期間且為迄最近日期資料及扣款日期
(B)基金須成立滿1年以上　(C)基金成立未滿3年者，應揭露1年、2年及自成立日以來之績效；基金成立滿3年以上者，應至少揭露3年之績效　(D)以上皆是。

(　) **8** 總代理人應於每月幾日前將上個月份舉辦之贈品活動依規定造冊，向公會申報？　(A)3　(B)5　(C)10　(D)15。

(　) **9** 以基金績效作為廣告者，基金需成立滿多久以上者，始能刊登？
(A)6個月　(B)1年　(C)3年　(D)5年。

(　　) **10** 以基金績效作為廣告者，基金需成立滿多久者，應以最近3年全部績效（指1年、2年及3年之績效）為圖表表示？
(A)6個月　(B)1年　(C)3年　(D)5年。

(　　) **11** 證券投資顧問事業從事廣告、公開說明會及其他營業促銷活動製作之宣傳資料、廣告物及相關紀錄應保存幾年？
(A)0.5　(B)1　(C)2　(D)3。

(　　) **12** 證券投資顧問事業從事公開說明會及其他營業促銷活動之內容應錄影及錄音存查，並至少保存幾年？　(A)1　(B)3　(C)5　(D)7。

(　　) **13** 證券投資顧問事業不得於有價證券集中交易市場或櫃檯買賣成交系統交易時間及前後幾小時內，在廣播或電視傳播媒體，對不特定人就個別有價證券之買賣進行推介或勸誘？　(A)1　(B)3　(C)6　(D)12。

(　　) **14** 證券投資顧問事業不得為下列何項行為？　(A)以證券投資顧問服務做為贈品　(B)以登記名稱從事證券投資分析活動　(C)利用專職人員招攬客戶　(D)於登記之營業處所經營業務。

解答與解析

1 (B)。《證券投資信託事業管理規則》第22條第2項：證券投資信託事業或其基金銷售機構為基金之廣告、公開說明會及其他營業促銷活動，證券投資信託事業應於事實發生後**10日**內向同業公會申報。
故此題答案為(B)。

2 (B)。《中華民國證券投資信託暨顧問商業同業公會會員及其銷售機構從事廣告及營業活動行為規範》第8條：證券投資信託事業、總代理人及基金銷售機構從事基金之廣告、公開說明會及其他營業活動時，不得有下列行為：

1. 藉金管會對該基金之核准或申報生效，作為證實申請（報）事項或誤導投資人認為主管機關已保證基金價值之宣傳。

2. 使人誤信能保證本金之安全或保證獲利者。但設有保證機構之保證型保本基金已於其公開說明書中，充分揭露保證之具體內容者，其保證本金安全部分，不在此限。

3. 提供贈品、或定存加碼、貸款減碼等金融性產品或以其他利益或方式等，勸誘他人購買基金。但金管會另有規定者，不在此限。

4. 對於業績及績效作誇大之宣傳或對同業或他人為攻訐或損害營業信譽之廣告。

5. 為虛偽、詐欺、隱匿、或其他足致他人誤信之行為。

6. 對未經金管會核准募集或申報生效之基金，預為宣傳廣告、公開說明會及促銷。

7. 內容違反法令、主管機關之規定、自律規範、證券投資信託契約、境外基金相關機構授權契約或基金公開說明書內容。

8. 以基金經理人作為宣傳廣告之主要訴求或標題。【選項(C)】

9. 為基金投資績效之預測。【選項(A)】

10. 涉及對新臺幣匯率走勢之臆測。

11. 內容採用可能貶低整體行業聲譽之方式作宣傳。

12. 內容載有不正確或與銷售文件內容不符或不雅之文字、美術稿或圖案設計。

13. 開放式基金以「無折價風險」等相類詞語作為廣告。

14. 以銷售費或經理費收入為捐贈或與投資人權益無關之詞語為訴求。

15. 截取報章雜誌之報導作為廣告內容。【選項(D)】

16. 以採訪投資人之方式來廣告促銷基金。

17. 以獲利或配息率為廣告者，未同時報導其風險以作為平衡報導。【選項(B)】

18. 以配息比率或配息金額為廣告文宣之主要標題。

19. 以配息為廣告標題者，加入基金配息資訊以外之行銷性質文字。

20. 股票型基金以月配息為廣告或銷售之主要訴求。

21. 使用優於定存、打敗通膨等相類之詞語為訴求。

22. 有關免稅之說明，未載明或說明係何種對象、何種內容免稅。

23. 以所獲基金信用評等等級或市場風險報酬之基金評級為廣告或促銷內容（含已成立或金管會核准募集但尚未成立之基金）時，未以顯著方式註明該基金所獲得信用評等或基金評級之性質或意義、資料來源及未成立基金未註明該基金尚未成立。

24. 未於基金銷售文件中，標明已備有公開說明書（或其中譯本）或投資人須知及可供索閱之處所或可供查閱之方式。

25. 股票型基金提及配息類股時，未於銷售文件中說明配息機制，包括股票配息情況及說明如何將股息收入轉為各期配息。

26. 銷售文件中有提及投資人直接應付之費用（含手續費前收或後收型基金之申購手續費、基金短線交易應付之買回費用或其它費用等）時，未清楚標示收取方式；以及未揭示『有關基金應負擔之費用（境外基金含分銷費用）已揭露於基金之公開說明書或投資人須知中，投資人可至公開資訊

觀測站或境外基金資訊觀測站中
查詢。』之相類資訊。

27. 對投資人須支付基金分銷費用之
基金，未於銷售文件或廣告內容
中以顯著方式揭露分銷費用反映
於每日基金淨資產價值及其約占
比例之資訊。

28. 申購手續費屬後收型之基金，以
免收申購手續費為廣告主要訴
求，未揭露遞延手續費、分銷費
用之收取方式。

29. 為推廣業務所製發之書面文件，
刻意以不明顯字體標示附註與限
制事項，未列明公司名稱、地址
及電話，或證券投資顧問事業未
列明營業執照字號，以及冒用或
使用相同或近似於他人之註冊商
標、服務標章或名號，致有混淆
投資人之虞。

30. 以未經金管會核准或同意生效之
境外基金為廣告內容。

31. 專供理財專員使用之基金文宣資
料，放置於櫃台或文宣資料區提
供投資人自行取閱。

32. 以基金銷售排行之方式為廣告內容。

33. 以基金投資組合平均信用評級作
為銷售訴求。若於基金月報或銷售
文件中揭露基金投資組合平均信
用評級資訊予投資人參考時，應同
時載明平均信用評級計算方式、納
入計算之資產項目、決定投資標的
信用評級方式以及依投資標的信
用評級揭示相關比重等。

34. 其他影響事業經營或投資人權益
之事項。

因此，選項(B)為正確之敘述。
故此題答案為(B)。

3 (B)。《中華民國證券投資信託暨
顧問商業同業公會會員及其銷售機
構從事廣告及營業活動行為規範
項》第8-1條第2項：證券投資信託
事業、總代理人及基金銷售機構提
供贈品鼓勵投資人索取基金相關資
料時，應確實執行下列控管作業：

1. 應於相關宣傳文件（含電子媒
體）上載明贈品活動之期間、人
數、數量、參加辦法等項訂有限
制條件者，以避免紛爭。

2. 應留存領取贈品之投資人所填寫
資料或將投資人姓名、聯絡方式
等項建檔留存。但贈品單一成本
價值低於新臺幣30元且印有公司
名稱之贈品（例如：原子筆、便
條紙等）不在此限。

3. 對前款留存之投資人個人資料，
除其他法律或金管會另有規定
外，應保守秘密，並依個人資料
保護法規定辦理。

4. 各項贈品活動應按月依附件4
（造冊格式）造冊，併同第1款
及第2款之宣傳文件、投資人資
料及內部審核紀錄保存2年。

故此題答案為(B)。

4 (C)。《中華民國證券投資信託暨
顧問商業同業公會會員及其銷售
機構從事廣告及營業活動行為規
範》第8-1條第1項：證券投資信託
事業、總代理人及基金銷售機構從
事基金業務之宣導推廣活動時，得

在不與基金申購結合之前提下，提供贈品鼓勵投資人索取基金相關資料，並應遵守下列原則：

1. 贈品活動不得變相誘導投資人購買基金，並應注意避免流於浮濫，以維持合理競爭秩序。
2. 贈品單一成本價格上限為**新臺幣200元**，且不得重複領取、累積金額以換取其他贈品或辦理抽獎活動。
3. 金融商品不得作為贈品。

故此題答案為(C)。

5 **(A)**。《中華民國證券投資信託暨顧問商業同業公會會員及其銷售機構從事廣告及營業活動行為規範》第8-1條第2項：證券投資信託事業、總代理人及基金銷售機構提供贈品鼓勵投資人索取基金相關資料時，應確實執行下列控管作業：

1. 應於相關宣傳文件（含電子媒體）上載明贈品活動之期間、人數、數量、參加辦法等項訂有限制條件者，以避免紛爭。【選項(D)】
2. 應留存領取贈品之投資人所填寫資料或將投資人姓名、聯絡方式等項建檔留存。但贈品單一成本價值低於新臺幣30元且印有公司名稱之贈品（例如：原子筆、便條紙等）不在此限。【選項(B)】
3. 對前款留存之投資人個人資料，除其他法律或金管會另有規定外，應保守秘密，並依個人資料保護法規定辦理。
4. 各項贈品活動應按月依附件4（造冊格式）造冊，併同第1款

及第2款之宣傳文件、投資人資料及內部審核紀錄保存2年。【選項(A)】
5. 贈品如以非現金取得，該贈品價值應以該項贈品或類似商品之零售價格、或其他可供佐證之單據文件認定之。【選項(C)】

故此題答案為(A)。

6 **(B)**。《中華民國證券投資信託暨顧問商業同業公會會員及其銷售機構從事廣告及營業活動行為規範》第12條第1項：以基金績效作為廣告者，基金需成立滿**6個月以上**者，始能刊登全部績效或年度績效。

故此題答案為(B)。

7 **(D)**。《中華民國證券投資信託暨顧問商業同業公會會員及其銷售機構從事廣告及營業活動行為規範》第12條第1項：以基金定時定額投資績效為廣告時，遵守下列事項：

(1) 須載明投資績效計算期間且為迄最近日期資料及扣款日期；及投資績效若以原計價幣別以外之其它幣別計算揭露，應同時揭露以相同計算基礎所換算為原幣或新臺幣之投資績效。
(2) 基金須成立滿1年以上。
(3) 基金成立未滿3年者，應揭露1年、2年及自成立日以來之績效；基金成立滿3年以上者，應至少揭露3年之績效。前述績效應為迄最近日期資料且不得揭露1年（不含）以下期間之投資績效。

故此題答案為(D)。

8 (C)。《中華民國證券投資信託暨顧問商業同業公會會員及其銷售機構從事廣告及營業活動行為規範》第8-1條第3項：證券投資信託事業、總代理人應於**每月10日前**將上個月份舉辦之贈品活動按前項第4款規定造冊，並以附件四向本公會申報，同時如上個月份未舉辦贈品活動者，則不需申報。基金銷售機構舉辦贈品活動時，亦僅需以附件4（造冊格式）交由證券投資信託事業或總代理人向本公會申報之。故此題答案為(C)。

9 (A)。《中華民國證券投資信託暨顧問商業同業公會會員及其銷售機構從事廣告及營業活動行為規範》第12條第1項：以基金績效作為廣告者，基金需成立滿**6個月以上**者，始能刊登全部績效或年度績效。故此題答案為(A)。

10 (C)。《中華民國證券投資信託暨顧問商業同業公會會員及其銷售機構從事廣告及營業活動行為規範》第12條第1項：成立**滿3年**者，應以最近3年全部績效（指1年、2年及3年之績效）為圖表表示。故此題答案為(C)。

11 (C)。《證券投資顧問事業管理規則》第12條：從事廣告、公開說明會及其他營業促銷活動製作之宣傳資料、廣告物及相關紀錄應保存**2年**。故此題答案為(C)。

12 (A)。《證券投資顧問事業管理規則》第12條：從事公開說明會及其他營業促銷活動之內容應錄影及錄音存查，並至少保存**1年**。故此題答案為(A)。

13 (A)。《證券投資顧問事業管理規則》第14條：證券投資顧問事業從事廣告、公開說明會及其他營業活動，不得於有價證券集中交易市場或櫃檯買賣成交系統交易時間及前後**1小時內**，在廣播或電視傳播媒體，對不特定人就個別有價證券之買賣進行推介或勸誘。故此題答案為(A)。

14 (A)。《證券投資顧問事業管理規則》第13條：證券投資顧問事業不得有下列行為：
1.以詐欺、脅迫或其他不正當方式簽訂委任契約。
2.代理他人從事有價證券投資或證券相關商品交易行為。
3.與客戶為投資有價證券收益共享或損失分擔之約定。
4.買賣該事業推介予投資人相同之有價證券。但證券投資信託基金及境外基金，不在此限。
5.為虛偽、欺罔、謾罵或其他顯著有違事實或足致他人誤信之行為。
6.與客戶有借貸款項、有價證券，或為借貸款項、有價證券之居間情事。
7.保管或挪用客戶之有價證券、款項、印鑑或存摺。

8. 意圖利用對客戶之投資研究分析建議、發行之出版品或舉辦之講習，謀求自己、其他客戶或第三人利益之行為。

9. 非依法令所為之查詢，洩漏客戶委任事項及其他職務所獲悉之秘密。

10. 同意或默許他人使用本公司或業務人員名義執行業務。

11. 以任何方式向客戶傳送無合理分析基礎或根據之建議買賣訊息。

12. 於公開場所或廣播、電視以外之傳播媒體，對不特定人就個別有價證券未來之價位作研判預測，或未列合理研判分析依據對個別有價證券之買賣進行推介。

13. 自行或委託他人製播之證券投資分析節目，以非事業之受僱人擔任節目主持人。

14. 藉卜筮或怪力亂神等方式，為投資人作投資分析。

15. 以文字、圖畫、演說或他法鼓動或誘使他人拒絕履行證券投資買賣之交割義務、為抗爭或其他擾亂交易市場秩序之行為。

16. 利用非專職人員招攬客戶或給付不合理之佣金。【選項(C)】

17. 以非登記名稱從事證券投資分析活動或其他業務行為。【選項(B)】

18. 以證券投資顧問服務為贈品。【選項(A)】

19. 於非登記之營業處所經營業務。【選項(D)】

20. 與他人約定利潤與營業費用分成，並以本公司或受僱人名義參與經營證券投資顧問業務。

21. 其他違反證券暨期貨管理法令或經本會規定不得為之行為。

故此題答案為(A)。

Day 06　證券投資信託及顧問(二)

證券投資信託及顧問事業之財務管理

一、證券投資信託事業

(一) 《證券投資信託事業管理規則》第21條：

1. 證券投資信託事業應將證券投資信託基金之公開說明書、有關銷售文件、證券投資信託契約與事業本身及基金之最近期經會計師查核簽證或核閱之財務報告，置於其營業處所及其基金銷售機構之營業處所，以供查閱。

2. 前項公開說明書及最近期經會計師查核簽證或核閱之財務報告並應上傳至本會指定之資訊申報網站。信託業或期貨信託事業兼營證券投資信託業務者，已將事業本身最近期經會計師查核簽證或核閱之財務報告，依信託業法第39條或期貨信託事業管理規則第29條規定，於指定網站辦理公告事宜者，不在此限。

(二) 《證券投資信託事業管理規則》第28條：

1. 證券投資信託事業經本會核准投資外國及大陸事業者，除本會另有規定外，應依下列規定辦理：

    (1)於被投資事業營業年度終了後6個月內，向本會申報該被投資事業之年度財務報告。

    (2)每季終了後15日內，向本會提交所投資事業之業務報告，該業務報告應包含業務辦理情形、收支狀況、效益評估等內容。

    (3)每月10日以前，向本會申報所投資事業上月份財務業務資訊及營運狀況。

    (4)於本會指定之資訊申報系統填報投資事業之基本資料，資料如有異動亦應確實更新。

    (5)本會規定應提出之其他資料或文件。

2. 證券投資信託事業經核准投資外國及大陸事業後，對於資金之匯出、被投資事業之登記或變更登記證明文件等，應於取得證明文件後**5日內**申報本會備查。

3. 前項資金之匯出應經本會核准，並依管理外匯條例有關規定辦理。

二、證券投資顧問事業

(一) 《證券投資顧問事業管理規則》第8條：

1. 證券投資顧問事業財務報告之編製，應依本條及有關法令規定辦理之；其未規定者，依一般公認會計原則辦理。

2. 前項所稱一般公認會計原則，自中華民國102會計年度起，係指經本會認可之國際財務報導準則、國際會計準則、解釋及解釋公告。

3. 證券投資顧問事業應於每會計年度終了後3個月內，公告並向本會申報經會計師查核簽證、董事會通過及監察人承認之年度財務報告。

4. 證券投資顧問事業於開始經營業務後，依前項規定應申報經會計師查核簽證之財務報告，每股淨值低於面額者，應於**1年內**改善。屆期未改善者，本會得限制其於傳播媒體從事證券投資分析活動。但證券投資顧問事業取得營業執照未滿一個完整會計年度者，不在此限。

5. 證券投資顧問事業於開始經營業務後，依第3項規定申報之財務報告，資產不足抵償其負債，經本會命令限期改善，屆期仍未改善者，本會得廢止其營業許可。

6. 第3項年度財務報告之申報，應送由同業公會彙送本會。

(二) 《**證券投資信託事業證券投資顧問事業證券商兼營信託業務管理辦法**》**第10條**：證券投資信託事業、證券投資顧問事業或證券商兼營信託業務之特定項目，應每半年營業年度依信託業會計處理原則及信託業法施行細則第17條第1項所定期限，編製信託帳之資產負債表、信託財產目錄及損益表，由同業公會彙送主管機關，並公告於同業公會網站。

(三) **金管銀票字第09940005340號令**：依據證券投資信託事業證券投資顧問事業證券商兼營信託業務管理辦法第10條第1項規定，證券投資信託事業、證券投資顧問事業或證券商兼營信託業務之特定項目，應將委託人交付之信託財產，委由符合主管機關認可之信用評等機構評等**達一定等級**以上之信託公司或兼營信託業務之銀行保管；其所稱信用評等機構評等達一定等級以上，準用證券投資信託事業證券投資顧問事業經營全權委託投資業務管理辦法第2條第7項所定全權委託保管機構應符合之信用評等標準。

精選試題

(　　) **1** 證券投資信託事業經核准投資外國證券事業後，對於資金之匯出、被投資外國證券事業之登記或變更登記證明文件等，應於取得證明文件後幾日內申報金管會備查？　(A)1　(B)3　(C)5　(D)10。

(　　) **2** 證券投資顧問事業於開始經營業務後，依規定應申報經會計師查核簽證之財務報告，每股淨值低於面額者，應於幾年內改善？　(A)1　(B)3　(C)5　(D)7。

(　　) **3** 下列何者為全權委託保管機構應具備之條件？　(A)最近期經會計師查核簽證之財務報告每股淨值不低於面額　(B)經中華信用評等公司評定，長期債務信用評等twB-級以上，短期債務信用評等達twB-級以上　(C)符合《證券投資信託事業證券投資顧問事業經營全權委託投資業務管理辦法》規定之全權委託保管機構保管　(D)全權委託保管機構應由經營全權委託投資業務之投信或投顧事業指定。

解答與解析

1 (C)。《證券投資信託事業管理規則》第28條第2項：證券投資信託事業經核准投資外國及大陸事業後，對於資金之匯出、被投資事業之登記或變更登記證明文件等，應於取得證明文件後**5日內**申報本會備查。故此題答案為(C)。

2 (A)。《證券投資顧問事業管理規則》第8條第4項：證券投資顧問事業於開始經營業務後，依前項規定應申報經會計師查核簽證之財務報告，每股淨值低於面額者，應於**1年內**改善。故此題答案為(A)。

3 (C)。《證券投資信託事業證券投資顧問事業證券商兼營信託業務管理辦法》第9條第1項：
證券投資信託事業、證券投資顧問事業或證券商兼營信託業務之特定項目，應將委託人交付之信託財產，委由符合《證券投資信託事業證券投資顧問事業經營全權委託投資業務管理辦法》規定之全權委託保管機構保管。
故此題答案為(C)。

重點 2　證券投資信託及顧問事業之人事管理

一、證券投資信託事業

《證券投資信託事業負責人與業務人員管理規則》第2條：

本規則所稱負責人，指依公司法第八條或其他法律之規定應負責之人。

本規則所稱業務人員，指為證券投資信託事業從事下列業務之人員：

(1)辦理受益憑證之募集發行、銷售及私募。

(2)投資研究分析。　　　　　　(3) 基金之經營管理。

(4)執行基金買賣有價證券。

(5)辦理全權委託投資有關業務之研究分析、投資決策或買賣執行。

(6)內部稽核。　　　　　　　　(7) 法令遵循。

(8)風險管理。　　　　　　　　(9) 主辦會計。

(10)辦理其他經核准之業務。

(一) 基金經理人

《證券投資信託事業負責人與業務人員管理規則》第5條第1項：證券投資信託事業對於每一證券投資信託基金之運用，均應指派具備下列資格條件之一之基金經理人專人負責：

(1)符合證券投資顧問事業負責人與業務人員管理規則所定證券投資分析人員資格者。

(2)經證券商同業公會委託機構舉辦之證券商高級業務員測驗合格，或已取得原證券主管機關核發之證券商高級業務員測驗合格證書，並在專業投資機構擔任證券投資分析或證券投資決策工作3年以上者。

(3)經同業公會委託機構舉辦之證券投資信託及顧問事業之業務員測驗合格，並在專業投資機構從事證券投資分析或證券投資決策工作2年以上者。

(4)現任基金經理人，於中華民國90年10月17日前任職達1年以上，且繼續擔任同一證券投資信託事業基金經理人併計達2年以上者。

(5)擔任接受客戶全權委託投資業務之投資經理人職務1年以上，無不良紀錄者。

(二) 利益衝突之防免

1. 《證券投資信託事業負責人與業務人員管理規則》第14條：
   (1) 證券投資信託事業之負責人、部門主管、分支機構經理人與基金經理人，其本人、配偶、未成年子女及被本人利用名義交易者，除法令另有規定外，於證券投資信託事業決定運用證券投資信託基金從事某種公司股票及具股權性質之衍生性商品交易時起，至證券投資信託基金不再持有該公司股票及具股權性質之衍生性商品時止，不得從事該公司股票及具股權性質之衍生性商品交易。
   (2) 證券投資信託事業之負責人、部門主管、分支機構經理人、基金經理人本人及其關係人從事公司股票及具股權性質之衍生性商品交易，應向所屬證券投資信託事業申報交易情形。
   (3) 前項應申報之資料範圍及投資標的，由本會定之。
   (4) 第2項所稱關係人，指符合以下情形之一：
   　A. 本人為自然人者，指其配偶、二親等以內之血親及本人或配偶為負責人之企業。
   　B. 本人為法人者，指受同一來源控制或具有相互控制關係之法人。
   (5) 證券投資信託事業經營全權委託投資業務之投資經理人準用第2項至前項規定。
2. 《證券投資信託事業負責人與業務人員管理規則》第15條：
   (1) 證券投資信託事業之負責人、部門主管、分支機構經理人或基金經理人本人或其配偶，有擔任證券發行公司之董事、監察人、經理人或持有已發行股份總數5%以上股東者，於證券投資信託事業運用證券投資信託基金買賣該發行公司所發行之證券時，不得參與買賣之決定。
   (2) 證券投資信託事業之負責人、部門主管、分支機構經理人、基金經理人或證券投資信託事業於其購入股票發行公司之股東代表人，除法令另有規定外，不得擔任證券投資信託基金所購入股票發行公司之董事、監察人或經理人。
   (3) 證券投資信託事業之負責人、部門主管或分支機構經理人，除法令另有規定外，不得投資於其他證券投資信託事業，或兼為其他證券投資信託事業、證券投資顧問事業或證券商之董事、監察人或經理人。
   (4) 第一項持有已發行股份總數5%以上之股東，其股份之計算，包括其配偶、未成年子女及利用他人名義持有者。

二、證券投資顧問事業

《證券投資顧問事業負責人與業務人員管理規則》第2條：

本規則所稱負責人，指依公司法第八條或其他法律之規定應負責之人。

本規則所稱業務人員，指為證券投資顧問事業從事下列業務之人員：

(1)對有價證券、證券相關商品或其他經金融監督管理委員會（以下簡稱本會）核准項目之投資或交易有關事項，提供分析意見或推介建議。

(2)從事證券投資分析活動、講授或出版。

(3)辦理全權委託投資有關業務之研究分析、投資決策或買賣執行。

(4)對全權委託投資業務或證券投資顧問業務，為推廣或招攬。

(5)辦理境外基金之募集、銷售及私募。

(6)內部稽核。　　　　　　　(7) 法令遵循。

(8)主辦會計。　　　　　　　(9) 辦理其他經核准之業務。

(一) 證券投資分析人員

《證券投資顧問事業負責人與業務人員管理規則》第4條：

(1)擔任證券投資顧問事業證券投資分析人員，應具備下列資格之一：

A.參加同業公會委託機構舉辦之證券投資分析人員測驗合格者。

B.在外國取得證券分析師資格，具有**2年以上**實際經驗，經同業公會委託機構舉辦之證券投資信託及顧問事業業務員之法規測驗合格，並經同業公會認可者。

C.93年10月31日前，已取得證券投資分析人員資格者。

(2)前項第一款、第二款之測驗及認可事項，由同業公會擬訂，申報本會核定後實施；修正時，亦同。

(二) 善良管理人注意義務及忠實義務

《證券投資顧問事業負責人與業務人員管理規則》第15條：

(1)證券投資顧問事業之負責人、部門主管、分支機構經理人、業務人員或其他受僱人應以善良管理人之注意義務及忠實義務，本誠實信用原則執行業務。

(2)前項人員，除法令另有規定外，不得有下列行為：

A.以詐欺、脅迫或其他不正當方式簽訂委任契約。

B.代理他人從事有價證券投資或證券相關商品交易行為。

C.與客戶為投資有價證券收益共享或損失分擔之約定。

D. 買賣該事業推介予投資人相同之有價證券。但證券投資信託基金及境外基金，不在此限。

E. 為虛偽、欺罔、謾罵或其他顯著有違事實或足致他人誤信之行為。

F. 與客戶有借貸款項、有價證券，或為借貸款項、有價證券之居間情事。

G. 保管或挪用客戶之有價證券、款項、印鑑或存摺。

H. 意圖利用對客戶之投資研究分析建議、發行之出版品或舉辦之講習，謀求自己、其他客戶或第三人利益之行為。

I. 非依法令所為之查詢，洩漏客戶委任事項及其他職務所獲悉之秘密。

J. 同意或默許他人使用本公司或業務人員名義執行業務。

K. 以任何方式向客戶傳送無合理分析基礎或根據之建議買賣訊息。

L. 於公開場所或廣播、電視以外之傳播媒體，對不特定人就個別有價證券未來之價位作研判預測，或未列合理研判分析依據對個別有價證券之買賣進行推介。

M. 藉卜筮或怪力亂神等方式，為投資人作投資分析。

N. 以文字、圖畫、演說或他法鼓動或誘使他人拒絕履行證券投資買賣之交割義務、為抗爭或其他擾亂交易市場秩序之行為。

O. 利用非專職人員招攬客戶或給付不合理之佣金。

P. 以非真實姓名（化名）從事證券投資分析活動或其他業務行為。

Q. 以證券投資顧問服務為贈品。

R. 於非登記之營業處所經營業務。

S. 其他違反證券暨期貨管理法令或經本會規定不得為之行為。

(三) **利益衝突之防免**

《證券投資顧問事業負責人與業務人員管理規則》第15-1條：

(1) 證券投資顧問事業之負責人、部門主管、分支機構經理人、對客戶或不特定人提供分析意見或推介建議之人、投資經理人或知悉相關證券投資資訊之從業人員，其本人、配偶、未成年子女及利用他人名義持有者，從事股票及具股權性質之衍生性商品交易，應向所屬證券投資顧問事業申報交易情形。

(2) 前項應申報之資料範圍及投資標的，由同業公會擬訂，報本會核定；修正時，亦同。

(四) **不得從事行為**

1. 《證券投資顧問事業負責人與業務人員管理規則》第16條：

   (1)證券投資顧問事業之負責人、部門主管、分支機構經理人、業務人員或其他受僱人，從事業務廣告及公開舉辦證券投資分析活動，不得有下列行為：

   A.於傳播媒體提供證券投資分析節目，違反第十五條規定。

   B.為招攬客戶，以詐術或其他不正當方式，誘使投資人參加證券投資分析活動。

   C.對所提供證券投資服務之績效、內容或方法無任何證據時，於廣告中表示較其他業者為優。

   D.於廣告中僅揭示對公司本身有利之事項，或有其他過度宣傳之內容。

   E.未取得核准辦理全權委託投資業務，而為使人誤信其有辦理該項業務之廣告。

   F.為保證獲利或負擔損失之表示。

   G.於傳播媒體從事投資分析之同時，有招攬客戶之廣告行為。

   H.涉有利益衝突、詐欺、虛偽不實或意圖影響證券市場行情之行為。

   I.涉有個別有價證券未來價位研判預測。

   J.於有價證券集中交易市場或櫃檯買賣成交系統交易時間及前後一小時內，在廣播或電視媒體，對不特定人就個別有價證券之買賣進行推介或勸誘。

   K.於前款所定時間外，在廣播或電視媒體，未列合理研判分析依據，對不特定人就個別有價證券之產業或公司財務、業務資訊提供分析意見，或就個別有價證券之買賣進行推介。

   L.對證券市場之行情研判、市場分析及產業趨勢，未列合理研判依據。

   M.以主力外圍、集團炒作、內線消息或其他不正當或違反法令之內容，作為招攬之訴求及推介個別有價證券之依據。

   N.引用各種推薦書、感謝函、過去績效或其他易使人認為確可獲利之類似文字或表示。

   O.為推廣業務所製發之書面文件未列明公司登記名稱、地址、電話及營業執照字號。

P. 以業務人員或內部研究單位等非證券投資顧問事業名義，舉辦證券投資分析活動、製作書面或電子文件。

Q.違反同業公會訂定廣告及促銷活動之自律規範。

(2)前項第17款之自律規範，由同業公會擬訂，申報本會核定後實施；修正時，亦同。

2. 《證券投資顧問事業負責人與業務人員管理規則》第17條：證券投資顧問事業之負責人與業務人員涉嫌違反本法或其他有關法令，或就執行職務相關事項之查詢，應於本會所定期間內，到會說明或提出書面報告資料。

3. 《證券投資顧問事業負責人與業務人員管理規則》第18條：證券投資顧問事業之負責人、業務人員及其他受僱人執行業務，對於本法第59條或本於法令或契約規定事業不得為之行為，亦不得為之。

證券投資顧問事業之負責人、業務人員及其他受僱人，於從事證券投資顧問業務、全權委託投資業務及其他經本會核准之有關業務之行為涉及民事責任者，推定為該事業授權範圍內之行為。

(五) **證券投資顧問事業從業人員之行為準則**

1. 基本原則

(1)《中華民國證券投資信託暨顧問商業同業公會證券投資顧問事業從業人員行為準則》第2條：證券投資顧問事業及其負責人、業務人員及所有受僱人員、與他事業及其人員兼營證券投資顧問業務或全權委託投資業務之事宜者，應一體遵行本行為準則之規定。

(2)《中華民國證券投資信託暨顧問商業同業公會證券投資顧問事業從業人員行為準則》第3條：負責人、業務人員及所有受僱人員應秉持下列之業務經營原則，共同為維護證券投資顧問公司之聲譽與發展而努力：

A.忠實誠信原則：應遵守並奉行高標準的誠實、清廉和公正原則，確實掌握客戶之資力、投資經驗與投資目的，據以提供適當之服務，並謀求客戶之最大利益，不得有誤導、詐欺、利益衝突或內線交易之行為。

B.勤勉原則：公司員工應於其業務範圍內，注意業務進行與發展，對客戶的要求與疑問，適時提出說明。無論和現有客戶、潛在客戶、雇主或職員進行交易時，都必須秉持公正公平且充分尊重對方。

C.善良管理人注意原則：應以善良管理人之責任及注意，確實遵守公司內部之職能區隔機制，以提供證券投資顧問服務及管理客戶委託之資產，並提供最佳之證券投資服務。

D.專業原則：應持續充實專業職能，並有效運用於職務上之工作，樹立專業投資理財風氣。

E.保密原則：妥慎保管客戶資料，禁止洩露機密資訊或有不當使用之情事，以建立客戶信賴之基礎。

(3)《中華民國證券投資信託暨顧問商業同業公會證券投資顧問事業從業人員行為準則》第4條：本行為準則為公司委任或聘僱契約之一部份，負責人、業務人員及所有受僱人員如違反本行為準則時，可能遭受公司之警告、懲戒或解僱處分。若同時違反法律或主管機關之相關規定時，亦將遭受司法機關或行政機關之訴追或處分。

2. 個人交易之規範

(1)《中華民國證券投資信託暨顧問商業同業公會證券投資顧問事業從業人員行為準則》第4-1條：證券投資顧問事業及他業兼營者，經手人員之個人交易應遵守本章規定。

經手人員係指證券投資顧問事業之負責人、部門主管、分支機構經理人、對客戶或不特定人提供分析意見或推介建議之人、投資經理人、知悉相關證券投資資訊之從業人員，但國內銀行、金融控股公司、證券期貨事業及保險公司擔任證券投資顧問事業之董事、監察人者，不適用本章經手人員申報交易之規範。

他業兼營證券投資顧問業務或全權委託投資業務者，其從事「證券投資顧問事業負責人與業務人員管理規則」第2條第2項第1款至第7款業務之部門主管、業務人員及知悉相關證券投資資訊之從業人員，準用前項「經手人員」之定義及本章之規定。

(2)《中華民國證券投資信託暨顧問商業同業公會證券投資顧問事業從業人員行為準則》第5條：經手人員於到職日起10日內應出具聲明書及依公司所制定之制式表格申報本人帳戶及利害關係人帳戶持有國內上市、上櫃及興櫃公司股票及具股權性質之衍生性商品之名稱及數量等資料。應申報之資料範圍，股票部分，其股票名稱、成交日期、交易別（買或賣）、交易股數、交易單價及總額、淨增

（減）股數、累計持有股數；具股權性質之衍生性商品，其名稱、交易日期、交易別（買或賣）、交易數量、交易單價及總額、及累計持有數量等。

前項具股權性質之衍生性商品指可轉換公司債、附認股權公司債、認股權憑證、認購（售）權證、股款繳納憑證、新股認購權利證書、新股權利證書、債券換股權利證書、個股選擇權交易及股票期貨。

(3)《中華民國證券投資信託暨顧問商業同業公會證券投資顧問事業從業人員行為準則》第6條：經手人員於在職期間應依公司所制定之制式表格每月10日前彙總申報前一月本人帳戶及利害關係人帳戶每一筆交易狀況，應申報之資料範圍，股票部分，其股票名稱、成交日期、交易別（買或賣）、交易股數、交易單價及總額、淨增（減）股數、累計持有股數；具股權性質之衍生性商品，其名稱、交易日期、交易別（買或賣）、交易數量、交易單價及總額、及累計持有數量等，當月無交易者，無需申報。公司於必要時，可要求該人員出具由所開戶之證券商及期貨商所開立之交易證明。

本條應申報之投資標的，適用前條之規定。

(4)《中華民國證券投資信託暨顧問商業同業公會證券投資顧問事業從業人員行為準則》第8條：經手人員不得取得與業務相關之初次上市（櫃）及興櫃股票，以避免其利用職務之便獲取不當利益。

(5)《中華民國證券投資信託暨顧問商業同業公會證券投資顧問事業從業人員行為準則》第9條第1款：經手人員為本人帳戶投資國內上市、上櫃及興櫃公司股票及具股權性質之衍生性商品前，應事先以書面報經督察主管或所屬部門主管核准。

(6)《中華民國證券投資信託暨顧問商業同業公會證券投資顧問事業從業人員行為準則》第10條：經手人員之任何交易，皆應將客戶之利益列為優先之地位。督察主管如認為某特定之個人交易與客戶之利益有衝突之虞而不適當時，得不予核准。

(7)《中華民國證券投資信託暨顧問商業同業公會證券投資顧問事業從業人員行為準則》第11條：經手人員為其個人帳戶買入某種股票後30日內不得再行賣出，或賣出某種股票後30日內不得再行買入。但有正當理由並事先以書面報經督察主管或其他由高階管理階層所指定之人允許者，不在此限。

經手人員自知悉公司推介予客戶某種有價證券或為全權委託投資帳戶執行及完成某種股票買賣前後**7個營業日內**，不得為本人或利害關係人帳戶買賣該種有價證券。但得事先獲得督察主管或其他由高階管理階層所指定之人書面批准，提早於前後2日以上買入或賣出。

(8)《中華民國證券投資信託暨顧問商業同業公會證券投資顧問事業從業人員行為準則》第31條：違反本行為準則之相關規定者，公司得依情節輕重為警告、記過、降職、停職、減薪或解職處分，並作為內部檢討事項，且應將處理情形通知公會。如有違反法令之情事時，並將查報主管機關及公會等相關單位。

違反本行為準則第11條個人交易限制之規定者，除前項處分外，公司並得請求該經手人員將所得利益歸於公司。→「歸入權」之設計

(9)《中華民國證券投資信託暨顧問商業同業公會證券投資顧問事業從業人員行為準則》第12條：辦理全權委託投資業務之相關人員為本人或利害關係人帳戶買賣有價證券，除應遵守前條規定外，如擬買賣與全權委託投資帳戶相同之有價證券，使其自證券市場直接或間接受有利益時，須事先報經督察主管或其他由高階管理階層所指定之人，檢視其決定是否符合客戶之利益。

(10)《中華民國證券投資信託暨顧問商業同業公會證券投資顧問事業從業人員行為準則》第13條：經手人員絕不可利用所獲得之未公開、具價格敏感性之相關資訊從事證券之交易，包括經手人員獲得客戶對某種證券或其衍生性產品已下單或將要下單買賣之資訊。

3. 業務之執行

《中華民國證券投資信託暨顧問商業同業公會證券投資顧問事業從業人員行為準則》第17條第1項：負責人、部門主管、分支機構經理人、其他業務人員或受僱人於執行業務時，除法令另有規定外，不得有下列行為：

(1)以詐欺、脅迫或其他不當方式簽訂委任契約。

(2)以任何形式代理客戶從事有價證券或證券相關商品之投資或交易行為。

(3)與客戶為投資有價證券收益共享或損失分擔之約定。

(4)買賣其推介予投資人相同之有價證券。

(5)為虛偽、欺罔、謾罵或其他顯著有違事實或足致他人誤信之行為。

(6)與客戶有借貸款項、有價證券，或為借貸款項、有價證券之居間情事。

(7)保管或挪用客戶之有價證券、款項、印鑑或存摺。

(8)意圖利用對客戶之投資研究分析建議、發行之出版品或舉辦之講習，謀求自己、其他客戶或第三人利益之行為。

(9)非依法令所為之查詢，洩露客戶委任事項及其他職務所獲悉之秘密。

(10)同意或默許他人使用本公司或業務人員名義執行業務。

(11)於有價證券集中交易市場或櫃檯買賣成交系統交易時間內，以任何方式向客戶傳送無分析基礎或根據之建議買賣訊息。

(12)於公開場所或廣播、電視以外之傳播媒體，對不特定人就個別有價證券未來之價位做研判預測，或未列合理研判分析依據，對個別有價證券之買賣進行推介。

(13)藉卜筮或怪力亂神等方式，為投資人作投資分析。

(14)以文字、圖畫、演說或他法鼓動或誘使他人拒絕履行證券投資買賣之交割義務、為抗爭或其他擾亂交易市場秩序之行為。

(15)利用非專職人員從事招攬客戶、證券投資分析活動或其他營業行為、或給付不合理之佣金。

(16)以非真實姓名（化名）從事證券投資分析活動。

(17)證券投資顧問事業之同一證券投資分析人員對同一支股票，對其不同等級客戶間、或對其客戶與於媒體對不特定人有同一日作相反之投資建議。但個別客戶有事先約定如停利、停損或資產配置比率等特殊需求者，不在此限。

(18)其他違反證券暨期貨管理法令或經主管機關規定不得為之行為。

4. 客戶申訴之處理

(1)《中華民國證券投資信託暨顧問商業同業公會證券投資顧問事業從業人員行為準則》第28條：無論是客戶書面或口頭的申訴案件，客戶服務相關部門均應逐日詳細登載。應至少包括以下各項：申訴日期、傳達方式（信件／傳真／電話／會議／其他）、客戶姓名、編號、經辦人員、申訴性質、處理人員、處理結果、回覆日期、類似申訴是否持續發生等。

主管應指派資深同仁保管上述檔案記錄，且至少**每季**一次交由部門主管及督察主管核閱。

(2)《中華民國證券投資信託暨顧問商業同業公會證券投資顧問事業從業人員行為準則》第29條：申訴案件應由經驗豐富的資深員工調查處理，且該員工不得為申訴案件中的申訴對象。

申訴對象之員工，應全力配合調查；若陳述與客戶有重大不一致時，為確保其真實性，應出具所言為實之聲明書。

負責處理申訴案件之員工應本懇切之態度深入瞭解整個申訴案件之全貌，並依公司內部作業程序妥適處理。

(3)《中華民國證券投資信託暨顧問商業同業公會證券投資顧問事業從業人員行為準則》第30條：督察主管應定期執行查核，以確保客戶申訴案件均依公司所訂之作業程序辦理。

5. 罰則

《中華民國證券投資信託暨顧問商業同業公會證券投資顧問事業從業人員行為準則》第31條第1項：違反本行為準則之相關規定者，公司得依情節輕重為警告、記過、降職、停職、減薪或解職處分，並作為內部檢討事項，且應將處理情形通知公會。如有違反法令之情事時，並將查報主管機關及公會等相關單位。

精選試題

( ) **1** 下列何者不屬於證券投資信託事業之基金經理人資格條件？
(A)現任基金經理人，於2001年10月17日前任職達1年以上，且繼續擔任同一證券投資信託事業基金經理人併計達2年以上者
(B)經同業公會委託機構舉辦之證券投資信託及顧問事業之業務員測驗合格，並在專業投資機構從事證券投資分析或證券投資決策工作1年以上者　(C)符合證券投資顧問事業負責人與業務人員管理規則所定證券投資分析人員資格者　(D)經證券商同業公會委託機構舉辦之證券商高級業務員測驗合格，或已取得原證券主管機關核發之證券商高級業務員測驗合格證書，並在專業投資機構擔任證券投資分析或證券投資決策工作3年以上者。

（　　）　**2**　持有證券投資信託事業已發行股份總數多少比例以上之股東，於證券
投資信託事業運用證券投資信託基金買賣該發行公司所發行之證券
時，不得參與買賣之決定？　(A)3%　(B)5%　(C)10%　(D)15%。

（　　）　**3**　在外國取得證券分析師資格，具有幾年以上之實際經驗，經同業
公會委託機構舉辦之證券投資信託及顧問事業業務員之法規測驗
合格，並經同業工會認可者，得擔任證券投資顧問事業證券投資
分析人員？　(A)2　(B)3　(C)5　(D)10。

（　　）　**4**　證券投資顧問事業之負責人從事業務廣告及公開舉辦證券投資分
析活動，不得有下列何項行為？　(A)對證券市場之行情研判、市
場分析及產業趨勢，列出合理研判依據　(B)為保證獲利或負擔損
失之表示　(C)為推廣業務所製發之書面文件列明公司登記名稱、
地址、電話及營業執照字　(D)以證券投資顧問事業名義，舉辦證
券投資分析活動、製作書面或電子文件。

（　　）　**5**　證券投資顧問事業經手人員應於到職日起幾日內出具聲明書，申
報本人及利害關係人帳戶持有之特定股票及具股權性質之衍生性
商品名稱及數量等資料？　(A)5　(B)10　(C)15　(D)20。

（　　）　**6**　證券投資顧問事業經手人員為其個人帳戶買入某種股票後多久時
間內不得再行賣出？　(A)10日　(B)15日　(C)30日　(D)60日。

（　　）　**7**　證券投資顧問事業經手人員為其個人帳戶買入某種股票後多久時
間內不得再行買入？　(A)10日　(B)15日　(C)30日　(D)60日。

（　　）　**8**　證券投資顧問事業經手人員自知悉公司推介予客戶某種有價證券
或為全權委託投資帳戶執行及完成某種股票買賣前後幾營業日
內，不得為本人或利害關係人帳戶買賣該種有價證券？
(A)2　(B)5　(C)7　(D)15。

（　　）　**9**　證券投資顧問事業之受雇人執行業務時，不得有下列何項行為？
(A)以真實姓名從事證券投資分析活動　(B)於有價證券集中交易市
場或櫃檯買賣成交系統交易時間內，以任何方式向客戶傳送具分析

基礎之建議買賣訊息　(C)依法令所為之查詢，洩露客戶委任事項及其他職務所獲悉之祕密　(D)於公開場所或廣播、電視以外之傳播媒體，對不特定人就個別有價證券未來之價位做研判預測，或未列合理研判分析依據，對個別有價證券之買賣進行推介。

(　　) **10** 證券投資顧問事業之客戶口頭申訴案件，主管應指派資深同仁保管上述檔案紀錄，且至少多久一次交由部門主管及督察主管核閱？　(A)每日　(B)每月　(C)每季　(D)每年。

解答與解析

1 (B)。《證券投資信託事業負責人與業務人員管理規則》第5條第1項：證券投資信託事業對於每一證券投資信託基金之運用，均應指派具備下列資格條件之一之基金經理人專人負責：

(1)符合證券投資顧問事業負責人與業務人員管理規則所定證券投資分析人員資格者。【選項(C)】

(2)經證券商同業公會委託機構舉辦之證券商高級業務員測驗合格，或已取得原證券主管機關核發之證券商高級業務員測驗合格證書，並在專業投資機構擔任證券投資分析或證券投資決策工作3年以上者。【選項(D)】

(3)經同業公會委託機構舉辦之證券投資信託及顧問事業之業務員測驗合格，並在專業投資機構從事證券投資分析或證券投資決策工作2年以上者。選項(B)的「1年以上」應為「2年以上」。

(4)現任基金經理人，於中華民國90年10月17日前任職達1年以上，且繼續擔任同一證券投資信託事業基金經理人併計達2年以上者。【選項(A)】

(5)擔任接受客戶全權委託投資業務之投資經理人職務1年以上，無不良紀錄者。

故此題答案為(B)。

2 (B)。《證券投資信託事業負責人與業務人員管理規則》第15條：證券投資信託事業之負責人、部門主管、分支機構經理人或基金經理人本人或其配偶，有擔任證券發行公司之董事、監察人、經理人或持有已發行股份總數5%以上股東者，於證券投資信託事業運用證券投資信託基金買賣該發行公司所發行之證券時，不得參與買賣之決定。

故此題答案為(B)。

3 (A)。《證券投資顧問事業負責人與業務人員管理規則》第4條：擔任證券投資顧問事業證券投資分析人員，應具備下列資格之一：

(1)參加同業公會委託機構舉辦之證券投資分析人員測驗合格者。

(2)在外國取得證券分析師資格，具有**2年以上**實際經驗，經同業公會委託機構舉辦之證券投資信託及顧問事業業務員之法規測驗合格，並經同業公會認可者。

(3)93年10月31日前，已取得證券投資分析人員資格者。

故此題答案為(A)。

4 (B)。《證券投資顧問事業負責人與業務人員管理規則》第16條：證券投資顧問事業之負責人、部門主管、分支機構經理人、業務人員或其他受僱人，從事業務廣告及公開舉辦證券投資分析活動，不得有下列行為：

(1)於傳播媒體提供證券投資分析節目，違反第十五條規定。

(2)為招攬客戶，以詐術或其他不正當方式，誘使投資人參加證券投資分析活動。

(3)對所提供證券投資服務之績效、內容或方法無任何證據時，於廣告中表示較其他業者為優。

(4)於廣告中僅揭示對公司本身有利之事項，或有其他過度宣傳之內容。

(5)未取得核准辦理全權委託投資業務，而為使人誤信其有辦理該項業務之廣告。

(6)為保證獲利或負擔損失之表示。【選項(B)】

(7)於傳播媒體從事投資分析之同時，有招攬客戶之廣告行為。

(8)涉有利益衝突、詐欺、虛偽不實或意圖影響證券市場行情之行為。

(9)涉有個別有價證券未來價位研判預測。

(10)於有價證券集中交易市場或櫃檯買賣成交系統交易時間及前後1小時內，在廣播或電視媒體，對不特定人就個別有價證券之買賣進行推介或勸誘。

(11)於前款所定時間外，在廣播或電視媒體，未列合理研判分析依據，對不特定人就個別有價證券之產業或公司財務、業務資訊提供分析意見，或就個別有價證券之買賣進行推介。

(12)對證券市場之行情研判、市場分析及產業趨勢，未列合理研判依據。【選項(A)】

(13)以主力外圍、集團炒作、內線消息或其他不正當或違反法令之內容，作為招攬之訴求及推介個別有價證券之依據。

(14)引用各種推薦書、感謝函、過去績效或其他易使人認為確可獲利之類似文字或表示。

(15)為推廣業務所製發之書面文件未列明公司登記名稱、地址、電話及營業執照字號。【選項(C)】

(16)以業務人員或內部研究單位等非證券投資顧問事業名義，舉辦證券投資分析活動、製作書面或電子文件。【選項(D)】

(17)違反同業公會訂定廣告及促銷活動之自律規範。

故此題答案為(B)。

5 (B)。《中華民國證券投資信託暨顧問商業同業公會證券投資顧問事業從業人員行為準則》第5條：經手人員於到職日起10日內應出具聲明書及依公司所制定之制式表格申報本人帳戶及利害關係人帳戶持有國內上市、上櫃及興櫃公司股票及具股權性質之衍生性商品之名稱及數量等資料。
故此題答案為(B)。

6 (C)。《中華民國證券投資信託暨顧問商業同業公會證券投資顧問事業從業人員行為準則》第11條：經手人員為其個人帳戶買入某種股票後30日內不得再行賣出，或賣出某種股票後30日內不得再行買入。但有正當理由並事先以書面報經督察主管或其他由高階管理階層所指定之人允許者，不在此限。
故此題答案為(C)。

7 (C)。《中華民國證券投資信託暨顧問商業同業公會證券投資顧問事業從業人員行為準則》第11條：經手人員為其個人帳戶買入某種股票後30日內不得再行賣出，或賣出某種股票後30日內不得再行買入。但有正當理由並事先以書面報經督察主管或其他由高階管理階層所指定之人允許者，不在此限。
故此題答案為(C)。

8 (C)。《中華民國證券投資信託暨顧問商業同業公會證券投資顧問事業從業人員行為準則》第11條：經手人員自知悉公司推介予客戶某種有價證券或為全權委託投資帳戶執行及完成某種股票買賣前後**7個營業日內**，不得為本人或利害關係人帳戶買賣該種有價證券。
故此題答案為(C)。

9 (D)。《中華民國證券投資信託暨顧問商業同業公會證券投資顧問事業從業人員行為準則》第17條第1款：負責人、部門主管、分支機構經理人、其他業務人員或受僱人於執行業務時，除法令另有規定外，不得有下列行為：
1.以詐欺、脅迫或其他不當方式簽訂委任契約。
2.以任何形式代理客戶從事有價證券或證券相關商品之投資或交易行為。
3.與客戶為投資有價證券收益共享或損失分擔之約定。
4.買賣其推介予投資人相同之有價證券。
5.為虛偽、欺罔、謾罵或其他顯著有違事實或足致他人誤信之行為。
6.與客戶有借貸款項、有價證券，或為借貸款項、有價證券之居間情事。
7.保管或挪用客戶之有價證券、款項、印鑑或存摺。
8.意圖利用對客戶之投資研究分析建議、發行之出版品或舉辦之講習，謀求自己、其他客戶或第三人利益之行為。
9.非依法令所為之查詢，洩露客戶委任事項及其他職務所獲悉之秘密。【選項(C)】

10.同意或默許他人使用本公司或業務人員名義執行業務。

11.於有價證券集中交易市場或櫃檯買賣成交系統交易時間內,以任何方式向客戶傳送無分析基礎或根據之建議買賣訊息。【選項(B)】

12.於公開場所或廣播、電視以外之傳播媒體,對不特定人就個別有價證券未來之價位做研判預測,或未列合理研判分析依據,對個別有價證券之買賣進行推介。【選項(D)】

13.藉卜筮或怪力亂神等方式,為投資人作投資分析。

14.以文字、圖畫、演說或他法鼓動或誘使他人拒絕履行證券投資買賣之交割義務、為抗爭或其他擾亂交易市場秩序之行為。

15.利用非專職人員從事招攬客戶、證券投資分析活動或其他營業行為、或給付不合理之佣金。

16.以非真實姓名(化名)從事證券投資分析活動。【選項(A)】

17.證券投資顧問事業之同一證券投資分析人員對同一支股票,對其不同等級客戶間、或對其客戶與於媒體對不特定人有同一日作相反之投資建議。但個別客戶有事先約定如停利、停損或資產配置比率等特殊需求者,不在此限。

18.其他違反證券暨期貨管理法令或經主管機關規定不得為之行為。

故此題答案為(D)。

10 (C)。《中華民國證券投資信託暨顧問商業同業公會證券投資顧問事業從業人員行為準則》第28條:無論是客戶書面或口頭的申訴案件,客戶服務相關部門均應逐日詳細登載。應至少包括以下各項:申訴日期、傳達方式(信件/傳真/電話/會議/其他)、客戶姓名、編號、經辦人員、申訴性質、處理人員、處理結果、回覆日期、類似申訴是否持續發生等。

主管應指派資深同仁保管上述檔案記錄,且至少**每季**一次交由部門主管及督察主管核閱。

故此題答案為(C)。

重點 **3** 　**全權委託投資業務**

一、申請經營全權委託投資業務之資格條件

(一) 證券投資信託事業

《證券投資信託事業證券投資顧問事業經營全權委託投資業務管理辦法》第4條：證券投資信託事業申請經營全權委託投資業務，應具備下列條件：

(1)已募集成立證券投資信託基金。

(2)最近期經會計師查核簽證之財務報告每股淨值不低於面額。但取得營業執照未滿一個完整會計年度者，不在此限。

(3)最近半年未曾受本法第103條第1款、期貨交易法第100條第1項第1款或證券交易法第66條第1款之處分。→最近半年未曾受警告之處分。

(4)最近2年未曾受本法第103條第2款至第5款、期貨交易法第100條第1項第2款至第4款或證券交易法第66條第2款至第4款之處分。→最近2年內未受到主管機關對公司或分支機構為撤銷營業許可。

(5)曾受前2款之處分，且命令其改善，已具體改善。

(6)其他經本會規定應具備之條件。

(二) 證券投資顧問事業

1. 《證券投資信託事業證券投資顧問事業經營全權委託投資業務管理辦法》第5條第1項：證券投資顧問事業申請經營全權委託投資業務，應具備下列條件：

(1)實收資本額達**新臺幣5,000萬元**；已兼營期貨顧問業務之證券投資顧問事業申請或同時申請經營全權委託投資業務及兼營期貨顧問業務者，實收資本額應達**新臺幣7,000萬元**。

(2)最近期經會計師查核簽證之財務報告每股淨值不低於面額。但取得營業執照未滿一個完整會計年度者，不在此限。

(3)最近**3個月**未曾因從事證券投資分析或期貨研究分析受中華民國證券投資信託暨顧問同業公會（以下簡稱同業公會）或中華民國期貨業商業同業公會依自律規章為警告、處以違約金、停止會員應享有之部分或全部權益、撤銷或暫停會員資格之處置。

(4)最近半年未曾受證券投資信託及顧問法第103條第1款、期貨交易法第100條第1項第1款或證券交易法第66條第1款之處分。

(5)最近**2年**未曾受證券投資信託及顧問法第103條第2款至第5款、期貨交易法第100條第1項第2款至第4款或證券交易法第66條第2款至第4款（主管機關對公司或分支機構為撤銷營業許可）之處分。

(6)曾受前3款之處分或處置，且命令其改善，已具體改善。

(7)其他經本會規定應具備之條件。

2. 《證券投資信託事業證券投資顧問事業經營全權委託投資業務管理辦法》第5條第2項：證券投資顧問事業申請以信託方式經營全權委託投資業務，除應符合前項第2款至第7款規定外，其實收資本額不得低於前項第1款所定金額加計新臺幣5,000萬元；已兼營或同時申請兼營期貨經理事業者，實收資本額不得低於期貨經理事業設置標準第15條所定最低實收資本額加計新臺幣5,000萬元。

(三) **證券期貨事業**

《證券投資信託事業證券投資顧問事業經營全權委託投資業務管理辦法》第2條第2項：證券經紀商、期貨經紀商、期貨經理事業或期貨信託事業兼營證券投資顧問事業辦理全權委託投資業務者，除第2章（營業許可）、第4章（信託業兼營全權委託投資業務）及第4-1章（保險業兼營全權委託投資業務）外，應適用本辦法證券投資顧問事業經營全權委託投資業務之相關規定。

(四) **信託業**

1. 《證券投資信託事業證券投資顧問事業經營全權委託投資業務管理辦法》第2條第3項及第4項：信託業以委任方式兼營全權委託投資業務者，除第2章（營業許可）、第4章（信託業兼營全權委託投資業務）及第4-1章（保險業兼營全權委託投資業務）外，應適用本辦法證券投資顧問事業以委任方式經營全權委託投資業務之相關規定。

信託業辦理信託業法第18條第1項後段全權決定運用標的，且將信託財產運用於證券交易法第6條之有價證券，並符合一定條件者，應依證券投資顧問事業設置標準向本會申請兼營全權委託投資業務，除信託法及信託業法另有規定外，其運用之規範應依第4章（信託業兼營全權委託投資業務）規定辦理。

2. 《證券投資信託事業證券投資顧問事業經營全權委託投資業務管理辦法》第2條第5項：前項所稱一定條件，指信託業單獨管理運用或集合管理運用之信託財產涉及運用於證券交易法第6條之有價證券達新臺幣1,000萬元以上者。

(五) **保險業**

1. 《證券投資信託事業證券投資顧問事業經營全權委託投資業務管理辦法》第2條第6項：保險業經營投資型保險業務專設帳簿之資產，如要保人以保險契約委任保險業全權決定運用標的，且將該資產運用於證券交易法第6條之有價證券者，應依證券投資顧問事業設置標準向本會申請兼營全權委託投資業務，其運用規範應依第4-1章（保險業兼營全權委託投資業務）規定辦理。

2. 《投資型保險投資管理辦法》第19條第1項：保險人銷售由其全權決定運用標的之投資型保險，應符合下列資格條件：

   (1)最近一年之自有資本與風險資本之比率符合本法第143-4條第1項之適足比率。

   (2)最近1年內未有遭主管機關重大裁罰及處分者，或受處分情事已獲具體改善經主管機關認可者。

   (3)國外投資部分已採用計算風險值評估風險，並每週至少控管乙次。

   (4)董事會中設有風險控管委員會或於公司內部設置風險控管部門及風控長或職務相當之人，並實際負責公司整體風險控管。

   (5)最近1年公平待客原則評核結果為人身保險業**前80%**。但提出合理說明並經主管機關核准者，不在此限。

3. 《投資型保險投資管理辦法》第19條第2項：
   前項第2款所稱重大裁罰及處分，指金融監督管理委員會處理違反金融法令重大裁罰措施之對外公布說明辦法第二條所定各款之情事。

4. 《投資型保險投資管理辦法》第19條第3項：
   第1項第3款所稱之風險值，係指按週為基礎、樣本期間至少3年，或按日為基礎、樣本期間至少1年，樣本之資料至少每週更新一次，以至少99%的信賴水準，計算10個交易日之風險值，且須每月進行回溯測試。

5. 《投資型保險投資管理辦法》第19條第4項：
   保險人依證券投資信託及顧問法申請兼營全權委託投資業務前，應先經主管機關認可其符合第1項所定資格。

二、全權委託保管機構

《證券投資信託事業證券投資顧問事業經營全權委託投資業務管理辦法》第2條第7項：**全權委託保管機構**，指依本法及全權委託相關契約，保管委託投資資產及辦理相關全權委託保管業務，並符合本會所定條件之銀行。

三、指撥專用營運資金

(一) 《證券投資顧問事業設置標準》第15條第1項：證券經紀商或期貨經紀商兼營證券投資顧問事業辦理全權委託投資業務者，應指撥專用營運資金；其金額不得低於全權委託管理辦法第5條第1項第1款所定之**金額（證券投資顧問事業最低實收資本額新臺幣5,000萬元或7,000萬元）**。
    證券經紀商兼營證券投資顧問事業以信託方式辦理全權委託投資業務者，所指撥專用營運資金，其金額不得低於全權委託管理辦法第5條第2項第1款所定之**金額（全權委託管理辦法第5條第1項第1款證券投資顧問事業以委任方式經營全權委託投資業務之最低實收資本額加計新臺幣5,000萬元，為新臺幣1億元或1億2,000元）**。

(二) 《證券投資顧問事業設置標準》第15條第2項：前項指撥營運資金應專款經營，除其他法律另有規定外，不得流用於非全權委託投資業務及其他業務。

四、放寬全權委託投資業務專責部門之設置

(一) 《證券投資信託事業證券投資顧問事業經營全權委託投資業務管理辦法》第8條第1項及第2項：
    證券投資信託事業或證券投資顧問事業經營全權委託投資業務，應設置專責部門，並配置適足、適任之主管及業務人員。
    除前項專責部門外，證券投資信託事業或證券投資顧問事業並應至少設置投資研究、財務會計及內部稽核部門。

(二) 《證券投資信託事業證券投資顧問事業經營全權委託投資業務管理辦法》第8條第8項：他業兼營者，應依第一項規定設置專責部門。但已設置獨立專責部門辦理全權委託期貨交易業務者，不在此限。

五、人員兼任之限制

《證券投資信託事業證券投資顧問事業經營全權委託投資業務管理辦法》第8條第3項至第7項：

第1項專責部門主管及業務人員，除符合第4項及第5項規定外，不得辦理專責部門以外之業務，或由非登錄專責部門主管或業務人員兼辦。

證券投資信託事業或證券投資顧問事業經營全權委託投資業務，其辦理投資或交易決策之業務人員得兼任私募證券投資信託基金、對符合一定資格條件之人募集期貨信託基金或全權委託期貨交易業務之投資或交易決策人員。

證券投資信託事業或證券投資顧問事業經營全權委託投資業務符合下列條件者，其辦理投資或交易決策之業務人員，得與募集證券投資信託基金之投資或交易決策人員或辦理證券投資顧問業務從事證券投資分析之人員相互兼任：

(1)全權委託投資業務或證券投資顧問業務之客戶為《金融消費者保護法》第4條第2項所定之專業投資機構。

(2)全權委託投資帳戶之投資或交易範圍及兼營證券投資顧問業務提供證券投資分析意見或推介建議之範圍，應以所經理基金之主要投資標的及地區為限，且其投資策略應同屬主動式操作管理策略或被動式操作管理策略。

(3)該事業之內部控制制度已訂定有效防範利益衝突之作業原則，以確保公平對待所有客戶。

第1項專責部門辦理研究分析、投資或交易決策之業務人員，不得與買賣執行之業務人員相互兼任。

第1項專責部門與第2項內部稽核部門之主管及業務人員，除他業兼營者之內部稽核部門主管外，應符合證券投資顧問事業負責人與業務人員管理規則所定之資格條件。

六、全權委託投資業務之操作規範

(一) 業務招攬與營業促銷活動之形式與範圍

《中華民國證券投資信託暨顧問商業同業公會證券投資信託事業證券投資顧問事業經營全權委託投資業務操作辦法》第6條：受任人為推展全

權委託投資業務，得從事業務招攬與營業促銷活動，凡與潛在或已簽訂全權委託投資契約之客戶當面洽談，或以電話、電報、傳真、其他電子通訊及各種書面方式聯繫，或以廣告、公開說明會及其他營業活動等方式促銷全權委託投資業務之行為均屬之。

(二) **全權委託投資業務之招攬與營業促銷活動之禁止行為**

1. 《證券投資信託及顧問法》第59條：經營全權委託投資業務不得有下列行為：

   (1)利用職務上所獲知之資訊，為自己或客戶以外之人從事有價證券買賣之交易。

   (2)運用委託投資資產買賣有價證券時，從事足以損害客戶權益之交易。

   (3)與客戶為投資有價證券收益共享或損失分擔之約定。但主管機關對績效報酬另有規定者，不在此限。

   (4)運用客戶之委託投資資產，與自己資金或其他客戶之委託投資資產，為相對委託之交易。但經由證券集中交易市場或證券商營業處所委託買賣成交，且非故意發生相對委託之結果者，不在此限。

   (5)利用客戶之帳戶，為自己或他人買賣有價證券。

   (6)將全權委託投資契約之全部或部分複委任他人履行或轉讓他人。但主管機關另有規定者，不在此限。

   (7)運用客戶委託投資資產買賣有價證券時，無正當理由，將已成交之買賣委託，自全權委託帳戶改為自己、他人或其他全權委託帳戶，或自其他帳戶改為全權委託帳戶。

   (8)未依投資分析報告作成投資決策，或投資分析報告顯然缺乏合理分析基礎與根據者。但能提供合理解釋者，不在此限。

   (9)其他影響事業經營或客戶權益者。

2. 《中華民國證券投資信託暨顧問商業同業公會證券投資信託事業證券投資顧問事業經營全權委託投資業務操作辦法》第7條：受任人從事全權委託投資之業務招攬與營業促銷活動，應恪遵相關法令及本公會自律規範之規定，並不得有下列情事：

   (1)藉金管會核准經營全權委託投資業務，作為證實申請事項或保證全權委託投資資產價值之宣傳。

(2)使人誤信能保證本金之安全或保證獲利者。

(3)為負擔損失之表示。

(4)提供贈品或以其他利益為不正當之招攬或促銷。

(5)對於過去之操作績效作誇大之宣傳或對同業為攻訐之廣告。

(6)為虛偽、詐欺或其他足致他人誤信之行為。

(7)對所提供有價證券、證券相關商品或其他經金管會核准項目之投資、交易或其服務之績效，為不實陳述或以不實之資料或僅使用對其有利之資料作誇大之宣傳。

(8)內容違反法令或全權委託投資契約內容。

(9)其它違反證券暨期貨管理法令或經金管會規定不得為之之行為。

七、保險業兼營全權委託投資業務相關規範

(一) 指撥專用營運資金

1. 《保險法》第146條第7項：依第5項（保險業經營投資型保險業務、勞工退休金年金保險業務應專設帳簿，記載其投資資產之價值）規定應專設帳簿之資產，如要保人以保險契約委任保險業全權決定運用標的，且將該資產運用於證券交易法第6條（有價證券，指政府債券、公司股票、公司債券及經主管機關核定之其他有價證券）規定之有價證券者，應依證券投資信託及顧問法申請兼營全權委託投資業務。

2. 《證券投資顧問事業設置標準》第36條第1項～第4項：
   保險業應依本標準規定，經本會許可兼營全權委託投資業務。
   兼營前項業務，除依據本標準規定外，適用全權委託管理辦法之規定。
   保險業兼營全權委託投資業務者，應指撥專用營運資金；其金額不得低於全權委託管理辦法第5條第1項第1款所定之金額。
   前項指撥營運資金應專款經營，除其他法律另有規定外，不得流用於非全權委託投資業務及其他業務。

3. 《證券投資顧問事業設置標準》第36條第5項及第6項：
   保險業之實收資本額，不得低於按申請兼營全權委託投資業務所應指撥之專用營運資金金額，加計保險業設立許可及管理辦法所定最低實收資本額合計數，如有不足時，應辦理增資。
   外國保險業專撥在中華民國境內營業所用之資金，不得低於按申請兼營全權委託投資業務所應指撥之專用營運資金金額，加計外國保險

業設立許可及管理辦法所定最低專撥營業所用資金合計數，如有不足者，應補足之。

以上規定目的是為充實保險業兼營全權委託投資業務營運資金，以利事業經營。

[範例說明]

(1)保險業法定最低實收資本額為新臺幣20億元。

(2)保險業若申請兼營全權委託投資業務，擬指專用營運資金新臺幣7,000萬元。

則其實收資本額應達新臺幣20億7,000萬元。若保險業現行實收資本額低於新臺幣20億7,000萬元，保險業應先辦理增資至新臺幣20億7,000萬元後，始得申請兼營全權委託投資業務。

(二) **申請要件**

1. 《證券投資顧問事業設置標準》第37條：保險業申請兼營全權委託投資業務，應符合下列各款規定：

    (1)最近期經會計師查核簽證之財務報告每股淨值不低於面額者。

    (2)最近半年未曾受保險法第149條第1項糾正或命其限期改善合計**3次**以上之處分者。

    (3)最近2年未曾受保險法第149條第1項第1款至第4款、第2項或第4項之處分者。但本會命令解除職員職務之處分，不在此限。

    (4)曾受前2款之處分，且命令其改善，已具體改善者。

2. 《證券投資顧問事業設置標準》第38條第1項：保險業申請兼營全權委託投資業務者，應填具申請書，並檢具下列文件，向本會申請許可：

    (1)經本會保險局認可符合投資型保險投資管理辦法所定銷售全權決定運用標的之投資型保險之資格條件之證明文件影本。

    (2)營業計畫書：應載明兼營全權委託投資業務之經營業務原則、內部組織分工、人員招募與訓練。

    (3)載明兼營全權委託投資業務之董事會議事錄。外國保險業得以總公司授權單位或人員簽署之文件替代之。

    (4)董事及監察人名冊。

    (5)同業公會出具審查《證券投資信託事業證券投資顧問事業經營全權委託投資業務管理辦法》所定人員資格合格之名冊及其資格證明文件。

(6)依《證券投資信託事業證券投資顧問事業經營全權委託投資業務管理辦法》規定應製作之說明書。

(7)董事、監察人、經理人、從事全權委託投資業務之部門主管及業務人員無本法第68條規定情事之聲明書。外國保險業得以總公司授權單位或人員簽署之文件代替董事、監察人之聲明書。

(8)最近期經會計師查核簽證之財務報告。申請時已逾年度開始6個月,應加送上半年度經會計師查核簽證之財務報告。

(9)兼營全權委託投資業務之業務章則。

(10)會計師專案審查全權委託投資業務內部控制制度之審查報告。

(11)申請書及附件所載事項無虛偽、隱匿之聲明書。

3. 《證券投資顧問事業設置標準》第39條第1項:保險業申請兼營全權委託投資業務者,應自本會許可之日起<u>6個月</u>內,檢具下列文件,向本會保險局辦理變更登記及換發營業執照:

(1)兼營全權委託投資業務許可函影本。

(2)同業公會出具之人員資格審查合格之名冊及其資格證明文件。

(3)同業公會同意入會之證明文件。

(4)指撥營運資金之證明文件。

(5)最近期經會計師查核簽證之財務報告。但與申請許可時,檢具之財務報告為同期,免附。

(6)依全權委託管理辦法規定提存營業保證金之證明文件。

4. 《證券投資顧問事業設置標準第39條》第2項及第3項:保險業未於前項期間內向本會保險局申請變更登記或換發兼營全權委託投資業務營業執照者,廢止其許可。但有正當理由,於期限屆滿前,得向本會保險局申請展延1次,並以3個月為限。

保險業兼營全權委託投資業務非加入同業公會,不得開辦該項業務。

(三) **設置專責部門**

《證券投資信託事業證券投資顧問事業經營全權委託投資業務管理辦法》第41-1條第1項:保險業兼營全權委託投資業務辦理全權決定運用標的之投資型保險業務專設帳簿資產者,應設置專責部門,並配置適足、適任之主管及業務人員。

(四) **人員兼任限制**

《證券投資信託事業證券投資顧問事業經營全權委託投資業務管理辦法》第41-1條第2項～第4項：

前項專責部門主管及業務人員，除本會另有規定外，不得辦理專責部門以外之業務，或由非登錄專責部門主管或業務人員兼辦。

第1項專責部門辦理研究分析、投資或交易決策之業務人員，不得與買賣執行之業務人員相互兼任，且辦理投資或交易決策之業務人員不得與保險業之一般帳簿資產之投資或交易決策人員相互兼任。

招攬全權決定運用標的之投資型保險業務之保險業招攬人員，除應符合證券投資顧問事業負責人與業務人員管理規則所定業務人員之資格條件外，並應遵守本辦法及證券投資顧問事業負責人與業務人員管理規則規定。

(五) **辦理全權委託投資業務之人員應具備一定資格條件**

1. 《證券投資顧問事業負責人與業務人員管理規則》第20條第1項：他業兼營證券投資顧問業務或全權委託投資業務從事第2條第2項第1款至第7款之部門主管及業務人員，除內部稽核部門主管外，應具備本規則所定資格。

2. 《證券投資顧問事業負責人與業務人員管理規則》第2條第2項：本規則所稱業務人員，指為證券投資顧問事業從事下列業務之人員：

    (1)對有價證券、證券相關商品或其他經金融監督管理委員會（以下簡稱本會）核准項目之投資或交易有關事項，提供分析意見或推介建議。

    (2)從事證券投資分析活動、講授或出版。

    (3)辦理全權委託投資有關業務之研究分析、投資決策或買賣執行。

    (4)對全權委託投資業務或證券投資顧問業務，為推廣或招攬。

    (5)辦理境外基金之募集、銷售及私募。

    (6)內部稽核。　　　　　　　　(7) 法令遵循。

    (8)主辦會計。　　　　　　　　(9) 辦理其他經核准之業務。

3. 《證券投資顧問事業負責人與業務人員管理規則》第20條第2項：他業兼營證券投資顧問業務或全權委託投資業務者，除其他法律另有規定外，其從事第2條第2項第1款至第7款之部門主管及業務人員，準用第6條及第8條至前條規定。

4. 《證券投資顧問事業負責人與業務人員管理規則》第6條：證券投資顧問事業之總經理、部門主管、分支機構經理人及業務人員，除法令另有規定外，應為專任；其於執行職務前，應由所屬證券投資顧問事業向同業公會登錄，非經登錄，不得執行業務。
   有下列情事之一，不得為前項之登錄；已登錄者，應予撤銷：
   (1)有本法第六十八條規定之情事。
   (2)不符合本規則所定之資格條件。
   (3)違反第七條規定。

5. 《證券投資顧問事業負責人與業務人員管理規則》第7條：
   (1)證券投資顧問事業之總經理不得兼為全權委託專責部門主管、全權委託投資經理人或全權委託期貨交易業務之交易決定人員。
   (2)他業兼營證券投資顧問業務或全權委託投資業務，依法應設置專責部門者，其專責部門之部門主管及業務人員，除符合第3項至第5項規定外，不得辦理專責部門以外之業務，或由非登錄專責部門主管或業務人員兼辦。
   (3)他業兼營全權委託投資業務者，其辦理投資或交易決策之業務人員得兼任私募證券投資信託基金、對符合一定資格條件之人募集期貨信託基金或全權委託期貨交易業務之投資或交易決策人員。
   (4)他業兼營全權委託投資業務符合下列條件者，其辦理投資或交易決策之業務人員，得與其兼營證券投資顧問業務從事證券投資分析之人員相互兼任：
      A.全權委託投資業務及證券投資顧問業務之客戶為《金融消費者保護法》第4條第2項所定之專業投資機構。
      B.該事業之內部控制制度已訂定有效防範利益衝突之作業原則，以確保公平對待所有客戶。
   (5)他業兼營證券投資顧問業務從事證券投資分析之人員或他業兼營全權委託投資業務辦理投資或交易決策之業務人員，符合證券投資信託事業負責人與業務人員管理規則第八條第六項規定者，得與募集證券投資信託基金之投資或交易決策人員相互兼任。
   (6)證券投資顧問事業兼營證券投資信託業務從事證券投資分析之人員，除符合證券投資信託事業負責人與業務人員管理規則第八條第

六項規定者外，不得與兼營證券投資信託業務辦理投資或交易決策之業務人員相互兼任。

(7)證券投資顧問事業之董事、監察人或經理人，除法令另有規定外，不得投資於其他證券投資顧問事業，或兼為其他證券投資顧問事業、證券投資信託事業或證券商之董事、監察人或經理人。

6. 《證券投資顧問事業負責人與業務人員管理規則》第8條：證券投資顧問事業之董事或經理人，擔任部門主管或直接從事業務人員之職務者，應取得或具備本規則所定有關部門主管或業務人員資格條件之一。

7. 《證券投資顧問事業負責人與業務人員管理規則》第5-1條第1項～第3項：證券投資顧問事業從事內部稽核及法令遵循之業務人員，應具備下列資格之一：

(1)依第4條第1項規定取得證券投資分析人員資格。

(2)經同業公會委託機構舉辦之證券投資信託及顧問事業之業務員測驗合格，並在專業投資機構從事證券、期貨或信託相關工作經驗**1年以上**。

(3)經證券商同業公會委託機構舉辦之證券商高級業務員測驗合格，或已取得原證券主管機關核發之證券商高級業務員測驗合格證書，並在專業投資機構從事證券、期貨或信託相關工作經驗**2年以上**。

(4)曾擔任國內、外基金經理人工作經驗**1年以上**。

(5)經教育部承認之國內外大學以上學校畢業或具有同等學歷，擔任證券、期貨機構或信託業之業務人員3年以上。

(6)經教育部承認之國內外大學以上學校畢業或具有同等學歷，並在符合「會計師辦理公開發行公司財務報告查核簽證核准準則」規定條件之聯合會計師事務所從事審計工作經驗2年以上，且經第2款或第3款所定之測驗合格。

(7)具有「專門職業及技術人員高等考試律師考試規則」第5條第1款或第2款資格，並在律師事務所從事證券、期貨相關法律事務工作經驗2年以上，且經第2款或第3款所定之測驗合格。

第3條、第3-1條、前項第2款及第3款所定專業投資機構之範圍及其工作項目，由本會公告。

證券投資顧問事業從事內部稽核業務之人員，不得辦理登錄範圍以外之業務。但他業兼營之內部稽核人員，得由他業登錄之內部稽核人員兼任之。

8. 《證券投資顧問事業負責人與業務人員管理規則》第5-2條第1項～第3項：
法令遵循主管應具備第3-1條第1項所定資格條件，其職級至少應相當於部門主管。

證券投資顧問事業從事法令遵循業務之人員不得由從事第2條第2項第1款至第6款及第9款業務之人員兼任。

法令遵循主管及業務人員未符合所定條件及兼任限制者，應於中華民國97年6月30日前辦理補正，屆期未完成補正者，不得充任，並由同業公會撤銷其登錄。

9. 《證券投資顧問事業負責人與業務人員管理規則》第5-3條：證券投資顧問事業從事全權委託投資業務之投資經理人，應具備第5-1條第1項第1款至第5款資格之一。

(六) **授權同業公會訂定業務操作規定**

以下之規定是根據業務處理一致性及投資型保險業務特性：

《證券投資信託事業證券投資顧問事業經營全權委託投資業務管理辦法》第41-2條：保險業兼營全權委託投資業務辦理全權決定運用標的之投資型保險業務專設帳簿資產，應依業務操作之規定為之。

前項有關簽約、開戶、買賣、交割、結算、投資或交易之分析報告、決定、執行紀錄與檢討報告及其他處理事項之業務操作規定，由同業公會擬訂，報經本會核定；修正時亦同。

(七) **準用全權委託投資業務管理辦法相關條文**

1. 《證券投資信託事業證券投資顧問事業經營全權委託投資業務管理辦法》第41-3條：第10條、第11條第1項、第11條第3項、第11條第4項、第13條第1項、第13條第4項、第14條、第14-1條、第16條至第20條、第21條第1項、第22條第1項、第22條第2項、第22條第4項、第22條第8項、第22條第10項、第22-1條至第25條、第26條第1項、第26條第4項及第28條至第31條，於保險業兼營全權委託投資業務辦理全權決定運用標的之投資型保險業務專設帳簿資產時準用之。

2. 《證券投資信託事業證券投資顧問事業經營全權委託投資業務管理辦法》第10條：證券投資信託事業或證券投資顧問事業應依下列規定，向得辦理保管業務，並符合本會所定條件之金融機構提存營業保證金：
(1)實收資本額未達新臺幣1億元者，提存新臺幣1,000萬元。

(2)實收資本額新臺幣1億元以上而未達新臺幣2億元者，提存新臺幣1,500萬元。

(3)實收資本額新臺幣2億元以上而未達新臺幣3億元者，提存新臺幣2,000萬元。

(4)實收資本額新臺幣3億元以上者，提存新臺幣2,500萬元。

前項營業保證金應以現金、銀行存款、政府債券或金融債券提存，不得設定質權或以任何方式提供擔保，且不得分散提存於不同金融機構；提存金融機構之更換或營業保證金之提取，應函報本會核准後始得為之。

證券投資顧問事業之實收資本額增加時，應依第一項規定，向提存之金融機構增提營業保證金。

第1項營業保證金之處理要點，由同業公會擬訂，函報本會核定；修正時亦同。

他業兼營者，除期貨信託事業外，第1項及第3項規定之實收資本額，改按指撥營運資金計算。

3. 《證券投資信託事業證券投資顧問事業經營全權委託投資業務管理辦法》第11條第1項：證券投資信託事業或證券投資顧問事業以委任方式經營全權委託投資業務，應由客戶將資產委託全權委託保管機構保管或信託移轉予保管機構，證券投資信託事業或證券投資顧問事業並不得以任何理由保管受託投資資產。

4. 《證券投資信託事業證券投資顧問事業經營全權委託投資業務管理辦法》第11條第3項：客戶指定之全權委託保管機構，與證券投資信託事業或證券投資顧問事業間具有下列控制關係者，證券投資信託事業或證券投資顧問事業對客戶應負告知義務：

(1)投資於證券投資信託事業或證券投資顧問事業已發行股份總數10%以上股份。

(2)擔任證券投資信託事業或證券投資顧問事業董事或監察人；或其董事、監察人擔任證券投資信託事業或證券投資顧問事業董事、監察人或經理人。

(3)證券投資信託事業或證券投資顧問事業持有其已發行股份總數10%以上股份。

(4)由證券投資信託事業或證券投資顧問事業或其代表人擔任董事或監察人。

(5)全權委託保管機構與證券投資信託事業或證券投資顧問事業間，具有其他實質控制關係。

5. 《證券投資信託事業證券投資顧問事業經營全權委託投資業務管理辦法》第11條第3項：董事、監察人為法人者，其代表人或指定代表行使職務者，準用前項第2款規定。

6. 《證券投資信託事業證券投資顧問事業經營全權委託投資業務管理辦法》第13條第1項：證券投資顧問事業經營全權委託投資業務，接受委託投資之總金額，不得超過其淨值之20倍。但其實收資本額達新臺幣3億元者，不在此限。

7. 《證券投資信託事業證券投資顧問事業經營全權委託投資業務管理辦法》第13條第4項：他業兼營者，除期貨信託事業外，第1項規定之淨值及實收資本額，改按指撥營運資金計算。

8. 《證券投資信託事業證券投資顧問事業經營全權委託投資業務管理辦法》第14條第1項～第4項：

證券投資信託事業或證券投資顧問事業經營全權委託投資業務，除本會另有規定外，應遵守下列規定：

(1)不得投資於證券交易法第六條規定以外之有價證券。

(2)不得從事證券相關商品以外之交易。

(3)不得為放款。

(4)不得與本事業經理之各基金、共同信託基金、其他全權委託投資或期貨交易帳戶、自有資金帳戶、自行買賣有價證券帳戶或期貨自營帳戶間為證券或證券相關商品交易行為。但經由集中交易市場或證券商營業處所委託買賣成交，且非故意發生相對交易之結果者，不在此限。

(5)不得投資於本事業發行之股票、公司債或金融債券。

(6)非經客戶書面同意或契約特別約定者，不得為下列行為：

　A.投資本事業發行之認購（售）權證。

　B.投資與本事業有利害關係之公司所發行之股票、公司債或金融債券。

　C.投資與本事業有利害關係之證券承銷商所承銷之有價證券。

　D.從事證券信用交易。　　　　E.出借或借入有價證券。

(7)非經明確告知客戶相關利益衝突及控管措施後取得客戶逐次書面同意，並敘明得投資數量者，不得投資本事業承銷之有價證券。

(8)投資外國有價證券，不得違反本會規定之種類及範圍。

(9)不得為其他法令或本會規定之禁止事項。

前項第4款所稱各基金，包含募集或私募之證券投資信託基金及期貨信託基金。

第1項第6款及第7款所稱承銷之有價證券，包含證券承銷商因包銷所取得未處分之有價證券。

證券投資信託事業或證券投資顧問事業經營全權委託投資業務，為上市或上櫃有價證券投資，除法令另有規定外，應委託證券經紀商，於集中交易市場或證券商營業處所為之。

9. 《證券投資信託事業證券投資顧問事業經營全權委託投資業務管理辦法》第14-1條第1項～第3項：

前條第一項第六款所稱與本事業有利害關係之公司或證券承銷商，指有下列情事之一者：

(1)與本事業具有公司法第六章之一所定關係。

(2)本事業之董事、監察人或綜合持股達百分之五以上之股東。

(3)前款人員或本事業經理人與該公司之董事、監察人、經理人或持有已發行股份百分之十以上股東為同一人或具有配偶關係。

前項第二款所稱綜合持股，指事業對本事業之持股加計事業之董事、監察人、經理人及事業直接或間接控制之他事業對本事業之持股總數。

董事、監察人為法人者，其代表或指定代表行使職務者，準用第一項規定。

10. 《證券投資信託事業證券投資顧問事業經營全權委託投資業務管理辦法》第16條第1項～第4項：

證券投資信託事業或證券投資顧問事業運用委託投資資產從事證券相關商品交易，其交易範圍應符合下列規定：

(1)經本會依期貨交易法第五條公告期貨商得受託從事交易與證券相關之期貨契約、選擇權契約及期貨選擇權契約。

(2)經本會核准非在交易所進行衍生自貨幣、有價證券、利率或有價證券指數之金融商品交易。

證券投資信託事業或證券投資顧問事業運用委託投資資產從事證券相關商品交易,為因應全權委託投資帳戶之投資或交易基本方針所需經本會核准者,得免受前項第一款之限制。

前2項證券投資信託事業或證券投資顧問事業運用委託投資資產從事證券相關商品交易之比率、風險暴露之計算方式及相關規範由本會定之。

證券投資信託事業或證券投資顧問事業經本會核准兼營期貨經理事業者,其運用委託投資資產從事證券相關商品交易之比率,得向本會申請核准不受前項比率限制,其風險暴露不得超過全權委託投資帳戶淨資產價值之100%。

11. 《證券投資信託事業證券投資顧問事業經營全權委託投資業務管理辦法》第17條第1項～第4項:

證券投資信託事業或證券投資顧問事業運用委託投資資產應分散投資;其投資標的之分散比率,除本會另有規定外,應遵守下列規定:

(1)為每一全權委託投資帳戶投資任一公司股票、公司債或金融債券及認購權證之總金額,不得超過該全權委託投資帳戶淨資產價值之20%;且投資任一公司所發行公司債或金融債券之總金額,不得超過該全權委託投資帳戶淨資產價值之10%。

(2)為全體全權委託投資帳戶投資任一公司股票之股份總額,不得超過該公司已發行股份總數之10%。

(3)為每一全權委託投資帳戶投資於任一受託機構募集及私募受益證券、不動產投資信託受益證券及不動產資產信託受益證券;任一特殊目的公司募集及私募資產基礎證券之總金額,分別不得超過該全權委託投資帳戶淨資產價值之20%。

證券投資信託事業或證券投資顧問事業運用委託投資資產投資存託憑證,應與所持有該存託憑證發行公司發行之股票,合併計算總金額或總數額,以合併計算得投資之比率上限;其存託憑證之數額,以該存託憑證表彰股票之股份數額計算之。

證券投資信託事業或證券投資顧問事業運用委託投資資產投資認購權證,其表彰股票之股份數額,應與所持有該標的證券發行公司發行之股票,合併計算總數額,以合併計算得投資之比率上限。

第1項第1款及第3款規定，除第14條第1項第6款第1目及第7款所定之投資標的外，於證券投資信託事業或證券投資顧問事業與客戶以全權委託投資契約另有約定者，不在此限。

12. 《證券投資信託事業證券投資顧問事業經營全權委託投資業務管理辦法》第17-1條：證券投資信託事業或證券投資顧問事業運用委託投資資產投資於國外者，經客戶同意得委託提供國外投資顧問服務之公司或其集團企業提供集中交易服務間接向國外證券商、期貨商或其他交易對手委託交易，並應於內部控制制度中訂定從事上開委託交易之風險監控管理措施，及提供國外投資顧問服務之公司之選任標準，提經董事會通過。前項所稱集團企業係指證券投資信託事業或證券投資顧問事業所屬持股逾50%之控股公司，或持股逾50%之子公司，或屬同一控股公司持股逾50%之子公司。

13. 《證券投資信託事業證券投資顧問事業經營全權委託投資業務管理辦法》第18條：證券投資信託事業或證券投資顧問事業經營全權委託投資外國有價證券業務，應經中央銀行同意，其資金之匯出、匯入，依中央銀行所定外匯收支或交易申報辦法及相關規定辦理。

14. 《證券投資信託事業證券投資顧問事業經營全權委託投資業務管理辦法》第19條：證券投資信託事業或證券投資顧問事業及其董事、監察人、經理人、業務人員及受僱人辦理全權委託投資業務，除應遵守相關法令規定外，並不得有下列行為：

　　(1)利用職務上所獲知之資訊，為自己或客戶以外之人從事有價證券及其相關商品買賣之交易。

　　(2)運用委託投資資產買賣有價證券及其相關商品時，從事足以損害客戶權益之交易。

　　(3)與客戶為投資有價證券及其相關商品收益共享或損失分擔之約定。但本會對績效報酬另有規定者，不在此限。

　　(4)運用委託投資資產買賣有價證券及其相關商品時，為自己或他人之利益買入或賣出。

　　(5)運用客戶之委託投資資產，與自己資金或其他客戶之委託投資資產，為相對委託之交易。但經由證券集中交易市場或證券商營業處所委託買賣成交，且非故意發生相對委託之結果者，不在此限。

(6)利用客戶之帳戶，為自己或他人買賣有價證券及其相關商品。

(7)將全權委託投資契約之全部或部分複委任他人履行或轉讓他人。但本會另有規定者，不在此限。

(8)運用客戶委託投資資產買賣有價證券及其相關商品時，無正當理由，將已成交之買賣委託，自全權委託帳戶改為自己、他人或其他全權委託帳戶，或自其他帳戶改為全權委託帳戶。

(9)未依投資分析報告作成投資決策，或投資分析報告顯然缺乏合理分析基礎與根據者。但能提供合理解釋者，不在此限。

(10)其他影響事業經營或客戶權益者。

15.《證券投資信託事業證券投資顧問事業經營全權委託投資業務管理辦法》第19-1條：證券投資信託事業或證券投資顧問事業全權委託投資業務專責部門主管與投資經理人，其本人、配偶、未成年子女及被本人利用名義交易者，除本會另有規定外，於證券投資信託事業或證券投資顧問事業決定運用委託投資資產從事某種公司股票及具股權性質之衍生性金融商品交易時起，至委託投資資產不再持有該公司股票及具股權性質之衍生性金融商品時止，不得從事該公司股票及具股權性質之衍生性商品交易。

16.《證券投資信託事業證券投資顧問事業經營全權委託投資業務管理辦法》第20條：證券投資信託事業或證券投資顧問事業經營全權委託投資業務收取績效報酬者，應遵守下列規定：

(1)績效報酬應適當合理。

(2)績效報酬應由客戶與證券投資信託事業或證券投資顧問事業共同約定投資目標、收取條件、內容及計算方式，並列入全權委託投資契約。

(3)委託投資資產之淨資產價值低於原委託投資資產時，不得計收績效報酬。

(4)績效報酬之約定不得以獲利金額拆帳之方式計收，並應有一定之限額，且就實際經營績效超過所訂衡量標準時始能提撥一定比率或金額作為績效報酬。

(5)實際經營績效如低於所訂衡量標準時，雙方可約定扣減報酬，惟不得扣減至零，或要求證券投資信託事業或證券投資顧問事業依一定比率分擔損失金額。

17. 《證券投資信託事業證券投資顧問事業經營全權委託投資業務管理辦法》第21條第1項：證券投資信託事業或證券投資顧問事業與客戶簽訂全權委託投資契約前，應有7日以上之期間，供客戶審閱全部條款內容，並先對客戶資力、投資經驗及其目的需求充分瞭解，製作客戶資料表連同相關證明文件留存備查；另應將全權委託投資之相關事項指派專人向客戶做詳細說明，並交付全權委託投資說明書，該說明書並作為全權委託投資契約之附件。

18. 《證券投資信託事業證券投資顧問事業經營全權委託投資業務管理辦法》第22條第1項：證券投資信託事業或證券投資顧問事業經營全權委託投資業務，應與客戶簽訂全權委託投資契約，明定其與客戶間因委任或信託關係所生之各項全權委託投資權利義務內容，並將契約副本送交全權委託保管機構。

19. 《證券投資信託事業證券投資顧問事業經營全權委託投資業務管理辦法》第22條第2項：前項全權委託投資契約，應與客戶個別簽訂，除法令或本會另有規定外，不得接受共同委任或信託；並應載明下列事項，如為信託關係者，應再另依信託業法第十九條第一項記載各款事項：
    (1)契約當事人之名稱及地址。
    (2)簽約後可要求解約之事由及期限。
    (3)委託投資時之委託投資資產。
    (4)投資或交易基本方針及投資或交易範圍之約定與變更。投資或交易範圍應明白列出有價證券或商品之種類或名稱。
    (5)投資或交易決策之授與及限制。
    (6)資產運用指示權之授與及限制。
    (7)投資經理人之指定與變更。
    (8)全權委託保管機構之指定與變更、保管方式及收付方式之指示。
    (9)證券經紀商或期貨經紀商之指定與變更。
    (10)善良管理人之注意義務及保密義務。
    (11)客戶為公開發行公司之董事、監察人、經理人或持有公司股份超過股份總額百分之十之股東，其股權異動之有關法律責任。
    (12)報告義務。
    (13)委託報酬與費用之計算、交付方式及交付時機。

(14)契約生效日期及其存續期間。

(15)契約之變更與終止。

(16)重要事項變更之通知及其方式。

(17)契約關係終止後之了結義務。

(18)違約處理條款。

(19)經破產、解散、歇業、停業、撤銷或廢止許可處分後之處理方式。

(20)紛爭之解決方式及管轄法院。

(21)其他經本會規定應記載事項。

20. 《證券投資信託事業證券投資顧問事業經營全權委託投資業務管理辦法》第22條第4項：第2項第4款投資或交易基本方針及投資或交易範圍，應參酌客戶之資力、投資或交易經驗與目的及相關法令限制，審慎議定之。

21. 《證券投資信託事業證券投資顧問事業經營全權委託投資業務管理辦法》第22條第8項：第2項第13款所定之報酬，得依第20條規定收取績效報酬。

22. 《證券投資信託事業證券投資顧問事業經營全權委託投資業務管理辦法》第22條第10項：第1項之全權委託投資契約及相關資料，於契約失效後至少保存5年。

23. 《證券投資信託事業證券投資顧問事業經營全權委託投資業務管理辦法》第22-1條：證券投資信託事業或證券投資顧問事業對於一定金額以上或疑似洗錢之全權委託投資案件，應保存足以瞭解交易全貌之交易憑證、確認客戶身分及申報之紀錄，並應依洗錢防制法規定辦理。

24. 《證券投資信託事業證券投資顧問事業經營全權委託投資業務管理辦法》第23條第1～3項：
證券投資信託事業或證券投資顧問事業經營全權委託投資業務，委託投資資產之閒置資金，其得運用及範圍如下：

(1)現金。　　　　　　　　　(2) 存放於金融機構。

(3)向票券商買入短期票券。　(4) 短期票券及債券之附買回交易。

(5)本國信託業發行之貨幣市場共同信託基金受益證券。

(6)其他經本會規定者。

前項所稱閒置資金，係指委託投資資產除投資於證券交易法第六條之有價證券及從事證券相關商品交易以外，其他具流動性之資產。

第1項第2款之金融機構及第4款短期票券與債券之附買回交易之交易對象，應符合本會所定條件；第1項第3款之短期票券，應符合本會認可之信用評等機構評等達一定等級以上者。

25. 《證券投資信託事業證券投資顧問事業經營全權委託投資業務管理辦法》第24條：證券投資信託事業或證券投資顧問事業經營全權委託投資業務，因法令變更致增加得投資或交易範圍，應於內部控制制度中增訂相關風險監控管理措施及會計處理事宜，提經董事會通過。

證券投資信託事業或證券投資顧問事業經營全權委託投資業務，於簽訂全權委託投資契約後，因法令變更致增加得投資或交易範圍，應於完成全權委託投資契約之修訂，始得為之。

26. 《證券投資信託事業證券投資顧問事業經營全權委託投資業務管理辦法》第25條：全權委託投資契約及受託證券期貨經紀商之受託買賣契約，應載明證券投資信託事業、證券投資顧問事業運用委託投資資產從事有價證券投資或證券相關商品交易，逾越法令或全權委託投資契約所定限制範圍者，應由證券投資信託事業或證券投資顧問事業負履行責任。

27. 《證券投資信託事業證券投資顧問事業經營全權委託投資業務管理辦法》第26條第1項：證券投資信託事業或證券投資顧問事業經營全權委託投資業務，應由客戶與全權委託保管機構另行簽訂委任或信託契約，辦理有價證券投資或證券相關商品交易之開戶、款券保管、保證金與權利金之繳交、買賣交割、帳務處理或股權行使等事宜。

28. 《證券投資信託事業證券投資顧問事業經營全權委託投資業務管理辦法》第26條第4項：全權委託保管機構執行第1項之業務，應先審核全權委託投資契約約定之範圍及限制事項。

29. 《證券投資信託事業證券投資顧問事業經營全權委託投資業務管理辦法》第28條第1項～第7項：
證券投資信託事業或證券投資顧問事業運用委託投資資產投資或交易，應依據其分析作成決定，交付執行時應作成紀錄，並按月提出檢討，其分析與決定應有合理基礎及根據。

前項分析、決定、執行及檢討之方式,證券投資信託事業或證券投資顧問事業應訂定於內部控制制度,並確實執行。

前項控制作業應留存紀錄,其保存期限不得少於5年。

證券投資信託事業或證券投資顧問事業經營全權委託投資業務時,應按客戶別設帳,按日登載客戶資產交易情形、委託投資資產庫存數量及金額。

客戶得要求查詢前項資料,受委託之證券投資信託事業或證券投資顧問事業不得拒絕。

證券投資信託事業或證券投資顧問事業運用委託投資資產買賣有價證券、證券相關商品或其他經本會規定得投資或交易項目者,應將證券經紀商、期貨經紀商或其他交易對手退還之手續費或給付之其他利益,作為客戶買賣成本之減少。

全權委託投資業務之客戶符合第11條第6項所定條件者,證券投資信託事業或證券投資顧問事業得與該客戶自行約定自交易對手退還之手續費或給付之其他利益之處理方式,不適用前項規定。

30. 《證券投資信託事業證券投資顧問事業經營全權委託投資業務管理辦法》第29條第1項～第5項:

證券投資信託事業或證券投資顧問事業經營全權委託投資業務,應每月定期編製客戶資產交易紀錄及現況報告書送達客戶。

客戶委託投資資產之淨資產價值減損達原委託投資資產之20%以上時,證券投資信託事業或證券投資顧問事業應自事實發生之日起2個營業日內,編製前項書件送達客戶。日後每達較前次報告淨資產價值減損達10%以上時,亦同。

客戶委託投資資產為投資型保險專設帳簿資產或勞工退休金條例年金保險專設帳簿資產者,其委託投資帳戶每單位淨資產價值較前一營業日減損達5%以上時,證券投資信託事業或證券投資顧問事業應自事實發生之日起2個營業日內,編製第一項書件送達客戶,不適用前項規定。

前項比率得經客戶書面同意或契約約定調整之,惟不得高於10%。

全權委託投資業務之客戶符合第11條第6項所定條件者,證券投資信託事業或證券投資顧問事業得與該客戶自行約定報告義務之處理方式,不適用第1項及第2項規定。

31.《證券投資信託事業證券投資顧問事業經營全權委託投資業務管理辦法》第30條第1項～第3項：

證券投資信託事業或證券投資顧問事業，因解散、撤銷或廢止許可事由，致不能繼續經營全權委託投資業務者，其全權委託投資契約應予終止。

證券投資信託事業或證券投資顧問事業，因停業、歇業或顯然經營不善，本會得命其將全權委託投資契約移轉於經本會指定之其他證券投資信託事業或證券投資顧問事業經理。

於前項情形，證券投資信託事業或證券投資顧問事業應徵詢客戶之意見，客戶不同意或不為意思表示者，其全權委託投資契約視為終止。

32.《證券投資信託事業證券投資顧問事業經營全權委託投資業務管理辦法》第31條第1項～第2項：

證券投資信託事業或證券投資顧問事業經營全權委託投資業務，應依本會之規定，定期申報相關業務表冊送同業公會備查。

前項之相關業務表冊，其格式由同業公會訂之。

精選試題

(　) **1** 投資顧問事業對其潛在客戶當面洽談時，不得為下列何種行為？
(A)提供贈品或其他利益以加強促銷　(B)保證本金安全無虞
(C)藉證期會核准做為保證全權委託投資資產價值　(D)以上皆是。

(　) **2** 下列何項不屬於證券投資信託事業申請經營全權委託投資業務時應具備之條件？　(A)最近1年內未受到主管機關對公司或分支機構為撤銷營業許可　(B)已募集成立證券投資信託投資　(C)最近期經會計師查核簽證之財務報告每股淨值不低於面額　(D)最近半年未曾受警告之處分。

(　) **3** 證券投資顧問事業申請經營全權委託投資業務，其資本額須達新臺幣多少元？　(A)1,000萬　(B)5,000萬　(C)7,000萬　(D)1億。

(　　) **4** 已兼營期貨顧問業務之證券投資顧問事業申請或同時申請經營全權委託投資業務及兼營期貨顧問業務者，實收資本額應達新臺幣多少元？　(A)1,000萬　(B)5,000萬　(C)7,000萬　(D)1億。

(　　) **5** 證券投資顧問事業申請經營全權委託投資業務，須其最近幾個月未曾因從事證券投資分析或期貨研究分析受中華民國證券投資信託暨顧問同業公會或中華民國期貨業商業同業公會依自律規章為警告、處以違約金、停止會員應享有之部分或全部權益、撤銷或暫停會員資格之處置？　(A)1　(B)3　(C)5　(D)6。

(　　) **6** 保險人銷售由其全權決定運用標的之投資型保險時，須其最近1年內未有遭主管機關重大裁罰或罰緩累積達新臺幣多少萬以上？　(A)100　(B)300　(C)500　(D)800。

(　　) **7** 各事業（除期貨信託事業外）兼營全權委託投資業務，均應指撥營運資金，其最低金額為新臺幣多少元？　(A)1,000萬元　(B)5,000萬元　(C)1億元　(D)2億元。

(　　) **8** 保險人銷售由其全權決定運用標的之投資型保險時，須其國外投資部分已採用計算風險值評估風險，並每週至少控管乙次。請問其風險值，係指按週為基礎時，其樣本期間至少幾年？　(A)1　(B)3　(C)5　(D)7。

(　　) **9** 保險人銷售由其全權決定運用標的之投資型保險時，須其最近1年內主管機關及其指定機構受理報戶申訴案件申訴率、理賠申訴率及處理天數之綜合評分值為人身保險業由低而高排名前多少比率？　(A)30%　(B)40%　(C)60%　(D)80%。

(　　)**10** 下列何者為保險業兼營全權委託投資業務之相關規定？　(A)全權委託專責部門之人員不得辦理該部門以外之業務　(B)保險業招攬人員如涉及全權委託運用標的之投資保險，應具備投顧人員管理規則所定業務人員資格條件　(C)應設置專責部門，並配置適足、適任之主管及業務人員　(D)以上皆是。

(　) **11** 受任人從事全權委託投資之業務招攬與營業促銷活動，應恪遵相關法令及公會自律規範之規定，並不得有下列何種情事？ 　(A)藉金管會核准經營全權委託投資業務，作為證實申請事項或保證全權委託投資資產價值之宣傳 　(B)為負擔損失之表示 　(C)使人誤信能保證本金之安全或保證獲利者 　(D)以上皆是。

(　) **12** 下列有關保險業兼營全權委託業務之指撥專用營運資金敘述，何者錯誤？ 　(A)保險業兼營全權委託投資業務者，應指撥專用營運金；其金額不得低於全權委託管理辦法第5條第1項第1款所訂之金額 　(B)保險業之實收資本額，不得低於按申請兼營全權委託投資業務所應指撥之專用營運資金金額，加計保險業設立許可及管理辦法所定最低實收資本額合計數 　(C)外國保險業專播在中華民國境內營業所用之資金，不得低於按申請兼營全權委託投資業務所應指撥之專用營運資金金額，加計國外保險業設立許可及管理辦法法所定最低專播營業所用資金合計數 　(D)指撥營運資金均得流用於非全權委託投資業務及其他業務。

(　) **13** 保險業申請兼營全權委託投資業務時，須其最近半年未曾受保險法第149條第1項糾正或命其限期改善合計幾次以上之處分者？ (A)1　(B)2　(C)3　(D)5。

(　) **14** 保險業申請兼營全權委託投資業務者，應自金管會許可之日起幾個月內，檢具法定文件，向金管會保險局辦理變更登記及換發營業執照？ 　(A)2　(B)3　(C)6　(D)9。

(　) **15** 證券投資顧問事業從事內部稽核及法令遵循之業務人員，其須經同業公會委託機構舉辦之證券投資信託及顧問事業之業務員測驗合格，並在專業投資機構從事證券、期貨或信託相關工作經驗幾年以上？ 　(A)1　(B)3　(C)5　(D)6。

(　) **16** 證券投資顧問事業從事內部稽核及法令遵循之業務人員，其須曾擔任國內、外基金經理人工作經驗幾年以上？ (A)1　(B)3　(C)5　(D)6。

( ) **17** 下列有關證券投資顧問事業從事內部稽核及法令遵循之業務人員應具備之條件中，何者為非？ (A)曾擔任國內、外基金經理人工作經驗1年以上 (B)經同業公會委託機構舉辦之證券投資信託及顧問事業之業務員測驗合格，並在專業投資機構從事證券、期貨或信託相關工作經驗1年以上 (C)經教育部承認之國內外大學以上學校畢業或具有同等學歷，擔任證券、期貨機構或信託業之業務人員3年以上 (D)經證券商同業公會委託機構舉辦之證券商高級業務員測驗合格，或已取得原證券主管機關核發之證券高級業務員測驗合格證書，並在專業投資機構從事證券、期貨或信託相關工作經驗5年以上。

解答與解析

1 (D)。《中華民國證券投資信託暨顧問商業同業公會證券投資信託事業證券投資顧問事業經營全權委託投資業務操作辦法》第7條：受任人從事全權委託投資之業務招攬與營業促銷活動，應恪遵相關法令及本公會自律規範之規定，並不得有下列情事：

1. 藉金管會核准經營全權委託投資業務，作為證實申請事項或保證全權委託投資資產價值之宣傳。【選項(C)】
2. 使人誤信能保證本金之安全或保證獲利者。【選項(B)】
3. 為負擔損失之表示。
4. 提供贈品或以其他利益為不正當之招攬或促銷。【選項(A)】
5. 對於過去之操作績效作誇大之宣傳或對同業為攻訐之廣告。
6. 為虛偽、詐欺或其他足致他人誤信之行為。

7. 對所提供有價證券、證券相關商品或其他經金管會核准項目之投資、交易或其服務之績效，為不實陳述或以不實之資料或僅使用對其有利之資料作誇大之宣傳。
8. 內容違反法令或全權委託投資契約內容。
9. 其它違反證券暨期貨管理法令或經金管會規定不得為之之行為。
故此題答案為(D)。

2 (A)。《證券投資信託事業證券投資顧問事業經營全權委託投資業務管理辦法》第4條：證券投資信託事業申請經營全權委託投資業務，應具備下列條件：
(1) 已募集成立證券投資信託基金。【選項(B)】
(2) 最近期經會計師查核簽證之財務報告每股淨值不低於面額。但取得營業執照未滿一個完整會計年度者，不在此限。【選項(C)】

(3)最近半年未曾受證券投資信託及顧問法第103條第1款、期貨交易法第100條第1項第1款或證券交易法第66條第1款之處分。【選項(D)】

(4)最近2年未曾受證券投資信託及顧問法第103條第2款至第5款、期貨交易法第100條第1項第2款至第4款或證券交易法第66條第2款至第4款（主管機關對公司或分支機構為撤銷營業許可）之處分。【選項(A)】

(5)曾受前2款之處分，且命令其改善，已具體改善。

(6)其他經本會規定應具備之條件。

故此題答案為(A)。

3 **(B)**。《證券投資信託事業證券投資顧問事業經營全權委託投資業務管理辦法》第5條第1項第1款：證券投資顧問事業申請經營全權委託投資業務，實收資本額應達**新臺幣5,000萬元**；已兼營期貨顧問業務之證券投資顧問事業申請或同時申請經營全權委託投資業務及兼營期貨顧問業務者，實收資本額應達**新臺幣7,000萬元**。

故此題答案為(B)。

4 **(C)**。《證券投資信託事業證券投資顧問事業經營全權委託投資業務管理辦法》第5條第1項第1款：證券投資顧問事業申請經營全權委託投資業務，實收資本額應達**新臺幣5,000萬元**；已兼營期貨顧問業務之證券投資顧問事業申請或同時申

請經營全權委託投資業務及兼營期貨顧問業務者，實收資本額應達**新臺幣7,000萬元**。

故此題答案為(C)。

5 **(B)**。《證券投資信託事業證券投資顧問事業經營全權委託投資業務管理辦法》第5條第1項第3款：證券投資顧問事業申請經營全權委託投資業務，應具備最近**3個月**未曾因從事證券投資分析或期貨研究分析受中華民國證券投資信託暨顧問同業公會（以下簡稱同業公會）或中華民國期貨商業同業公會依自律規章為警告、處以違約金、停止會員應享有之部分或全部權益、撤銷或暫停會員資格之處置。

故此題答案為(B)。

6 **(B)**。《投資型保險投資管理辦法》第19條第1項：保險人銷售由其全權決定運用標的之投資型保險，應符合下列資格條件：

1.最近一年之自有資本與風險資本之比率符合本法第143-4條第1項之適足比率。

2.最近1年內未有遭主管機關重大裁罰及處分者，或受處分情事已獲具體改善經主管機關認可者。

3.國外投資部分已採用計算風險值評估風險，並每週至少控管乙次。

4.董事會中設有風險控管委員會或於公司內部設置風險控管部門及風控長或職務相當之人，並實際負責公司整體風險控管。

5.最近1年公平待客原則評核結果為人身保險業前80%。但提出合

理說明並經主管機關核准者,不在此限。

故此題答案為(B)。

7 **(B)**。《證券投資信託事業證券投資顧問事業經營全權委託投資業務管理辦法》第5條第1項第1款:證券投資顧問事業申請經營**全權委託投資業務**,實收資本額應達**新臺幣5,000萬元**;已兼營期貨顧問業務之**證券投資顧問事業**申請或同時申請經營**全權委託投資業務**及兼營期貨顧問業務者,實收資本額應達**新臺幣7,000萬元**。

故此題答案為(B)。

8 **(B)**。《投資型保險投資管理辦法》第19條第1項:保險人銷售由其全權決定運用標的之投資型保險,應符合下列資格條件:

(1)最近一年之自有資本與風險資本之比率符合本法第143-4條第1項之適足比率。

(2)最近1年內未有遭主管機關重大裁罰及處分者,或受處分情事已獲具體改善經主管機關認可者。

(3)國外投資部分已採用計算風險值評估風險,並每週至少控管乙次。

(4)董事會中設有風險控管委員會或於公司內部設置風險控管部門及風控長或職務相當之人,並實際負責公司整體風險控管。

(5)最近1年公平待客原則評核結果為人身保險業前80%。但提出合理說明並經主管機關核准者,不在此限。

《投資型保險投資管理辦法》第19條第3項:第1項第3款所稱之風險值,係指按週為基礎、樣本期間至少**3年**,或按日為基礎、樣本期間至少1年,樣本之資料至少每週更新一次,以至少99%的信賴水準,計算10個交易日之風險值,且須每月進行回溯測試。

故此題答案為(B)。

9 **(D)**。《投資型保險投資管理辦法》第19條第1項:保險人銷售由其全權決定運用標的之投資型保險,應符合下列資格條件:

1.最近一年之自有資本與風險資本之比率符合本法第143-4條第1項之適足比率。

2.最近1年內未有遭主管機關重大裁罰及處分者,或受處分情事已獲具體改善經主管機關認可者。

3.國外投資部分已採用計算風險值評估風險,並每週至少控管乙次。

4.董事會中設有風險控管委員會或於公司內部設置風險控管部門及風控長或職務相當之人,並實際負責公司整體風險控管。

5.最近1年公平待客原則評核結果為人身保險業**前80%**。但提出合理說明並經主管機關核准者,不在此限。

故此題答案為(D)。

10 **(D)**。《證券投資信託事業證券投資顧問事業經營全權委託投資業務管理辦法》第8條第1項:

[第1項] 證券投資信託事業或證券投資顧問事業經營全權委

託投資業務，應設置專責
部門，並配置適足、適任
之主管及業務人員。【選
項(C)】

《證券投資信託事業證券投資顧問
事業經營全權委託投資業務管理辦
法》第41-1條第2項及第4項：

[第2項]　前項專責部門主管及業務
人員，除本會另有規定
外，不得辦理專責部門以
外之業務，或由非登錄專
責部門主管或業務人員兼
辦。【選項(A)】

[第4項]　招攬全權決定運用標的之
投資型保險業務之保險業
招攬人員，除應符合證券
投資顧問事業負責人與業
務人員管理規則所定業務
人員之資格條件外，並應遵
守本辦法及證券投資顧問
事業負責人與業務人員管
理規則規定。【選項(B)】

故此題答案為(D)。

11 **(D)**。《中華民國證券投資信託暨
顧問商業同業公會證券投資信託事
業證券投資顧問事業經營全權委託
投資業務操作辦法》第7條：
受任人從事全權委託投資之業務招
攬與營業促銷活動，應恪遵相關法
令及本公會自律規範之規定，並不
得有下列情事：

(1)藉金管會核准經營全權委託投
資業務，作為證實申請事項或
保證全權委託投資資產價值之
宣傳。【選項(A)】

(2)使人誤信能保證本金之安全或
保證獲利者。【選項(C)】

(3)為負擔損失之表示。【選項(B)】

(4)提供贈品或以其他利益為不正
當之招攬或促銷。

(5)對於過去之操作績效作誇大之
宣傳或對同業為攻訐之廣告。

(6)為虛偽、詐欺或其他足致他人
誤信之行為。

(7)對所提供有價證券、證券相關
商品或其他經金管會核准項目
之投資、交易或其服務之績
效，為不實陳述或以不實之資
料或僅使用對其有利之資料作
誇大之宣傳。

(8)內容違反法令或全權委託投資
契約內容。

(9)其它違反證券暨期貨管理法令或
經金管會規定不得為之之行為。

故此題答案為(D)。

12 **(D)**。《保險法》第146條第7項：
依第5項(保險業經營投資型保險業
務、勞工退休金年金保險業務應專
設帳簿，記載其投資資產之價值)規
定應專設帳簿之資產，如要保人以
保險契約委任保險業全權決定運用
標的，且將該資產運用於證券交易
法第6條(有價證券，指政府債券、公
司股票、公司債券及經主管機關核
定之其他有價證券)規定之有價證
券者，應依證券投資信託及顧問法
申請兼營全權委託投資業務。

《證券投資顧問事業設置標準》第
36條第1項～第4項：

[第1項] 保險業應依本標準規定，經本會許可兼營全權委託投資業務。

[第2項] 兼營前項業務，除依據本標準規定外，適用全權委託管理辦法之規定。

[第3項] 保險業兼營全權委託投資業務者，應指撥專用營運資金；其金額不得低於全權委託管理辦法第5條第1項第1款所定之金額。【選項(A)】

[第4項] 前項指撥營運資金應專款經營，除其他法律另有規定外，不得流用於非全權委託投資業務及其他業務。【選項(D)】

《證券投資顧問事業設置標準》第36條第5項及第6項：

[第5項] 保險業之實收資本額，不得低於按申請兼營全權委託投資業務所應指撥之專用營運資金金額，加計保險業設立許可及管理辦法所定最低實收資本額合計數，如有不足時，應辦理增資。【選項(B)】

[第6項] 外國保險業專撥在中華民國境內營業所用之資金，不得低於按申請兼營全權委託投資業務所應指撥之專用營運資金金額，加計外國保險業設立許可及管理辦法所定最低專撥營業所用資金合計數，如有不足者，應補足之。【選項(C)】

以上規定目的是為充實保險業兼營全權委託投資業務營運資金，以利事業經營。

[範例說明]

(1)保險業法定最低實收資本額為新臺幣20億元。

(2)保險業若申請兼營全權委託投資業務，擬指專用營運資金新臺幣7,000萬元。

則其實收資本額應達新臺幣20億7,000萬元。若保險業現行實收資本額低於新臺幣20億7,000萬元，保險業應先辦理增資至新臺幣20億7,000萬元後，始得申請兼營全權委託投資業務。

故此題答案為(D)。

13 (C)。《證券投資顧問事業設置標準》第37條：

保險業申請兼營全權委託投資業務，應符合下列各款規定：

1.最近期經會計師查核簽證之財務報告每股淨值不低於面額者。

2.最近半年未曾受保險法第149條第1項糾正或命其限期改善合計<u>3次</u>以上之處分者。

3.最近2年未曾受保險法第149條第1項第1款至第4款、第2項或第4項之處分者。但本會命令解除職員職務之處分，不在此限。

4.曾受前2款之處分，且命令其改善，已具體改善者。

故此題答案為(C)。

14 (C)。《證券投資顧問事業設置標準》第39條第1項：

保險業申請兼營全權委託投資業務者，應自本會許可之日起**6個月**內，檢具下列文件，向本會保險局辦理變更登記及換發營業執照：

1. 兼營全權委託投資業務許可函影本。
2. 同業公會出具之人員資格審查合格之名冊及其資格證明文件。
3. 同業公會同意入會之證明文件。
4. 指撥營運資金之證明文件。
5. 最近期經會計師查核簽證之財務報告。但與申請許可時，檢具之財務報告為同期，免附。
6. 依全權委託管理辦法規定提存營業保證金之證明文件。

故此題答案為(C)。

15 (A)。《證券投資顧問事業負責人與業務人員管理規則》第5-1條：

[第1項]　證券投資顧問事業從事內部稽核及法令遵循之業務人員,應具備下列資格之一：

(1) 依第4條第1項規定取得證券投資分析人員資格。
(2) 經同業公會委託機構舉辦之證券投資信託及顧問事業之業務員測驗合格，並在專業投資機構從事證券、期貨或信託相關工作經驗**1年以上**。
(3) 經證券商同業公會委託機構舉辦之證券商高級業務員測驗合格，或已取得原證券主管機關核發之證券商高級業務員測驗合格證書，並在專業投資機構從事證券、期貨或信託相關工作經驗**2年以上**。

(4) 曾擔任國內、外基金經理人工作經驗**1年以上**。
(5) 經教育部承認之國內外大學以上學校畢業或具有同等學歷，擔任證券、期貨機構或信託業之業務人員3年以上。
(6) 經教育部承認之國內外大學以上學校畢業或具有同等學歷，並在符合「會計師辦理公開發行公司財務報告查核簽證核准準則」規定條件之聯合會計師事務所從事審計工作經驗2年以上，且經第2款或第3款所定之測驗合格。
(7) 具有「專門職業及技術人員高等考試律師考試規則」第5條第1款或第2款資格，並在律師事務所從事證券、期貨相關法律事務工作經驗2年以上，且經第2款或第3款所定之測驗合格。

故此題答案為(A)。

16 (A)。《證券投資顧問事業負責人與業務人員管理規則》第5-1條：

[第1項]　證券投資顧問事業從事內部稽核及法令遵循之業務人員,應具備下列資格之一：

(1) 依第4條第1項規定取得證券投資分析人員資格。
(2) 經同業公會委託機構舉辦之證券投資信託及顧問事業之業務員測驗合格，並在專業投資機構從事證券、期貨或信託相關工作經驗**1年以上**。
(3) 經證券商同業公會委託機構舉辦之證券商高級業務員測驗合

格，或已取得原證券主管機關核發之證券商高級業務員測驗合格證書，並在專業投資機構從事證券、期貨或信託相關工作經驗**2年以上**。

(4)曾擔任國內、外基金經理人工作經驗**1年以上**。

(5)經教育部承認之國內外大學以上學校畢業或具有同等學歷，擔任證券、期貨機構或信託業之業務人員3年以上。

(6)經教育部承認之國內外大學以上學校畢業或具有同等學歷，並在符合「會計師辦理公開發行公司財務報告查核簽證核准準則」規定條件之聯合會計師事務所從事審計工作經驗2年以上，且經第2款或第3款所定之測驗合格。

(7)具有「專門職業及技術人員高等考試律師考試規則」第5條第1款或第2款資格，並在律師事務所從事證券、期貨相關法律事務工作經驗2年以上，且經第2款或第3款所定之測驗合格。

故此題答案為(A)。

17 (D)。《證券投資顧問事業負責人與業務人員管理規則》第5-1條：

[第1項] 證券投資顧問事業從事內部稽核及法令遵循之業務人員，應具備下列資格之一：

(1)依第4條第1項規定取得證券投資分析人員資格。

(2)經同業公會委託機構舉辦之證券投資信託及顧問事業之業務

員測驗合格，並在專業投資機構從事證券、期貨或信託相關工作經驗1年以上。【選項(B)】

(3)經證券商同業公會委託機構舉辦之證券商高級業務員測驗合格，或已取得原證券主管機關核發之證券商高級業務員測驗合格證書，並在專業投資機構從事證券、期貨或信託相關工作經驗**2年以上**。【選項(D)】的「5年」應改為「2年」

(4)曾擔任國內、外基金經理人工作經驗**1年以上**。【選項(A)】

(5)經教育部承認之國內外大學以上學校畢業或具有同等學歷，擔任證券、期貨機構或信託業之業務人員**3年以上**。【選項(C)】

(6)經教育部承認之國內外大學以上學校畢業或具有同等學歷，並在符合「會計師辦理公開發行公司財務報告查核簽證核准準則」規定條件之聯合會計師事務所從事審計工作經驗2年以上，且經第2款或第3款所定之測驗合格。

(7)具有「專門職業及技術人員高等考試律師考試規則」第5條第1款或第2款資格，並在律師事務所從事證券、期貨相關法律事務工作經驗2年以上，且經第2款或第3款所定之測驗合格。

故此題答案為(D)。

| 重點 **4** | **金融監理架構** |

一、自律機構

(一) 同業公會之意義與設置

《證券投資信託及顧問法》第84條：證券投資信託事業及證券投資顧問事業非加入同業公會，不得開業；同業公會非有正當理由，不得拒絕其加入，或就其加入附加不當之條件。

前項同業公會之設立、組織及監督，除本法另有規定外，適用**商業團體法**之規定。

(二) 自律功能之權限

《證券投資信託及顧問法》第88條第1項：同業公會之任務，除依商業團體法第5條規定辦理外，包括下列事項：

(1)訂定自律規範，並督促會員自律。

(2)辦理主管機關授權處理之事項。

(3)對違反法令或自律規範之會員予以停權、課予違約金、警告、命其限期改善等處置；或要求會員對其從業人員予以暫停執行業務**1個月至6個月**之處置。

(4)檢查會員是否遵守法令及自律規範。

(5)對於業務經營顯然不善，重大損害投資人權益之會員，協調其他會員協助處理該會員之業務，或報請主管機關為適當之處分。

(6)對於破產會員之財產進行管理。

(7)對於違反本法規定之會員為撤銷或暫停會員資格之處置。

二、行政監督

(一) 內部控制制度之建立

《證券投資信託及顧問法》第93條：證券投資信託事業及經營接受客戶全權委託投資業務之證券投資顧問事業，應建立內部控制制度；其準則，由主管機關定之。

(二) 資訊揭露

1. 《證券投資信託及顧問法》第99條：證券投資信託事業及證券投資顧問事業，應於每會計年度終了後**3個月內**，公告並向主管機關申報經會計師查核簽證、董事會通過及監察人承認之年度財務報告。

   前項年度財務報告之申報，應送由同業公會彙送主管機關。

2. 《證券投資信託及顧問法》第100條：證券投資信託事業運用每一證券投資信託基金，應依主管機關規定之格式及內容於每會計年度終了後**2個月內**，編具年度財務報告；於每月終了後10日內編具月報，向主管機關申報。

   前項年度財務報告，應經主管機關核准之會計師查核簽證，並經基金保管機構簽署，證券投資信託事業並應予以公告之。

   第1項年度財務報告及月報之申報，應送由同業公會彙送主管機關。

   金管證投字第1010008071號：證券投資信託事業就清算中之證券投資信託基金，仍應依證券投資信託及顧問法第100條規定申報清算基準日當月之月報。

(三) 財務業務之檢查權

1. 《證券投資信託及顧問法》第101條第1項：

   [第1項] 主管機關為保障公共利益或維護市場秩序，得隨時要求證券投資信託事業、證券投資顧問事業、基金保管機構及全權委託保管機構或其關係人，於期限內提出財務、業務報告或其他相關資料，並得直接或委託適當機構，檢查其財務、業務狀況及其他相關事項，該事業、機構或其關係人不得規避、妨礙或拒絕。

   　　→意指：賦予主管機關對證券投資信託事業、證券投資顧問事業、基金保管機構及全權委託保管機構或其關係人具有財務檢查之權限。

2. 《證券投資信託及顧問法》第101條第2項～第4項：

   [第2項] 主管機關認為必要時，得隨時指定律師、會計師或其他專門職業或技術人員為前項之檢查，並向主管機關據實提出報告或表示意見，其費用由被檢查人負擔。

   [第3項] 主管機關為保障公眾利益或維護市場秩序，對於有違反本法行為之虞者，得要求相關目的事業主管機關或金融機構提供必要資訊或紀錄。

[第4項]前3項所得之資訊，除為健全監理及保護投資人之必要外，不得公布或提供他人。

(四) **糾正處罰權**

1. 《證券投資信託及顧問法》第102條：主管機關於審查證券投資信託事業、證券投資顧問事業、基金保管機構及全權委託保管機構所申報之財務、業務報告及其他相關資料，或於檢查其財務、業務狀況時，發現有不符合法令規定之事項，除得予以糾正外，並得依法處罰之。

2. 《證券投資信託及顧問法》第103條：主管機關對證券投資信託事業或證券投資顧問事業違反本法或依本法所發布之命令者，除依本法處罰外，並得視情節之輕重，為下列處分：

   (1)警告。

   (2)命令該事業解除其董事、監察人或經理人職務。

   (3)對該事業2年以下停止其全部或一部之募集或私募證券投資信託基金或新增受託業務。

   (4)對公司或分支機構就其所營業務之全部或一部為**6個月以下**之停業。

   (5)對公司或分支機構營業許可之廢止。

   (6)其他必要之處置。

3. 《證券投資信託及顧問法》第104條：證券投資信託事業及證券投資顧問事業之董事、監察人、經理人或受僱人執行職務，有違反本法或其他有關法令之行為，足以影響業務之正常執行者，主管機關除得隨時命令該事業停止其**1年以下**執行業務或解除其職務外，並得視情節輕重，對該事業為前條所定之處分。

三、重要刑責規定

(一) 非法經營業務之刑責

1. 《證券投資信託及顧問法》第16條第1項：任何人非經主管機關核准或向主管機關申報生效後，不得在中華民國境內從事或代理募集、銷售、投資顧問境外基金。

2. 《證券投資信託及顧問法》第107條：有下列情事之一者，處**5年以下**有期徒刑，併科**新臺幣100萬元以上5,000萬元以下**罰金：

(1)未經主管機關許可,經營證券投資信託業務、證券投資顧問業務、全權委託投資業務或其他應經主管機關核准之業務。

(2)違反第16條第1項規定,在中華民國境內從事或代理募集、銷售境外基金。

3. 《證券投資信託及顧問法》第110條:違反第16條第1項規定(任何人非經主管機關核准或向主管機關申報生效後,不得在中華民國境內從事或代理募集、銷售、投資顧問境外基金),在中華民國境內從事或代理投資顧問境外基金者,處**2年以下**有期徒刑、拘役或科或併科**新臺幣180萬元以下**罰金。

(二) 違反真實義務之刑責

《證券投資信託及顧問法》第106條:證券投資信託事業、證券投資顧問事業、基金保管機構或全權委託保管機構有下列情事之一者,處**1年以上7年以下**有期徒刑,得併科**新臺幣5,000萬元以下**罰金:

(1)對主管機關提出之公開說明書或投資說明書之內容為虛偽或隱匿之記載。

(2)對於主管機關命令提出之帳簿、表冊、文件或其他參考或報告資料之內容為虛偽或隱匿之記載。

(3)於依法或主管機關基於法律所發布之命令規定之帳簿、表冊、傳票、財務報告或其他有關業務文件之內容為虛偽或隱匿之記載。

(三) 違反交付義務與名稱使用之刑責

《證券投資信託及顧問法》第112條:有下列情事之一者,處**新臺幣30萬元以上150萬元以下**罰鍰,並責令限期改善;屆期不改善者,得按次連續處2倍至5倍罰鍰至改善為止:

(1)未依第15條第1項規定交付公開說明書。

(2)違反第63條第3項規定,使用類似證券投資信託事業或證券投資顧問事業之名稱。

精選試題

(　) **1** 證券投資顧問事業應於每會計年度終了後幾個月內，公告並向管會申報經會計師查核簽證、董事會通過及監察人承認之年度財務報告，並應送由同業公會彙送金管會？　(A)1　(B)3　(C)5　(D)6。

(　) **2** 中華民國證券投資信託暨顧問商業同業公會除法規另有規定外，應適用下列何項法律？　(A)銀行法　(B)人民團體法　(C)公司法　(D)商業團體法。

(　) **3** 下列何者非中華民國證券投資信託暨顧問商業同業公會之任務？　(A)訂定自律規範，並督促會員自律　(B)對於重整會員之財產進行管理　(C)檢查會員是否遵循法令及自律規範　(D)對於違反證券投資信託及顧問法規定之會員為撤銷或暫停會員資格之處置。

(　) **4** 投信投顧同業公會對於違反法令或自律規範之會員，得要求會員對其從業人員予以暫停職務之處置，其最長期限為：　(A)1個月　(B)3個月　(C)6個月　(D)1年。

(　) **5** 中華民國證券投資信託暨顧問商業同業公會對違反法令或自律規範之會員，得要求會員對其從業人員予以暫停執行業務多久期間之處置？　(A)1個月至3個月　(B)1個月至6個月　(C)3個月至6個月　(D)6個月至9個月。

(　) **6** 證券投資信託事業運用每一證券投資信託基金，應依金管會規定之格式及內容於每會計年度終了後幾個月內，編具年度財務報告？　(A)2個月　(B)3個月　(C)6個月　(D)9個月。

(　) **7** 證券投資信託事業及證券投資顧問事業，應於每會計年度終了後幾個月內，公告並向主管機關申報經會計師查核簽證、董事會通過及監察人承認之年度財務報告？　(A)1個月　(B)3個月　(C)6個月　(D)9個月。

(　)　**8** 未經主管機關許可，經營證券投資信託業務、證券投資顧問業務、全權委託投資業務或其他應經主管機關核准之業務，其罰則為以下何者？

(A)處1年以下有期徒刑，併科新臺幣100萬元以上5,000萬元以下罰金

(B)處3年以下有期徒刑，併科新臺幣100萬元以上5,000萬元以下罰金

(C)處5年以下有期徒刑，併科新臺幣100萬元以上5,000萬元以下罰金

(D)處5年以下有期徒刑，併科新臺幣1,000萬元以上5,000萬元以下罰金。

(　)　**9** 違反「證券投資信託及顧問法」第16條第1項規定（任何人非經主管機關核准或向主管機關申報生效後，不得在中華民國境內從事或代理募集、銷售、投資顧問境外基金），在中華民國境內從事或代理投資顧問境外基金者，可處：

(A)處1年以上7年以下有期徒刑，得併科新臺幣5,000萬元以下罰金

(B)處2年以下有期徒刑、拘役或科或併科新臺幣180萬元以下罰金

(C)處3年以上7年以下有期徒刑，得併科新臺幣1,000萬元以下罰金

(D)處5年以下有期徒刑，併科新臺幣100萬元以上5,000萬元以下罰金。

(　)　**10** 依據證券投資信託及顧問法規定，證券投資信託事業、證券投資顧問事業、基金保管機構或全權委託保管機構對主管機關提出之公開說明書或投資說明書之內容為虛偽或隱匿之記載時，可處：

(A)1年以上3年以下有期徒刑　　(B)1年以上7年以下有期徒刑

(C)3年以上5年以下有期徒刑　　(D)3年以上7年以下有期徒刑。

(　)　**11** 依據證券投資信託及顧問法規定，主管機關得對公司或分支機構就其所營業務之全部或一部為幾個月以下之停業？

(A)1　(B)3　(C)6　(D)9。

(　) **12** 依據證券投資信託及顧問法規定，證券投資信託事業及證券投資顧問之董事違法，足以影響業務之正常執行者，主管機關得隨時命令該事業停止其幾年以下執行業務？　(A)1　(B)3　(C)5　(D)7。

(　) **13** 依證券投資信託及顧問法之規定，未依法交付公開說明書，主管機關應處何項行政處罰？　(A)處新臺幣20萬元以上100萬元以下罰鍰　(B)處新臺幣30萬元以上100萬元以下罰鍰　(C)處新臺幣30萬元以上150萬元以下罰鍰　(D)處新臺幣50萬元以上150萬元以下罰鍰。

解答與解析

1 (B)。《證券投資信託及顧問法》第99條：證券投資信託事業及證券投資顧問事業，應於每會計年度終了後**3個月內**，公告並向主管機關申報經會計師查核簽證、董事會通過及監察人承認之年度財務報告。故此題答案為(B)。

2 (D)。《證券投資信託及顧問法》第84條：證券投資信託事業及證券投資顧問事業非加入同業公會，不得開業；同業公會非有正當理由，不得拒絕其加入，或就其加入附加不當之條件。
前項同業公會之設立、組織及監督，除本法另有規定外，適用**商業團體法**之規定。故此題答案為(D)。

3 (B)。《證券投資信託及顧問法》第88條第1項：同業公會之任務，除依商業團體法第5條規定辦理外，包括下列事項：
1.訂定自律規範，並督促會員自律。【選項(A)】

2.辦理主管機關授權處理之事項。
3.對違反法令或自律規範之會員予以停權、課予違約金、警告、命其限期改善等處置；或要求會員對其從業人員予以暫停執行業務1個月至6個月之處置。
4.檢查會員是否遵守法令及自律規範。【選項(C)】
5.對於業務經營顯然不善，重大損害投資人權益之會員，協調其他會員協助處理該會員之業務，或報請主管機關為適當之處分。
6.對於破產會員之財產進行管理。【選項(B)】的「重整」應改為「破產」
7.對於違反本法規定之會員為撤銷或暫停會員資格之處置。【選項(D)】
故此題答案為(B)。

4 (C)。《證券投資信託及顧問法》第88條第1項：
同業公會之任務，除依商業團體法第5條規定辦理外，包括下列事項：
1.訂定自律規範，並督促會員自律。

2.辦理主管機關授權處理之事項。

3.對違反法令或自律規範之會員予以停權、課予違約金、警告、命其限期改善等處置;或要求會員對其從業人員予以暫停執行業務**1個月至6個月**之處置。

4.檢查會員是否遵守法令及自律規範。

5.對於業務經營顯然不善,重大損害投資人權益之會員,協調其他會員協助處理該會員之業務,或報請主管機關為適當之處分。

6.對於破產會員之財產進行管理。

7.對於違反本法規定之會員為撤銷或暫停會員資格之處置。

故此題答案為(C)。

5 **(B)**。《證券投資信託及顧問法》第88條第1項:同業公會之任務,除依商業團體法第5條規定辦理外,包括下列事項:

1.訂定自律規範,並督促會員自律。

2.辦理主管機關授權處理之事項。

3.對違反法令或自律規範之會員予以停權、課予違約金、警告、命其限期改善等處置;或要求會員對其從業人員予以暫停執行業務**1個月至6個月**之處置。

4.檢查會員是否遵守法令及自律規範。

5.對於業務經營顯然不善,重大損害投資人權益之會員,協調其他會員協助處理該會員之業務,或報請主管機關為適當之處分。

6.對於破產會員之財產進行管理。

7.對於違反本法規定之會員為撤銷或暫停會員資格之處置。

故此題答案為(B)。

6 **(A)**。《證券投資信託及顧問法》第100條:證券投資信託事業運用每一證券投資信託基金,應依主管機關規定之格式及內容於每會計年度終了後2個月內,編具年度財務報告;於每月終了後10日內編具月報,向主管機關申報。

前項年度財務報告,應經主管機關核准之會計師查核簽證,並經基金保管機構簽署,證券投資信託事業並應予以公告之。

第1項年度財務報告及月報之申報,應送由同業公會彙送主管機關。

故此題答案為(A)。

7 **(B)**。《證券投資信託及顧問法》第99條:證券投資信託事業及證券投資顧問事業,應於每會計年度終了後**3個月內**,公告並向主管機關申報經會計師查核簽證、董事會通過及監察人承認之年度財務報告。

故此題答案為(B)。

8 **(C)**。《證券投資信託及顧問法》第107條:有下列情事之一者,處**5年以下**有期徒刑,併科**新臺幣100萬元以上5,000萬元以下**罰金:

1.未經主管機關許可,經營證券投資信託業務、證券投資顧問業務、全權委託投資業務或其他應經主管機關核准之業務。

2.違反第16條第1項規定,在中華民國境內從事或代理募集、銷售境外基金。

故此題答案為(C)。

9 (B)。《證券投資信託及顧問法》第110條：違反第16條第1項規定（任何人非經主管機關核准或向主管機關申報生效後，不得在中華民國境內從事或代理募集、銷售、投資顧問境外基金），在中華民國境內從事或代理投資顧問境外基金者，處**2年以下**有期徒刑、拘役或科或併科**新臺幣180萬元以下**罰金。故此題答案為(B)。

10 (B)。《證券投資信託及顧問法》第106條：證券投資信託事業、證券投資顧問事業、基金保管機構或全權委託保管機構有下列情事之一者，處**1年以上7年以下**有期徒刑，得併科新臺幣5,000萬元以下罰金：
1. 對主管機關提出之公開說明書或投資說明書之內容為虛偽或隱匿之記載。
2. 對於主管機關命令提出之帳簿、表冊、文件或其他參考或報告資料之內容為虛偽或隱匿之記載。
3. 於依法或主管機關基於法律所發布之命令規定之帳簿、表冊、傳票、財務報告或其他有關業務文件之內容為虛偽或隱匿之記載。

故此題答案為(B)

11 (C)。《證券投資信託及顧問法》第103條：主管機關對證券投資信託事業或證券投資顧問事業違反本法或依本法所發布之命令者，除依本法處罰外，並得視情節之輕重，為下列處分：

1. 警告。
2. 命令該事業解除其董事、監察人或經理人職務。
3. 對該事業2年以下停止其全部或一部之募集或私募證券投資信託基金或新增受託業務。
4. 對公司或分支機構就其所營業務之全部或一部為**6個月以下**之停業。
5. 對公司或分支機構營業許可之廢止。
6. 其他必要之處置。

故此題答案為(C)。

12 (A)。《證券投資信託及顧問法》第104條：證券投資信託事業及證券投資顧問事業之董事、監察人、經理人或受僱人執行職務，有違反本法或其他有關法令之行為，足以影響業務之正常執行者，主管機關除得隨時命令該事業停止其**1年以下**執行業務或解除其職務外，並得視情節輕重，對該事業為前條所定之處分。故此題答案為(A)。

13 (C)。《證券投資信託及顧問法》第112條：有下列情事之一者，處**新臺幣30萬元以上150萬元以下**罰鍰，並責令限期改善；屆期不改善者，得按次連續處2倍至5倍罰鍰至改善為止：
1. 未依第15條第1項規定交付公開說明書。
2. 違反第63條第3項規定，使用類似證券投資信託事業或證券投資顧問事業之名稱。

故此題答案為(C)。

Day 07　模擬考

(　　) **1** 下列有關最後生存者變額壽險之敘述,何者正確? 　(A)保險給付是在被保險人之中有一人死亡就給付　(B)為退休規劃之方式　(C)亦稱為第一順位死亡壽險　(D)在美國,其受歡迎之原因是因為生存配偶享有無限制的遺產扣除額。

(　　) **2** 隨時間經過甲型投資型保險商品之淨危險保障部分會有何現象? 　(A)持續上升　(B)遞減現象　(C)維持不變　(D)以上皆非。

(　　) **3** 下列對金融市場的分類,何者正確? 　(A)依有價證券的請求權順序可區分為債務市場及股權市場　(B)依交易市場可區分為集中交易市場與店頭市場　(C)依金融工具的到期期限可分為貨幣市場及資本市場　(D)以上分類皆正確。

(　　) **4** 下列何者為非存款貨幣機構? 　(A)工業銀行　(B)產物保險公司　(C)臺灣銀行　(D)合作金庫銀行。

(　　) **5** 下列哪一種保險商品之現金價值具有波動性? 　(A)變額萬能壽險　(B)終身還本保險　(C)定期養老保險　(D)優體壽險。

(　　) **6** 下列對我國工業銀行的資金來源的說明,何者錯誤? 　(A)發行金融債券　(B)收受商業銀行之轉存款　(C)收受財團法人的存款　(D)收受保險業的存款。

(　　) **7** 持有證券投資信託事業已發行股份總數多少比例以上之股東,於證券投資信託事業運用證券投資信託基金買賣該發行公司所發行之證券時,不得參與買賣之決定? 　(A)3%　(B)5%　(C)10%　(D)15%。

(　　) **8** 中華民國證券投資信託暨顧問商業同業公會除法規另有規定外，應適用下列何項法律？　(A)銀行法　(B)人民團體法　(C)公司法　(D)商業團體法。

(　　) **9** 自104年申報103年度所得基本稅額開始，訂立受益人與要保人非屬同一人之人壽保險及年金保險給付中，受益人受領之保險給付須計入個人之綜合所得淨額。但死亡給付每一申報戶全年合計數在新臺幣多少金額上下部分，免予計入？　(A)3,330萬　(B)3,300萬　(C)2,000萬　(D)1,000萬。

(　　) **10** 下列何者不是投資型保險商品的特點？　(A)保單帳戶價值是不確定的　(B)資金單獨設立帳戶，管理透明　(C)保險金額隨資金運用的好壞而變動　(D)全部風險由保險公會獨力承擔。

(　　) **11** 下列何者非屬金融中介機構？　(A)商業銀行　(B)保險公司　(C)證券投資顧問公司　(D)農會信用部。

(　　) **12** 下列對於變額保險商品與共同基金差異處之敘述，何者錯誤？
(A)共同基金在投資上的稅負優惠較高　(B)共同基金需每日計算其淨值並由獨立機構評鑑，因此專業性高　(C)兩者之資金管理機構不同　(D)共同基金是由保管銀行以專戶方式管理，投資型變額保險商品則以分離帳戶管理。

(　　) **13** 客戶為獲得更高的指數報酬，當預期指數行情上下波動時，應選擇何種指數年金？　(A)年增法　(B)點對點法　(C)低標法　(D)高標法。

(　　) **14** 下列哪一項規令不是屬於銷售行為他律規範？　(A)投資型保險商品銷售應遵循事項　(B)投資型保險商品銷售自律規範　(C)保險代理人管理規則　(D)保險業務員管理規則。

(　　) **15** 若投資型保險之投資標的為下列何者時，不須經主管機關認可之信用評等機構評等達一定等級以上，就可連結之：　(A)聯邦住宅抵押貸款公司所發行或保證之不動產抵押債權證券　(B)共同信託基金受益證券　(C)銀行發行之金融商品　(D)公司債。

( ) **16** 下列關於外幣投資型保險商品之敘述，何者錯誤？ (A)保費與保險給付需同一幣別 (B)投資型壽險資產不得轉換為新臺幣 (C)年金給付期間資產不得轉為新臺幣 (D)專設帳簿資產以外幣為限。

( ) **17** 根據「人身保險商品審查應注意事項」，在設計投資型年金保險時，要保人若未做年金給付開始日的選擇時，年金給付開始日不宜晚於被保險人保險年齡達多少歲之保單周年日：
(A)55歲 (B)60歲 (C)65歲 (D)70歲。

( ) **18** 證券投資顧問事業申請經營全權委託投資業務，其資本額須達新臺幣多少元？ (A)1,000萬 (B)5,000萬 (C)7,000萬 (D)1億。

( ) **19** 什麼樣的金融消費爭議不可以向金融消費評議中心提出評議申請？ (A)保險契約效力或條款解釋爭議 (B)銀行不同意大額存款爭議 (C)金融商品訂價政策 (D)保險商品收費爭議。

( ) **20** 張先生每年支付壽險保費4萬元、車險保費3萬元，另外健保費支出為1.6萬元，則張先生在申報所得稅時合計保險費扣除額為多少？ (A)2.4萬 (B)4萬 (C)5.6萬 (D)7萬。

( ) **21** 我國保險主管機關規定各年度目標保險費附加費用率不得超過附加費用率平均值之一定倍數，其主要目的為何？ (A)讓較多保險費餘額可以投資 (B)避免投保金額太低 (C)維持費用率透明度 (D)維持一定淨危險保額。

( ) **22** 成功銷售投資型保險產品的市場，應具備有何種條件？
(A)完善的投資管道 　　　　(B)專業的銷售人員
(C)成熟資本市場 　　　　　(D)以上皆是。

( ) **23** 下列哪一項問題不是資金供給者在決定是否將資金借予資金需求者時，所必須面對的？ (A)資金流動的效率問題 (B)監督成本 (C)流動性問題 (D)價格風險。

( ) **24** 證券投資顧問事業於開始經營業務後，依規定應申報經會計師查核簽證之財務報告，每股淨值低於面額者，應於幾年內改善？
(A)1 (B)3 (C)5 (D)7。

（　　）**25** 根據投資型保險商品資訊揭露應遵循事項，何者銷售文件必須提供消費者參閱並交付要保人留存：
A.保險商品簡介　B.保險商品說明書　C.風險告知書　D.建議書
(A)A　(B)B　(C)ABC　(D)ABCD。

（　　）**26** 下列有關變額壽險之敘述，何者為非？　(A)實際之收益由保險公司專門帳戶之投資收益決定　(B)保險保障具彈性　(C)保單利率為固定的預定利率　(D)保費繳費方式是固定的。

（　　）**27** 為避免壽險顧問於銷售投資型保險時將目標保費配置過高以謀取高額佣金，金管會已採取相關措施，其中目標保險費之附加費用率總和比率上限為：　(A)1.2　(B)1.3　(C)1.5　(D)1.8。

（　　）**28** 業務員以登錄證供他人使用，會依情節輕重被施以多久期間停止招攬或撤銷登錄之處分？　(A)3個月～1年　(B)3個月～2年　(C)6個月～1年　(D)1年～2年。

（　　）**29** 金融消費評議中心對保險爭議所做成的評議決定，若保險業應支付之金額在多少範圍內，保險業應予接受？　(A)非屬保險給付爭議類型（不含投資型保險商品）為10萬元　(B)非屬保險給付爭議類型（不含投資型保險商品）為50萬元　(C)投資型保險商品為150萬元　(D)投資型保險商品為200萬元。

（　　）**30** 保險公司應主動通知要保人其投資型保單之保單帳戶價值相關重要資訊，其通知頻率依規定至少：　(A)每年一次　(B)每半年一次　(C)每季一次　(D)每月一次。

（　　）**31** 下列那一機構得發行金融債券？　(A)信託投資公司　(B)商業銀行　(C)保險公司　(D)以上機構皆不得發行金融債券。

（　　）**32** 在投資型保險商品銷售自律規範中，投資連結交易所編製的指數是屬於哪一類風險等級商品？
(A)level 1　(B)level 2　(C)level 3　(D)level 4。

( ) **33** 貨幣市場買賣的有價證券到期日皆在：
(A)1年以內　(B)1年期以上　(C)2年期以上　(D)3年期以上。

( ) **34** 除主管機關明訂相關法令外，業者之間訂定共同遵循的行為規範，係
稱為：　(A)合作規範　(B)自律規範　(C)調處規範　(D)他律規範。

( ) **35** 證券投資信託基金如為國外募集基金投資國內或於國內募集基金
投資國外者，應經下列何項機關同意？　(A)財政部　(B)行政院
(C)經濟部　(D)中央銀行。

( ) **36** 下列哪一金融工具屬於貨幣市場的工具？　(A)商業本票　(B)股票
(C)債券　(D)政府公債。

( ) **37** 關於投資型保險的風險，下列敘述何者錯誤：　(A)若保戶購買新
臺幣保單，而保險契約所連結之投資標的是國內共同基金，此時
沒有匯兌風險　(B)當市場利率上升時，固定收益證券的價格將下
跌，此時保戶將有投資損失，這就是所謂的利率風險　(C)消費者
投資結構型債券之資金最好是屬於中長期投資　(D)如果保戶是購
買保本型結構型債券，其沒有中途贖回風險。

( ) **38** 依人身保險商品審查應注意事項第2點規定，下列哪一種商品不屬
於投資型人壽保險？　(A)萬能壽險　(B)變額壽險　(C)變額萬能
壽險　(D)投資連結型保險。

( ) **39** 證券投資顧問事業經手人員應於到職日起幾日內出具聲明書，申
報本人及利害關係人帳戶持有之特定股票及具股權性質之衍生性
商品名稱及數量等資料？　(A)5　(B)10　(C)15　(D)20。

( ) **40** 人壽保險公司發行壽險保單，將是屬於何種證券？
(A)債務憑證　(B)直接證券　(C)初級證券　(D)次級證券。

( ) **41** 下列何者不是壽險保險費的基本成分：
(A)生存成本　(B)利息　(C)費用　(D)死亡成本。

( ) **42** 下列哪一個國家最早發展投資型保險商品？
(A)英國　(B)日本　(C)美國　(D)臺灣。

(　　) **43** 下列有關資金融通的說明，何者正確？　(A)內部融通只透過金融市場來進行　(B)直接金融大都透過金融中介機構來進行　(C)外部融通可能透過金融市場或是透過金融中介機構來進行　(D)間接金融大都透過資本市場來進行。

(　　) **44** 基金銷售機構從事基金業務之宣導推廣活動時，得在不與基金申購結合之前提下，提供贈品鼓勵投資人索取基金相關資料，該贈品單一成本價格上限為新臺幣多少元？　(A)50　(B)100　(C)200　(D)500。

(　　) **45** 下列哪一銀行的「主要任務」不是供給中長期信用？　(A)工業銀行　(B)中小企業銀行　(C)不動產信用銀行　(D)商業銀行。

(　　) **46** 下列哪一事業之組織型態得為合作社之組織型態？　(A)票券商　(B)保險公司　(C)證券交易所　(D)以上皆不可。

(　　) **47** 投資型保險商品如聯結有非100%保本之結構型商品，於該商品虧損達多少時應通知要保人？　(A)20%　(B)30%　(C)40%　(D)50%。

(　　) **48** 證券投資信託及顧問法未規定者，應適用下列何項法律？　(A)公司法　(B)信託法　(C)信託業法　(D)證券交易法。

(　　) **49** 資金需求者透過直接金融方式取得資金的方式，下列何者為非？　(A)可經由證券商發行公司債　(B)可經由證券商辦理現金增資　(C)可經由證券商辦理海外存託憑證的發行　(D)可經由證券商協助，取得銀行的融資。

(　　) **50** 下列有關證券投資信託事業組織之敘述，何者錯誤？　(A)最低實收資本額，發起人應於發起時一次認足　(B)實收資本額不得少於新臺幣3億元　(C)應採募集設立方式設立　(D)以股份有限公司為限。

解答與解析

1 (D)。 最後生存者變額壽險以美國為例，由於聯邦稅法規定：配偶有一人死亡時，生存配偶享有無限制的遺產扣除額，故只有在生存配偶也死亡時，才需要用現金等流動性資產來繳納遺產稅。
故此題答案為(D)。

2 (B)。 甲型身故保險金＝max（保險金額, 保單帳戶價值）

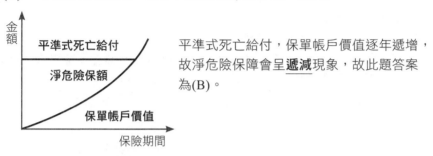

平準式死亡給付，保單帳戶價值逐年遞增，故淨危險保障會呈<u>遞減</u>現象，故此題答案為(B)。

3 (D)。 金融市場的種類，可區分為：

分類方式	說明
依資金移轉的方式	(1) **直接金融**：資金需求者以發行證券的方式，向資金供給者取得資金。 (2) **間接金融**：資金供給者將資金存於**金融中介機構**，而由金融中介機構對資金需求者貸放資金。
依有價證券是否為首次發行	(1) **初級市場**：又稱發行市場，指政府或企業提供新的證券銷售給投資人的市場，而且在初級市場銷售證券所取得的資金是歸發行人。 (2) **次級市場**：又稱流通市場，指投資人在購買新證券之後，這些證券的後續買賣市場。
依交易場所分類	(1) **集中市場**：指透過有組織的公開市場集中於一定場所進行交易之市場。 (2) **店頭市場**：指在集中市場以外所進行交易的市場。
依請求權的先後次序	(1) **債務市場**：指各種債務工具之市場。債務工具為資金需求者承諾於未來特定日期支付約定金額工具。一般而言，債務工具承諾投資人約定之利息收入，而且相較於股票，債權人對公司的資產有優先受償的權利。 (2) **股權市場**：指股票市場。股票是對公司擁有所有權的證明。

分類方式	說明
依金融工具到期的期限	(1) **貨幣市場**：指供短期有價證券進行交易的場所。短期證券指國庫券、商業本票等到期日在1年以內的有價證券。 (2) **資本市場**：指供長期有價證券進行交易的場所。長期證券指股票、債券等到期日在1年以上的有價證券。

故此題答案為(D)。

4 (B)。 存款貨幣機構有：

1.商業銀行：本國一般銀行、外國銀行在臺分行。

2.專業銀行：地方性信用銀行、農業銀行、不動產信用銀行、輸出入銀行、中小企業銀行、工業銀行。

3.基層合作金融機構。

非存款貨幣機構有：

1.中華郵政公司。

2.信託投資機構。

3.保險公司：人壽保險公司、產物保險公司、中央再保險公司。

故此題答案為(B)。

5 (A)。 投資型保險的保單帳戶價值是受投資標的價值之波動及定期需扣除相關費用之影響。

故此題答案為(A)。

6 (B)。 工業銀行得經營之業務項目，是由金管會依《銀行法》第4條和第89條之規定，以下列業務範圍分別核定，並於營業執照上載明之：

1.收受支票存款及其他各種存款。　　2. 發行金融債券。

3.辦理放款。　　　　　　　　　　　4. 投資有價證券。

5.辦理直接投資生產事業、金融相關事業及創業投資事業。

6.辦理國內外匯兌。　　　　　　　　7. 辦理國內外保證業務。

8.簽發國內外信用狀。　　　　　　　9. 代理收付款項。

10.承銷有價證券。　　　　　　　　11. 辦理政府債券自行買賣業務。

12.擔任股票及債券發行簽證人。

13.辦理與前列各款業務有關之倉庫、保管及各種代理服務事項。

14.經金管會核准辦理之其他有關業務。

以上業務不包括收受商業銀行之轉存款。

故此題答案為(B)。

7 (B)。《證券投資信託事業負責人與業務人員管理規則》第15條：證券投資信託事業之負責人、部門主管、分支機構經理人或基金經理人本人或其配偶，有擔任證券發行公司之董事、監察人、經理人或持有已發行股份總數**5%以上**股東者，於證券投資信託事業運用證券投資信託基金買賣該發行公司所發行之證券時，不得參與買賣之決定。
故此題答案為(B)。

8 (D)。《證券投資信託及顧問法》第84條：證券投資信託事業及證券投資顧問事業非加入同業公會，不得開業；同業公會非有正當理由，不得拒絕其加入，或就其加入附加不當之條件。
前項同業公會之設立、組織及監督，除本法另有規定外，適用**商業團體法**之規定。
故此題答案為(D)。

9 (A)。自104年申報103年度所得基本稅額起，「保險期間始日在95年1月1日以後，且其受益人與要保人非屬同一人的人壽保險及年金保險契約，受益人受領的保險給付。但其中屬於死亡給付部分，每一申報戶全年合計數在**3,330萬元**以下者，免予計入，超過3,330萬元者，以扣除3,330萬元後的餘額計入。非屬死亡給付部分，應全數計入基本所得額，不得扣除3,330萬元。」
故此題答案為(A)。

10 (D)。**投資型保險商品**是結合**保險**和**投資**的**保險商品**，商品設計是讓**保戶**享有投資自主權。
《保險法施行細則》第14條：**投資型保險**是指保險人將要保人所繳保險費，依約定方式扣除保險人各項費用，並依其同意或指定之投資分配方式，置於**專設帳簿**中，而由**要保人**承擔全部或部分投資風險之人身保險。
因此，投資型保單並非只依只依分離帳戶進行基金投資管理，保單內容另有保障的部分。
故此題答案為(D)。

11 (C)。金融中介機構大致可分為
(1)**存款貨幣機構**：發行「貨幣性」間接證券，來吸收存款貨幣的金融中介機構。主要提供存款並發行貨幣間接請求權（例如：支票），在我國包括商業銀行、專業銀行、基層合作金融機構等。
(2)**非存款貨幣機構**：發行「非貨幣性」間接證券，來吸收資金的金融中介機構，在我國包括保險公司、中華郵政公司、信託投資公司等。
故此題答案為(C)。

12 (A)。 投資型保險與其他投資工具之比較項目如下表所示：

項目	投資型保險	一般共同基金
費用率	高	低
	説明：投資型商品初期保費有保險和分離帳戶的比例分配之規定，且保險帳戶的費用率及分離帳戶的管理費，皆為一般共同基金所沒有的。	
稅負優惠	有	無
	説明：雖然在2010年之後買的投資型保單，分離帳戶的收益適用儲蓄投資特別扣除額27萬。但畢竟是保險，保費及保險仍有稅負之優惠。	
保險保障	有	無
	説明：在保險期間被保人離世，則要受益人可領取保障及分離帳戶之現值。但一般共同基金，僅只有投資帳戶之現值。	
資金管理	以**分離帳戶**管理	由保管銀行以**專戶**方式管理

此外，共同基金需每日計算其淨值並由獨立機構評鑑，故專業性較投資型保險還高。

故此題答案為(A)。

13 (A)。 指數連動利率之計算方式如下：

計算方式	計算式／適用時機
點對點法（Point-to-point Method; PTP）又稱終點法（End-point Method）	● 計算式：$\dfrac{\text{合約終點的指數}-\text{合約起始點的指數}}{\text{合約起始點的指數}}$ ● 適用時機：景氣擴張期（預期指數**持續上升**）。 ● 參與率較高。 1,000　1,200　800　1,100　1,300　1,200 第一年|第二年|第三年|第四年|第五年
高標法（High Water Mark Method; HWM）	● 計算式： $\dfrac{\text{合約期間之最高指數}-\text{合約起始點的指數}}{\text{合約起始點的指數}}$ ● 適用時機：預期指數**先上升**、**後下降**。 ● 參與率比點對點法低。 1,000　1,200　800　1,100　1,300　1,200 第一年|第二年|第三年|第四年|第五年

計算方式	計算式／適用時機
低標法 （Low Water Mark Method; LWM）	● 計算式： $$\frac{\text{合約終點的指數－合約期間之最低指數}}{\text{合約期間之最低指數}}$$ ● 適用時機：預期指數**跌至低點，後期上升**。 1,000　1,200　800　1,100　1,300　1,200 |第一年|第二年|第三年|第四年|第五年|
年增法 （Annual Reset Method）	● 計算式：契約期間各期年初至年底股價指數之**增加率**的**加總**；若增加率為負，則以0計算。也就是0為下限（Floor）值。 ● 適用時機：預期指數**上下波動**。 ● 此法會增加保險公司之作業成本，故參與率最低。 +20%　0%　+37.5%　+18.18%　0% 1,000　1,200　800　1,100　1,300　1,200 |第一年|第二年|第三年|第四年|第五年|
多年期增加法 （Multi-year Reset Method）	● 計算式：以2年或3年為一期，契約期間各期年初至年底股價指數之**增加率**的**加總**；若增加率為負，則以0計算。 ● 適用時機：預期指數**上下波動**。 0%　+62.5%　+7.69% 1,000　1,200　800　1,100　1,300　1,200　1,400 |第一年|第二年|第三年|第四年|第五年|第六年|
數位法 （Digital Method）	● 計算式：基於「開／關」原理之設計，契約期間各期年初至年底股價指數之**增加率**為正，則**加計固定報酬**（開）；若**增加率**為為負，則以0計算（關）。 ● 適用時機：預期指數呈**緩步趨堅**。 ● 此法可選擇「不複合計算利率」，故有機會獲得比年增法更高的利率。 +10%　0　+10%　+10%　0 +20%　0%　+37.5%　+18.18%　0% 1,000　1,200　800　1,100　1,300　1,200 |第一年|第二年|第三年|第四年|第五年|

故此題答案為(A)。

14 (B)。　銷售行為他律規範有下列四種：

[類別一] 保險業：投資型保險商品銷售應注意事項

[類別二] 保險代理人：保險代理人管理規則

[類別三] 保險經紀人：保險經紀人管理規則

[類別四] 保險業務員：保險業務員管理規則

銷售行為他律規範是主管機關頒定的規範，而投資型保險商品銷售「自律」規範不屬之。

故此題答案為(B)。

15 (B)。　《投資型保險投資管理辦法》第10條第1項：投資型保險契約所提供連結之投資標的及專設帳簿資產之運用，除要保人以保險契約約定委任保險人全權決定運用標的者外，以下列為限：

1.**銀行存款**。

2.**證券投資信託基金受益憑證**。

3.**境外基金**。

4.**共同信託基金受益證券**。

5.依不動產證券化條例所發行之**不動產投資信託受益證券**或**不動產資產信託受益證券**。

6.依金融資產證券化條例所發行之**受益證券**或**資產基礎證券**。

（1～6項不需經主管機關認可之信用評等機構評等達一定等級以上。）

7.各國中央政府發行之**公債**、**國庫券**。

8.**金融債券**。

9.公開發行之有擔保公司債，或經評等為相當等級以上之公司所發行之公司債，或外國證券集中交易市場、店頭市場交易之公司債。

10.**結構型商品**。

11.美國聯邦國民抵押貸款協會、聯邦住宅抵押貸款公司及美國政府國民抵押貸款協會所發行或保證之不動產抵押權證券。

（7～11項應經主管機關認可之信用評等機構評等達一定等級以上。）

12.其他經主管機關核准之投資標的。

故此題答案為(B)。

16 (C)。　《投資型保險投資管理辦法》第18條第1項：訂立投資型保險契約時，保險人與要保人得約定保險費、保險給付、費用及其他款項收付之幣別，且不得於新臺幣與外幣間約定相互變換收付之幣別。但以外幣收付之投資型年金保險，於年金累積期間屆滿時將連結投資標的之全部處分出售，並轉換為一般帳簿之即期年金保險者，得約定以新臺幣給付年金。

故此題答案為(C)。

17 (D)。《人身保險商品審查應注意事項》第170點：要保人若未做年金給付開始日
的選擇時，年金給付開始日不得晚於被保險人保險年齡達**70歲**之保單周年日。
故此題答案為(D)。

18 (B)。《證券投資信託事業證券投資顧問事業經營全權委託投資業務管理辦法》
第5條第1項第1款：證券投資顧問事業申請經營全權委託投資業務，實收資本額應
達**新臺幣5,000萬元**；已兼營期貨顧問業務之證券投資顧問事業申請或同時申請經
營全權委託投資業務及兼營期貨顧問業務者，實收資本額應達**新臺幣7,000萬元**。
故此題答案為(B)。

19 (C)。只要是金融消費者與金融服務業間，因商品或服務所生之民事爭議，皆
可向評議中心提出**評議申請**，例如：銀行、保險、抵押、放款、信用卡（不含
債務協商）、存款、投資（不含商品訂價和績效表現）…等。
故此題答案為(C)。

20 (B)。《所得稅法》第17條：列舉扣除額中的保險費：納稅義務人、配偶或受扶養
直系親屬之人身保險、勞工保險、國民年金保險及軍、公、教保險之保險費，每人每
年扣除數額以不超過**24,000元**為限。但**全民健康保險之保險費不受金額限制**。
因此，A君的保險費扣除額＝商業保險扣除額2.4萬＋全民健康保險扣除額1.6萬＝4萬
故此題答案為(B)。

21 (A)。《人身保險商品審查應注意事項》第157點：各保單年度基本保險費附加費
用率之總和不得超過**150%**，而且每年附加費用率不得超過附加費用率平均值的**2
倍**，其目的是使要保人在保單年度的前幾年可以有較多的保險費餘額進行投資。
故此題答案為(A)。

22 (D)。

1.成熟的資本市場　　　　　　　　2.完善的投資管理
3.專業的銷售人員　　　　　　　　4.保險公司對軟硬體的投資與維護
故此題答案為(D)。

23 (A)。在資金供給者是否將資金借給公司，可能會面臨下列問題：

項目	說明
監督成本 （Monitoring Cost）	資金供給者無法確定公司是否將資金有效地投資在淨現值（Net Present Value, NPV）為正數的計畫上，故資金供給者為了確保公司不會浪費這些資金，其必須時常監督公司的營業活動。 然而，監督活動會使資金供給者產生監督成本，因為需要花費

項目	說明
監督成本 （Monitoring Cost）	很多的精力與時間，使得資金供給者傾向依賴其他資金供給者來監督，也就是搭便車問題（Free-rider Problem），最後可能導致沒有人來監督公司。
流動性問題 （Liquidity Problem）	公司需要的資金可能是長期性的，一旦資金供給者貸予資金後，尚需面臨流動性的問題。
價格風險 （Price Risk）	即使**有價證券**有市場交易來解決流動性的問題，但資金供給者仍可能對**有價證券的市價**低於其**當初所購買的價格**，因而產生價格風險。

故此題答案為(A)。

24 (A)。《證券投資顧問事業管理規則》第8條第4項：證券投資顧問事業於開始經營業務後，依前項規定應申報經會計師查核簽證之財務報告，每股淨值低於面額者，應於**1年內**改善。
故此題答案為(A)。

25 (B)。銷售文件是指經保險公司審查過並建檔備查之**保險商品說明書**（須提供給消費者在購買前參閱，並於承保後交付給要保人留存）、**保險商品簡介**及**建議書**等文件。
故此題答案為(B)。

26 (C)。變額壽險與傳統終身壽險之比較如下表：

項目 ＼ 險種	變額壽險	傳統終身壽險
保險費	固定	固定
繳費方式	固定	固定
現金價值 （保帳戶價值）	無保證 （依投資績效而定）	有保證
身故保險金	不固定，但有最低之保證 （一般帳戶＋分離帳戶＝死亡給付）	固定
死亡給付的準備金	1.一般帳戶：最低死亡保證 2.分離帳戶：其餘保證	一般帳戶

項目 ＼ 險種	變額壽險	傳統終身壽險
投資方式	存於分離帳戶的保費，可由客戶自行選擇投資標的。	保費存放於一般帳戶，由保險公司投資運作。

因此，投資型保單之利率為需視投資報酬率而定。

故此題答案為(C)。

27 (C)。《人身保險商品審查應注意事項》第157點：各保單年度基本保險費附加費用率之總和不得超過**150%**（＝1.5），而且每年附加費用率不得超過附加費用率平均值的**2倍**。故此題答案為(C)。

28 (A)。《保險業務員管理規則》第19條第1項第10點：業務員有**以登錄證供他人使用**或**使用他人登錄證**，所屬公司並應按其情節輕重，予以**3個月以上1年以下**停止招攬行為或撤銷其業務員登錄之處分。

故此題答案為(A)。

29 (A)。 金管會公告《金融消費者保護法》第29條第2項之一定額度，在保險業是指：
1.保險業所提供之財產保險給付、人身保險給付（不含多次給付型醫療保險金給付）及投資型保險商品或服務，其一定額度為新臺幣100萬元。
2.保險業所提供多次給付型醫療保險金給付及非屬保險給付爭議類型（不含投資型保險商品或服務），其一定額度為新臺幣10萬元。

故此題答案為(A)。

30 (C)。 保險公司依投資型保險資訊揭露應遵循事項規定，保險公司**每季**至少一次將保單帳戶價值等重要事項通知要保人，即保險公司須行通知保戶之義務。

故此題答案為(C)。

31 (B)。《銀行法》第71條，商業銀行經營下列業務：
1.收受支票存款。　　　　　　　　2.收受活期存款。
3.收受定期存款。　　　　　　　　4.發行金融債券。
5.辦理短期、中期及長期放款。　　6.辦理票據貼現。
7.投資公債、短期票券、公司債券、金融債券及公司股票。
8.辦理國內外匯兌。　　　　　　　9.辦理商業匯票之承兌。
10.簽發國內外信用狀。　　　　　　11.保證發行公司債券。
12.辦理國內外保證業務。　　　　　13.代理收付款項。
14.代銷公債、國庫券、公司債券及公司股票。
15.辦理與前十四款業務有關之倉庫、保管及代理服務業務。
16.經主管機關核准辦理之其他有關業務。

故此題答案為(B)。

32 (A)。《投資型保險商品銷售自律規範》第11條：

等級	連結標的類別
Level 1	交易所編製之指數
Level 2	非交易所編製之指數
	商品期貨價格或原物料期貨價格
	利率
	股票、基金、REITs
	匯率（貨幣）
	未來保單審查經主管機關同意新增之標的類別

故此題答案為(A)。

33 (A)。　**貨幣市場**：指供短期有價證券進行交易的場所。短期證券指國庫券、商業本票等到期日在1年以內的有價證券。
資本市場：指供長期有價證券進行交易的場所。長期證券指股票、債券等到期日在1年以上的有價證券。
故此題答案為(A)。

34 (B)。　銷售行為自律規範為保險業自行制定的規範。
故此題答案為(B)。

35 (D)。《證券投資信託及顧問法》第10條第3項：基金如為國外募集基金投資國內或於國內募集基金投資國外者，應經**中央銀行**同意。
故此題答案為(D)。

36 (A)。　**貨幣市場（短期金融市場）**分為：
1.票券市場：(1)國庫券市場。(2)可轉讓定期存單市場。(3)商業本票市場。(4)銀行承兌匯票市場。
2.附條件交易市場。
3.金融業拆款市場。
資本市場（長期金融市場）分為權益證券（股票市場）及債務證券（債券市場）。故此題答案為(A)。

37 (D)。　投資型保險所連結之投資標的常見的有**國內（或國外）共同基金**、**結構型債券**、**指數股票型基金（ETF）**、**固定收益證券**等，這些投資標的之**價格**是波動的，因此，當價格下跌時，保戶的帳面價值會減少，若此時部分贖回或解約，則保戶需自行承擔投資損失。故此題答案為(D)。

38 (A)。《人身保險商品審查應注意事項》第2點：投資型保險商品可區分為
1.投資型人壽保險：變額壽險、變額萬能壽險及投資連（鏈）結型保險。
2.投資型年金保險：變額年金保險。
故此題答案為(A)。

39 (C)。《證券投資信託及顧問法》第37條第1項及第2項：
受益人之收益分配請求權，自收益發放日起**5年間**不行使而消滅，因時效消滅
之收益併入該證券投資信託基金。
受益人買回受益憑證之價金給付請求權，自價金給付期限屆滿日起，**15年間**不
行使而消滅。
故此題答案為(C)。

40 (D)。金融中介機構以發行存單、保險單（可稱為**次級證券**）的方式來取得資
金，而投資於資金需求者所發行的有價證券，如股票、國庫券、及債券等（可
稱為**初級證券**）。故此題答案為(D)。

41 (A)。傳統壽險保單從總保費裡扣除保險成本，其總保險費由以下三個因子所
構成：**被保險人死亡風險的成本**、**以預定利率計算的利息**及**各項費用**。
故此題答案為(A)。

42 (A)。各國推出投資型商品之年份：英國（1961年）→美國（1976年）→日本
（1986年）→臺灣（2001年）。故此題答案為(A)。

43 (C)。內部融通：由先前各期的儲蓄或盈餘來挹注（取有餘以補不足）。
例如：上期盈餘等。
外部融通又分：
1.直接金融：由資金供給者直接融通給資金需求者，而且大都是透過**金融市場**
來進行。
2.間接金融：由資金供給者直接融通給資金需求者，而且大都是透過**金融中介
機構**來進行。
故此題答案為(C)。

44 (C)。《中華民國證券投資信託暨顧問商業同業公會會員及其銷售機構從事廣
告及營業活動行為規範》第8-1條第1項：證券投資信託事業、總代理人及基金
銷售機構從事基金業務之宣導推廣活動時，得在不與基金申購結合之前提下，
提供贈品鼓勵投資人索取基金相關資料，並應遵守下列原則：
1.贈品活動不得變相誘導投資人購買基金，並應注意避免流於浮濫，以維持合
理競爭秩序。

2.贈品單一成本價格上限為**新臺幣200元**，且不得重複領取、累積金額以換取其他贈品或辦理抽獎活動。

3.金融商品不得作為贈品。

故此題答案為(C)。

45 (D)。 商業銀行的主要業務為「收受支票存款、活期存款、定期存款，供給**短期**、**中期**信用」。故此題答案為(D)。

46 (B)。 保險業之組織，以股份有限公司或合作社為限，但依其法律規定或經主管機關核准設立者，不在此限。故此題答案為(B)。

47 (B)。 若投資標的所連結結構型商品非百分之百保本時，除現行每季寄對帳單外，當該結構型商品**虧損達30%**時，另應以書面或電子郵件通告。

故此題答案為(B)。

48 (D)。 《證券投資信託及顧問法》第1條：為**健全證券投資信託及顧問業務之經營與發展**，**增進資產管理服務市場之整合管理**，並**保障投資**，特制定本法；本法未規定者，適用**證券交易法**之規定。

《證券交易法》第2條最末段：本法未規定者，適用**公司法**及其他有關法律之規定。

由上得知法規依據之順序為：(1)證券投資信託及顧問法→(2)證券交易法→(3)公司法。故此題答案為(D)。

49 (D)。 金融體系的兩個主要成員為**金融市場**和**金融中介機構**，其各自在**直接金融**和**間接金融**扮演重要的角色。在直接金融裡，資金需求者發行證券（例如股票、債券），透過金融市場售予資供給者，而資金供給者取得證券的同時，也同時取得對資金需求者的收入請求權；在**間接金融**裡，資金供給者將資金存入金融中介機構，因而取得金融中介機構發行的存摺、存單或保險單等，再由金融中介機構將這些資金統合運用，將資金貸放或投資予資金需求者。故此題答案為(D)。

50 (C)。 《證券投資信託事業設置標準》第7條：

證券投資信託事業之組織，以**股份有限公司**為限，其實收資本額不得少於新臺幣**3億元**。

前項最低實收資本額，發起人應於**發起時一次認足**。

故此題答案為(C)。

| 第 **2** 回 | **模擬考** |

( ) **1** 下列哪一項不是投資型保險商品說明書之應揭露事項？ (A)投資風險警語 (B)稅賦優惠介紹 (C)公司基本資料 (D)相關費用。

( ) **2** 證券投資信託事業、總代理人及基金銷售機構所辦理各項贈品活動，應按月造冊，併同宣傳文件、投資人資料及內部審核紀綠保存幾年？ (A)1年 (B)2年 (C)3年 (D)5年。

( ) **3** 保險人銷售由其全權決定運用標的之投資型保險時，須其最近1年內主管機關及其指定機構受理報戶申訴案件申訴率、理賠申訴率及處理天數之綜合評分值為人身保險業由低而高排名前多少比率？ (A)30% (B)40% (C)60% (D)80%。

( ) **4** 下列何者非壽險顧問在銷售投資型保險商品時，產生糾紛的類型： (A)將投資商品以保險的方式銷售 (B)誤導保戶將原有品解約，並以其解約金來購買投資型保險 (C)將投資型保險商品描述成一種低風險高利得，且無需繳稅之投資產品 (D)與傳統壽險商品進行比較時，誇大投資型保險商品的投資報酬率。

( ) **5** 詹先生購買變額萬能壽險B型，保額100萬元，10年後死亡時保單價值已累積至200,000元，則受益人領回多少？ (A)200,000元 (B)1,000,000元 (C)1,200,000元 (D)800,000元。

( ) **6** 下列那一種金融商品不屬於衍生性金融商品？
(A)遠期契約 (B)銀行承兌匯票 (C)金融交換 (D)選擇權。

( ) **7** 沒有金融中介機構的世界中，資金流動的情形較不發達的原因為何？ (A)資金供給者可能面對流動性問題 (B)資金供給者需負擔監督成本 (C)資金供給者可能面對價格風險 (D)以上皆是。

( ) **8** 在外國取得證券分析師資格，具有幾年以上之實際經驗，經同業公會委託機構舉辦之證券投資信託及顧問事業業務員之法規測驗

合格，並經同業公會認可者，得擔任證券投資顧問事業證券投資
分析人員？　(A)2　(B)3　(C)5　(D)10。

(　) **9** 證券投資信託基金之募集、發行、銷售及其申購或買回之作業程序，
應由下列何項機構擬定，報經主管機構核定？　(A)行政院　(B)財政
部　(C)經濟部　(D)中華民國證券投資信託暨顧問商業同業公會。

(　) **10** 金融中介機構在從事中介業務時，具有下列那些功能：
A.資訊中介　B.面額中介　C.風險中介　D.期間中介
(A)ABC　(B)ABD　(C)ACD　(D)ABCD。

(　) **11** 下列有關變額壽險與傳統壽險的比較，何者為非？　(A)兩者皆有
保單借款條款　(B)兩者皆要求定期交付定額保險費　(C)兩者在
簽發時皆載明了保單　(D)兩者之保單帳戶價值的算法相同。

(　) **12** 下列何者非中華民國證券投資信託暨顧問商業同業公會之任務？
(A)訂定自律規範，並督促會員自律　(B)對於重整會員之財產進
行管理　(C)檢查會員是否遵循法令及自律規範　(D)對於違反證
券投資信託及顧問法規定之會員為撤銷或暫停會員資格之處置。

(　) **13** 臺灣第一張投資型保險商品是在何時引進市場？
(A)1990年　(B)2001年　(C)1996年　(D)2003年。

(　) **14** 銀行法中所稱之銀行不包括下列何者？
(A)商業銀行　(B)專業銀行　(C)投資銀行　(D)信託投資公司。

(　) **15** 投資顧問事業對其潛在客戶當面洽談時，不得為下列何種行為？
(A)提供贈品或其他利益以加強促銷　(B)保證本金安全無虞
(C)藉證期會核准做為保證全權委託投資資產價值　(D)以上皆是。

(　) **16** 下列哪一項不是金融海嘯後投資型保險險魅力消退之原因？
(A)全球經濟環境惡化　(B)投資標的報酬率降低　(C)貨幣政策持
續寬鬆　(D)保戶的帳戶價值縮水。

(　) **17** 假設李先生購買了5,000美元的指數年金，契約5年，當時之S&P指
數為600點，之後每週年之S&P500指數分別為1000點、900點、

1200點、1100點、契約到期時之指數為1200點，若指數連動利率採「點對點法」、參與率70%，則契約到期時李先生可獲多少美元之利息？ (A)1,167 (B)6,500 (C)5,500 (D)3,500。

( ) **18** 壽險業申請銷售全權委託型投資型保險商品，其風險資本額比率需達到多少？ (A)100% (B)150% (C)180% (D)200%。

( ) **19** 依照銀行法的規定，短中長期信用的期限如何區分？ (A)1年以下為短期，1至3年為中期，3年以上為長期 (B)半年以下為短期，半至3年為中期，3年以上為長期 (C)1年以下為短期，1至5年為中期，5年以上為長期 (D)1年以下為短期，1至7年為中期，7年以上為長期。

( ) **20** 依「保險經紀人管理規則」規定，擔任保險經紀人不得有下列何種受刑之宣告？ (A)詐欺 (B)偽造文書 (C)侵占 (D)以上皆是。

( ) **21** 下列何者不屬於證券投資信託事業之基金經理人資格條件？ (A)現任基金經理人，於2001年10月17日前任職達1年以上，且繼續擔任同一證券投資信託事業基金經理人併計達2年以上者 (B)經同業公會委託機構舉辦之證券投資信託及顧問事業之業務員測驗合格，並在專業投資機構從事證券投資分析或證券投資決策工作1年以上者 (C)符合證券投資顧問事業負責人與業務人員管理規則所定證券投資分析人員資格者 (D)經證券商同業公會委託機構舉辦之證券商高級業務員測驗合格，或已取得原證券主管機關核發之證券商高級業務員測驗合格證書，並在專業投資機構擔任證券投資分析或證券投資決策工作3年以上者。

( ) **22** 經營證券投資信託事業，以股份有限公司組織為限，其實收資本額不得少於新臺幣多少元？ (A)1億元 (B)3億元 (C)5億元 (D)10億元。

( ) **23** 金融消費者若不接受金融服務業的處理結果，得於收受處理結果或期限屆滿之日起幾日內，向評議中心申請評議？
(A)30日 (B)50日 (C)60日 (D)90日。

( ) **24** 下列有關變額保險的敘述，何者錯誤？ (A)保險金不固定，但有最低死亡給付保證 (B)變額保險為投資型保險商品 (C)變額保

險對於保單帳戶價值並無保證　(D)變額保險分期交付保費沒有在寬限期間終了前繳納，保單並不會停效。

(　) **25** 置於專設帳簿之資產與保險人之其他資產間，不得互相出售、交換或移轉。但有下列那些情事之一者，不在此限：　(A)為保單貸款或投資型保險投資管理辦法第四條訂定之各項費用必要之轉出　(B)為維護保險人或受益人之利益　(C)將資產轉入專設帳簿做為其設立之用，或用於支應該轉入專設帳簿保單之正常運作　(D)以上皆是。

(　) **26** 萬能壽險的鬆綁（unbundled）是指？　(A)將保險給付分割成A型保單及B型保單　(B)將死亡給付分割成淨危險保額及另外一個單獨運作的保單帳戶價值　(C)將責任準備金分割成保單價值準備金及保單責任準備金　(D)將保險費分割成純保費及附加保費。

(　) **27** 保險公司應主動通知要保人其投資型保單之保單帳戶價值相關重要資訊，其通知頻率依規定至少：　(A)每年一次　(B)每半年一次　(C)每季一次　(D)每月一次。

(　) **28** 下列敘述，何者正確？　(A)保險從業人員並不需熟悉掌握相關的金融知識，即可銷售投資型保險商品　(B)投資型保險產品的推出將促使消費者自我保護意識不斷提升　(C)保戶承擔投資型保險的死亡風險及費用風險　(D)投資型保險產品與傳統保險產品之客戶群並未有明顯的區別。

(　) **29** 證券投資信託事業或證券投資顧問事業經營全權委託投資業務，應向何機關申請？　(A)向投信投顧公會報備　(B)向投信投顧公會申請核准　(C)向金管會申報　(D)向金管會申請核准。

(　) **30** 現行「投資型保險商品銷售自律規範」規定，如果被保險人超過幾歲時，壽險顧問必須另行提供重要事項告知書予要保人及被保險人，並由要保人及被保險人於告知書上簽名表示已瞭解並願意承擔投資風險？　(A)60歲　(B)65歲　(C)70歲　(D)75歲。

(　) **31** 下列哪一項資金來源的工具是屬於內部融通？
(A)股票　(B)上期盈餘　(C)向關係企業借款　(D)向銀行借款。

( ) **32** 下列對中小企業銀行的業務說明，何者錯誤？ (A)得直接投資中小企業，以使其順利取得營運所需資金 (B)其主要任務為供給中小企業中、長期信用 (C)係屬於銀行法中之專業銀行之一 (D)目的在協助中小企業改善生產設備及財務結構，暨健全經營管理。

( ) **33** 臺灣證券交易所之組織型態為？
(A)契約制 (B)會員制 (C)公司制 (D)財團法人。

( ) **34** 若保戶購買美元投資連結型保險，且投資標的選擇美元計價結構型債券商品，則保戶不會會面臨下列何種風險？ (A)信用風險 (B)匯率風險 (C)價格風險 (D)贖回風險。

( ) **35** 銷售連結結構型商品之投資型保險時，銷售人員應確定客戶類型，下列何者屬「積極型客戶」之定義 (A)個別保單躉繳保費達新臺幣80萬元 (B)個別保單躉繳保費達新臺幣90萬元 (C)年繳化保費達3萬元 (D)年繳化保費達6萬元。

( ) **36** 下列那一機構以發行次級證券取得資金，並購買初級證券，同時藉由次級證券與初級證券之間的利差，來支付業務費用並獲取利潤？
(A)工業銀行 (B)保險公司 (C)商業銀行 (D)以上皆是。

( ) **37** 證券投資信託事業應於私募受益憑證價款繳納完成日起幾日內，向主管機關申報之？ (A)3 (B)5 (C)10 (D)20。

( ) **38** 證券投資信託事業以下列何種之組織為限？
(A)有限公司 (B)股份有限公司 (C)獨資 (D)合夥。

( ) **39** 已兼營期貨顧問業務之證券投資顧問事業申請或同時申請經營全權委託投資業務及兼營期貨顧問業務者，實收資本額應達新臺幣多少元？ (A)1,000萬 (B)5,000萬 (C)7,000萬 (D)1億。

( ) **40** 保險業務員於登錄有效期間內，受停止招攬行為處分期間累計超過幾年，應予撤銷其業務員登錄處分？ (A)1年 (B)2年 (C)3年 (D)4年。

(　　) **41** 下列何者為證券投資信託及顧問法之立法目的？　(A)健全證券投資信託及顧問業務之經營與發展　(B)增進資產管理服務市場之整合管理　(C)保障投資　(D)以上皆是。

(　　) **42** 保戶採定期定額方式交付投資保險之保險費，有何優點之處？(A)增加投資收益　(B)規避投資風險　(C)持有成本攤平　(D)享受增值利益。

(　　) **43** 關於我國稅法之相關規定，下列敘述何者錯誤？　(A)若要保人將人身保險契約中途解約，依所得稅法規定，以往年度申報綜合所得稅時，利用解約保單所列舉扣除的保費支出，須在解約後補繳稅款　(B)若被保險人與要保人非屬同一人之人壽保險及年金保險，受益人受領之保險給付，有可能要課徵所得稅　(C)自民國96年5月報稅起，列舉扣除全民健康保險之保險費不受金額限制(D)自104年申報103年度所得基本稅額開始，受益人與要保人非屬同一人之人壽保險及年金保險給付中，屬於死亡給付部分，一申報戶全年合計數在3330萬元以下者，免予計入基本所得額。

(　　) **44** 下列何者屬於貨幣市場？　A.金融同業拆款市場　B.債券市場　C.票券市場　D.股票市場　(A)A與B　(B)A與C　(C)B與D　(D)C與D。

(　　) **45** 請問設立一家保險公司的最低實收資本額為新臺幣：
(A)5億　(B)10億　(C)15億　(D)20億。

(　　) **46** 下列對直接金融的說明，何者錯誤？　(A)資金供給者透過金融中介機構將資金貸予資金需求者　(B)資金需求者須發行證券(C)主要的金融工具是股票及債券　(D)一般而言，資金供給者取得證券後，對資金需求者有直接請求權。

(　　) **47** 下列哪一項證券不屬於次級證券？　(A)壽險保單　(B)國庫券(C)活期存款　(D)銀行可轉讓定期存單。

(　　) **48** 證券投資信託事業或其基金銷售機構為基金之廣告、公開說明會及其他營業促銷活動，證券投資信託事業應於事實發生後幾日內向同業公會申報？　(A)5　(B)10　(C)15　(D)20。

( ) **49** 保險業從事保險商品銷售招攬廣告（如文宣、廣告、簡介、商品說明書及建議書等），不得出現哪些內容？

A.勸誘保戶提前解約或贖回

B.對同業為攻訐、損害同業或他人營業信譽之廣告

C.故意截取報章雜誌不實之報導作為廣告內容

D.冒用或使用相同或近似於他人之註冊商標

(A)ABC　(B)ABD　(C)ACD　(D)ABCD。

( ) **50** 保險業者違反「保險業招攬廣告自律規範」者，可能會處以多少罰款？　(A)處以新臺幣1萬元以上，5萬元以下之罰款　(B)處以新臺幣3萬元以上，20萬元以下之罰款　(C)處以新臺幣5萬元以上，20萬元以下之罰款　(D)處以新臺幣20萬元以上，50萬元以下之罰款。

解答與解析

1 (B)。《投資型保險資訊揭露應遵循事項》第4點：

保險商品說明書應揭露下列事項：

1.封面。　　　　　　　　　　　2.封裡內頁。

3.**保險公司基本資料**。　　　　4.保險計畫詳細說明。

5.**投資風險警語揭露**。　　　　6.**費用揭露**。

7.投資標的揭露。　　　　　　　8.保單價值通知。

9.要保人行使契約撤銷權期限。　10.重要保單條款摘要及其附件、附表。

11.本公司及負責人簽章及其簽章之年月日。

故此題答案為(B)。

2 (B)。《中華民國證券投資信託暨顧問商業同業公會會員及其銷售機構從事廣告及營業活動行為規範》第8-1條第2項：證券投資信託事業、總代理人及基金銷售機構提供贈品鼓勵投資人索取基金相關資料時，應確實執行下列控管作業：

1.應於相關宣傳文件（含電子媒體）上載明贈品活動之期間、人數、數量、參加辦法等項訂有限制條件者，以避免紛爭。

2.應留存領取贈品之投資人所填寫資料或將投資人姓名、聯絡方式等項建檔留存。但贈品單一成本價值低於新臺幣30元且印有公司名稱之贈品（例如：原子筆、便條紙等）不在此限。

3.對前款留存之投資人個人資料，除其他法律或金管會另有規定外，應保守秘密，並依個人資料保護法規定辦理。

4.各項贈品活動應按月依附件4（造冊格式）造冊，併同第1款及第2款之宣傳
　文件、投資人資料及內部審核紀錄保存**2年**。
故此題答案為(B)。

3 (D)。《投資型保險投資管理辦法》第19條第1項：保險人銷售由其全權決定運
用標的之投資型保險，應符合下列資格條件：
　1.最近一年之自有資本與風險資本之比率符合本法第143-4條第1項之適足比率。
　2.最近1年內未有遭主管機關重大裁罰及處分者，或受處分情事已獲具體改善
　　經主管機關認可者。
　3.國外投資部分已採用計算風險值評估風險，並每週至少控管乙次。
　4.董事會中設有風險控管委員會或於公司內部設置風險控管部門及風控長或職
　　務相當之人，並實際負責公司整體風險控管。
　5.最近1年公平待客原則評核結果為人身保險業**前80%**。但提出合理說明並經
　　主管機關核准者，不在此限。
故此題答案為(D)。

4 (A)。常見的投資型保單銷售糾紛如下：
　1.誤導或誇大投資型酬率
　2.揩油行銷（churning）或不正當地將保單置換
　3.目標保險費配置過高及保單費用說明不詳盡
　4.掩護行銷或將保險以投資商品的方式銷售
　5.選擇性說明及未充分告知風險
　因此，將投資商品以保險的方式銷售並不會產生銷售糾紛。
故此題答案為(A)。

5 (C)。現行投資型保險之身故保險金有**甲型（或稱A型）**、**乙型（或稱B型）**二種。
　乙型身故保險金＝保險金額＋保單帳戶價值

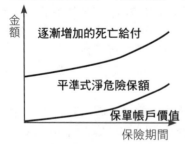

平準式淨危險保額，故淨危險保障會**維持不變**
因此，B型身故保險金＝保險金額1,000,000＋
保單帳戶價值200,000＝1,200,000
故此題答案為(C)。

6 (B)。衍生性金融商品市場（由貨幣市場、資金市場、外匯市場等金融工具所
衍生出來）有：**遠期契約市場**、**期貨市場**、**選擇權市場**、**認購（售）權證市場**
及**金融交換市場**。

銀行承兌匯票為貨幣市場（短期金融市場）之證券。

故此題答案為(B)。

7 (D)。 在資金供給者是否將資金借給公司，可能會面臨下列問題：

項目	說明
監督成本 （Monitoring Cost）	資金供給者無法確定公司是否將資金有效地投資在淨現值（Net Present Value, NPV）為正數的計畫上，故資金供給者為了確保公司不會浪費這些資金，其必須時常監督公司的營業活動。然而，監督活動會使資金供給者產生監督成本，因為需要花費很多的精力與時間，使得資金供給者傾向依賴其他資金供給者來監督，也就是搭便車問題（Free-rider Problem），最後可能導致沒有人來監督公司。
流動性問題 （Liquidity Problem）	公司需要的資金可能是長期性的，一旦資金供給者貸予資金後，尚需面臨流動性的問題。
價格風險 （Price Risk）	即使**有價證券**有市場交易來解決流動性的問題，但資金供給者仍可能對**有價證券的市價**低於其**當初所購買的價格**，因而產生價格風險。

上述三項問題可能阻資金的流動，使得在沒有金融中介機構時，資金流動的情形較不發達。

故此題答案為(D)。

8 (A)。 《證券投資顧問事業負責人與業務人員管理規則》第4條：

擔任證券投資顧問事業證券投資分析人員，應具備下列資格之一：

(1)參加同業公會委託機構舉辦之證券投資分析人員測驗合格者。

(2)在外國取得證券分析師資格，具有**2年以上**實際經驗，經同業公會委託機構舉辦之證券投資信託及顧問事業業務員之法規測驗合格，並經同業公會認可者。

(3)93年10月31日前，已取得證券投資分析人員資格者。

故此題答案為(A)。

9 (D)。 《證券投資信託及顧問法》第10條第2項：基金之募集、發行、銷售及其申購或買回之作業程序，由**同業公會（中華民國證券投資信託暨顧問商業同業公會）**擬訂，報經主管機關核定。

故此題答案為(D)。

10 (D)。 金融中介機構具有下列主要功能：

項目	說明
面額中介	從資金供給者吸收小額資金、匯集資金，再對資金需求者進行融通。
風險中介	金融中介機構可以較有效地評估資金需求者的風險，而且可以藉由分散投資來降低融資風險。
期間中介	金融中介機構自資金供給者吸收較「短期」的資金，提供需要「長期資金」的資金需求（資金不足）者進行融通。
資訊中介	金融中介機構以它們的專業技術，獲得資金供需雙方有用之資訊，使資金交易得以順利完成。
規模經濟	金融中介機構在資訊的取得上具有規模經濟，故可以有效地降低訊息成本，進而減少資金融通之成本。
提高資金的流動性	藉由分散投資與次級證券的設計，可以提供資金供給者較高的流動性。
促進證券的多樣化	透過資產轉換功能，金融中介機構可以設計出各種證券，以滿足資金供給者的需要。

故此題答案為(D)。

11 (D)。 變額壽險與傳統保險相同和相異之項目如下表：

相同點	相異點
1.皆為終身保險。 2.簽發保單時，皆載明保單面額。 3.有保單借款條款。 　《保險法》第120條第1項：保險費付足一年以上者，要保人得以保險契約為質，向保險人借款。 　但變額壽險會限制保戶借款需低於保單帳戶價值的100%，其比例通常為<u>75%～90%</u>。 註 美國大多數變額壽險的借款限額通常是保單現金價值的<u>75%</u>左右。	1.變額壽險的**投資報酬率**無最低之保證。 2.變額壽險的**保單帳戶價值**無一定的保證，但有最低的死亡給付之保證。

相同點	相異點
4.定期交付定額的保費。 　唯萬能壽險則沒有確定的繳交金額及繳付 　期間的強制要求。 5.皆有二年抗辨條款，亦自殺除外條款及不 　喪失價值選擇權等。	

故此題答案為(D)。

12 (B)。《證券投資信託及顧問法》第88條第1項：

同業公會之任務，除依商業團體法第5條規定辦理外，包括下列事項：

1.訂定自律規範，並督促會員自律。【選項(A)】

2.辦理主管機關授權處理之事項。

3.對違反法令或自律規範之會員予以停權、課予違約金、警告、命其限期改善等處置；或要求會員對其從業人員予以暫停執行業務1個月至6個月之處置。

4.檢查會員是否遵守法令及自律規範。【選項(C)】

5.對於業務經營顯然不善，重大損害投資人權益之會員，協調其他會員協助處理該會員之業務，或報請主管機關為適當之處分。

6.對於破產會員之財產進行管理。【選項(B)】的「重整」應改為「破產」。

7.對於違反本法規定之會員為撤銷或暫停會員資格之處置。【選項(D)】

故此題答案為(B)。

13 (B)。臺灣第一張投資型保險商品是在2001年引進市場。

故此題答案為(B)。

14 (C)。《銀行法》第20條：銀行分為下列三種：(1)商業銀行、(2)專業銀行及(3)信託投資公司。

故此題答案為(C)。

15 (D)。《中華民國證券投資信託暨顧問商業同業公會證券投資信託事業證券投資顧問事業經營全權委託投資業務操作辦法》第7條：

受任人從事全權委託投資之業務招攬與營業促銷活動，應恪遵相關法令及本公會自律規範之規定，並不得有下列情事：

1.藉金管會核准經營全權委託投資業務，作為證實申請事項或保證全權委託投資資產價值之宣傳。【選項(C)】

2.使人誤信能保證本金之安全或保證獲利者。【選項(B)】

3.為負擔損失之表示。

4.提供贈品或以其他利益為不正當之招攬或促銷。【選項(A)】

5.對於過去之操作績效作誇大之宣傳或對同業為攻訐之廣告。

6.為虛偽、詐欺或其他足致他人誤信之行為。

7.對所提供有價證券、證券相關商品或其他經金管會核准項目之投資、交易或其服務之績效，為不實陳述或以不實之資料或僅使用對其有利之資料作誇大之宣傳。

8.內容違反法令或全權委託投資契約內容。

9.其它違反證券暨期貨管理法令或經金管會規定不得為之之行為。

故此題答案為(D)。

16 (C)。 2008年金融海嘯引發全球經濟環境的衝擊,除了影響投資標的的報酬率,持有投資型保險的保戶之帳戶價值皆大幅減少,因而造成投資型保險的魅力退減。
故此題答案為(C)。

17 (D)。 指數連動利率採點對點法之計算式：

$$\frac{\text{合約終點的指數}-\text{合約起始點的指數}}{\text{合約起始點的指數}}\times\text{參與率}$$

$$=\frac{1,200-600}{600}\times70\%=1\times70\%=70\%$$

利息＝5,000元×70%＝3,500元
故此題答案為(D)。

18 (D)。 《投資型保險投資管理辦法》第19條第1項：
保險人銷售由其全權決定運用標的之投資型保險,應符合：
最近一年之自有資本與風險資本之比率符合保險法第143-4條第1項（保險業自有資本與風險資本之比率,不得低於**200%**）之適足比率。
故此題答案為(D)。

19 (D)。 《銀行法》第5條：銀行依本法辦理授信,其期限在1年以內者,為**短期信用**；超過1年而在7年以內者,為**中期信用**；超過7年者,為**長期信用**。
故此題答案為(D)。

20 (D)。 《保險經紀人管理規則》第49條第1款第9項：
個人執業經紀人、經紀人公司、銀行及受經紀人公司或銀行所任用之經紀人不得有**侵占**、**詐欺**、**背信**、**偽造文書**行為受刑之宣告。
故此題答案為(D)。

21 (B)。 《證券投資信託事業負責人與業務人員管理規則》第5條第1項：
證券投資信託事業對於每一證券投資信託基金之運用,均應指派具備下列資格條件之一之基金經理人專人負責：

(1)符合證券投資顧問事業負責人與業務人員管理規則所定證券投資分析人員資格者。【選項(C)】

(2)經證券商同業公會委託機構舉辦之證券商高級業務員測驗合格，或已取得原證券主管機關核發之證券商高級業務員測驗合格證書，並在專業投資機構擔任證券投資分析或證券投資決策工作3年以上者。【選項(D)】

(3)經同業公會委託機構舉辦之證券投資信託及顧問事業之業務員測驗合格，並在專業投資機構從事證券投資分析或證券投資決策工作**2年以上**者。【選項(B)】的「1年以上」應為「2年以上」

(4)現任基金經理人，於中華民國90年10月17日前任職達1年以上，且繼續擔任同一證券投資信託事業基金經理人併計達2年以上者。【選項(A)】

(5)擔任接受客戶全權委託投資業務之投資經理人職務1年以上，無不良紀錄者。

故此題答案為(B)。

22 (B)。《證券投資信託事業設置標準》第7條：
證券投資信託事業之組織，以股份有限公司為限，其實收資本額不得少於新臺幣**3億元**。
故此題答案為(B)。

23 (C)。金融服務業應於收受申訴之日起30日內為適當之處理，並將處理結果回覆給提出申訴之金融消費者；若金融消費者不接受處理結果或金融服務業逾30日不為處理，金融消費者得於收受處理結果或期限屆滿之日起60日內，向評議中心申請評議。
故此題答案為(C)。

24 (D)。變額壽險與傳統終身壽險一樣，皆要求要保人依預定的期間內交付定額的保險費。若分期交付的保險費沒有寬限期間（一般為30天）之前繳納，則保單即停效（萬能壽險例外）。
故此題答案為(D)。

25 (C)。《投資型保險投資管理辦法》第8條第1項：置於專設帳簿之資產與保險人之一般帳簿資產間，不得互相出售、交換或移轉。但有下列情事之一者，不在此限：

1.將一般帳簿資產轉入非由保險人全權決定運用標的之投資型保險專設帳簿做為其**設立之用**，或**用於支應該轉入專設帳簿保單之正常運作**。

2.為保險成本或第三條訂定之各項費用必要之轉出。

3.為維護要保人或受益人之利益並經主管機關核准。

故此題答案為(C)。

26 (B)。 萬能保險的鬆綁是指將死亡給付分為**淨危險保額**和**單獨運作的保單帳戶價值**。其運作方式是以定期壽險（淨危險保額）承擔死亡危險，將保險費扣除必要費用後之餘額統一由保險公司自行操作運用，故此筆款項放於一般帳戶裡（保險公司不得收取保單行政費用）。
故此題答案為(B)。

27 (C)。 保險公司依投資型保險資訊揭露應遵循事項規定，保險公司**每季**至少一次將保單帳戶價值等重要事項通知要保人，即保險公司須行通知保戶之義務。
故此題答案為(C)。

28 (B)。 投資型保險商品帶來的變化：
1. **行銷方式的改變**：從業人員已不單純在壽險領域的專業，還涉及金融相關的知識，故其為保戶的個人或家庭之理財顧問。
2. **壽險業間的競爭模式與經營方式的轉變**：除了壽險公司的本身信譽，保費投入保險和投資的比例分配、連結的標的、回饋的比例及後續的管理費用，皆為消費者在購買前的比較。因此，投資的靈活性、成本的透明化及投資組合，皆為壽險公司在商品設計時所考量之項目。
→保戶承擔投資型保險的死亡風險及費用風險。
3. **客戶關係的管理模式之轉變**：購買投資型商品，通常為風險偏好者，故此類型的保戶較能夠接受並購買投資型保險商品。
→投資型保險產品與傳統保險產品之客戶群並有明顯的區別。
4. **保險公司的經營績效將更加依賴政府相關法律及政策的開放**：以國外為借鏡，投資型保險商品的穩定發展和市場占有率，皆與該國的稅負政策、投資管道的不斷拓展及保險監理機構的引導有密切相關。
5. **保戶的自我保護意識之轉變**：保險公司的投資運作之公開及透明，讓保戶可以自行選擇與分配分離帳戶之標的，進而促使保戶的自我保護意識之提升。
6. **保險公司的資訊公開**：從業人員需了解保戶承擔風險的屬性和大小，並向保戶清楚說明投資標的及相關費用。
→保險從業人員必須熟悉掌握相關的金融知識，即可銷售投資型保險商品。
7. **培育健康和穩定的消費市場**：此為各家保險公司所面臨的共同課題。由於保戶對分離帳戶的未來成果負有期望，故從業人員應宣導正常的投資知識、協助保戶正確地理解與看待所處階段的市場投資報酬。例如：金融風暴可能導致分離帳戶的帳面價值減少。
故此題答案為(B)。

29 (D)。《證券投資信託及顧問法》第2條：本法所稱主管機關，為**金融監督管理委員會（金管會）**。

《證券投資信託及顧問法》第3條第2項：本法所稱證券投資信託事業，指經主管機關許可，以經營證券投資信託為業之機構。

《證券投資信託及顧問法》第3條第3項：證券投資信託事業經營之業務種類如下：(1)證券投資信託業務；(2)全權委託投資業務；(3)其他經主管機關核准之有關業務。

《證券投資信託及顧問法》第3條第4項：證券投資信託事業經營之業務種類，應報請主管機關核准。

故此題答案為(D)。

30 **(B)**。 《投資型保險商品銷售自律規範》第5條：

各會員銷售本商品時，應審酌被保險人年齡等情況予以推介或銷售適當之商品，當被保險人投保時之**保險年齡大於或等於**65或本商品連結有**結構型商品**且被保險人於該結構型商品期滿時之**保險年齡大於或等於**65時，各會員應請要保人及被保險人於要保書中之重要事項告知書或「結構型債券投資報酬與風險告知書」簽名已瞭解並願意承擔投資風險，如要保人及被保險人不願填寫則各會員得婉拒投保。

故此題答案為(B)。

31 **(B)**。 內部融通：由先前各期的儲蓄或盈餘來挹注（取有餘以補不足）。

外部融通又分：

1.直接金融：由資金供給者直接融通給資金需求者，而且大都是透過**金融市場**來進行。

2.間接金融：由資金供給者直接融通給資金需求者，而且大都是透過**金融中介機構**來進行。

選項(A)、(C)、(D)皆屬於外部融通。故此題答案為(B)。

32 **(A)**。 中小企業銀行是指專門供給中小企業信用之專業銀行。其主要任務以供給中小企業中、長期信用，協助其改善生產設備及財務結構，暨健金經營管理。

故此題答案為(A)。

33 **(C)**。 《證券交易所管理規則》第2條：證券交易所之組織分**會員制**及**公司制**兩種，其設立應經主管機關（即金管會）之許可。

1.會員制證券交易所是非以營利為目的之社團法人，而會員以證券自營商及證蘇經紀商為限。

2.公司制證券交易所的組織型態應為股份有限公司，且最低實收資本額為新臺幣**5億元**，並應向國庫繳存**營業保證金**。營業保證金之金額為其**會員出資額之總額**或**公司實收資本額**的5%。

330 Part 5 試題總集

非依證券交易法,不得經營類似有價證券集中交易市場之業務。

註 1960年4月14日行政院會議確立證券交易所採用**公司制**,並開放民間金融業者投資。

故此題答案為(C)。

34 (B)。 **保費之收取**、**各項保險金之給付**以及**保單帳戶價值之返還**等的貨幣單位,與**投資標的**的貨幣單位:

[情況一] 貨幣單位相同(例如臺幣對臺幣)→無匯兌風險

[情況二] 貨幣單位不同(例如臺幣對美元)→有匯兌風險

故此題答案為(B)。

35 (A)。 《投資型保險商品銷售自律規範》第11條:

各會員銷售本商品含有連結結構型商品者,應參訂定一套商品適合度政策,包括客戶類型、商品風險等級之分類,依據客戶對風險之承受度提供適當之商品,並應建立執行監控機制。

各會員銷售前項商品時,應優先選擇透過人員解說之行銷通路,以即時確認客戶是否充分瞭解商品內容與風險。

(一)客戶類型定義如下:

1.**積極型客戶**:指個別保單**躉繳保費達新臺幣80萬元以上**或**年繳化保費達新臺幣8萬元以上**者。

2.**一般客戶**:指個別保單**躉繳保費達新臺幣30萬元以上**或**年繳化保費達新臺幣3萬元以上**,但本自律規範實施前已投保且約定採年繳、半年繳、季繳、月繳等分期繳費方式連結結構型商品之契約,不在此限。……

故此題答案為(A)。

36 (D)。 金融中介機構發行次級證券取得資金,並購買初級證券,同時藉由次級證券與初級證券之間的利差,以支付業務費用並獲取利潤,而此類利息收入亦是金融中介機構的主要收入來源。

商業銀行、工業銀行、保險公司皆為金融中介機構,故此題答案為(D)。

37 (B)。 《證券投資信託及顧問法》第11條第4項:證券投資信託事業應於私募受益憑證價款繳納完成日起**5日**內,向主管機關申報之;其應申報事項,由主管機關定之。

故此題答案為(B)。

38 (B)。 《證券投資信託事業設置標準》第7條：
證券投資信託事業之組織，以**股份有限公司**為限，其實收資本額不得少於新臺幣**3億元**。
故此題答案為(B)。

39 (C)。 《證券投資信託事業證券投資顧問事業經營全權委託投資業務管理辦法》第5條第1項第1款：
證券投資顧問事業申請經營全權委託投資業務，實收資本額應達**新臺幣5,000萬元**；已兼營期貨顧問業務之證券投資顧問事業申請或同時申請經營全權委託投資業務及兼營期貨顧問業務者，實收資本額應達**新臺幣7,000萬元**。
故此題答案為(C)。

40 (B)。 若業務員於登錄有效期間內受停止招攬行為處分期間累計達2年者，應予**撤銷其業務員登錄**處分。
故此題答案為(B)。

41 (D)。 證券投資信託及顧問業務之經營具有高度專業性與風險性，關係投資人權益與整體經濟發展很大，依據《證券投資信託及顧問法》第1條：為**健全證券投資信託及顧問業務之經營與發展，增進資產管理服務市場之整合管理**，並**保障投資**，特制定本法。
故此題答案為(D)。

42 (C)。 成本攤平：以定期定額購入投資標的，由於投資標的的市場價格有高低起伏，故此方法不保證一定獲利或損失，只是平均市場價格的高低起伏變動之策略。故此題答案為(C)。

43 (B)。 受益人與要保人非屬同一人之人壽保險及年金保險，**受益人**受領之保險給付要課徵所得稅。
故此題答案為(B)。

44 (B)。 **貨幣市場（短期金融市場）**分為：
1.票券市場：(1)國庫券市場。(2)可轉讓定期存單市場。(3)商業本票市場。(4)銀行承兌匯票市場。
2.附條件交易市場。
3.金融業拆款市場。
資本市場（長期金融市場）分為權益證券（股票市場）及債務證券（債券市場）。
故此題答案為(B)。

45 (D)。《保險業設立許可及管理辦法》第2條：申請設立保險公司，其最低實收資本額為新臺幣20億元。發起人及股東之出資以現金為限。

故此題答案為(D)。

46 (A)。直接金融：由資金供給者直接融通給資金需求者，而且大都是透過**金融市場**來進行。

間接金融：由資金供給者直接融通給資金需求者，而且大都是透過**金融中介機構**來進行。

故此題答案為(A)。

47 (B)。金融中介機構以發行存單、保險單（可稱為**次級證券**）的方式來取得資金，而投資於資金需求者所發行的有價證券，如股票、國庫券、及債券等（可稱為**初級證券**）。

故此題答案為(B)。

48 (B)。《證券投資信託事業管理規則》第22條第2項：

證券投資信託事業或其基金銷售機構為基金之廣告、公開說明會及其他營業促銷活動，證券投資信託事業應於事實發生後**10日**內向同業公會申報。

故此題答案為(B)。

49 (D)。《保險業招攬廣告自律規範》第4條第8項：

保險業從事保險商品銷售招攬廣告內容不得有下列情事：

1.勸誘保戶提前解約或贖回。

2.藉主管機關對保險商品之核准、核備或備查，而使消費者誤認政府已對該保險商品提供保證。

3.對未經主管機關核准、核備或備查之保險商品，預為宣傳廣告或促銷。

4.對於過去之業績作誇大不實之宣傳、故意截取報章雜誌不實之報導作為廣告內容，或對同業為攻訐、損害同業或他人營業信譽之廣告。

5.虛偽、欺罔、冒用或使用相同或近似於他人之註冊商標、服務標章或名號，致有混淆消費者之虞，或其他不實之情事。

6.廣告文字內容刻意以不明顯字體標示保單附註及限制事項。

7.違反法令或各公會所訂之自律規範及其他經主管機關禁止之行為。

故此題答案為(D)。

50 (C)。《保險業招攬廣告自律規範》第9條：

保險業違反本自律規範經查核屬實者，提報各該公會理監事會，處以**新臺幣5萬元以上，新臺幣20萬元以下**之罰款……。

故此題答案為(C)。

第 3 回　模擬考

(　　) **1** 若投資型保險之投資標的為下列何者時，應經主管機關認可之信用評等機構評等達一定等級以上，才可連結之：　(A)證券投資信託基金受益憑證　(B)各國中央政府發行之公債、國庫券　(C)依金融資產證券化條例所發行之資產基礎證券　(D)依不動產證券化條例所發行之不動產投資信託受益證券或不動產資產信託受益證券。

(　　) **2** 證券投資顧問事業申請經營全權委託投資業務，須其最近幾個月未曾因從事證券投資分析或期貨研究分析受中華民國證券投資信託暨顧問同業公會或中華民國期貨業商業同業公會依自律規章為警告、處以違約金、停止會員應享有之部分或全部權益、撤銷或暫停會員資格之處置？　(A)1　(B)3　(C)5　(D)6。

(　　) **3** 若因法令導致全權委託型投資型保險之投資範圍有所增減時，保險公司應不得低於幾日前通知保戶？　(A)7日　(B)30日　(C)60日　(D)90日。

(　　) **4** 下列對金融體系的敘述，何者錯誤？　(A)金融體系存在的目的在使資金能有效率地流通　(B)金融體系可區分為銀行保險體系與股票市場體系　(C)健全的金融體系可以減少企業或政府的籌資成本　(D)健全的金融體系可以促進國家經濟發展。

(　　) **5** 初級市場指的是：　(A)流通市場　(B)發行市場　(C)拆款市場　(D)外匯市場。

(　　) **6** 下列何者屬於衍生性金融商品？
A.認股權證　B.期貨　C.特別股　D.遠期契約
(A)僅A、B對　(B)僅A、B、D對　(C)僅B、C、D對　(D)ABCD均對。

(　　)　**7**　證券投資顧問事業之負責人從事業務廣告及公開舉辦證券投資分析活動，不得有下列何項行為？　(A)對證券市場之行情研判、市場分析及產業趨勢，列出合理研判依據　(B)為保證獲利或負擔損失之表示　(C)為推廣業務所製發之書面文件列明公司登記名稱、地址、電話及營業執照字　(D)以證券投資顧問事業名義，舉辦證券投資分析活動、製作書面或電子文件。

(　　)　**8**　一般客戶合購買國外發行機構長期債務信用評等為多少之結構型債券商品？　(A)A－　(B)A　(C)AA　(D)AA－。

(　　)　**9**　我國保險法令規定投資型人壽保險之各年度目標保險費附加費用率總和，不得超過保險費多少百分比？　(A)100%　(B)130%　(C)150%　(D)1800%。

(　　)　**10**　在證券市場中經營有價證券之包銷或代銷業務的公司為？
(A)證券自營商　(B)證券經紀商　(C)證券承銷商　(D)證券金融公司。

(　　)　**11**　金管會訂定「人身保險商品審查應注意事項」，其第2條明訂投資型年金保險係指：　(A)投資連（鏈）結型保險　(B)變額年金保險　(C)股價指數型年金保險　(D)利率變動型年金保險。

(　　)　**12**　所謂店頭市場是指：　(A)到期日一年以上有價證券的交易市場　(B)在集中市場以外進行交易的市場　(C)股票市場　(D)透過有組織的公開市場集中於一定場所交易之市場。

(　　)　**13**　證券投資信託基金之私募對象，為符合主管機關所訂條件之自然人、法人或基金其應募人總數，不得超過多少人？
(A)20　(B)70　(C)99　(D)100。

(　　)　**14**　下列有關我國稅法的敘述，何者為非？　(A)保險費為所得稅中列舉扣除額項目之一　(B)人身保險若中途解約，且以往年度申報綜合所得稅時，利用解約保單所列舉扣除的保費支出，須在解約後補繳稅款　(C)公司為員工投保團體壽險，由公司負擔的保險費，

在一定限額內可視為公司的保險費費用　(D)因經濟狀況改變而繳不出保費，最好解約，以避免繳稅款。

(　) **15** 依銀行法規定，下列對銀行的敘述何者錯誤？　(A)銀行的組織型態原則上以法人及合作社為限　(B)銀行為法人　(C)非銀行不得經營收受存款　(D)非銀行不得經營信託基金。

(　) **16** 證券投資信託事業運用證券投資信託基金所持有之資產，除持有外國之有價證券及證券相關商品外，應以下列何項機構之基金專戶名義登記？　(A)證券投資顧問事業　(B)客戶　(C)證券投資信託事業　(D)基金保管機構。

(　) **17** 除主管機關明訂相關法令外，業者之間訂定共同遵循的行為規範，係稱為：
(A)合作規範　(B)自律規範　(C)調處規範　(D)他律規範。

(　) **18** 傳統終身壽險保單愈趨滿期，純保險的金額會：
(A)遞減　(B)遞增　(C)等於保單帳戶價值　(D)維持平準。

(　) **19** 宋先生購買以新臺幣計價之投資型保險，投資標的為美元計價之ABC海外共同基金。一年後，若宋先生想要贖回，下列匯兌走勢情況何者較為有利？
A.臺幣貶值　B.臺幣升值　C.美元貶值　D.美元升值
(A)AC　(B)AD　(C)BC　(D)BD。

(　) **20** 什麼樣的金融消費爭議可以向金融消費評議中心提出評議申請？
(A)債務協商　　　　　　　(B)金融商品之定價政策
(C)保險業務員招攬不實　　(D)績效表現。

(　) **21** 下列對中小企業融資的說明，何者錯誤？　(A)中小企業一般均發行股票以取得資金　(B)中小企業信用基礎較差　(C)我國的中小企業銀行的主要任務在提供中小企業資金　(D)因財務報表較不健全，因此較難取得商業銀行的信用融通。

（　　）**22** 為避免年齡太大客戶購買風險太高結構型債券投資型保單，被保險人年齡超過幾歲時需簽名同意瞭解風險告知書，否則公司予以拒保？　(A)55歲　(B)60歲　(C)65歲　(D)70歲。

（　　）**23** 同事五人各出1,000萬湊成5,000萬，打算委任某證券投顧公司全權委託投資，證券投顧公司應如何處理？　(A)與五人簽訂5,000萬元之共同委任契約　(B)與五人分別簽訂委任契約每人1,000萬元(C)選項A及選項B之方式均可　(D)與規定不合拒絕接受委任。

（　　）**24** 對客戶委任交付或信託移轉之委託投資資產，就有價證券、證券相關商品或其他經主管機關核准項目之投資或交易為價值分析、投資判斷，並基於該投資判斷，為客戶執行投資或交易之業務，為下列何項業務？　(A)信託業務　(B)證券投資信託業務　(C)全權委託業務　(D)證券投資顧問業務。

（　　）**25** 下列何者為貨幣市場的證券？
A.國庫券　B.銀行承兌匯票　C.附條件交易
(A)A、B與C　(B)A與B　(C)B與C　(D)A與C。

（　　）**26** 證券投資事業、總代理人及基金銷售機構從事基金之廣告、公開說明會及其他營業促銷活動時，下列何者為正確之宣傳行為？(A)為基金投資績效之預測　(B)以獲利或配息率為廣告者，同時報導其風險以作為平衡報導　(C)以基金經理人作為宣傳廣告之標題　(D)截取報章雜誌之報導作為廣告內容。

（　　）**27** 投資風險與利率高度相關，對保險公司而言，高預定利率使壽險保單的價格相對較低。當市場利率走低時，壽險公司必須承擔高利率時，其所售保單的？　(A)死差損　(B)費差損　(C)解約差損(D)利差損。

（　　）**28** 下列哪種投資標的不會發生信用風險？　(A)金融債券　(B)公債(C)結構型債券　(D)共同基金。

( ) **29** 未經主管機關許可,經營證券投資信託業務、證券投資顧問業務、全權委託投資業務或其他應經主管機關核准之業務,其罰則為以下何者? (A)處1年以下有期徒刑,併科新臺幣100萬元以上5,000萬元以下罰金 (B)處3年以下有期徒刑,併科新臺幣100萬元以上5,000萬元以下罰金 (C)處5年以下有期徒刑,併科新臺幣100萬元以上5,000萬元以下罰金 (D)處5年以下有期徒刑,併科新臺幣1,000萬元以上5,000萬元以下罰金。

( ) **30** 下列何者不是投資型保險商品的特點? (A)全部風險由保險公司獨力承擔 (B)具有保障和投資的雙重功能 (C)沒有預定利率,投資報酬具高度不確定性 (D)保險金額隨資金運用的好壞而變動。

( ) **31** 壽險顧問為賺取額外佣金,勸誘保戶購買超乎其需求或經濟能力之保險商品,稱為: (A)誤導或誇大投資報酬率 (B)揩油行銷 (C)掩護行銷 (D)保單費用說明不詳盡。

( ) **32** 違反證券投資信託及顧問法之相關規定,其應負損害賠償之人,對於故意所致之損害,法院得應被害人之請求,依侵害情節,酌定損害額幾倍以下之懲罰性賠償? (A)1 (B)2 (C)3 (D)4。

( ) **33** 證券商依其種類,不得從事下列哪一項業務? (A)有價證券之承銷 (B)有價證券之自行買賣 (C)有價證券買賣之行紀、居間、代理 (D)吸收存款。

( ) **34** 當客戶接受投資型保險之風險容忍度測試,結果分析與其屬性不符時,招攬人員不應: (A)委婉拒絕客戶購買該商品 (B)要求執意購買者於要保書適當位置簽名 (C)請客戶重做測試至符合為止 (D)另行介紹適合其風險屬性之保險商品。

( ) **35** 依我國所得稅法規定國人每年的商業人身保險費最高扣除額為多少? (A)新臺幣2萬 (B)新臺幣2.4萬 (C)新臺幣3.6萬 (D)新臺幣4.8萬。

( ) **36** 依銀行法規定,下列哪一銀行不屬於專業銀行? (A)工業銀行 (B)信用合作社 (C)輸出入銀行 (D)中小企業銀行。

（　）**37** 關於投資型保險商品的敘述，下列何者錯誤？　(A)只依分離帳戶進行基金投資管理　(B)保單帳戶價值是不確定的　(C)兼具保險保障與投資理財雙重功能　(D)沒有預定利率，投資報酬具高度不確定性。

（　）**38** 證券投資信託事業經核准投資外國證券事業後，對於資金之匯出、被投資外國證券事業之登記或變更登記證明文件等，應於取得證明文件後幾日內申報金管會備查？　(A)1　(B)3　(C)5　(D)10。

（　）**39** 下列何者並不是投資型保險的特點？　(A)投資型保險資金單獨設立帳戶，管理透明　(B)保單的帳戶價值會隨著投資績效而每天不一樣　(C)變額萬能壽險的保費繳納是定期定額的，且加保時須重置保單　(D)保戶承擔資金運用的全部風險，而保險人則承擔死亡風險和費用風險。

（　）**40** 下列何者是證券金融事業融通的對象？　(A)證券商　(B)商業銀行　(C)保險公司　(D)證券投資信託公司。

（　）**41** 下列那一金融中介機構依規定其業務之一是以投資中間人之地位，從事與資本市場有關特定目的之投資？　(A)商業銀行　(B)信託投資公司　(C)保險公司　(D)工業銀行。

（　）**42** 下列哪一種保險商品之資金不是放置於公司之一般帳戶？　(A)定期壽險　(B)增額壽險　(C)投資連結壽險　(D)萬能壽險。

（　）**43** 傳統壽險與變額壽險之比較，何者為非？　(A)保險金額皆固定　(B)皆有保單借款條款　(C)保費皆固定　(D)繳費方式皆固定。

（　）**44** 壽險公司經營投資型保險業務應提存各種準備金，以下何種準備金係置於專設帳簿　(A)保證給付責任準備金　(B)責任準備金　(C)未滿期保費準備金　(D)賠款準備金。

（　）**45** 何者是《金融消費者保護法》之主管機關？　(A)經濟部　(B)金管會　(C)財政部　(D)保險局。

( ) **46** 證券投資信託事業應有具備法定條件之銀行、基金管理機構、保險公司等機構擔任專業發起人,有關基金管理機構之資格條件下列何者為非? (A)該機構及其控制或從屬機構所管理之資產,包括接受全權委託投資帳戶及公開募集之基金資產總值不得少於新臺幣650億元 (B)具有管理或經營國際證券投資信託基金業務經驗 (C)成立滿3年 (D)最近3年未曾因資金管理業務受其本國主管機關處分。

( ) **47** 下列敘述何者不正確? (A)投資型保險商品資金單獨設立帳戶,管理透明 (B)傳統壽險主要功能為提供被險人保障,而投資型保險商品具有保障及投資功能 (C)變額壽險之保險金額隨資金運用好壞而變化,有最低死亡保險金額之規定 (D)傳統壽險保費繳納較變額萬能壽險富彈性。

( ) **48** 所謂貨幣市場是指: (A)股票市場 (B)買賣外匯市場 (C)到期日1年以下有價證券的交易市場 (D)政府或企業提供新的證券銷售給投資人的市場。

( ) **49** 下列何者不是變額保險的新趨勢? (A)保證最低利率 (B)保證最低死亡給付或年金給付 (C)保證最低解約金 (D)保證本金。

( ) **50** 下列有關受益憑證之敘述,何者錯誤? (A)受益憑證為數人共有者,其共有人應推派1人行使受益權 (B)受益憑證得為無記名式 (C)發行受益憑證得不印製實體,而以帳簿劃撥方式交付之 (D)受益憑證,除法律另有規定外,得自由轉讓之。

解答與解析

1 (B)。《投資型保險投資管理辦法》第10條第1項:
投資型保險契約所提供連結之投資標的及專設帳簿資產之運用,除要人以保險契約約定委任保險人全權決定運用標的者外,以下列為限:
1.銀行存款。　　　　　　　　　　2.證券投資信託基金受益憑證。
3.境外基金。　　　　　　　　　　4.共同信託基金受益證券。
5.依不動產證券化條例所發行之不動產投資信託受益證券或不動產資產信託受益證券。

6.依金融資產證券化條例所發行之**受益證券**或**資產基礎證券**。

（1～6項不需經主管機關認可之信用評等機構評等達一定等級以上。）

7.各國中央政府發行之**公債**、**國庫券**。

8.**金融債券**。

9.公開發行之有擔保公司債，或經評等為相當等級以上之公司所發行之公司債，或外國證券集中交易市場、店頭市場交易之公司債。

10.**結構型商品**。

11.美國聯邦國民抵押貸款協會、聯邦住宅抵押貸款公司及美國政府國民抵押貸款協會所發行或保證之不動產抵押權證券。

（7～11項應經主管機關認可之信用評等機構評等達一定等級以上。）

12.其他經主管機關核准之投資標的。

故此題答案為(B)。

2 (B)。　《證券投資信託事業證券投資顧問事業經營全權委託投資業務管理辦法》第5條第1項第3款：

證券投資顧問事業申請經營全權委託投資業務，應具備最近**3個月**未曾因從事證券投資分析或期貨研究分析受中華民國證券投資信託暨顧問同業公會（以下簡稱同業公會）或中華民國期貨業商業同業公會依自律規章為警告、處以違約金、停止會員應享有之部分或全部權益、撤銷或暫停會員資格之處置。

故此題答案為(B)。

3 (C)。《投資型保險投資管理辦法》第24條第1項：

全委投資型保險契約於簽訂後，因法令變更致其投資或交易範圍有增減時，保險人應以不低於60日之期間內通知要保人。

故此題答案為(C)。

4 (B)。　金融體系的兩個主要成員為**金融市場**和**金融中介機構**，其各自在**直接金融**和**間接金融**扮演重要的角色。

故此題答案為(B)。

5 (B)。　金融市場依有價證券是否為首次發行，分為

1.初級市場：又稱發行市場，指政府或企業提供新的證券銷售給投資人的市場，而且在初級市場銷售證券所取得的資金是歸發行人。

2.次級市場：又稱流通市場，指投資人在購買新證券之後，這些證券的後續買賣市場。

故此題答案為(B)。

6 (B)。衍生性金融商品市場（由貨幣市場、資金市場、外匯市場等金融工具所衍生出來）有：**遠期契約市場**、**期貨市場**、**選擇權市場**、**認購（售）權證市場**及**金融交換市場**。

特別股是股票，屬於長期證券。

故此題答案為(B)。

7 (B)。《證券投資顧問事業負責人與業務人員管理規則》第16條：

證券投資顧問事業之負責人、部門主管、分支機構經理人、業務人員或其他受僱人，從事業務廣告及公開舉辦證券投資分析活動，不得有下列行為：

1. 於傳播媒體提供證券投資分析節目，違反第十五條規定。
2. 為招攬客戶，以詐術或其他不正當方式，誘使投資人參加證券投資分析活動。
3. 對所提供證券投資服務之績效、內容或方法無任何證據時，於廣告中表示較其他業者為優。
4. 於廣告中僅揭示對公司本身有利之事項，或有其他過度宣傳之內容。
5. 未取得核准辦理全權委託投資業務，而為使人誤信其有辦理該項業務之廣告。
6. 為保證獲利或負擔損失之表示。【選項(B)】
7. 於傳播媒體從事投資分析之同時，有招攬客戶之廣告行為。
8. 涉有利益衝突、詐欺、虛偽不實或意圖影響證券市場行情之行為。
9. 涉有個別有價證券未來價位研判預測。
10. 於有價證券集中交易市場或櫃檯買賣成交系統交易時間及前後1小時內，在廣播或電視媒體，對不特定人就個別有價證券之買賣進行推介或勸誘。
11. 於前款所定時間外，在廣播或電視媒體，未列合理研判分析依據，對不特定人就個別有價證券之產業或公司財務、業務資訊提供分析意見，或就個別有價證券之買賣進行推介。
12. 對證券市場之行情研判、市場分析及產業趨勢，未列合理研判依據。【選項(A)】
13. 以主力外圍、集團炒作、內線消息或其他不正當或違反法令之內容，作為招攬之訴求及推介個別有價證券之依據。
14. 引用各種推薦書、感謝函、過去績效或其他易使人認為確可獲利之類似文字或表示。
15. 為推廣業務所製發之書面文件未列明公司登記名稱、地址、電話及營業執照字號。【選項(C)】
16. 以業務人員或內部研究單位等非證券投資顧問事業名義，舉辦證券投資分析活動、製作書面或電子文件。【選項(D)】
17. 違反同業公會訂定廣告及促銷活動之自律規範。

故此題答案為(B)。

8 (C)。《投資型保險商品銷售自律規範》第11條：
結構型商品與客戶適合度對照表

國外發行或保證機構之長期債務信用評等等級	Level 1	Level 2
AAA / AA＋ / <u>AA</u>	一般客戶	一般客戶
AA－ / A＋	一般客戶	積極型客戶
A / A－	積極型客戶	積極型客戶

(1)A－：積極型客戶。　　　　　　(2) A：積極型客戶。
(3)AA－：一般客戶、積極型客戶。　(4) AA：一般客戶。
一般客戶合購買國外發行機構長期債務信用評等為<u>AA</u>之結構型債券商品。
故此題答案為(C)。

9 (C)。《人身保險商品審查應注意事項》第157點：各保單年度基本保險費附加
費用率之總和不得超過**150%**，而且每年附加費用率不得超過附加費用率平均
值的**2倍**，其目的是使要保人在保單年度的前幾年可以有較多的保險費餘額進
行投資。
故此題答案為(C)。

10 (C)。**證券承銷商（Underwriter）**：經營有價證券的承銷及相關業務。其中，
承銷是指依約定<u>**包銷（Firm Commitment）**</u>或**代銷（Best Effort）**發行人發行
之有價證券之行為。
故此題答案為(C)。

11 (B)。《人身保險商品審查應注意事項》第2點：
投資型保險商品可區分為
1.投資型人壽保險：變額壽險、變額萬能壽險及投資連（鏈）結型保險。
2.投資型年金保險：變額年金保險。
故此題答案為(B)。

12 (B)。金融市場依交易場所分類，分為：
1.集中市場：指透過有組織的公開市場集中於一定場所進行交易之市場。
2.店頭市場：指在集中市場以外所進行交易的市場。
故此題答案為(B)。

13 (C)。《證券投資信託及顧問法》第11條第1項：證券投資信託事業得對下列對
象進行受益憑證之私募：
(1)銀行業、票券業、信託業、保險業、證券業或其他經主管機關核准之法人或
　機構。

(2)符合主管機關所定條件之自然人、法人或基金。

　《證券投資信託及顧問法第11條第2項》前項第2款之應募人總數，不得超過**99人**。

故此題答案為(C)。

14 (D)。　若人身保險中途解約，以往年度申報綜合所得稅的保險費列舉扣除額，須在解約後補繳稅款。

因此，曾經以保險費為列舉扣除額之保單，若不再繳款，建議辦理**減額繳清**或**展期**，讓契約保持有交之狀態，即不需解約。

故此題答案為(D)。

15 (A)。　《銀行法》第52條第1項：銀行為**法人**，其組織除法律另有規定或銀行法修正施行前經專案核准者外，以**股份有限公司**為限。

故此題答案為(A)。

16 (D)。　《證券投資信託及顧問法》第18條第2項：證券投資信託事業運用證券投資信託基金所持有之資產，應以**基金保管機構**之基金專戶名義登記。但持有外國之有價證券及證券相關商品，得依**基金保管機構**與**國外受託保管機構所**訂契約辦理之。

故此題答案為(D)。

17 (B)。　銷售行為自律規範為保險業自行制定的規範。

故此題答案為(B)。

18 (A)。　傳統終身壽險＝純壽險保障＋保單價值準備金

當保單愈到後期或愈接近契約上的「滿期日」，則**純壽險保障**會愈來愈少，而**保單價值準備金**會愈來愈多。

故此題答案為(A)。

19 (B)。　贖回需將美元換回臺幣，則臺幣貶值亦美元升值，對保戶較有利。

故此題答案為(B)。

20 (C)。　只要是金融消費者與金融服務業間，因商品或服務所生之民事爭議，皆可向評議中心提出**評議申請**，例如：銀行、保險、抵押、放款、信用卡（不含債務協商）、存款、投資（不含商品訂價和績效表現）…等。

故此題答案為(C)。

21 (A)。　中小企業銀行是指專門供給中小企業信用之專業銀行。其主要任務以供給中小企業中、長期信用，協助其改善生產設備及財務結構，暨健金經營管理。

故此題答案為(A)。

22 (C)。《投資型保險商品銷售自律規範》第5條：

各會員銷售本商品時，應審酌被保險人年齡等情況予以推介或銷售適當之商品，當被保險人投保時之**保險年齡大於或等於**65或本商品連結有**結構型商品**且被保險人於該結構型商品期滿時之**保險年齡大於或等於**65時，各會員應請要保人及被保險人於要保書中之重要事項告知書或「結構型債券投資報酬與風險告知書」簽名已瞭解並願意承擔投資風險，如要保人及被保險人不願填寫則各會員得婉拒投保。

故此題答案為(C)。

23 (B)。《證券投資信託事業證券投資顧問事業經營全權委託投資業務管理辦法》第22條第1項及第2項：

證券投資信託事業或證券投資顧問事業經營全權委託投資業務，應與客戶簽訂全權委託投資契約，明定其與客戶間因委任或信託關係所生之各項全權委託投資權利義務內容，並將契約副本送交全權委託保管機構。

前項全權委託投資契約，應與客戶**個別簽訂**，除法令或本會另有規定外，**不得接受共同委任或信託**。

故此題答案為(B)。

24 (C)。《證券投資信託及顧問法》第5條第10項：

全權委託投資業務：指對客戶委任交付或信託移轉之委託投資資產，就有價證券、證券相關商品或其他經主管機關核准項目之投資或交易為價值分析、投資判斷，並基於該投資判斷，為客戶執行投資或交易之業務。

故此題答案為(C)。

25 (A)。**貨幣市場（短期金融市場）**分為：

1.票券市場：(1)國庫券市場。(2)可轉讓定期存單市場。(3)商業本票市場。(4)銀行承兌匯票市場。

2.附條件交易市場。

3.金融業拆款市場。

資本市場（長期金融市場）分為權益證券（股票市場）及債務證券（債券市場）。

故此題答案為(A)。

26 (B)。《中華民國證券投資信託暨顧問商業同業公會會員及其銷售機構從事廣告及營業活動行為規範》第8條：

證券投資信託事業、總代理人及基金銷售機構從事基金之廣告、公開說明會及其他營業活動時，不得有下列行為：

1.藉金管會對該基金之核准或申報生效，作為證實申請（報）事項或誤導投資人認為主管機關已保證基金價值之宣傳。

2. 使人誤信能保證本金之安全或保證獲利者。但設有保證機構之保證型保本基金已於其公開說明書中，充分揭露保證之具體內容者，其保證本金安全部分，不在此限。

3. 提供贈品、或定存加碼、貸款減碼等金融性產品或以其他利益或方式等，勸誘他人購買基金。但金管會另有規定者，不在此限。

4. 對於業績及績效作誇大之宣傳或對同業或他人為攻訐或損害營業信譽之廣告。

5. 為虛偽、詐欺、隱匿、或其他足致他人誤信之行為。

6. 對未經金管會核准募集或申報生效之基金，預為宣傳廣告、公開說明會及促銷。

7. 內容違反法令、主管機關之規定、自律規範、證券投資信託契約、境外基金相關機構授權契約或基金公開說明書內容。

8. 以基金經理人作為宣傳廣告之主要訴求或標題。【選項(C)】

9. 為基金投資績效之預測。【選項(A)】

10. 涉及對新臺幣匯率走勢之臆測。

11. 內容採用可能貶低整體行業聲譽之方式作宣傳。

12. 內容載有不正確或與銷售文件內容不符或不雅之文字、美術稿或圖案設計。

13. 開放式基金以「無折價風險」等相類詞語作為廣告。

14. 以銷售費或經理費收入為捐贈或與投資人權益無關之詞語為訴求。

15. 截取報章雜誌之報導作為廣告內容。【選項(D)】

16. 以採訪投資人之方式來廣告促銷基金。

17. 以獲利或配息率為廣告者，未同時報導其風險以作為平衡報導。【選項(B)】

18. 以配息比率或配息金額為廣告文宣之主要標題。

19. 以配息為廣告標題者，加入基金配息資訊以外之行銷性質文字。

20. 股票型基金以月配息為廣告或銷售之主要訴求。

21. 使用優於定存、打敗通膨等相類之詞語為訴求。

22. 有關免稅之說明，未載明或說明係何種對象、何種內容免稅。

23. 以所獲基金信用評等等級或市場風險報酬之基金評級為廣告或促銷內容（含已成立或金管會核准募集但尚未成立之基金）時，未以顯著方式註明該基金所獲得信用評等或基金評級之性質或意義、資料來源及未成立基金未註明該基金尚未成立。

24. 未於基金銷售文件中，標明已備有公開說明書（或其中譯本）或投資人須知及可供索閱之處所或可供查閱之方式。

25. 股票型基金提及配息類股時，未於銷售文件中說明配息機制，包括股票配息情況及說明如何將股息收入轉為各期配息。

26. 銷售文件中有提及投資人直接應付之費用（含手續費前收或後收型基金之申購手續費、基金短線交易應付之買回費用或其它費用等）時，未清楚標示收

取方式；以及未揭示『有關基金應負擔之費用（境外基金含分銷費用）已揭露於基金之公開說明書或投資人須知中，投資人可至公開資訊觀測站或境外基金資訊觀測站中查詢。』之相類資訊。

27. 對投資人須支付基金分銷費用之基金，未於銷售文件或廣告內容中以顯著方式揭露分銷費用反映於每日基金淨資產價值及其約占比例之資訊。

28. 申購手續費屬後收型之基金，以免收申購手續費為廣告主要訴求，未揭露遞延手續費、分銷費用之收取方式。

29. 為推廣業務所製發之書面文件，刻意以不明顯字體標示附註與限制事項，未列明公司名稱、地址及電話，或證券投資顧問事業未列明營業執照字號，以及冒用或使用相同或近似於他人之註冊商標、服務標章或名號，致有混淆投資人之虞。

30. 以未經金管會核准或同意生效之境外基金為廣告內容。

31. 專供理財專員使用之基金文宣資料，放置於櫃台或文宣資料區提供投資人自行取閱。

32. 以基金銷售排行之方式為廣告內容。

33. 以基金投資組合平均信用評級作為銷售訴求。若於基金月報或銷售文件中揭露基金投資組合平均信用評級資訊予投資人參考時，應同時載明平均信用評級計算方式、納入計算之資產項目、決定投資標的信用評級方式以及依投資標的信用評級揭示相關比重等。

34. 其他影響事業經營或投資人權益之事項。

　　因此，選項(B)為正確之敘述。

　　故此題答案為(B)。

27 (D)。保險公司在設計保單時，考量成本與收益後訂定保單的預期收益率為預定利率，故預定利率會與保費成反比。換句話說，高預定利率，保費相對變低；低預定利率，保費相對變高。

　　[狀況一] **高**預定利率→保單的價格**低**
　　　　　　　◎當市場利率走**低**時，則保險公司須承擔保單的**利差損**。

　　[狀況二] **低**預定利率→保單的價格**高**
　　　　　　　◎當市場利率走**高**時，客戶覺得之前購買的保單不划算，可能會以**退保**或**保單借款**的資金進行其他投資。

　　故此題答案為(D)。

28 (D)。為降低投資人遭受到投資標的之發行機構有財務危機或倒閉，使投資人可能求償無門的信用風險。因此，《投資型保險投資管理辦法》第13條規定，投資型保險之投資標的是：

　　(1)各國中央政府發行之**公債**、**國庫券**。

(2)銀行發行之**金融債券**。

(3)公開發行之有擔保公司債，或經評等為相當等級以上之公司所發行之公司債，或外國證券集中交易市場、店頭市場交易之公司債。

(4)金融機構發行或保證之**結構型商品**。

(5)美國聯邦國民抵押貸款協會、聯邦住宅抵押貸款公司及美國政府國民抵押貸款協會所發行或保證之不動產抵押債權證券。

上述標的應經主管機關認可之**信用評等機構評等**達一定等級以上，才可做為投資型保單的連結標的。

註 以上沒有列示「共同信託基金受益證券」。

故此題答案為(D)。

29 (C)。　《證券投資信託及顧問法》第107條：

有下列情事之一者，處**5年以下**有期徒刑，併科**新臺幣100萬元以上5,000萬元以下**罰金：

1.未經主管機關許可，經營證券投資信託業務、證券投資顧問業務、全權委託投資業務或其他應經主管機關核准之業務。

2.違反第16條第1項規定，在中華民國境內從事或代理募集、銷售境外基金。

故此題答案為(C)。

30 (A)。　保戶承擔：**投資風險**

保險公司承擔：**死亡風險**及**費用風險**

註 投資標的由保戶自行選擇，故投資風險由保戶自行承擔。

故此題答案為(A)。

31 (B)。　揩油行銷是指保險從業人員為賺取額外佣金，勸誘保戶購買超乎其需求或經濟能力之保險商品，導致保戶最終因繳不出保費而造成保單失效，之前所繳的保費也無法領回。

掩護行銷是指保險從業人員假藉投資商品或退休商品之名，販售投資型保險。

故此題答案為(B)。

32 (C)。　《證券投資信託及顧問》法第9條第1項：違反本法規定應負損害賠償責任之人，對於**故意所致之損害**，法院得因被害人之請求，依侵害情節，酌定損害額**3倍以下**之懲罰性賠償；因**重大過失所致之損害**，得酌定損害額**2倍以下**之懲罰性賠償。

《證券投資信託及顧問法》第9條第2項：本法規定之損害賠償請求權，自有請求權人知有得受賠償之原因時起**2年間**不行使而消滅；自賠償原因發生之日起**逾5年**者，亦同。

故此題答案為(C)。

33 (D)。　《銀行法》第29條第1項：除法律另有規定者外，非銀行不得經營**收受存款**、**受託經理信託資金**、**公眾財產**或**辦理國內外匯兌業務**。

1. **證券承銷商**（Underwriter）：經營有價證券的承銷及相關業務。
2. **證券自營商**（Dealer）：經營有價證券的自行買賣及其他經主管機關核准之相關業務。
3. **證券經紀商**（Broker）：從事有價證券買賣的行紀、居間、代理及其他經主管機關核准之相關業務，而本身並不從事買賣有價證券。

證券金融事業是指依法給予**證券投資人**、**證券商**或**其他證券金融事業**融通**資金（融資）**或**證券（融券）**之事業。證券公司會(1)將資金借給投資者「融資」；(2)將融資擔保的股票提供給投資人「融券」。

故此題答案為(D)。

34 (C)。　《投資型保險商品銷售自律規範》第10條：……

招攬原則：

會員銷售之商品含有連結結構型商品時，除應依前目規定辦理外，應確認客戶具備相當之投資專業或財務能力，並足以承擔該商品之風險。客戶應具備下列條件之一：

1. 客戶具備期貨、選擇權、或其他衍生性金融商品交易經驗達一定期間。
2. 依據各會員內部制定之程序審核通過（各會員應依據結構型商品之風險與複雜程度之不同，制定不同之審核條件），由核保人員確認該客戶具備相當之結構型商品投資經驗或風險承擔能力。……

故此題答案為(C)。

35 (B)。　《所得稅法》第17條：列舉扣除額中的保險費：納稅義務人、配偶或受扶養直系親屬之人身保險、勞工保險、國民年金保險及軍、公、教保險之保險費，每人每年扣除數額以不超過24,000元為限。但**全民健康保險之保險費不受金額限制**。

故此題答案為(B)。

36 (B)。　《銀行法》第88條：專業信用分為：(1)工業信用。(2)農業信用。(3)輸出入信用。(4)中小企業信用。(5)不動產信用。(6)地方性信用。

基層合作金融中介機構：信用合作社、農漁會信用部等。

因此，信用合作社不屬於專業銀行。

故此題答案為(B)。

37 (A)。　**投資型保險商品**是將**保險**和**投資**分開，而將投資自主權交給**保戶**的一種**保險商品**。

《保險法施行細則》第14條：**投資型保險**是指保險人將要保人所繳保險費，依約定方式扣除保險人各項費用，並依其同意或指定之投資分配方式，置於**專設帳簿**中，而由**要保人**承擔全部或部分投資風險之人身保險。
因此，投資型保單並非只依只依分離帳戶進行基金投資管理，保單內容另有保障的部分。
故此題答案為(A)。

38 (C)。《證券投資信託事業管理規則》第28條第2項：
證券投資信託事業經核准投資外國及大陸事業後，對於資金之匯出、被投資事業之登記或變更登記證明文件等，應於取得證明文件後**5日內**申報本會備查。
故此題答案為(C)。

39 (C)。變額萬能壽險的保費繳納方式**不固定**，且保險保障**有彈性**。
故此題答案為(C)。

40 (A)。證券金融事業是指依法給予**證券投資人**、**證券商**或**其他證券金融事業**融通**資金（融資）**或**證券（融券）**之事業。
故此題答案為(A)。

41 (B)。**信託投資公司**是以受託人之地位，依其特定目的，收受、經理及運用信託資金與經營信託財產，或以**投資中間人**之地位，從事與資本市場有關特定目的投資之金融機構。
故此題答案為(B)。

42 (C)。《保險法》第146條及《投資型保險投資管理辦法》第4條皆要求保險業者應設置**專設帳簿（或稱分離帳戶）**，並記載其投資資產之價值。
投資型保險商品分為**一般帳戶**和**專設帳簿（或稱分離帳戶）**。專設帳簿內之保單投資資產，由**保險公司**採個別帳戶管理。
因此，只要是投資型保險商品之資金皆放置於分離帳戶，投資連結壽險屬於投資型保險商品。
故此題答案為(C)。

43 (A)。變額壽險與傳統保險相同和相異之項目如下表：

相同點	相異點
1.皆為終身保險。 2.簽發保單時，皆載明保單面額。	1.變額壽險的**投資報酬率**無最低之保證。

相同點	相異點
3.有保單借款條款。 《保險法》第120條第1項：保險費付足一年以上者，要保人得以保險契約為質，向保險人借款。 但變額壽險會限制保戶借款需低於保單帳戶價值的100%，其比例通常為<u>75%～90%</u>。 **註** 美國大多數變額壽險的借款限額通常是保單現金價值的75%左右。 4.定期交付定額的保費。 唯萬能壽險則沒有確定的繳交金額及繳付期間的強制要求。 5.皆有二年抗辨條款，亦自殺除外條款及不喪失價值選擇權等。	2.變額壽險的**保單帳戶價值**無一定的保證，但有最低的死亡給付之保證。

故此題答案為(A)。

44 **(B)**。　保險公司應對投資型商品提存之準備金包括**責任準備金**（專設帳簿）、**未滿期保費準備金**（一般帳簿）、**賠款準備金**（一般帳簿）、**保費不足準備金**（一般帳簿）及**保證給付責任準備金**（一般帳簿）。其中，以要保人依契約約定於專設帳簿內受益之資產價值計算之**責任準備金**應提存於**專設帳簿**，其餘的準備金則提存於**一般帳簿**裡。
故此題答案為(B)。

45 **(B)**。　《金融消費者保護法》第2條：
本法之主管機關為**金融監督管理委員會（金管會）**。
故此題答案為(B)。

46 **(A)**。　《證券投資信託事業設置標準》第8條第1項：
經營證券投資信託事業，發起人應有符合下列資格條件之基金管理機構，其所認股份，合計不得少於第一次發行股份之20%：
(1)成立滿**3年**，且最近3年未曾因資金管理業務受其本國主管機關處分。
(2)具有管理或經營國際證券投資信託基金業務經驗。
(3)該機構及其控制或從屬機構所管理之資產中，以公開募集方式集資投資於證券之共同基金、單位信託或投資信託之基金資產總值不得少於新臺幣650億元。
因此，選項(A)的「全權委託投資帳戶」不在法規內。
故此題答案為(A)。

47 **(D)**。**變額萬能壽險**保費繳納較傳統壽險富彈性。
故此題答案為(D)。

48 **(C)**。**貨幣市場**：指供短期有價證券進行交易的場所。短期證券指國庫券、商業本票等到期日在1年以內的有價證券。
資本市場：指供長期有價證券進行交易的場所。長期證券指股票、債券等到期日在1年以上的有價證券。
故此題答案為(C)。

49 **(C)**。變額壽險的「保證最低死亡給付」已是投資型商品的基本條件，部分的保險公司提供下列之保證：
(1)保證最低死亡給付或年金給付：可吸引退休規劃者有購買之意願。
(2)保證本金：增加保守的投資者有購買之意願。
(3)保證最低利率：增加保守的儲蓄者有購買之意願。
但不會有「保證最低解約金」，因為投資型商品即是把投資的自主權交由保戶，則投資損益固然由保戶自行承擔。
故此題答案為(C)。

50 **(B)**。《證券投資信託及顧問法》第32條：
受益憑證應為**記名式**。
發行受益憑證得不印製實體，而以帳簿劃撥方式交付之。
受益憑證事務之處理規則，由同業公會擬訂，報請主管機關核定。
《證券投資信託及顧問法》第33條：
受益憑證為數人共有者，其共有人應推派1人行使受益權。
政府或法人為受益人時，應指定自然人1人代表行使受益權。
故此題答案為(B)。

第4回 模擬考

( ) **1** 在貨幣市場中交易的證券為： (A)1年期以內有價證券 (B)1年
期以上的有價證券 (C)3年期以內的有價證券 (D)3年期以上的
有價證券。

( ) **2** 下列何者為基金保管機構僅得依證券投資信託事業指示而為處分
基金資產之行為？ (A)給付依證券投資信託契約約定應由基金負
擔之款項 (B)因投資決策所需之投資組合調整 (C)為避險決策
所需之保證金帳戶調整或支付權利金 (D)以上皆是。

( ) **3** 下列何者屬於資本市場？
A.債券市場 B.票券市場 C.股票市場 D.銀行短期存放款市場
(A)A與B (B)C與D (C)A與C (D)B與D。

( ) **4** 證券投資顧問事業應於每會計年度終了後幾個月內，公告並向管會
申報經會計師查核簽證、董事會通過及監察人承認之年度財務報
告，並應送由同業公會彙送金管會？ (A)1 (B)3 (C)5 (D)6。

( ) **5** 下列何者並非為銀行業務綜合化的優點？ (A)增加範疇經濟，可
降低經營成本 (B)滿足客戶多樣化需求 (C)充分利用客戶的資
訊 (D)承銷證券可為客戶取得償還欠銀行之債務所需的資金。

( ) **6** 銀行為證券投資信託事業之發起人時，其最近1年於全球銀行
資產或淨值排名須居前幾名內？ (A)100 (B)500 (C)800
(D)1,000。

( ) **7** 下列何者是《金融消費者保護法》所定義之金融服務業？ (A)證券交
易所 (B)證券集中保管事業 (C)保險業 (D)證券櫃檯買賣中心。

( ) **8** 下列哪一種投資標的無需經主管機關核准或申報生效，即可作為
投資型保險之連結標的？ (A)境外基金 (B)國內交易所交易之
ETF (C)共同信託基金受益憑證 (D)投資信託基金受益憑證。

( ) **9** 下列何種行為會造成投資型保單之投資標的單位數變化？
(A)保險費增加　(B)部份提領　(C)投資標的轉換　(D)以上皆是。

( ) **10** 什麼樣的金融消費爭議不可以向金融消費評議中心提出評議申請？　(A)申請評議事件已經法院判決確定　(B)保險理賠爭議　(C)銀行存款爭議　(D)銀行辦理放款及抵押設定爭議。

( ) **11** 關於我國稅法之相關規定，下列敘述何者錯誤？　(A)若要保人將人身保險契約中途解約，依所得稅法規定，以往年度申報綜合所得稅時，利用解約保單所列舉扣除的保費支出，須在解約後補繳稅款　(B)約定於被保險人死亡時給付指定受益人所領取的保險金額，不列入遺產稅計算　(C)自民國96年5月報稅起，納稅義務本人、配偶及申報受扶養直系親屬，每人全年所繳的健保費，仍受保險費列舉扣除額上額（$24,000元）的限制　(D)自104年申報103年度所得基本稅額開始，受益人與要保人非屬同一人之人壽保險及年金保險給付中，屬於死亡給付部分，一申報戶全年合計數在3,330萬元以下者，免予計入基本所得額。

( ) **12** 我國銀行法規定下列哪一種銀行的業務之一在於「從事與資本市場有關特定目的之投資」？　(A)工業銀行　(B)信託投資公司　(C)專業銀行　(D)商業銀行。

( ) **13** 證券投資信託基金之私募採下列何項制度？
(A)核准制　(B)許可制　(C)申報生效日　(D)事後申報。

( ) **14** 保戶購買投資型年金保險時如未選擇年金給付開始日，則年金給付開始日不得晚於被保險人幾歲年齡？　(A)60歲　(B)65歲　(C)70歲　(D)75歲。

( ) **15** 保險業申請兼營全權委託投資業務時，須其最近半年未曾受保險法第149條第1項糾正或命其限期改善合計幾次以上之處分者？
(A)1　(B)2　(C)3　(D)5。

(　　) **16** 證券投資信託及顧問法之主管機關為何者？
(A)經濟部　(B)行政院　(C)金融監督管理委員會　(D)財政部。

(　　) **17** 保險人銷售由其全權決定運用標的之投資型保險時，須其最近
1年內未有遭主管機關重大裁罰或罰緩累積達新臺幣多少萬以上？
(A)100　(B)300　(C)500　(D)800。

(　　) **18** 下列何者為商業銀行？　(A)臺灣銀行　(B)彰化銀行　(C)匯豐銀
行　(D)以上皆是。

(　　) **19** 依照投資型商品死亡給付與保單帳戶價值之最低比率規定，55
歲之被保險人最低比率為：　(A)101%　(B)115%　(C)120%
(D)以上皆非。

(　　) **20** 根據財政部說明，保險死亡給付免稅金額會隨著消費者物價指
數，指上次調整年度的指數上漲累計達百分之幾時，應調整之？
(A)3%　(B)10%　(C)15%　(D)20%。

(　　) **21** 萬能壽險保單之保險費繳納方式為：　(A)固定　(B)不固定
(C)遞增　(D)遞減。

(　　) **22** 金融中介機構在從事中介業務時，具有下列哪些功能：
A.降低監督成本　　　　　B.降低資金流動性
C.降低融資風險　　　　　D.降低資金投資的分散程度
(A)A與B　(B)C與D　(C)A與C　(D)A、B與C。

(　　) **23** 代理人依規定須保存招攬、收費紀錄及收據影本等文件至少幾年
期間？　(A)2年　(B)3年　(C)4年　(D)5年。

(　　) **24** 下列關於投資型保險之銷售文件敘述，何者錯誤？　(A)警語用一
般字體顯示　(B)不得記載可節稅　(C)資訊為最新且正確　(D)文
件需編印頁碼。

(　　) **25** 當保戶所選擇固定收益證券商品，因市場利率上升而使投資標
的價格下跌，是屬於何種風險？　(A)價格風險　(B)信用風險
(C)匯率風險　(D)利率風險。

( ) **26** 下列何者非壽險顧問在銷售投資型保險商品時，產生糾紛的類型：
(A)誤導或誇大投資報酬率　(B)揩油行銷　(C)不當的將保單置換
(D)將投資型保險商品描述成一種低風險低利得之投資產品。

( ) **27** 美國萬能壽險計算保單帳戶價值之計息利率大都採何種利率？
(A)整體投資組合報酬率　(B)舊錢報酬率　(C)新錢報酬率
(D)以上皆非。

( ) **28** 證券投資顧問事業之客戶口頭申訴案件，主管應指派資深同仁保
管上述檔案紀錄，且至少多久一次交由部門主管及督察主管核
閱？　(A)每日　(B)每月　(C)每季　(D)每年。

( ) **29** 有關各公司全權委託型商品之審查方式規定，何者正確？
(A)第一張商品才須核准　(B)每一張商品都需經核准　(C)每一張
商品都需經核備　(D)可直接備查毋須核准。

( ) **30** 下列哪一項投資型保險商品之項目，不是由保戶選擇？
(A)投保金額　(B)保管銀行　(C)投資標的　(D)資金配置方式。

( ) **31** 下列關於保險商品之廣告內容規定，何者錯誤？　(A)不得以明顯
字體標示限制事項　(B)不得勸誘保護提前贖回　(C)不得促銷未
經主管機關備查商品　(D)不得對同業做攻訐之廣告。

( ) **32** 投資型保險商品之費用透明度較傳統型保險商品為：
(A)低　(B)高　(C)相同　(D)無法比較。

( ) **33** 下列有關投資型保險之敘述，何者錯誤？
(A)投資型保險之保戶須承擔投資風險
(B)投資型保險之帳戶價值不固定
(C)傳統壽險的保險保障較投資型保險缺乏彈性
(D)投資型保險之保費皆為不固定之方式。

( ) **34** 下列哪一種保險商品之資金不是放置於分離帳戶？
(A)變額壽險　(B)萬能壽險　(C)變額萬能壽險　(D)投資連結壽險。

(　　) **35** 當投資標的連結結構型債券商品屬非百分之百保本，其標的價格虧損達多少百分比時，公司應以書面通知保戶？　(A)20%　(B)30%　(C)40%　(D)50%。

(　　) **36** 老張購買投資型保險甲型，保險金額為60萬元。若老張身故死亡，受益人申領保險金時之保單帳戶價值為80萬元，請問身故保險金是多少？　(A)60萬元　(B)80萬元　(C)140萬元　(D)不一定，隨投資績效而定。

(　　) **37** 我國投資型保險契約投資資產受下列何法之監管？
(A)信託法　(B)證券法　(C)銀行法　(D)保險法。

(　　) **38** 下列哪一銀行的主要任務以供給土地開發、都市改良、社區發展、道路建設等為主？　(A)中小企業銀行　(B)農民銀行　(C)不動產信用銀行　(D)以上皆非。

(　　) **39** 下列何者是資金逆仲介的現象？　(A)存款戶將定期存單解約，並將取得的資金購買豪華轎車　(B)存款戶在定期存單到期後，不再續約，並將資金置於活期存款帳戶備用　(C)保戶辦理保單貸款，並將取得的資金用來繳小孩的學費　(D)保戶將保單解約，並將取得的資金購買股票。

(　　) **40** 金融消費者向評議中心申請評議時，需要支付多少費用？
(A)3000元　(B)2000元　(C)1000元　(D)不需支付任何費用。

(　　) **41** 我國保險商品資訊揭露應本於最大誠信原則，並應遵守那些相關法令規定：　(A)消費者保護法　(B)公平交易法　(C)保險法(D)以上皆是。

(　　) **42** 證券投資及投顧公司經營全權委託投資業務，客戶交付之委託投資資產由誰保管？　(A)客戶自己　(B)客戶指定之保管機構(C)受委任之證券投信或投顧公司指定之保管機構　(D)受委任之證券投信或投顧公司。

( ) **43** 下列何者不屬於工業銀行的特質？ (A)無法發行金融債券 (B)以中長期授信為主 (C)資本額必須達到200億元 (D)主要在提供工業信用。

( ) **44** 以下投資型保險相關費用，何者係由保險公司收取？ (A)共同基金之經理人管理費 (B)解約費用 (C)共同基金之申購手續費 (D)以上皆非。

( ) **45** 下列哪一項費用是從每期保單帳戶價值中扣除？ (A)目標保險費費用 (B)保單管理費用 (C)增額保險費費用 (D)以上皆是。

( ) **46** 所謂股權市場是指： (A)股票市場 (B)到期一年以內有價證券的交易市場 (C)透過有組織的公開市場集中於一定場所交易之市場 (D)政府或企業提供新的證券銷售給投資人的市場。

( ) **47** 以基金績效作為廣告者，基金需成立滿多久者始能刊登？ (A)3個月 (B)6個月 (C)1年 (D)3年。

( ) **48** 下列何者為貨幣市場的證券？ (A)建設公債 (B)可轉換公司債 (C)附買回交易 (D)以上皆非。

( ) **49** 證券投資信託基金之清算人應自清算終結申報主管機關之日起，就各項帳簿、表冊保存幾年以上？ (A)3 (B)5 (C)10 (D)20。

( ) **50** 證券投資信託事業之資本額不得少於新臺幣多少元？ (A)1億 (B)2億 (C)3億 (D)5億。

解答與解析

1 (A)。 **貨幣市場**：指供短期有價證券進行交易的場所。短期證券指國庫券、商業本票等到期日在1年以內的有價證券。

資本市場：指供長期有價證券進行交易的場所。長期證券指股票、債券等到期日在1年以上的有價證券。

故此題答案為(A)。

2 (D)。　《證券投資信託基金管理辦法》第6條第2項：基金保管機構僅得依證券投資信託事業指示而為下列處分基金資產之行為：

(1)因**投資決策**所需之投資組合調整。

(2)**保證金帳戶**調整或支付權利金。

(3)給付依證券投資信託契約約定應由**基金負擔之款項**。

(4)給付依證券投資信託契約約定應**分配予受益人之可分配收益**。

(5)給付**受益人**買回其受益憑證之買回價金。

故此題答案為(D)。

3 (C)。　**貨幣市場（短期金融市場）**分為：

1.票券市場：(1)國庫券市場。(2)可轉讓定期存單市場。(3)商業本票市場。
　(4)銀行承兌匯票市場。

2.附條件交易市場。

3.金融業拆款市場。

資本市場（長期金融市場）分為權益證券（股票市場）及債務證券（債券市場）。

故此題答案為(C)。

4 (B)。　《證券投資信託及顧問法》第99條：

證券投資信託事業及證券投資顧問事業，應於每會計年度終了後**3個月內**，公告並向主管機關申報經會計師查核簽證、董事會通過及監察人承認之年度財務報告。

故此題答案為(B)。

5 (D)。　銀行業務朝向綜合化的優點和缺點如下：

優點	缺點
(1) 增加營業項目可以增加「範疇經濟」，降低經營成本。 (2) 由產品的多樣化，滿足客戶不同的需求。 (3) 經由業務的多樣化，綜合銀行可以將風險分散在各項業務之中。 (4) 銀行經由放款等業務所取得客戶的內部訊息可充分利用。	(1)綜合銀行各部門經營可能會產生利益衝突。 (2)綜合銀行一方面從事放款事務，另一方面從事完整的證券活動，可能造成銀行以承銷證券為公司取得資金來償還所欠銀行的債務。 (3)綜合銀行結合銀行、保險、證券等業務，因經營上非常複雜，可能產生經營風險。 (4)綜合銀行中的某一部門若經營不善，可能會使客戶對該銀行失去信心，而有引發金融危機的可能性。 (5)綜合銀行結合各種金融業務，使其在經營上非常複雜，也對政府的監理工作構成挑戰。

選項(D)是銀行業務綜合化的缺點。故此題答案為(D)。

6 **(D)**。《證券投資信託事業設置標準》第8條第1項：
經營證券投資信託事業，發起人應有符合下列資格條件之銀行，其所認股份，
合計不得少於第一次發行股份之20%：
(1)成立滿3年，且最近3年未曾因資金管理業務受其本國主管機關處分。
(2)具有國際金融、證券或信託業務經驗。
(3)最近1年於全球銀行資產或淨值排名居前**1,000名**內。
故此題答案為(D)。

7 **(C)**。《金融消費者保護法》第3條第1項：
本法所定**金融服務業**，包括**銀行業**、**證券業**、**期貨業**、**保險業**、**電子票證業**及
其他經主管機關公告之金融服務業。
故此題答案為(C)。

8 **(B)**。《投資型保險投資管理辦法》第14條第1項：
投資型保險之投資標的為**證券投資信託基金受益憑證**者，應為經主管機關核准
或申報生效得募集發行之**證券投資信託基金受益憑證**；其為境外基金者，係經
主管機關核准或申報生效在國內募集及銷售之境外基金。但於**國內、外證券交
易市場交易之指數股票型基金（Exchange Traded Fund, ETF）**，不在此限。
故此題答案為(B)。

9 **(D)**。 專設帳簿內的資產價值，是指要保人所繳交保險費及指定之投資標的、
投資配置比率，換算各投資標的之單位數，在評價日依**各投資標的的變動後淨
值乘以各標的變化後單位數**（包含在兩評價日期間內**保險費增加**、**投資標的轉
換**、**部分提領**、**扣除死亡費用**、**管理費用**、**轉換費用**及**最低保證給付費用**等因
素而**增減單位數**），計算各標的之子帳戶價值，並加總各子帳戶價值。
故此題答案為(D)。

10 **(A)**。 評議中心不處理之範圍，依《金融消費者保護法》第24第2項條規定有下
列9項：
1.申請不合程式。　　　　　　　　　2.非屬金融消費爭議。
3.未先向金融服務業申訴。
4.向金融服務業提出申訴後，金融服務業處理申訴中尚未逾30日。
5.申請已逾法定期限。　　　　　　　6.當事人不適格。
7.曾依本法申請評議而不成立。
8.申請評議事件**已經法院判決確定**，或已成立**調處**、**評議**、**和解**、**調解或仲裁**。
9.其他主管機關規定之情形。（相關規定請參閱金融消費爭議處理機構評議委
　員資格條件聘任解任及評議程序辦法第15條）
故此題答案為(A)。

11 (C)。《所得稅法》第17條：列舉扣除額中的保險費：納稅義務人、配偶或受
扶養直系親屬之人身保險、勞工保險、國民年金保險及軍、公、教保險之保險
費，每人每年扣除數額以不超過24,000元為限。但**全民健康保險之保險費不受
金額限制**。
故此題答案為(C)。

12 (B)。信託投資公司是以受託人之地位，依其特定目的，收受、經理及運用信
託資金與經營信託財產，或以**投資中間人**之地位，從事與資本市場有關特定目
的投資之金融機構。
故此題答案為(B)。

13 (D)。《證券投資信託及顧問法》第11條第4項：證券投資信託事業應於私募受
益憑證價款繳納完成日起**5日**內，向主管機關申報之；其應申報事項，由主管
機關定之。擬於國外私募資金投資國內或於國內私募資金投資國外者，申報時
應併同檢具中央銀行同意函影本。

[說明]　因為證券投資信託基金之私募對象，為符合法令所定條件的具有較高
自我保護能力之特定投資人，其無須以事前核准之方式加強保護，故
規定證券投資信託基金之**私募**採**事後申報備查制**。

故此題答案為(D)。

14 (C)。《人身保險商品審查應注意事項》第170點：
要保人若未做年金給付開始日的選擇時，**年金給付開始日**不得晚於被保險人保
險年齡達**70歲**之保單周年日。
故此題答案為(C)。

15 (C)。《證券投資顧問事業設置標準》第37條：
保險業申請兼營全權委託投資業務，應符合下列各款規定：
1.最近期經會計師查核簽證之財務報告每股淨值不低於面額者。
2.最近半年未曾受保險法第149條第1項糾正或命其限期改善合計**3次**以上之處
分者。
3.最近2年未曾受保險法第149條第1項第1款至第4款、第2項或第4項之處分
者。但本會命令解除職員職務之處分，不在此限。
4.曾受前2款之處分，且命令其改善，已具體改善者。
故此題答案為(C)。

16 (C)。《證券投資信託及顧問法》第2條：本法所稱主管機關，為**金融監督管理
委員會（金管會）**。
故此題答案為(C)。

17 **(B)**。 《投資型保險投資管理辦法》第19條第1項：保險人銷售由其全權決定運用標的之投資型保險，應符合下列資格條件：

1.最近一年之自有資本與風險資本之比率符合本法第143-4條第1項之適足比率。

2.最近1年內未有遭主管機關重大裁罰及處分者，或受處分情事已獲具體改善經主管機關認可者。

3.國外投資部分已採用計算風險值評估風險，並每週至少控管乙次。

4.董事會中設有風險控管委員會或於公司內部設置風險控管部門及風控長或職務相當之人，並實際負責公司整體風險控管。

5.最近1年公平待客原則評核結果為人身保險業前80%。但提出合理說明並經主管機關核准者，不在此限。

故此題答案為(B)。

18 **(D)**。 商業銀行的主要業務為「收受支票存款、活期存款、定期存款，供給短期、中期信用」，依組織登記之差異，主要可區分為**一般銀行（本國銀行）**和**外國銀行在臺分行**。

一般銀行（本國銀行）是指依銀行法組織登記，經營銀行業務之機構；**外國銀行在臺分行**是指依照外國法律組織登記設立之銀行，經由中華民國政府認許，在中華民國境內依公司法及銀行法登記營業之分行。

因此，臺灣銀行、彰化銀行、匯豐銀行皆屬於商業銀行。

故此題答案為(D)。

19 **(C)**。 投資型人壽保險目前（民國109年07月01日起）是依人壽保險商品死亡給付對保單價值準備金（保單帳戶價值）之最低比率規範，最低比率分為(1)30歲（含）以下：190%；(2)31〜40歲：160%；(3)41〜50歲：140%；(4)51〜60歲：120%；(5)61〜70歲：110%；(6)71〜90歲：102%；(7)91歲（含）以上：100%。→共七個層級。

因此，55歲之被保險人最低比率為120%。

故此題答案為(C)。

20 **(B)**。 《所得基本稅額條例》第12條：個人之基本所得額，為依所得稅法規定計算之綜合所得淨額，加計下列各款金額後之合計數：「……二、本條例施行後所訂**立受益人**與**要保人**非屬同一人之人壽保險及年金保險，受益人受領之保險給付。但死亡給付每一申報戶全年合計數在新臺幣3,000萬元以下部分，免予計入。」

依據財政部說明，保險死亡給付免稅金額金隨著**消費者物價指數**，較上次調整年度的指數上漲累計達10%以上時，應按上漲程度調整之。

故此題答案為(B)。

21 (B)。　萬能壽險的二大特點：
1.**靈活性：保費繳納**的可選擇性和**保險金額（保費）**的可調整性。亦客戶繳納第一期保費後，只要符合保險公司規定的限額內（有的保險公司會要求繳納一定的整數，例如以100元為單位），保戶可自行選擇於未來任何時間繳納下期保費。只要保單價值足夠支付下一期的保險成本和相關費用，保單持續有效。此外，保戶可以在任意時間提出減少或增加保險金額（若增加保險金額，需重新核保），故繳費靈活的特性適用於保戶在人生不同時期的需求。
2.**透明性**：保險公司向保戶公開組成商品價格的各種因素，並在每年度報告書中，向保戶說明保費、保險金額、利息、保險成本、各項費用及保單帳戶價值變動之情形。以上資料便於保戶進行不同商品之比較，並可監督保險公司的經營狀況。
故此題答案為(B)。

22 (C)。　金融中介機構扮演兩個種要的功能：
(1)**經紀人的功能**：金融中介機構可以承銷或代客買賣有價證券，或是擔任股票及債券發行的簽證人。這些能可以大幅減少資金供給者在做決策時的**交易成本**與**訊息成本**。
(2)**資產轉換的功能**：金融中介機構可藉由降低上述的**監督成本**、**流動性問題**及**價格風險**等相關的融資風險問題，來發行更吸引資金供給者的證券。一般而言，金融中介機構以發行存單、保險單（可稱為次級證券）的方式來取得資金，而投資於資金需求者所發行的有價證券，如股票及債券等（可稱為初級證券）。經由這些轉換，資金供給者所取得的資產不再受資金需求者所發行證券的影響。
故此題答案為(C)。

23 (D)。　《保險代理人管理規則》第41條：個人執業代理人、代理人公司及銀行應按其代理契約或授權書所載之範圍，保存**招攬**、**收費**或**簽單**、**批改**、**理賠**及**契約終止**等**文件副本**。
個人執業代理人、代理人公司及銀行受保險業之授權代收保險費者，應保存**收費紀錄**及**收取保險費**之**證明文件**。
前二項應保存各項文件之期限最少為**5年**。但法令另有規定者，依其規定。
故此題答案為(D)。

24 (A)。　《投資型保險資訊揭露應遵循事項》第2點第5項：銷售文件中有關警語、成就保本、定期或到期投資收益給付之條件，其字體大小應至少與其他部分相同，並以**鮮明字體**（如粗體、斜體、劃線、黑體、對比色或其他顯著方式）印刷。
故此題答案為(A)。

25 (D)。 **固定收益證券**（例如：零息債券、政府債券）的價格直接受到**市場利率**波動而呈反向變動。
[情況一] 市場利率↓，固定收益證券的價格↑，則保戶有投資利得。
[情況一] 市場利率↑，固定收益證券的價格↓，則保戶有投資損失。
若中央銀行實施緊縮貨幣政策，將導致市場利率上時，則固定收益證券的價格就會下跌。→利率風險
故此題答案為(D)。

26 (D)。 常見的投資型保單銷售糾紛如下：
1.誤導或誇大投資型酬率
2.揩油行銷（churning）或不正當地將保單置換
3.目標保險費配置過高及保單費用說明不詳盡
4.掩護行銷或將保險以投資商品的方式銷售
5.選擇性說明及未充分告知風險
故此題答案為(D)。

27 (C)。 美國萬能壽險之累積保單帳戶價值所使用的利率通常由保險公司決定，大多數美國保險公司採用公司的**新錢報酬率**（指保險公司在新的投資所賺的報酬）做為宣告利率之計算基礎。美國的萬態壽險保單會在保單上載明累積保單帳戶價值之**最低保證率**，通常為3%或4%。
故此題答案為(C)。

28 (C)。 《中華民國證券投資信託暨顧問商業同業公會證券投資顧問事業從業人員行為準則》第28條：無論是客戶書面或口頭的申訴案件，客戶服務相關部門均應逐日詳細登載。應至少包括以下各項：申訴日期、傳達方式（信件／傳真／電話／會議／其他）、客戶姓名、編號、經辦人員、申訴性質、處理人員、處理結果、回覆日期、類似申訴是否持續發生等。
主管應指派資深同仁保管上述檔案記錄，且至少**每季**一次交由部門主管及督察主管核閱。
故此題答案為(C)。

29 (A)。 《保險商品銷售前程序作業準則》第17條：保險業應將下列人身保險商品申請主管機關核准，始得銷售。但主管機關另有規定者，不在此限：
1.依據勞工退休金條例相關規定辦理之年金保險商品。
2.應提存保證給付責任準備金之投資型保險商品。
3.新型態之保險商品。
4.經主管機關依第21-1條第2項（人身保險業最近一年保障型及高齡化保險商品

之新契約保費收入占所有商品之新契約保費收入占比由高而低排名後5%且占
比較前一年度下降者）規定通知變更審查方式之保險商品。
故此題答案為(A)。

30 (B)。　《保險法施行細則》第14條：**投資型保險**是指保險人將要保人所繳保險
費，依約定方式扣除保險人各項費用，並依其同意或指定之投資分配方式，置
於**專設帳簿**中，而由**要保人**承擔全部或部分投資風險之人身保險。
因此，保戶可選擇投保金額、投資標的及資金配置方式。
故此題答案為(B)。

31 (A)。　《保險業招攬廣告自律規範》第4條第8項：保險業從事保險商品銷售招
攬廣告，應依社會一般道德、誠實信用原則及保護金融消費者之精神，遵守下
列事項：……
八、廣告內容不得有下列情事：
　　1. 勸誘保戶提前解約或贖回。
　　2. 藉主管機關對保險商品之核准、核備或備查，而使消費者誤認政府已對
　　　 該保險商品提供保證。
　　3. 對未經主管機關核准、核備或備查之保險商品，預為宣傳廣告或促銷。
　　4. 對於過去之業績作誇大不實之宣傳、故意截取報章雜誌不實之報導作為
　　　 廣告內容，或對同業為攻訐、損害同業或他人營業信譽之廣告。
　　5. 虛偽、欺罔、冒用或使用相同或近似於他人之註冊商標、服務標章或名
　　　 號，致有混淆消費者之虞，或其他不實之情事。
　　6. 廣告文字內容刻意以**不明顯字體**標示保單附註及限制事項。
　　7. 違反法令或各公會所訂之自律規範及其他經主管機關禁止之行為。
故此題答案為(A)。

32 (B)。　投資型保險商品的相關費用，皆須在契約內容中清楚列明，保戶可以充
分瞭解保費結構。
因此，投資型保險商品之費用透明度較傳統型保險商品為高。
故此題答案為(B)。

33 (D)。　在臺灣，目前市售的投資型保險商品有：**變額壽險**、**變額萬能壽險**、**變
額年金**及**投資連結型保險或年金**（例如：含結構型債券投資型保險）。其中，
變額萬能壽險保費繳納方式富彈性（不固定）。因此，不是所有的投資型保險
之保費皆為不固定之方式。
故此題答案為(D)。

34 (B)。《保險法》第146條及《投資型保險投資管理辦法》第4條，皆要求保險業者應設置**專設帳簿（或稱分離帳戶）**，並記載其投資資產之價值。
投資型保險商品分為**一般帳戶**和**專設帳簿（或稱分離帳戶）**。專設帳簿內之保單投資資產，由**保險公司**採個別帳戶管理。
因此，只要是投資型保險商品之資金皆放置於分離帳戶，萬能壽險屬於傳統壽險。
故此題答案為(B)。

35 (B)。若投資標的所連結結構型商品非百分之百保本時，除現行每季寄對帳單外，當該結構型商品**虧損達30%**時，另應以書面或電子郵件通告。
故此題答案為(B)。

36 (B)。現行投資型保險之身故保險金有**甲型（或稱A型）**、**乙型（或稱B型）**二種。
甲型身故保險金＝max（保險金額, 保單帳戶價值）

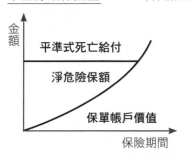

平準式死亡給付，保單帳戶價值逐年遞增，
故淨危險保障會呈**遞減**現象
[狀況一] 保險金額≧保單帳戶價值
　　　　→理賠**保險金額**
[狀況二] 保險金額＜保單帳戶價值
　　　　→理賠**保單帳戶價值**
因此，甲型身故保險金＝80萬。
故此題答案為(B)。

37 (D)。《保險法》第123條第2項：**投資型保險契約之投資資產**，非各該投資型保險之受益人不得主張，亦不得請求扣押或行使其他權利。
故此題答案為(D)。

38 (C)。供給不動產信用之專業銀行為不動產信用銀行。不動產信用銀行的主要任務以供給**土地開發**、**都市改良**、**社區發展**、**道路建設**、**觀光設施**及**房屋建築**等所需中、長期信用為主要任務。
故此題答案為(C)。

39 (D)。保戶為了取得資金以賺取新錢報酬率，會透過保單貸款或解約之方式取得資金去投資。「資金由金融中介機構流出，透過其他方式轉給資金需求者」的現象稱為**資金逆仲介（Disintermediation）**。
故此題答案為(D)。

40 (D)。金融消費者申請評議不需支付任何費用。
故此題答案為(D)。

41 (D)。《投資型保險資訊揭露應遵循事項》第2點第1項：保險商品資訊揭露應本於最大誠信原則，並應遵守**保險法**、**公平交易法**、**消費者保護法**及**金融消費者保護法**等相關法令規定。

故此題答案為(D)。

42 (B)。《證券投資信託事業證券投資顧問事業經營全權委託投資業務管理辦法》第11條第1項及第2項：

證券投資信託事業或證券投資顧問事業以委任方式經營全權委託投資業務，應由客戶將資產委託全權委託**保管機構**保管或信託移轉予**保管機構**，證券投資信託事業或證券投資顧問事業並不得以任何理由保管受託投資資產。

前項全權委託**保管機構**，應由**客戶**自行指定之。

故此題答案為(B)。

43 (A)。工業銀行是指工業信用之專業銀行，其業務以供給**工**、**礦**、**交通**及其他公用事業所需**中期**、**長期**信用為主。

《工業銀行設立及管理辦法》第3條：工業銀行最低實收資本額為**新臺幣200億元**。

工業銀行得經營之業務項目，是由金管會依《銀行法》第4條和第89條之規定，以下列業務範圍分別核定，並於營業執照上載明之：

1.收受支票存款及其他各種存款。　　　2. 發行金融債券。

3.辦理放款。　　　　　　　　　　　4. 投資有價證券。

5.辦理直接投資生產事業、金融相關事業及創業投資事業。

6.辦理國內外匯兌。　　　　　　　　7. 辦理國內外保證業務。

8.簽發國內外信用狀。　　　　　　　9. 代理收付款項。

10.承銷有價證券。　　　　　　　　11. 辦理政府債券自行買賣業務。

12.擔任股票及債券發行簽證人。

13.辦理與前列各款業務有關之倉庫、保管及各種代理服務事項。

14.經金管會核准辦理之其他有關業務。

故此題答案為(A)。

44 (B)。變額壽險保單的保險成本大部分是從保單帳戶價值中扣除。投資型保險的相關費用有二種，(1)保險公司收取：**前置費用（保單附加費用，執行保險契約運作產生之投資、佣金及行政費用等）**、**保險相關費用（保單管理費和保險成本）**、**後置費用（解約費用或部分提領費用）**；(2)投資機構收取：基金申購的手續費、經理人管理費及保管費等。

故此題答案為(B)。

45 (B)。 投資型保險的保單帳戶價值是受投資標的價值之波動及定期需扣除相關費用之影響，其費用項目中的

(1)死亡費用是以被保險人的性別和到達的年齡為計算基礎。

(2)管理費用是以保單帳戶價值的某百分比或是固定金額計算。

(3)轉換費用通常以一年內有免費轉換的次數（各家保險公司不同），超過次數則另計價。

(4)保證最低給付費用與保證給付型式有關，通常**保證生存給付之費用高於保證死亡給付的費用**。

故此題答案為(B)。

46 (A)。

1.**債務市場**：指各種債務工具之市場。債務工具為資金需求者承諾於未來特定日期支付約定金額工具。一般而言，債務工具承諾投資人約定之利息收入，而且相較於股票，債權人對公司的資產有優先受償的權利。

2.**股權市場**：指股票市場。股票是對公司擁有所有權的證明。

故此題答案為(A)。

47 (B)。 《中華民國證券投資信託暨顧問商業同業公會會員及其銷售機構從事廣告及營業活動行為規範》第12條第1項：

以基金績效作為廣告者，基金需成立滿**6個月以上**者，始能刊登全部績效或年度績效。

故此題答案為(B)。

48 (C)。 **貨幣市場（短期金融市場）**分為

1.票券市場：(1)國庫券市場、(2)可轉讓定期存單市場、(3)商業本票市場、(4)銀行承兌匯票市場。

2.附條件交易市場　　　　　　　　3.金融業拆款市場

資本市場（長期金融市場）分為權益證券（股票市場）及債務證券（債券市場）。

故此題答案為(C)。

49 (C)。 《證券投資信託及顧問法》第49條：清算人應自清算終結申報主管機關之日起，就各項帳簿、表冊保存**10年以上**。

故此題答案為(C)。

50 (C)。 《證券投資信託事業設置標準》第7條：

證券投資信託事業之組織，以**股份有限公司**為限，其實收資本額不得少於新臺幣**3億元**。

故此題答案為(C)。

| 第 **5** 回 | **模擬考** |

(　　) **1** 一般而言，下列對投資型保險的陳述，哪一個是對的？
(A)消費者自行承擔投資風險
(B)消費者自行承擔人身風險
(C)消費者自行承擔費用風險
(D)保險人承擔費差損益風險、死差損益風險和利差損益風險。

(　　) **2** 保險公司為證券投資信託事業發起人時，其持有證券資產總金額應在新臺幣多少元以上？　(A)25億　(B)50億　(C)80億　(D)100億。

(　　) **3** 基金銷售機構提供贈品鼓勵投資人索取基金相關資料時，下列控管作業之敘述何者有誤？　(A)各項贈品活動應按月造冊，併同宣傳文件、投資人資料及內部審核紀錄保存1年　(B)應留存領取贈品之投資人所填寫資料或將投資人姓名、聯絡方式等項建檔留存。但贈品單一成本價值低於新臺幣30元且印有公司名稱之贈品（例如：原子筆、便條紙等）不在此限　(C)贈品如以非現金取得，該贈品價值應以該項贈品或類似商品之零售價格、或其他可供佐證之單據文件認定之　(D)應於相關宣傳文件（含電子媒體）上載明贈品活動之期間、人數、數量、參加辦法等項訂有限制條件者，以避免紛爭。

(　　) **4** 證券投資顧問事業經手人員自知悉公司推介予客戶某種有價證券或為全權委託投資帳戶執行及完成某種股票買賣前後幾營業日內，不得為本人或利害關係人帳戶買賣該種有價證券？
(A)2　(B)5　(C)7　(D)15。

(　　) **5** 下列哪一數值不符合「投資型保險資訊揭露應遵循事項」中無投資收益保證型之投資報酬敘述範圍？　(A)6%　(B)0%　(C)－6%　(D)9%。

(　　) **6** 在投資型保險商品示範條款建議條文中，有關保險單借款與帳戶價值比較之通知至少需幾次？　(A)無須通知　(B)1次　(C)2次　(D)3次。

（　　）**7** 金融中介機構在從事中介業務時，具有哪些功能？　(A)減少交易成本　(B)經紀人的功能　(C)資產轉換的功能　(D)以上皆是。

（　　）**8** 證券投資顧問事業經手人員應於到職日起幾日內出具聲明書，申報本人及利害關係人帳戶持有之特定股票及具股權性質之衍生性商品名稱及數量等資料？　(A)5　(B)10　(C)15　(D)20。

（　　）**9** 下列哪一項不是「保險業務員管理規則」第19條第1項所禁止之事項？　(A)未經公司同意招聘人員　(B)侵占所收保險費　(C)向公司索取不合理報酬　(D)對要保人放佣。

（　　）**10** 金融消費評議中心對保險爭議所做成的評議決定，若保險業應支付之金額在多少範圍內，金融服務業應予接受？　(A)非屬保險給付爭議類型（不含投資型保險商品）為20萬元　(B)非屬保險給付爭議類型（不含投資型保險商品）為5萬元　(C)投資型保險商品為100萬元　(D)投資型保險商品為200萬元。

（　　）**11** 下列何者為全權委託保管機構應具備之條件？　(A)最近期經會計師查核簽證之財務報告每股淨值不低於面額　(B)經中華信用評等公司評定，長期債務信用評等twB-級以上，短期債務信用評等達twB-級以上　(C)符合《證券投資信託事業證券投資顧問事業經營全權委託投資業務管理辦法》規定之全權委託保管機構保管　(D)全權委託保管機構應由經營全權委託投資業務之投信或投顧事業指定。

（　　）**12** 下列何項事由不需經受益人會議決議？　(A)更換基金保管機構　(B)終止證券投資信託契約　(C)僅為受益人自身利益之行為　(D)調增證券投資信託事業或基金保管機構之經理或保管費用。

（　　）**13** 下列何者是《金融消費者保護法》所定義之金融服務業？　(A)證券櫃檯買賣中心　(B)證券集中保管事業　(C)銀行業　(D)證券交易所。

（　　）**14** 我國境外結構型商品管理規則要求公司須揭露基本風險資訊，必須提醒保戶最低收益風險是所領回金額會等於多少？　(A)所繳保險費　(B)零　(C)投資本金　(D)以上皆非。

(　) **15** 有關投資型保險的分離帳戶，下列陳述那一個是對的？ 　(A)分離帳戶對消費者不保證最低解約金 　(B)分離帳戶保證消費者身故給付保額 　(C)分離帳戶保證消費者最低的投資費用 　(D)分離帳戶保證消費者最低解約金。

(　) **16** 證券投資顧問事業在各種傳播媒體提供投資分析者，應將節目錄影及錄音存查，並至少保存幾年？ 　(A)1　(B)3　(C)5　(D)7。

(　) **17** 金融服務業應於收受金融消費者申訴之日起幾日內為適當之處理，並將處理結果回覆？ 　(A)10日　(B)15日　(C)20日　(D)30日。

(　) **18** 自104年申報103年度所得基本稅額開始，訂立受益人與要保人非屬同一人之人壽保險及年金保險給付中，若一申報戶全年死亡給付為3,330萬，請問多少錢須納入基本所得稅額課徵？ 　(A)3,330萬元　(B)0元　(C)330萬　(D)3,000萬。

(　) **19** 下列哪一項投資標的不是全權委託型與非全權委託型投資型保險共同可進行投資範圍： 　(A)銀行存款　(B)外國有價證券　(C)公債　(D)金融債券。

(　) **20** 老許購買投資型保險甲型，保險金額為70萬元。若老許身故死亡，受益人申領保險金時之保單帳戶價值為50萬元，請問身故保險金是多少？ 　(A)50萬元　(B)70萬元　(C)120萬元　(D)不一定，隨投資績效而定。

(　) **21** 有關外幣計價投資型保險商品之敘明事項，何者正確？ 　(A)保險費收取方式　(B)外匯風險之揭露　(C)匯款費用之負擔　(D)以上皆是。

(　) **22** 金融中介機構所具有的主要功能，可包括： 　(A)提高資金的流動性　(B)提供長期資金　(C)降低融成本　(D)以上皆是。

(　) **23** 下列之保險何者保戶承擔之風險最低？
(A)變額年金　(B)變額壽險　(C)萬能壽險　(D)傳統終身壽險。

( ) **24** 依據銀行法的規定，工業銀行係提供何種信用？ (A)輸出入信用
(B)中小企業信用 (C)外銷信用 (D)工業信用。

( ) **25** 設置證券投資信託事業者，應按法定最低實收資本額多少比例
計算其繳納之執照費？ (A)1/2000 (B)1/3000 (C)1/4000
(D)1/5000。

( ) **26** 下列敘述何者錯誤？ (A)我國對於投資型保險之投資資產採取特
別的監理，使保戶得以免受保險公司一般債權人之追償 (B)在投
資型保險契約中，保險人承擔死亡風險和費用風險 (C)投資型保
險資金單獨設立帳戶，管理透明 (D)被保險人在投資型保險契約
期間內，且在保單帳戶價值運用起始日之前死亡，其身故保險金
之給付得低於保險金額。

( ) **27** 下列關於結構型債券商品之資訊揭露規定之敘述，何者錯誤？
(A)需載明發行機構與保證機構名稱 (B)保本條件與投資風險及
警語 (C)揭露各種相關費用 (D)投資部分受安定基金之保障。

( ) **28** 下列何者並非市場推出投資型保險產品的意義？ (A)使壽險公司
之間轉向價格競爭 (B)促進壽險業金融功能創新 (C)促使保險
公司管理水平的提高 (D)促使資本市場的繁榮和安定。

( ) **29** 下列有關變額壽險與傳統終身壽險之比較，何者錯誤？ (A)變額
壽險與傳統終身壽險皆採固定保費 (B)變額壽險與傳統終身壽險
對保單帳戶價值皆提供保證 (C)有關投資方式，變額壽險採分離
帳戶，傳統終身壽險採一般帳戶 (D)變額壽險之保險金不固定，
傳統終身壽險之保險金則為固定。

( ) **30** 某公司以公司名義為受益人，為員工投保團體人壽保險，依現行
營利事業所得稅結算申報準則之規定，由該公司負擔部分，每人
每月保險費合計最多新臺幣多少元以內，免視為被保險員工之薪
資所得？ (A)1,000元 (B)1,500元 (C)2,000元 (D)5,000元。

(　) **31** 美國大多數變額壽險的借款限額通常是多少？　(A)保單現金價值的100%　(B)保單現金價值的75%左右　(C)不超過現金價值的50%　(D)以上皆非。

(　) **32** 保險公司是在哪一時點收取附加費用？　(A)投資配置日　(B)每期保單週月日　(C)保險費繳付時　(D)解約日。

(　) **33** 以下何種保單之保費繳納為固定方式？　(A)變額壽險　(B)萬能壽險　(C)變額萬能壽險　(D)以上皆非。

(　) **34** 下列對金融市場的描述，何者正確？　(A)衍生性金融商品場包括選擇權　(B)資本市場提供企業籌措中長期資金　(C)貨幣市場的主要產品包括商業本票　(D)以上皆是。

(　) **35** 美國國稅局規定萬能壽險要符合稅負優惠，需在保單期間後期隨累積保單帳戶價值增加，淨危險保額亦須隨之　(A)減少　(B)增加　(C)不變　(D)以上皆非。

(　) **36** 萬能保險運作是將死亡給付中淨危險保額與保單帳戶價值做如何處理？　(A)合併運作　(B)拆開運作　(C)彈性運作　(D)以上皆非。

(　) **37** 依證券投資信託及顧問法規定之損害賠償請求權，自由請求權人知有得受賠償之原因時起多久時間不行使而削滅？　(A)1年　(B)2年　(C)3年　(D)5年。

(　) **38** 下列對公司組織的說明，何者正確？　(A)證券投資顧問公司之組織以合作社及公司為限　(B)我國證券集中保管事業之組織，分為會員制及公司制　(C)證券投資信託公司相互制與公司制為限　(D)證券交易所之組織可分為會員制及公司制。

(　) **39** 信託業兼營證券投資信託業務募集資金，經金管會核准得自行保管基金資產者，有關基金保管機構之義務，由信託業執行，並由下列何項之人監督？　(A)受益人　(B)信託監察人　(C)委託人　(D)受益人會議。

( ) **40** 壽險公司經營投資型保險業務應提存各種準備金，以下何種準備金係置於專設帳簿　(A)保證給付責任準備金　(B)責任準備金　(C)未滿期保費準備金　(D)賠款準備金。

( ) **41** 下列對證券承銷商的敘述，何者錯誤？　(A)可經營有價證券的居間、代理及相關業務　(B)可經營有價證券的包銷及相關業務　(C)可經營有價證券的代銷及相關業務　(D)經營有價證券的包銷業務時，得先行認購後再行銷售。

( ) **42** 下列關於保險公司銷售非全權委託型投資型保險商品之敘述，何者正確？　(A)提供特定投資標的供保戶選擇　(B)由保戶選擇投資方式及標的　(C)由公司代為投資運用　(D)以上皆非。

( ) **43** 下列何者非壽險顧問在銷售投資型保險商品時，產生糾紛的類型：　(A)誤導保戶將原有品解約，並以其解約金來購買投資型保險　(B)假借投資商品或退休金商品之名而行販售保險之實　(C)壽險顧問在銷售過程中，強調高投資報酬率、高風險之情形　(D)勸誘保戶購買超乎其需求或經濟能力之保險商品。

( ) **44** 受益人買回受益憑證之價金給付請求權，自價金給付期限屆滿日起，幾年間不行使而消滅？　(A)1年　(B)3年　(C)5年　(D)15年。

( ) **45** 金融中介機構面對其他更低成本的融資方式快速成長時，其因應之道為何？　(A)將業務擴展至其他領域　(B)由提供服務來收取費用　(C)削減費用　(D)以上皆是。

( ) **46** 下列何者非短期票券？　(A)銀行承兌匯票　(B)國庫券　(C)支票　(D)商業本票。

( ) **47** 成本攤平法讓變額保單持有人可以？　(A)確保在投資選擇上能夠獲利　(B)保護不受損失　(C)以低於平均市場價格的平均成本來購買持分　(D)在一定金額的保險費下，比其他方式可以購得較多的持分數。

(　) **48** 有關投資型保險商品之要保書規定，何者錯誤？ 　(A)需提供重要
　　　　 事項告知 　(B)需提供投資風險警語 　(C)需提供解約可能不利保
　　　　 戶警語 　(D)需配合通路提供不同基金標的。

(　) **49** 資金需求者透過直接金融方式取得資金的方式，下列何者為非？
　　　　 (A)可經由證券商發行公司債 　(B)可經由證券商辦理現金增資
　　　　 (C)可經由證券商辦理海外存託憑證的發行 　(D)可經由證券商協
　　　　 助，取得銀行的融資。

(　) **50** 投資人可在集中市場買賣台積電股票，該市場交易是屬於何種類
　　　　 型？ 　(A)初級市場 　(C)次級市場 　(C)發行市場 　(D)店頭市場。

解答與解析

1 (A)。 保戶承擔：投資風險
　　保險公司承擔：死亡風險及費用風險
　　註 投資標的由保戶自行選擇，其投資風險由保戶自行承擔。
　　故此題答案為(A)。

2 (C)。《證券投資信託事業設置標準》第8條第1項：
　　經營證券投資信託事業，發起人應有符合下列資格條件之保險公司，其所認股
　　份，合計不得少於第一次發行股份之20%：
　　(1)成立滿3年，且最近3年未曾因資金管理業務受其本國主管機關處分。
　　(2)具有保險資金管理經驗。
　　(3)持有證券資產總金額在新臺幣80億元以上。
　　故此題答案為(C)。

3 (A)。《中華民國證券投資信託暨顧問商業同業公會會員及其銷售機構從事廣
　　告及營業活動行為規範》第8-1條第2項：
　　證券投資信託事業、總代理人及基金銷售機構提供贈品鼓勵投資人索取基金相
　　關資料時，應確實執行下列控管作業：
　　1.應於相關宣傳文件（含電子媒體）上載明贈品活動之期間、人數、數量、參
　　　加辦法等項訂有限制條件者，以避免紛爭。【選項(D)】
　　2.應留存領取贈品之投資人所填寫資料或將投資人姓名、聯絡方式等項建檔留
　　　存。但贈品單一成本價值低於新臺幣30元且印有公司名稱之贈品（例如：原
　　　子筆、便條紙等）不在此限。【選項(B)】

3. 對前款留存之投資人個人資料，除其他法律或金管會另有規定外，應保守秘密，並依個人資料保護法規定辦理。

4. 各項贈品活動應按月依附件4（造冊格式）造冊，併同第1款及第2款之宣傳文件、投資人資料及內部審核紀錄保存2年。【選項(A)】

5. 贈品如以非現金取得，該贈品價值應以該項贈品或類似商品之零售價格、或其他可供佐證之單據文件認定之。【選項(C)】

故此題答案為(A)。

4 (C)。《中華民國證券投資信託暨顧問商業同業公會證券投資顧問事業從業人員行為準則》第11條：

經手人員自知悉公司推介予客戶某種有價證券或為全權委託投資帳戶執行及完成某種股票買賣前後7個營業日內，不得為本人或利害關係人帳戶買賣該種有價證券。

故此題答案為(C)。

5 (D)。 銷售文件中的投資報酬之描述，必須說明投資報酬的計算基礎（例如：以要保人所繳保險費扣除各項前置費用後的餘額為基礎）；針對無投資收益保證者，由保險公司參考投資標的之過去投資績效表現，以不高於年報酬率6%（含）範圍內，列舉三種不同數值的投資報酬率作為舉例之基準，若有發生投資虧損之可能，則應至少包含一種取絕對值後之相對較大的負報酬率給客戶參考（例如：5%、3%、－5%）。

故此題答案為(D)。

6 (C)。 投資型保險商品的保單帳戶價值是變動的，若投資績效不佳可能導致保單帳戶價值不足以償還借款本息。因此，為避免超貸之情形，投資型保險商品建議條文裡，包括**2次**保險借款本息超過保單帳戶價值一定額度時，需有通知要保人之義務。

故此題答案為(C)。

7 (D)。 金融中介機構扮演兩個種要的功能：

(1)經紀人的功能：金融中介機構可以承銷或代客買賣有價證券，或是擔任股票及債券發行的簽證人。這些能能可以大幅減少資金供給者在做決策時的交易成本與訊息成本。

(2)資產轉換的功能：金融中介機構可藉由降低上述的監督成本、流動性問題及價格風險等相關的融資風險問題，來發行更吸引資金供給者的證券。一般而言，金融中介機構以發行存單、保險單（可稱為次級證券）的方式來取得資金，而投資於資金需求者所發行的有價證券，如股票及債券等（可稱為初級

　　證券）。經由這些轉換，資金供給者所取得的資產不再受資金需求者所發行
　　證券的影響。

故此題答案為(D)。

8 (B)。《中華民國證券投資信託暨顧問商業同業公會證券投資顧問事業從業人
員行為準則》第5條：
經手人員於到職日起10日內應出具聲明書及依公司所制定之制式表格申報本人
帳戶及利害關係人帳戶持有國內上市、上櫃及興櫃公司股票及具股權性質之衍
生性商品之名稱及數量等資料。
故此題答案為(B)。

9 (C)。《保險業務員管理規則》第19條第1項：
業務員有下列各款情事之一者，除有犯罪嫌疑，其行為時之所屬公司應依法移
送偵辦外，並應按其情節輕重，予以3個月～1年停止招攬行為之處分：
　1.就影響要保人或被保險人權益之事項為不實之說明或不為說明。
　2.唆使要保人或被保險人對保險人為不告知或不實之告知；或明知要保人或被
　　保險人不告知或為不實之告知而故意隱匿。
　3.妨害要保人或被保險人為告知。
　4.對要保人或被保險人以錯價、放佣或其他不當折減保險費之方法為招攬。
　5.對要保人、被保險人或第三人以誇大不實之宣傳、廣告或其他不當之方法為
　　招攬。
　6.未經所屬公司同意而招聘人員。
　7.代要保人或被保險人簽章、或未經其同意或授權填寫有關保險契約文件。
　8.以威脅、利誘、隱匿、欺騙等不當之方法或不實之說明慫恿要保人終止有效
　　契約而投保新契約致使要保人受損害。
　9.未經授權而代收保險費或經授權代收保險費而挪用、侵占所收保險費或代收
　　保險費未依規定交付保險業開發之正式收據。
　10.以登錄證供他人使用或使用他人登錄證。
　11.招攬或推介未經主管機關核准或備查之保險業務或其他金融商品。
　12.為未經主管機關核准經營保險業務之法人或個人招攬保險。
　13.以誇大不實之方式就不同保險契約內容，或與銀行存款及其他金融商品作不
　　當之比較。
　14.散播不實言論或文宣，擾亂金融秩序。
　15.挪用款項或代要保人保管保險單及印鑑。
　16.違反第9條、第11條第2項、第14條第1項、第15條第4項、第5項或第16條規定。
　17.其他利用其業務員身分從事業務上不當行為。
　　故此題答案為(C)。

10 (C)。 金管會公告《金融消費者保護法》第29條第2項之一定額度,在保險業是指:
(1)保險業所提供之財產保險給付、人身保險給付（不含多次給付型醫療保險金給付）及投資型保險商品或服務,其一定額度為新臺幣100萬元。
(2)保險業所提供多次給付型醫療保險金給付及非屬保險給付爭議類型（不含投資型保險商品或服務）,其一定額度為新臺幣10萬元。
故此題答案為(C)。

11 (C)。 《證券投資信託事業證券投資顧問事業證券商兼營信託業務管理辦法》第9條第1項:
證券投資信託事業、證券投資顧問事業或證券商兼營信託業務之特定項目,應將委託人交付之信託財產,委由符合《證券投資信託事業證券投資顧問事業經營全權委託投資業務管理辦法》規定之全權委託保管機構保管。
故此題答案為(C)。

12 (C)。 《證券投資信託及顧問法》第38條:受益人權利之行使,應經受益人會議決議為之。但僅為受益人自身利益之行為,不在此限。
《證券投資信託及顧問法》第39條:下列情事,應經受益人會議決議為之。但主管機關另有規定者,不在此限:
(1)更換基金保管機構。【選項(A)】
(2)更換證券投資信託事業。
(3)終止證券投資信託契約。【選項(B)】
(4)調增證券投資信託事業或基金保管機構之經理或保管費用。【選項(D)】
(5)重大變更基金投資有價證券或從事證券相關商品交易之基本方針及範圍。
(6)其他修正證券投資信託契約對受益人權益有重大影響。
故此題答案為(C)。

13 (C)。 《金融消費者保護法》第3條第1項:
本法所定金融服務業,包括銀行業、證券業、期貨業、保險業、電子票證業及其他經主管機關公告之金融服務業。
故此題答案為(C)。

14 (B)。 若投資標的為結構型債券,投資人必須中長期投資,以免短期持有產生贖回風險。
我國境外結構型商品管理規則要求公司須揭露基本風險資訊,必須提醒保戶最低收益風險是所領回金額會等於零。
故此題答案為(B)。

15 (A)。 變額壽險的「保證最低死亡給付」已是投資型商品的基本條件，部分的保險公司提供下列之保證：

(1)保證最低死亡給付或年金給付：可吸引退休規劃者有購買之意願。

(2)保證本金：增加保守的投資者有購買之意願。

(3)保證最低利率：增加保守的儲蓄者有購買之意願。

但不會有「保證最低解約金」，因為投資型商品即是把投資的自主權交由保戶，則投資損益固然由保戶自行承擔。

故此題答案為(A)。

16 (A)。 《證券投資顧問事業管理規則》第11條：

1.證券投資顧問事業提供證券投資分析建議時，應作成投資分析報告，載明合理分析基礎及根據。

2.前項投資分析報告之副本、紀錄，應自提供之日起，保存5年，並得以電子媒體形式儲存。

3.證券投資顧問事業依前條訂定之證券投資顧問契約，應自契約之權利義務關係消滅之日起，保存5年。

4.證券投資顧問事業在各種傳播媒體提供投資分析者，應將節目錄影及錄音存查，並至少保存1年。

故此題答案為(A)。

17 (D)。 金融服務業應於收受申訴之日起30日內為適當之處理，並將處理結果回覆給提出申訴之金融消費者；若金融消費者不接受處理結果或金融服務業逾30日不為處理，金融消費者得於收受處理結果或期限屆滿之日起60日內，向評議中心申請評議。

故此題答案為(D)。

18 (B)。 自104年申報103年度所得基本稅額起，「保險期間始日在95年1月1日以後，且其受益人與要保人非屬同一人的人壽保險及年金保險契約，受益人受領的保險給付。但其中屬於死亡給付部分，每一申報戶全年合計數在3,330萬元以下者，免予計入，超過3,330萬元者，以扣除3,330萬元後的餘額計入。非屬死亡給付部分，應全數計入基本所得額，不得扣除3,330萬元。」

題目的3,300萬，剛好沒有超過限額。

故此題答案為(B)。

19 (B)。 《投資型保險投資管理辦法》第10條第1項：

投資型保險契約所提供連結之投資標的及專設帳簿資產之運用，除要保人以保險契約約定委任保險人全權決定運用標的者外，以下列為限：

1.銀行存款。

2.證券投資信託基金受益憑證。

3.境外基金。

4.共同信託基金受益證券。

5.依不動產證券化條例所發行之不動產投資信託受益證券或不動產資產信託受益證券。

6.依金融資產證券化條例所發行之受益證券或資產基礎證券。

（1～6項不需經主管機關認可之信用評等機構評等達一定等級以上。）

7.各國中央政府發行之公債、國庫券。

8.金融債券。

9.公開發行之有擔保公司債，或經評等為相當等級以上之公司所發行之公司債，或外國證券集中交易市場、店頭市場交易之公司債。

10.結構型商品。

11.美國聯邦國民抵押貸款協會、聯邦住宅抵押貸款公司及美國政府國民抵押貸款協會所發行或保證之不動產抵押權證券。

（7～11項應經主管機關認可之信用評等機構評等達一定等級以上。）

12.其他經主管機關核准之投資標的。

註 以上沒有列示「外國有價證券」。

故此題答案為(B)。

20 **(B)**。 現行投資型保險之身故保險金有**甲型（或稱A型）**、**乙型（或稱B型）**二種。
甲型身故保險金＝max（保險金額, 保單帳戶價值）

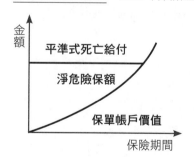

平準式死亡給付，保單帳戶價值逐年遞增，
故淨危險保障會呈遞減現象
[狀況一] 保險金額≧保單帳戶價值
　　　　→理賠**保險金額**
[狀況二] 保險金額＜保單帳戶價值
　　　　→理賠**保單帳戶價值**
因此，甲型身故保險金＝70萬。
故此題答案為(B)。

21 **(D)**。《人身保險商品審查應注意事項》第149點：
外幣計價之投資型保險商品應敘明**保險費收取方式**、**匯款費用之負擔**、**各項交易的會計處理方式**及**外匯風險的揭露**等相關事宜。
故此題答案為(D)。

22 (D)。 金融中介機構具有下列主要功能：

項目	說明
面額中介	從資金供給者吸收小額資金、匯集資金,再對資金需求者進行融通。
風險中介	金融中介機構可以較有效地評估資金需求者的風險,而且可以藉由分散投資來降低融資風險。
期間中介	金融中介機構自資金供給者吸收較「短期」的資金,提供需要「長期資金」的資金需求(資金不足)者進行融通。
資訊中介	金融中介機構以它們的專業技術,獲得資金供需雙方有用之資訊,使資金交易得以順利完成。
規模經濟	金融中介機構在資訊的取得上具有規模經濟,故可以有效地降低訊息成本,進而減少資金融通之成本。
提高資金的流動性	藉由分散投資與次級證券的設計,可以提供資金供給者較高的流動性。
促進證券的多樣化	透過資產轉換功能,金融中介機構可以設計出各種證券,以滿足資金供給者的需要。

故此題答案為(D)。

23 (D)。 傳統終身壽險：**保險公司**需承擔**投資風險**、**死亡風險**及**費用風險**。
變額年金和變額壽險為投資型保險：**保戶**需承擔**投資風險**；**保險公司**需承擔**死亡風險**及**費用風險**。
萬能壽險：因保單的利率不固定,也就是**保戶**需承擔**投資風險**。
故此題答案為(D)。

24 (D)。 工業銀行是指工業信用之專業銀行,其業務以供給**工**、**礦**、**交通**及其他公用事業所需**中期**、**長期**信用為主。故此題答案為(D)。

25 (C)。 《證券投資信託事業設置標準》第48條第1項：
證券投資信託事業向本會申請核發營業執照時,應依下列各款規定,繳納執照費:
(1)設置證券投資信託事業者,應按法定最低實收資本額1/4000計算。
(2)證券投資信託事業設置分支機構者,為新臺幣2,000元。
故此題答案為(C)。

26 (D)。 保戶購買投資型保單在被保險人身故或全殘時,需考慮下列二因素:
(1)保險：保險契約中的**死亡保險金額**。
(2)投資：隨著投資績效而動變之**保單帳戶價值**。

因此，被保險人身故保險金之給付為死亡保險金額＋保單帳戶價值。

《人身保險商品審查應注意事項》第163點：被保險人在保險契約期間內死亡，無論在保單帳戶價值運用起始日之前或之後，其身故保險金之給付不得低於保險金額。

故此題答案為(D)。

27 (D)。《投資型保險商品銷售自律規範》第9條：

各會員銷售屬非全權委託之投資型保險商品含有連結結構型商品時，應就所連結之結構型商品標的説明下列資訊：

1. **發行機構及保證機構名稱**。
2. 連結標的資產，及其與投資績效之關連情形。
3. 投資報酬與風險告知書，包含情境分析或歷史倒流測試之解説。
4. **保本條件**與**投資風險、警語**。
5. **各種費用**，包含通路服務費。
6. 投資年期及未持有至到期時之投資本金潛在損失。
7. 投資部分不受保險安定基金保障之有關説明。
8. 在法令許可之前提下，應告知客戶在有急需資金情況下，可依契約選擇辦理保單質借並將質借利率或其決定方式告知客戶，以避免因中途解約而承擔投資標的提前贖回之損失。

前項第5款所稱通路服務費，係指各會員自連結結構型商品發行機構取得之銷售獎金或折讓。

[補充] 若投資標的所連結結構型商品非百分之百保本時，除現行每季寄對帳單外，當該結構型商品**虧損達30%**時，另應以書面或電子郵件通告。

故此題答案為(D)。

28 (A)。投資型保險商品對保險業和資本市場的重大意義：

1. 促進壽險業對金融功能的創新：壽險商品不僅有保障功能，還有投資理財的綜合性金融服務。
2. 壽險公司的競爭從價格轉向至商品創新和服務滿意：分離帳戶的投資標的之連結與保險公司的保戶服務平台，使客戶透過網路即可查詢及標的選擇或轉換。連結標的的績效和保險公司的保戶平台，皆直接影響客戶感受。
3. 保險從業人員的專業：從業人員不僅需有人身保險證照，還需另外考取投資型證照。此外，從業人員擁有基本的金融常識才能提供給客戶更優質的服務。

故此題答案為(A)。

29 (B)。變額壽險與傳統保險相同和相異之項目如下表：

相同點	相異點
1.皆為終身保險。 2.簽發保單時，皆載明保單面額。 3.有保單借款條款。 　《保險法》第120條第1項：保險費付足一年以上者，要保人得以保險契約為質，向保險人借款。 　但變額壽險會限制保戶借款需低於保單帳戶價值的100%，其比例通常為75%～90%。 　註 美國大多數變額壽險的借款限額通常是保單現金價值的75%左右。 4.定期交付定額的保費。 　唯萬能壽險則沒有確定的繳交金額及繳付期間的強制要求。 5.皆有二年抗辨條款，亦自殺除外條款及不喪失價值選擇權等。	1.變額壽險的**投資報酬率**無最低之保證。 2.變額壽險的**保單帳戶價值**無一定的保證，但有最低的死亡給付之保證。

故此題答案為(B)。

30 (C)。《營利事業所得稅結算申報準則》第83條第5款：營利事業為員工投保之**團體人壽保險**、**團體健康保險**、**團體傷害保險**及**團體年金保險**，其由營利事業負擔之保險費，以營利事業或被保險員工及其家屬為受益人者，准予認定。每人每月保險費合計在**新臺幣2,000元**以內部分，免視為被保險員工之薪資所得。故此題答案為(C)。

31 (B)。《保險法》第120條第1項：保險費付足一年以上，要保人得以保險契約為質，向保險人借款。
但變額壽險會限制保戶借款需低於保單帳戶的100%，其比例通常為75%～90%。
註 美國大多數變額壽險的借款限額通常是保單現金價值的75%左右。
故此題答案為(B)。

32 (C)。當要保人繳付保險費給保費公司時，不論是躉繳、分期繳費、彈性繳費（包含基本保費和增額保費），保險公司會先扣除**附加費用**（或稱**前置費用**）後之餘額，才會全數存放於專設帳簿裡。故此題答案為(C)。

33 (A)。 只要有「萬能」二字的保單其保費繳納皆為彈性。
因此，故萬能壽險和變額萬能壽險，繳費彈性；變額壽險其繳費固定。
故此題答案為(A)。

34 (D)。 金融市場的架構（依交易的金融工具劃分）：

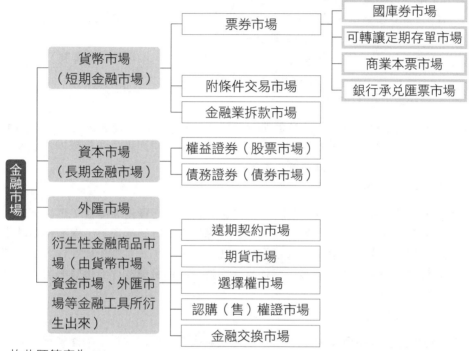

故此題答案為(D)。

35 (B)。 在美國，為使保單符合美國國稅局（IRS）的稅負優惠，則死亡給付在保單的後期呈**遞增**現象，而淨危險保額亦須隨之**增加**，淨危險保額的形狀像一個**迴廊**或稱**門檻**（corridor）。
故此題答案為(B)。

36 (B)。 萬能保險是將死亡給付分為**淨危險保額**和**單獨運作**的**保單帳戶價值**。其運作方式是以定期壽險（淨危險保額）承擔死亡危險，將保險費扣除必要費用後之餘額統一由保險公司自行操作運用，故此筆款項放於一般帳戶裡（保險公司不得收取保單行政費用），亦二者是拆開運作的。
故此題答案為(B)。

37 (B)。 《證券投資信託及顧問法》第9條第2項：本法規定之損害賠償請求權，自有請求權人知有得受賠償之原因時起2年間不行使而消滅；自賠償原因發生之日起**逾5年**者，亦同。故此題答案為(B)。

38 (D)。

(A)《證券投資顧問事業設置標準》第5條：證券投資顧問事業之組織，以**股份有限公司**為限。

(B)《證券集中保管事業管理規則》第4條第1項：證券集中保管事業以**股份有限公司**組織為限。

(C)《證券投資信託及顧問法》第67條第1項：證券投資信託事業及證券投資顧問事業之組織，以**股份有限公司**為限。

(D)《證券交易所管理規則》第2條：證券交易所之組織分**會員制**及**公司制**兩種，其設立應經主管機關（即金管會）之許可。

故此題答案為(D)。

39 (B)。《證券投資信託基金管理辦法》第58條：信託業兼營證券投資信託業務募集基金，經本會核准得自行保管基金資產者，有關基金保管機構之義務，由信託業執行，並由**信託監察人監督**。

故此題答案為(B)。

40 (B)。保險公司應對投資型商品提存之準備金包括**責任準備金**（專設帳簿）、**未滿期保費準備金**（一般帳簿）、**賠款準備金**（一般帳簿）、**保費不足準備金**（一般帳簿）及**保證給付責任準備金**（一般帳簿）。其中，以要保人依契約約定於專設帳簿內受益之資產價值計算之**責任準備金**應提存於專設帳簿，其餘的準備金則提存於一般帳簿裡。

故此題答案為(B)。

41 (A)。**證券承銷商（Underwriter）**：經營有價證券的承銷及相關業務。其中，**承銷**是指依約定**包銷（Firm Commitment）**或**代銷（Best Effort）**發行人發行之有價證券之行為。

包銷：證券承銷商於承銷契約所訂定之承銷期間屆滿後，對於約定包銷的有價證券未能全數銷售者，其剩餘數額的有價證券應自行認購。

證券承銷商包銷有價證券，得先行認購後再行銷售，或於承銷契約訂明保留一部分自行認購。但為避免證券承銷商因從事包銷業務而承受太多風險，故法令規定對於證券承銷商包銷有價證券的總金額，不得超過其**流動資產**減**流動負債**後餘額的**15倍**。

代銷：證券承銷商於承銷契約所訂定之承銷期間屆滿後，對於約定代銷的有價證券，未能全數銷售者，其剩餘數額的有價證券，得退還發行人。而代銷的收益來源是銷售佣金。

註 包銷是賣不完得自行吸收，代銷是賣不完可以退還。

證券經紀商（Broker）：從事有價證券買賣的行紀、居間、代理及其他經主管機關核准之相關業務，而本身並不從事買賣有價證券。
故此題答案為(A)。

42 (B)。保險公司銷售非全權委託型投資型保險商品，由**保戶**選擇投資方式及標的。故此題答案為(B)。

43 (C)。常見的投資型保單銷售糾紛如下：
(1)誤導或誇大投資型酬率。
(2)揩油行銷（churning）或不正當地將保單置換。
(3)目標保險費配置過高及保單費用說明不詳盡。
(4)掩護行銷或將保險以投資商品的方式銷售。
(5)選擇性說明及未充分告知風險。
因此，已於銷售前清楚告知消費—**高投資報酬率，就必須承受高風險**，並不會產生銷售糾紛。故此題答案為(C)。

44 (D)。《證券投資信託及顧問法》第37條第2項：
受益人買回受益憑證之價金給付請求權，自價金給付期限屆滿日起，**15年間**不行使而消滅。
故此題答案為(D)。

45 (D)。**金融中介機構**可以更有效地將資金分散投資以降低風險，使金融中介機構能更有效地預測其報酬，而這個分散風險的特質也反應在金融中介機構所發行的次級證券上。
金融中介機構面對其他更低成本的融資方式快速成長時，其因應之道為**削減費用**、**將業務擴展至其他領域**及**由提供服務來收取費用**。
故此題答案為(D)。

46 (C)。**貨幣市場（短期金融市場）**分為
1.票券市場：(1)國庫券市場、(2)可轉讓定期存單市場、(3)商業本票市場、
(4)銀行承兌匯票市場。
2.附條件交易市場　　　　　　　　　3.金融業拆款市場
故此題答案為(C)。

47 (C)。成本攤平：以定期定額購入投資標的，由於投資標的的市場價格有高低起伏，故此方法不保證一定獲利或損失，只是平均市場價格的高低起伏變動之策略，以低於平均市場價格的平均成本來購買持分。
故此題答案為(C)。

48 (D)。《投資型保險資訊揭露應遵循事項》第17點：**解約金申請書**應揭露提示要保人：「提前或部分解約將可能蒙受損失」等相關文字及說明。

《投資型保險資訊揭露應遵循事項》第19點：**要保書**應揭露下列事項：

1. 應顯著載明人身保險商品審查應注意事項第7點規定之相關警語及**投資風險警語**。
2. 應載明本遵循事項第9點（保險商品說明書之投資風險警語揭露）有關避險風險警語揭露規定之文字。
3. 應加列詢問事項：「保險業招攬人員是否出示合格銷售資格證件，並提供保單條款、說明書供本人參閱」。
4. 保險公司**須告知保戶之重要事項**（例如：保單價值之計算、投資風險、保單借款之條件、契約各項費用等）應依商品特性以表列方式敘明，表末請要保人於「本人已瞭解本保險商品之重要事項」及「本人已同意投保」選項勾選，並請要保人親自簽名，簽名應與要保書一致。

故此題答案為(D)。

49 (D)。金融體系的兩個主要成員為**金融市場**和**金融中介機構**，其各自在直接金融和間接金融扮演重要的角色。在**直接金融**裡，資金需求者發行證券（例如股票、債券），透過金融市場售予資金供給者，而資金供給者取得證券的同時，也同時取得對資金需求者的收入請求權；在**間接金融**裡，資金供給者將資金存入金融中介機構，因而取得金融中介機構發行的存摺、存單或保險單等，再由金融中介機構將這些資金統合運用，將資金貸放或投資予資金需求者。

故此題答案為(D)。

50 (B)。金融市場依有價證券是否為首次發行，分為

1. 初級市場：又稱發行市場，指政府或企業提供新的證券銷售給投資人的市場，而且在初級市場銷售證券所取得的資金是歸發行人。
2. 次級市場：又稱流通市場，指投資人在購買新證券之後，這些證券的後續買賣市場。

故此題答案為(B)。

第 **6** 回	**模擬考**

(　　) **1** 下列何種金融機構並非屬於存款貨幣機構？　(A)中小企業銀行 (B)信用合作社　(C)人壽保險公司　(D)土地銀行。

(　　) **2** 什麼樣的金融消費爭議可以向金融消費評議中心提出評議申請？ (A)債務協商　(B)商品訂價　(C)績效表現　(D)一般消費者與保 險業因保險商品所生之爭議。

(　　) **3** 有中華民國境內從事或代理募集、銷售經主管機關核准之境外基 金，其涉及資金之匯出、匯入者，應經什麼單位同意？ (A)證期局　(B)中央銀行　(C)投信投顧公會　(D)金管會。

(　　) **4** 在投資型保險契約中，何者承擔費用風險： (A)被保險人　(B)保險人　(C)要保人和保險人　(D)受益人。

(　　) **5** 有關投資型保險商品之附加附約規定，何者錯誤？　(A)需於條款 明保費扣繳方式　(B)以一年期保險為原則　(C)保險期間同主契 約　(D)不得收取附加費用。

(　　) **6** 下列有關變額壽險之敘述，何者錯誤？　(A)死亡給付為淨危險保額 與保單帳戶價值之差　(B)分期交付之保費未在寬限期終了前繳納， 則保單將停效　(C)對保單帳戶價值無保證　(D)為一終身壽險。

(　　) **7** 證券投資信託事業向金管會申請換發營業執照時，應繳納執照費 新臺幣多少元？　(A)1,000　(B)3,000　(C)5,000　(D)7,000。

(　　) **8** 基金在10月1日之價值為2,000,000元，發行在外之單位數為 500,000，某保單所有人於10月1日繳了保費1,000元購買該基金， 請問保單所有人可以買到幾單位？　(A)200單位　(B)250單位 (C)300單位　(D)350單位。

(　) **9** 指數年金之利率是如何計算出來的？　(A)依照該年金產品所設定之公式求得一個指數本身變動之比率，再將所求得的數值除以「參與率」或加上「差額」　(B)依照該年金產品所設定之公式求得一個指數本身變動之比率，再將所求得的數值乘以「參與率」再加上「差額」　(C)依照該年金產品所設定之公式求得一個指數本身變動之比率，再將所求得的數值乘以「參與率」或減掉「差額」　(D)以上皆非。

(　) **10** 證券投資信託事業應於被投資外國證券事業營業年度終了後幾個月內，申報該被投資事業之年度財務報告？　(A)2　(B)3　(C)4　(D)6。

(　) **11** 高標法之指數年金商品，適用於何種指數行情之狀況，以獲得更高之指數報酬？　(A)預期指數行情將持續往上攀升　(B)預期指數行情將會上下波動時　(C)當預期指數行情將呈緩步趨堅時　(D)預期指數行情先上升、後下降時。

(　) **12** 保險業從事保險商品銷售招攬廣告（如文宣、廣告、簡介、商品說明書及建議書等），應遵守自律規範要求，下列敘述何者錯誤？　(A)應標明所屬公司之名稱、地址、電話　(B)廣告所使用之文宣，可以個人名義為之，其內容公司可不用審查　(C)應以中文表達並力求淺顯易懂，必要時得附註原文　(D)廣告揭露如涉及利率、費用、報酬及風險時，應力求平衡方式表達。

(　) **13** 投資型保險專設帳簿資產，若是保險人接受要保人以保險契約委任全權決定運用標的者，下列何者不屬於其運用範圍？　(A)臺灣存託憑證　(B)結構型債券　(C)金融債券　(D)外國銀行發行之浮動利率中期債券。

(　) **14** 以基金績效作為廣告者，基金需成立滿多久以上者，始能刊登？　(A)6個月　(B)1年　(C)3年　(D)5年。

(　) **15** 如果保戶是風險厭惡者，較適合購買哪一項保險商品？　(A)傳統型壽險　(B)連結結構債投資型壽險　(C)變額萬能壽險　(D)變額年金。

( ) **16** 關於我國稅法之相關規定，下列敘述何者錯誤？ (A)若受益人與要保人非屬同一人之人壽保險及年金保險，受益人受領之保險給付，有可能要課徵所得稅 (B)自104年申報103年度所得基本稅額開始，受益人與要保人非屬同一人之人壽保險及年金保險給付中，屬於死亡給付部分，一申報戶全年合計數在2,000萬元以下者，免予計入基本所得額 (C)自民國96年5月報稅起，列舉扣除全民健康保險之保險費不受金額限制 (D)直系親屬的人身保險費，得從個人所得總額中扣除；但每人每年扣除額以不超新臺幣24000元為限。

( ) **17** 假設徐先生選擇購買5,000美元之指數年金，契約期間5年，當時之S&P 500指數為1000點，之後每週年之S&P指數分別為1100點、1200點、1300點、1500點、契約到期時之指數為1200點，若指數連動利率採「高標法」、差額（margin）3%，則契約到期時，徐先生可獲多少美元之利息？

(A)3,250 (B)3,350 (C)2,250 (D)2,350。

( ) **18** 下列哪一種機構不屬於金融中介機構？ (A)商業銀行 (B)保險公司 (C)證券金融公司 (D)信託投資公司。

( ) **19** 關於我國稅法之相關規定，下列敘述何者錯誤？ (A)自104年申報103年度所得基本稅額開始，受益人與要保人非屬同一人之人壽保險及年金保險給付中，屬於死亡給付部分，一申報戶全年合計數在3330萬元以下者，免予計入基本所得額 (B)若受益人與要保人非屬同一人之人壽保險及年金保險，受益人受領之保險給付，有可能要課徵所得稅 (C)直系親屬的人身保險費，得從個人所得總額中扣除；但每人每年扣除額以不超過新臺幣24,000元為限 (D)約定於被保險人死亡時給付未指定受益人所領取的保險金額，不列入遺產稅計算。

( ) **20** 下列關於境外基金代理之敘述，何者錯誤？ (A)參與證券商受理或從事境外指數股票型基金（Exchange Traded Fund, ETF）之申購或買回，應依境外基金機構規定之方式辦理，得免經總代理人

轉送境外基金管理機構　(B)銷售機構得在國內代理1個以上境外基金之募集及銷售　(C)境外基金管理機構或其指定機構應委任數個代理人，在國內代理其基金之募集及銷售　(D)總代理人得在國內代理1個以上境外基金募集及銷售。

(　)21 有關投資型保險商品的敘述，下列何者錯誤？　(A)資產放置於專設帳簿　(B)保戶承擔投資風險　(C)由公司選擇投資商品　(D)是高報酬高風險商品。

(　)22 在投資型保險商品銷售自律規範中，須訂定銷售人員與客戶間利益衝突問題，係為避免下列何種行為？　(A)銷售人員侵占保險費　(B)以佣金高低做為銷售動機　(C)誇大不實引誘投保　(D)代要保人保管印鑑。

(　)23 變額壽險與基金不同之處，在於前者具有何種特性？　(A)具有稅賦優惠　(B)長期投資計畫　(C)具有壽險保障　(D)以上皆是。

(　)24 保險公司如經營不善致倒閉情事，則投資型保單之投資資產：(A)與一般帳戶相同處理方式，應歸於一般債權人　(B)屬於該保單受益人　(C)應立即請求扣押以免公司圖謀　(D)以上皆非。

(　)25 下列何者商品於我國非屬投資型保險？　(A)變額壽險　(B)變額萬能壽險　(C)萬能壽險　(D)以上皆屬於投資型保險。

(　)26 在資本市場中交易的證券為：　(A)1年期以內有價證券　(B)1年期以上的有價證券　(C)3年期以內的有價證券　(D)3年期以上的有價證券。

(　)27 高市場風險、低通貨膨脹風險之特性是指怎樣的投資型商品的投資標的？　(A)全球型　(B)貨幣市場型　(C)股票型　(D)積極性股票型。

(　)28 我國自何時開始有關投資型保單之投資收益須列入當年度課稅所得？　(A)2007年　(B)2008年　(C)2009年　(D)2010年。

(　) **29** 下列有關金融中介機構之資產轉換功能的敘述，何者錯誤？
(A)商業銀行出售定期存單取得資金，而貸予公司購買生產設備
(B)產險公司出售車險保單取得資金，而投資於股票　(C)金融中介機構發行初級證券取得資金，而投資於次級證券　(D)壽險公司出售壽險保單取得資金，而投資於股票。

(　) **30** 下列對保險人的敘述，何者錯誤？　(A)在保險業之組織，以股份有限公司或相互保險公司為限　(B)指經營保險事業之各種組織
(C)可區分為人身保險業與財產保險業　(D)在保險契約成立時，有保險費之請求權。

(　) **31** 下列何者無法增加範疇經濟？　(A)保險公司兼賣共同基金可能可以增加範疇經濟　(B)兩家業務相同的壽險公司合併　(C)銀行兼賣保險可能可以增加範疇經濟　(D)產險公司兼經營壽險商品可以增加範疇經濟。

(　) **32** 依我國銀行法對專業銀行的分類，下列何者不屬於專業銀行？
(A)中小企業銀行　(B)信託投資公司　(C)不動產信用銀行
(D)國民銀行。

(　) **33** 證券投資信託基金投資所得依證券投資信託契約之約定應分配收益，除經主管機關核准者外，應於會計年度終了後幾個月內分配之？　(A)1　(B)3　(C)5　(D)6。

(　) **34** 美國壽險業於1970年代引進變額壽險的主要目的為何？
(A)對抗通貨膨脹問題　　　　　(B)配合金融服務整合趨勢
(C)增加範疇經濟　　　　　　　(D)以上皆是。

(　) **35** 有關投資型保險之課稅，下列何者需計入要保人所得額？
(A)部分提領　(B)解約金　(C)身故保險金　(D)投資收益。

(　) **36** 在決定投資型保險的合宜性時，最重要的因素是客戶的：
(A)目標投資報酬　(B)保險需求　(C)投資期間　(D)投資個性。

(　) **37** 下列對臺灣證券交易所任務的敘述，何者錯誤？　(A)確保個別投資人不因政治因素致投資產生損失，以維護投資人的權益　(B)使資訊充分公開　(C)確保證券交易得以有效且公平進行　(D)非經主管機關許可，不得從事其他投資。

(　) **38** 基金管理機構為證券投資信託事業之發起人時，其成立必須要滿幾年？　(A)1　(B)2　(C)3　(D)5。

(　) **39** 有關投資型保險契約的保單借款，下列何者錯誤？　(A)借款本息超過保單帳戶價值時，契約即停效　(B)保單借款應提供保單借款之處理方式　(C)保險公司應於借款本息超過保單帳戶價值之80%以前，以書面通知要保人　(D)保險公司應提供至少80%保單價值之借款額度於保戶。

(　) **40** 下列那一種金融商品屬於衍生性金融商品？　(A)金融交換　(B)期貨　(C)選擇權　(D)以上皆是。

(　) **41** 代理人之業務員有招攬不實致客戶發生損害時，下列哪一單位須負賠償責任？　(A)代理人公司　(B)授權保險公司　(C)以上皆非　(D)以上皆是。

(　) **42** 下列有關受益憑證買回之敘述，何者錯誤？　(A)有法定事由並經金管會核准者，受益人不得請求買回受益憑證　(B)證券投資信託事業對買回價金之給付不得延遲　(C)證券投資信託契約載有受益人得請求買回受益憑證之約定者，受益人請求買回時，證券投資信託事業得拒絕　(D)證券投資信託契約載有受益人得請求買回受益憑證之約定者，受益人得以書面或其他約定方式請求證券投資信託事業買回受益憑證。

(　) **43** 證券投資信託契約因存續期間屆滿而終止者，因於屆滿幾日內申報主管機關備查？　(A)1日　(B)2日　(C)5日　(D)10日。

(　) **44** 某一分離帳戶在8月1日的資產總值為600,000元，所有保戶持有之單位總數為200,000，此帳戶每一單位之價值為何？
(A)2元　(B)3元　(C)4元　(D)5元。

( ) **45** 受益人自行召開受益人會議時，應由繼續持有受益憑證1年以上，且其所表彰受益權單位數占提出當時該基金已發行在外受益權單位總數百分之多少以上之受益人，以書面敘明提議事項及理由，申請主管機關核准後自行召開之？ (A)1 (B)2 (C)3 (D)6。

( ) **46** 根據投資型保險商品資訊揭露應遵循事項，何者銷售文件必須提供消費者參閱並交付要保人留存： (A)保險商品簡介 (B)建議書 (C)保險商品說明書 (D)風險告知書。

( ) **47** 證券投資信託事業之發起人所認股份，合計不得少於第一次發行股份之多少比率？ (A)5% (B)10% (C)20% (D)30%。

( ) **48** 消滅基金最近30個營業日淨資產價值平均低於新臺幣多少元且存續基金之證券投資信託契約內容未修改者，不得經由受益人會議同意合併？ (A)5,000萬 (B)3億 (C)5億 (D)10億。

( ) **49** 下列對投資型保險商品之敘述，何者錯誤？ (A)保險公司需投入昂貴之軟硬體設備 (B)資產單位價格計算簡易 (C)死亡風險保費及投資管理費用清晰透明 (D)運用專家理財且投資利潤歸保戶所有。

( ) **50** 將不同的資產混合以增加安全性的投資計畫叫做：
(A)資本增值 (B)資本維護 (C)保存 (D)資產分散。

解答與解析

1 (C)。 存款貨幣機構有：
1.商業銀行：本國一般銀行、外國銀行在臺分行。
2.專業銀行：地方性信用銀行、農業銀行、不動產信用銀行、輸出入銀行、中小企業銀行、工業銀行。
3.基層合作金融機構。
非存款貨幣機構有：
1.中華郵政公司。　　　　　　　　　　2.信託投資機構。
3.保險公司：人壽保險公司、產物保險公司、中央再保險公司。
故此題答案為(C)。

2 (D)。 只要是金融消費者與金融服務業間，因商品或服務所生之民事爭議，皆可向評議中心提出**評議申請**，例如：銀行、保險、抵押、放款、信用卡（不含債務協商）、存款、投資（不含商品訂價和績效表現）…等。
故此題答案為(D)。

3 (B)。 《證券投資信託及顧問法》第10條第1項：證券投資信託事業募集證券投資信託基金，非經主管機關核准或向主管機關申報生效後，不得為之；其申請核准或申報生效應檢附之書件、審核程序、核准或申報生效之條件及其他應遵行事項之準則，由主管機關定之。
《證券投資信託及顧問法》第10條第2項：基金之募集、發行、銷售及其申購或買回之作業程序，由**同業公會（中華民國證券投資信託暨顧問商業同業公會）**擬訂，報經主管機關核定。
《證券投資信託及顧問法》第10條第3項：前二項基金，如為國外募集基金投資國內或於國內募集基金投資國外者，應經**中央銀行**同意。
故此題答案為(B)。

4 (B)。 保戶承擔：**投資風險**
保險公司承擔：**死亡風險**及**費用風險**
註投資標的由保戶自行選擇，其投資風險由保戶自行承擔。
故此題答案為(B)。

5 (C)。 《人身保險商品審查應注意事項》第150點：
投資型保險商品應以主契約方式出單，其附加契約以**一年期保險**為原則。保險費扣繳之方式應於條款中訂明。（保險期間以一年為原則，而不是同主契約）
故此題答案為(C)。

6 (A)。 現行投資型保險之身故保險金有**甲型（或稱A型）**、**乙型（或稱B型）**二種。
甲型身故保險金＝max（保險金額, 保單帳戶價值）

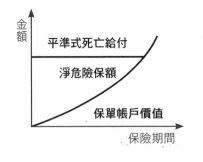

平準式死亡給付，保單帳戶價值逐年遞增，故淨危險保障會呈**遞減**現象
[狀況一] 保險金額≧保單帳戶價值
　　　　→ 理賠**保險金額**
[狀況二] 保險金額＜保單帳戶價值
　　　　→ 理賠**保單帳戶價值**

乙型身故保險金＝保險金額＋保單帳戶價值

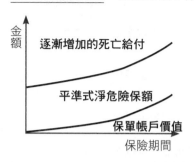

平準式淨危險保額，故淨危險保障會**維持不變**。

註 甲型只能選最大者，乙型是二個相加。

因此，死亡給付需看是甲型還是乙型，但絕對不是淨危險保額與保單帳戶價值之差。

故此題答案為(A)。

7 (A)。《證券投資信託事業設置標準》第48條第3項：證券投資信託事業向本會申請換發營業執照時，應繳納執照費**新臺幣1,000元**。

故此題答案為(A)。

8 (B)。 此帳戶每一單位之價值＝資產總值÷持有之單位總數

＝2,000,000元÷500,000單位數＝4元／單位

保單所有人可以買到的單位數＝購買該基金的保費÷此帳戶每一單位之價值

＝1,000元÷4＝250個單位數

故此題答案為(B)。

9 (C)。 指數年金的運作：指數連動利率×參與率

或　指數連動利率－差額

故此題答案為(C)。

10 (D)。《證券投資信託事業管理規則》第28條第1款第1項：證券投資信託事業經本會核准投資外國及大陸事業者，除本會另有規定外，應於被投資事業營業年度終了後**6個月內**，向本會申報該被投資事業之年度財務報告。

故此題答案為(D)。

11 (D)。

計算方式	計算式／適用時機
點對點法 （Point-to-point Method; PTP） 又稱終點法（End-point Method）	景氣擴張期（預期指數**持續上升**）。
高標法 （High Water Mark Method; HWM）	預期指數**先上升、後下降**。

計算方式	計算式／適用時機
低標法 （Low Water Mark Method; LWM）	預期指數**跌至低點，後期上升**。
年增法 （Annual Reset Method）	預期指數**上下波動**。
多年期增加法 （Multi-year Reset Method）	預期指數**上下波動**。
數位法（Digital Method）	預期指數呈**緩步趨堅**。

故此題答案為(D)。

12 **(B)**。　《投資型保險商品銷售應注意事項》第5點：

保險業應確保本商品之招攬人員符合主管機關規定之資格條件、受有完整教育訓練，且已具備本商品之專業知識。

保險業應至少**每季**抽查招攬人員使用之文宣、廣告、簡介、商品說明書及建議書等文書；如發現招攬人員有使用未經核可文書之情事，應立即制止並為適當之處分，對客戶因此所受損害，亦應依法負連帶賠償責任。

故此題答案為(B)。

13 **(B)**。　《投資型保險投資管理辦法》第11條第1項：

保險人接受要保人以保險契約委任全權決定運用標的者，其運用範圍以下列為限：

1.銀行存款。　　　　　　　　　　　2.公債、國庫券。

3.金融債券、可轉讓定期存單、銀行承兌匯票、金融機構保證商業本票。

4.公開發行之公司股票。

5.公開發行之有擔保公司債，或經評等為相當等級以上之公司所發行之公司債。

6.證券投資信託基金受益憑證及共同信託基金受益證券。

7.臺灣存託憑證。

8.依金融資產證券化條例發行之受益證券。

9.依不動產證券化條例發行之不動產資產信託受益證券及不動產投資信託受益證券。

10.外國有價證券。　　　　　　　　　11.證券相關商品。

12.其他經主管機關核准之標的。

外國價證券以下列各款為限：

(1)外國中央政府發行之公債、國庫券。

(2)外國銀行發行之金融債券、可轉讓定期存單、浮動利率中期債券。

(3)外國證券集中交易市場、店面市場交易之股票、公司債。

(4)境外基金。

(5)美國聯邦國民抵押款協會、聯邦住宅抵押貸款公司及美國政府國民抵押貸款協會所發行或保證之不動產抵押權證券。

註 以上沒有列示「結構型債券」。

故此題答案為(B)。

14 (A)。《中華民國證券投資信託暨顧問商業同業公會會員及其銷售機構從事廣告及營業活動行為規範》第12條第1項：

(2)以基金績效作為廣告者，基金需成立滿**6個月以上**者，始能刊登全部績效或年度績效。

故此題答案為(A)。

15 (A)。風險厭惡者即為保守、不喜歡風險，其較適合購買傳統型壽險。

「變額萬能壽險」、「變額年金」及「連結結構債投資型壽險」，皆為投資型保險，風險厭惡者不適合購買。故此題答案為(A)。

16 (B)。自104年申報103年度所得基本稅額起，「保險期間始日在95年1月1日以後，且其受益人與要保人非屬同一人的人壽保險及年金保險契約，受益人受領的保險給付。但其中屬於死亡給付部分，每一申報戶全年合計數在**3,330萬元**以下者，免予計入，超過3,330萬元者，以扣除3,330萬元後的餘額計入。非屬死亡給付部分，應全數計入基本所得額，不得扣除3,330萬元。」

故此題答案為(B)。

17 (D)。指數連動利率採點高標法之計算式：

$$\frac{合約期間之最高指數 - 合約起始點的指數}{合約起始點的指數} - 差額 = \frac{1,500 - 1,000}{1,000} - 3\%$$

$$= 0.5 - 0.03 = 47\%$$

利息 $= 5,000元 \times 47\% = 2,350元$

故此題答案為(D)。

18 (C)。金融中介機構大致可分為

(1)**存款貨幣機構**：發行「貨幣性」間接證券，來吸收存款貨幣的金融中介機構。主要提供存款並發行貨幣間接請求權（例如：支票），在我國包括商業銀行、專業銀行、基層合作金融機構等。

(2)**非存款貨幣機構**：發行「非貨幣性」間接證券，來吸收資金的金融中介機構，在我國包括保險公司、中華郵政公司、信託投資公司等。

故此題答案為(C)。

19 (D)。《保險法》第112條：保險金額約定於**被保險人**死亡時給付於其所指定之**受益人**者，其金額不得作為被保險人之遺產。
　　《保險法》第113條：死亡保險契約**未指定受益人**者，其保險金額作為**被保險人之遺產**。
　　故此題答案為(D)。

20 (C)。《境外基金管理辦法》第3條：
　　境外基金管理機構或其指定機構（以下簡稱境外基金機構）應委任單一之總代理人在國內代理其基金之募集及銷售。
　　故此題答案為(C)。

21 (C)。投資型保險商品由**保戶**選擇投資商品。故此題答案為(C)。

22 (B)。《投資型保險商品銷售自律規範》第14條第3項：
　　招攬人員不得以**收取佣金**或**報酬多寡**作為銷售本商品之唯一考量與利誘客戶投保本商品或以教唆客戶轉保方式進行招攬。
　　故此題答案為(B)。

23 (D)。變額壽險與基金皆需要長期投資，相異項目如下：

項目	投資型保險	一般共同基金
費用率	高	低
	說明：投資型商品初期保費有保險和分離帳戶的比例分配之規定，且保險帳戶的費用率及分離帳戶的管理費，皆為一般共同基金所沒有的。	
稅負優惠	有	無
	說明：雖然在2010**年**之後買的投資型保單，分離帳戶的收益適用儲蓄投資特別扣除額27萬。但畢竟是保險，保費及保險仍有稅負之優惠。	
保險保障	有	無
	說明：在保險期間被保人離世，則要受益人可領取保障及分離帳戶之現值。但一般共同基金，僅只有投資帳戶之現值。	
資金管理	以**分離帳戶**管理	由保管銀行以**專戶**方式管理

此外，共同基金需每日計算其淨值並由獨立機構評鑑，故專業性較投資型保險還高。
故此題答案為(D)。

24 (B)。 分離帳戶內之保單投資資產，由**保險公司**採個別帳戶管理。
《保險法》第123條第2項：**投資型保險契約**之**投資資產**，非各該投資型保險之
受益人不得主張，亦不得請求扣押或行使其他權利。
故此題答案為(B)。

25 (C)。《人身保險商品審查應注意事項》第2點：
投資型保險商品可區分為
1.投資型人壽保險：變額壽險、變額萬能壽險及投資連（鏈）結型保險。
2.投資型年金保險：變額年金保險。
故此題答案為(C)。

26 (B)。 **貨幣市場**：指供短期有價證券進行交易的場所。短期證券指國庫券、商
業本票等到期日在1年以內的有價證券。
資本市場：指供長期有價證券進行交易的場所。長期證券指股票、債券等到期
日在1年以上的有價證券。
故此題答案為(B)。

27 (D)。 依風險高至低排列：積極性股票型 → 股票型 → 全球型 → 貨幣市場型。
因此，積極性股票型之投資標的，屬高市場風險、低通貨膨脹風險之特性。
故此題答案為(D)。

28 (D)。 在2010年之後買的投資型保單，分離帳戶的收益適用儲蓄投資特別扣除
額27萬。故此題答案為(D)。

29 (C)。 金融中介機構發行次級證券取得資金，並購買初級證券，同時藉由次級
證券與初級證券之間的利差，以支付業務費用並獲取利潤，而此類利息收入亦
是金融中介機構的主要收入來源。
故此題答案為(C)。

30 (A)。 保險業之組織，以股份有限公司或合作社為限，但依其法律規定或經主
管機關核准設立者，不在此限。
故此題答案為(A)。

31 (B)。 **範疇經濟**是指，單一廠商（公司）同時生產兩項以上物品和服務的成
本，還比分別由專業廠商（公司）生產的成本更低廉。導致廠商（公司）生產
出現範疇經濟的原因，可能是來自**多元化的經營策略**、**營運範疇的擴大**、**資源
的分享**、**投入要素的共同和統一管理的效率**、**財務會計的優勢**，導致**生產成本**
降低的效果。
因此，兩家業務相同的壽險公司合併無法增加範疇經濟。
故此題答案為(B)。

32 (B)。《銀行法》第88條：專業信用分為：(1)工業信用。(2)農業信用。(3)輸出入信用。(4)中小企業信用。(5)不動產信用。(6)地方性信用。國民銀行是供給地方信用之專業銀行。國民銀行的主要任務是供給地區發展及當地國民所需短、中期信用。目前實務上並無此類的地方性之專業銀行。
故此題答案為(B)。

33 (D)。《證券投資信託及顧問法》第31條：證券投資信託基金投資所得依證券投資信託契約之約定應分配收益，除經主管機關核准者外，應於會計年度終了後**6個月內**分配之，並應於證券投資信託契約內明定分配日期。
故此題答案為(D)。

34 (A)。美國壽險業於1970年代引進變額壽險的主要目的為**對抗通貨膨脹**問題。
故此題答案為(A)。

35 (D)。保險人應於**投資收益**發生年度，按所得類別依法減除成本及必要費用後分別計算要保人之各類所得額，由**要保人併入當年度所得額**，依所得稅法及所得基本稅額條例徵免所得稅。
故此題答案為(D)。

36 (B)。投資型保險並非單純的投資工具，本質仍是保險商品。因此，消費者應以保險為主要前提後，再以投資報酬為次要之需求。
故此題答案為(B)。

37 (A)。臺灣證券交易主要任務在使資訊充分公開，以確保**證券交易得以有效且公平進行**。
非依證券交易法，不得經營類似有價證券集中交易市場之業務。
故此題答案為(A)。

38 (C)。《證券投資信託事業設置標準》第8條第1項：
經營證券投資信託事業，發起人應有符合下列資格條件之基金管理機構，其所認股份，合計不得少於第一次發行股份之20%：
(1)成立滿**3年**，且最近3年未曾因資金管理業務受其本國主管機關處分。
(2)具有管理或經營國際證券投資信託基金業務經驗。
(3)該機構及其控制或從屬機構所管理之資產中，以公開募集方式集資投資於證券之共同基金、單位信託或投資信託之基金資產總值不得少於新臺幣650億元。
故此題答案為(C)。

39 (D)。《保險法》第120條第1項：保險費付足一年以上者，要保人得以保險契約為質，向保險人借款。但變額壽險會限制保戶借款需低於保單帳戶價值的100%，其比例通常為**75%～90%**。

註 美國大多數變額壽險的借款限額通常是保單現金價值的75%左右。
故此題答案為(D)。

40 (D)。衍生性金融商品市場（由貨幣市場、資金市場、外匯市場等金融工具所衍生出來）有：**遠期契約市場**、**期貨市場**、**選擇權市場**、**認購（售）權證市場**及**金融交換市場**。
故此題答案為(D)。

41 (D)。《保險代理人管理規則》第37條：個人執業代理人、代理人公司及銀行依保險代理合約之授權執行或經營業務之過失、錯誤或疏漏行為，致要保人、被保險人受有**損害**時，該授權保險人（代理人公司和授權保險公司）應依法負賠償責任。
故此題答案為(D)。

42 (C)。《證券投資信託基金管理辦法》第70條第1項：證券投資信託契約載有受益人得請求買回受益憑證之約定者，受益人得以書面或其他約定方式請求證券投資信託事業買回受益憑證，證券投資信託事業**不得拒絕**。
故此題答案為(C)。

43 (B)。《證券投資信託及顧問法》第45條第3項：證券投資信託契約因存續期間屆滿而終止者，應於屆滿**2日內**申報主管機關備查。
故此題答案為(B)。

44 (B)。此帳戶每一單位之價值＝資產總值÷持有之單位總數
＝600,000元÷200,000單位數＝3元／單位
故此題答案為(B)。

45 (C)。《證券投資信託及顧問法》第40條第2項：受益人自行召開受益人會議時，應由繼續持有受益憑證**1年以上**，且其所表彰受益權單位數占提出當時該基金已發行在外受益權單位總數**3%以上**之受益人，以書面敘明提議事項及理由，申請主管機關核准後，自行召開之。
故此題答案為(C)。

46 (C)。銷售文件是指經保險公司審查過並建檔備查之**保險商品說明書**（須提供給消費者在購買前參閱，並於承保後交付給要保人留存）、**保險商品簡介**及**建議書**等文件。
故此題答案為(C)。

47 (C)。《證券投資信託事業設置標準》第8條第1項：經營證券投資信託事業，發起人所認股份，合計不得少於第一次發行股份之<u>20%</u>。

故此題答案為(C)。

48 (C)。《證券投資信託基金管理辦法》第83條：

證券投資信託事業所經理之開放式基金，同為募集或私募之基金及經基金受益人會議同意者，得向本會申請核准與本公司之其他開放式基金合併。但合併之基金為**同種類**、消滅基金最近30個營業日淨資產價值平均低於新臺幣**5億**元且存續基金之證券投資信託契約內容無重大修改者，得不經受益人會議同意，向本會申請核准。

故此題答案為(C)。

49 (B)。　<u>**保單現金價值＝分離帳戶單位×市值**</u>

因為市值會變動，故保單現金價值**會動變**（非固定、不確定）。

兌現或投資標的轉換皆以當時持有的**<u>標的物市值</u>**為計價之依據。

因此，資產單位價格計算並非簡易。故此題答案為(B)。

50 (D)。分散投資（資產分散）：為一種長期策略，目的是讓投資者曝露在單一種類的風險降到最低，以獲得最高的長期利得。亦是投資不同類型（無風險、低風險、中風險、高風險）的標的，而不是集中在某一類型的標的。故此題答案為(D)。

信託業務｜銀行內控｜初階授信｜初階外匯｜理財規劃｜保險人員推薦用書

暢銷上榜好書

2F021121	初階外匯人員專業測驗重點整理+模擬試題	蘇育群	510元
2F031111	債權委外催收人員專業能力測驗重點整理+模擬試題	王文宏 邱雯瑄	470元
2F041101	外幣保單證照 7日速成	陳宣仲	430元
2F051111	無形資產評價師(初級、中級)能力鑑定速成	陳善	460元
2F061111	證券商高級業務員(重點整理+試題演練)	蘇育群	650元
2F071121	證券商業務員(重點整理+試題演練)	金永瑩	590元
2F081101	金融科技力知識檢定(重點整理+模擬試題)	李宗翰	390元
2F091121	風險管理基本能力測驗一次過關	金善英	近期出版
2F101121	理財規劃人員專業證照10日速成	楊昊軒	390元
2F111101	外匯交易專業能力測驗一次過關	蘇育群	390元

2F141121	防制洗錢與打擊資恐(重點整理+試題演練)	成琳	630元
2F151121	金融科技力知識檢定主題式題庫(含歷年試題解析)	黃秋樺	470元
2F161121	防制洗錢與打擊資恐7日速成	艾辰	550元
2F171121	14堂人身保險業務員資格測驗課 👑 榮登博客來暢銷榜	陳宣仲 李元富	490元
2F181111	證券交易相關法規與實務	尹安	590元
2F191121	投資學與財務分析	王志成	570元
2F201121	證券投資與財務分析	王志成	460元
2F621111	信託業務專業測驗考前猜題及歷屆試題 👑 榮登金石堂暢銷榜	龍田	590元
2F791121	圖解式金融市場常識與職業道德	金融編輯小組	430元
2F811121	銀行內部控制與內部稽核測驗焦點速成+歷屆試題 👑 榮登金石堂暢銷榜	薛常湧	590元
2F851121	信託業務人員專業測驗一次過關	蔡季霖	670元
2F861121	衍生性金融商品銷售人員資格測驗一次過關	可樂	470元
2F881121	理財規劃人員專業能力測驗一次過關	可樂	600元
2F901121	初階授信人員專業能力測驗重點整理+歷年試題解析 二合一過關寶典	艾帕斯	560元
2F911101	投信投顧相關法規(含自律規範)重點統整+歷年試題 解析二合一過關寶典	陳怡如	470元
2F951101	財產保險業務員資格測驗(重點整理+試題演練)	楊昊軒	490元
2F121121	投資型保險商品第一科7日速成	葉佳洺	590元
2F131121	投資型保險商品第二科7日速成	葉佳洺	近期出版
2F991081	企業內部控制基本能力測驗(重點統整+歷年試題)	高瀅	450元

千華數位文化股份有限公司

■新北市中和區中山路三段136巷10弄17號　■千華公職資訊網 http://www.chienhua.com.tw
■TEL: 02-22289070　FAX: 02-22289076

頂尖名師精編紙本教材
超強編審團隊特邀頂尖名師編撰，
最適合學生自修、教師教學選用！

千華影音課程
超高畫質，清晰音效環
繞猶如教師親臨！

TTQS 銅牌獎

多元教育培訓
數位創新

現在考生們可以在「Line」、「Facebook」
粉絲團、「YouTube」三大平台上,搜尋【千
華數位文化】。即可獲得最新考訊、書
籍、電子書及線上線下課程。千華數位
文化精心打造數位學習生活圈,與考生
一同為備考加油!

面授

實戰面授課程
不定期規劃辦理各類超完美
考前衝刺班、密集班與猜題
班,完整的培訓系統,提供
多種好康講座陪您應戰!

遍布全國的經銷網絡
實體書店:全國各大書店通路

電子書城:
Google play、Hami 書城 …
Pube 電子書城

網路書店:
千華網路書店、博客來
MOMO 網路書店…

書籍及數位內容委製
服務方案
課程製作顧問服務、局部委外製
作、全課程委外製作,為單位與教
師打造最適切的課程樣貌,共創
1+1= 無限大的合作曝光機會!

多元服務專屬社群 @ f YouTube
千華官方網站、FB 公職證照粉絲團、Line@ 專屬服務、YouTube、
考情資訊、新書簡介、課程預覽,隨觸可及!

國家圖書館出版品預行編目(CIP)資料

(金融證照)投資型保險商品第一科 7 日速成 / 葉佳洺
編著. -- 第一版. -- 新北市：千華數位文化, 2023.2
　　面 ；　公分
ISBN 978-626-337-624-3 (平裝)

1.CST: 投資組合保險

563.7　　　　　　　　　　112001258

[金融證照] 投資型保險商品第一科7日速成

編 著 者：葉 佳 洺

發 行 人：廖 雪 鳳

登 記 證：行政院新聞局局版台業字第 3388 號

出 版 者：千華數位文化股份有限公司

地址／新北市中和區中山路三段 136 巷 10 弄 17 號

電話／ (02)2228-9070 傳真／ (02)2228-9076

郵撥／第 19924628 號 千華數位文化公司帳戶

千華公職資訊網：http://www.chienhua.com.tw

千華網路書店：http://www.chienhua.com.tw/bookstore

網路客服信箱：chienhua@chienhua.com.tw

法律顧問：永然聯合法律事務所

編輯經理：甯開遠

主 編：甯開遠

執行編輯：尤家瑋

校 對：千華資深編輯群

排版主任：陳春花

排 版：丁美瑜

出版日期：2023 年 2 月 20 日 第一版／第一刷

本書如有勘誤或其他補充資料，
將刊於千華公職資訊網 http://www.chienhua.com.tw
歡迎上網下載。